सेज पर संस्कृत

[उपन्यास]

सेज पर संस्कृत

मधु काँकरिया

राजकमल प्रकाशन

ISBN : 978-81-267-1556-5

मूल्य : ₹795

पहला संस्करण : 2008
दूसरा संस्करण : 2025

प्रकाशक : राजकमल प्रकाशन प्रा.लि.
1-बी, नेताजी सुभाष मार्ग, दरियागंज
नई दिल्ली-110 002

शाखाएँ : अशोक राजपथ, साइंस कॉलेज के सामने, पटना-800 006
पहली मंजिल, दरबारी बिल्डिंग, महात्मा गांधी मार्ग, प्रयागराज-211 001
1, अनमोल सोराबजी संतुक लेन, धोबी तलाव, मरीन लाइंस, मुम्बई-400 002

वेबसाइट : www.rajkamalprakashan.com
ई-मेल : info@rajkamalprakashan.com

मुद्रक : बी.के. ऑफसेट
नवीन शाहदरा, दिल्ली-110 032

SEJ PER SANSKRIT
Novel by Madhu Kankariya

मेरे पिता, स्व. धर्मचन्द जी बरड़िया की पवित्र स्मृति को,
जिन्होंने मुझे यह जीवन मंत्र दिया कि जीवन का एकाउंट
हमेशा क्रेडिट रखो

दि अहिंसा टाइम्स

यह भी भला कोई ज़िन्दगी हुई कि ठेल-ठेल कर धकेलते जाओ! लगता ही नहीं कि जी रहे हैं। लगता है जैसे किसी भारी-भरकम चट्टान की तरह एक ही जगह पड़े हैं या गड्ढे के पानी में रेंग रहे हैं किसी केंचुए की तरह।

पर आज मौसम पलटा।

शायद विधाता ने सुन ली हमारी।

मुद्दत बाद अपने लगे ये धरती, ये आकाश, बहुत दिनों बाद हमारे घायल संसार में एक लय-सी आई।

हमारे आँगन में भी ममता का चाँद खिला। घर में हमने एक अलग तरह की आवाज़ सुनी, आवाज़ जिसका चेहरा बदला हुआ था, जिसकी सुर-ताल अलग थी।

पिछले छह महीनों में जीवन हमारा इस कदर ठहर गया था कि उसे चलाने के लिए हमें धक्का लगाना पड़ता था।

पिछले छह महीनों में हम प्रसन्नता का स्वाद इस कदर भूल चुके थे कि उसे याद भर करने के लिए हमें अपने दिमाग पर जोर डालना पड़ता था।

एक दर्द जो ठहर गया था—घर की आँख में।

पिछले छह महीनों के भीतर हम एक नहीं...दो-दो असामयिक मौतों को झेल चुके थे। तेरह वर्षीय छोटा भाई ऋषि और पैंतालिस वर्षीय पिता। इन दो मौतों के साथ ही हमारी सारी खुशियाँ भी फाँसी पर झूलने लगी थीं।

हमारी चेतना में एक ही चीज़ टँगी रह गई थी—मौत!

अब किसकी बारी?

हम सहमे-सहमे से सुन रहे थे बिल्ली के दबे-दबे पाँवों-सी हौले-हौले आती मौत की आहट, हर पल।

शुरुआती महीनों में यह आहट एकदम करीब थी हमारे, ऐन सीने के नीचे।

ज़िन्दगी का जो पाठ पढ़ा हमने उन दिनों, पिछले सारे पाठों को धो-पोंछ दिया था उसने। हम भूल गए थे कि सुन्दर चीज़ें भी हैं संसार में, चाँद-सितारे भी हैं। ज़िन्दगी के दूसरे गोरख-धन्धे भी हैं संसार में। सारे स्वप्न हमारे घर के पिछवाड़े

में पड़े कचरे के ढेर में जा मिले थे। सारे शोर...सारी आवाज़ें मर गई थीं हमारी दुनिया की।

ज़िन्दगी का चारा जुटाते-जुटाते ख़ुद हम भी चारा बनते जा रहे थे–रफ्ता- रफ्ता।

मैं बाहर से आती...और किसी कोने से कुत्ते की भी रोने की आवाज़ आती तो यूँ लगता, जैसे मेरे घर के भीतर ही कोई मर गया है! एक मर्तबा मैं और छुटकी बाजार से कुछ बहुत ज़रूरी सामान लेकर आ रहे थे। अपनी गली में आते ही हमने जाने कैसी आवाज़ सुनी...ढेर सारे लोगों की जोर-जोर से रोने की आवाज। विपत्ति का स्पर्श पाकर प्रौढ़ हुई छुटकी वहीं जड़ हो गई, न हिली न डुली।

लगता है, अम्मा भी...वह बुदबुदाई।

हिम्मत कर लम्बे-लम्बे डग भरती मैं घर के भीतर घुसी तो देखा, माँ माला फेर रही थीं। सामूहिक रोने की वह आवाज़ पास के घर में ही चलते रेडियो से आ रही थी।

याद नहीं आता कि हम कब हँसे थे आखिरी बार!

शायद अन्तिम बार हमारा सोने का संसार हँसा था...आज से ठीक एक वर्ष छह दिन पूर्व। वह सुख का दिन था। वह नागपंचमी का दिन था। माँ मुझे ठेल रही थीं। संघमित्रा, तुम्हें चाय नहीं पीनी, आज पूरे दिन सिर्फ़ ठंडा भोजन करना है।

पर क्यों?

पिता की वैज्ञानिक और तार्किक सोच की छाँव में पुष्पित-पल्लवित मेरी बुद्धि। मैं तुनक गई, मैं यह सब नहीं मानती, मुझे चाय चाहिए...बिना चाय की गर्म घूँट के भेजा काम नहीं करता मेरा। माँ का चेहरा, दैवी प्रकोप की आशंका से सिकुड़ गया था–नहीं बेटा, हमारे घर पर नागदेव का श्राप पड़ा हुआ है। हमारे घर ही नहीं बल्कि पूरे गाँव पर ही यह श्राप है कि इस गाँव की बेटियाँ आज के दिन नाग देवता की पूजा करके ही दाना मुँह में धरेंगी और वह भी बासी। कहते हैं कि जमाने पहले, गाँव की जाने किस बेटी ने भोर के धुँधलके में अँगीठी जलाते-जलाते साँप को भी जला दिया था। अग्नि की लपटों में झुलसते साँप ने यह श्राप उस गाँव की कुँवारियों को दिया था...जिसने भी नागपंचमी के दिन नाग को नहीं पूजा, पति-सुख से वंचित रह जाएगी वह।

मैं और छुटकी मन मारकर दही के साथ बासी रोटी का कौर निगलने लगे। पिता चाय की चुस्कियाँ लेते हुए हमें चिढ़ाने लगे–कल्पना करो कि तुम भी भापदार चाय की चुस्की ले रही हो...देखना दही भी चाय की तलब को मात करने लगेगा। पापा का चमचू ऋषि हो-हो कर हँसने लगा। मैंने फिर अपना अमोघ अस्त्र इस्तेमाल किया। अम्मा, हम तो जैन हैं...जैन धर्म में तो इन अन्धविश्वासों और कर्मकांडों के लिए कोई जगह नहीं होनी चाहिए।

पिता, विकास बाबू जो अन्यथा किसी भी प्रकार के अन्धविश्वासों और कर्मकांड के विरुद्ध थे, इस अवसर पर मुझे चिढ़ाने के लिए अम्मा की पाँत में जा बैठे और कहने लगे, हम जैन हैं अवश्य, पर हुआ तो हमारा भी धर्मान्तरण ही न...हम राजपूत से जैन बने हैं...जाने किस राजा की बेटी के दहेज में हम लाए गए थे...राजा जैन थे तो हमें भी जैन बनना पड़ा, लेकिन इससे क्या होता है...मूल रूप से हैं तो हम वैष्णव ही। इस कारण मैडम, यदि जैकपॉट से पतिदेव की कामना हो तो गर्म चाय की तरफ ताको भी नहीं। नहीं तो तुम्हारा हाल भी अपनी अम्मा की तरह होगा। जैसे तुम्हें चाय की तलब वैसे इन्हें मियाँ बदलने की तलब।

पापा की बात पर बुरी तरह हड़की हुई अम्मा हमारी महफ़िल से उठ गई थीं। अम्मा के मैदान छोड़ते ही पापा ने मुझे आँख मारी और मैंने उन्हीं की प्याली से फटाफट चाय के गर्म-गर्म घूँट भर लिए थे। बाद में अपनी इस कामयाबी पर मैंने और पापा ने जमकर किलकारी मारी थी।

भरी गगरी से छलकते वे दिन थे।

उस घटना के बाद हमारे दुख और दंश ही इकट्ठे हुए, हम नहीं।

पर जिन्दाबाज आज की दिलरूबा सुबह! जिसने मुद्दतों बाद उम्मीद और माँ से सम्बन्ध फिर से जोड़ा, जिसने हमारी हकलाहट को सुर में सजाया।

आज पहली बार ऐसी मुस्कान घर में आयी। पहली बार माँ ने मुझसे ऐसा संवाद किया जिसमें धूमर लेते घाघर की फड़फड़ाहट चाहे नहीं हो पर ज़िन्दगी का रोना-धोना भी नहीं था।

मुद्दतों बाद लगा कि हमारे पास भी एक माँ है। ऋषि की मौत के बाद तो हमारे उस अहसास की भी मौत हो गई थी कि दुनिया में हमें प्यार करनेवाला भी कोई है। पिता क्या गए...प्रेम गंगा में धुला, बेटी शब्द ही हमारे जीवन से निकल गया, माँ, माँ नहीं रही...एक ऐसी ठूँठ वह बन गई थी. जिसके सारे कोमल पत्ते झड़ गए थे। पर आज...जैसे कोहरे को चीरकर सूरज निकला था। तूफानों के बाद सम पर आई थी, ज़िन्दगी की लहरें। बोलता हुआ था माँ का चेहरा...जहाँ से धुल-पुछ गई थी बीती रातों के आँसुओं की लकीरें।

उस सुबह चाय भी माँ ने बनाई थी। बर्तन भी ख़ुद माँजे। चाय को गिलास में उँड़ेलते हुए माँ ने कहा—कल सुबह शिखर जी के लिए निकलना है। तुम तैयारी कर लेना।

माँ का लबो-लहजा दोस्ताना था।

कल-कल बहती नदी की तरह वे शान्त भी थीं। पर मैं उखड़ गई।

क्या? क्या कहा? मैं गोबर गणेश की तरह माँ का मुँह ताकने लगी।

शिखर जी और कहाँ...माँ ने तनिक लाड़-भरी झल्लाहट से कहा।

बदलाव की उम्मीद में मैं विस्मित विमुग्ध थी। पर सबसे ज्यादा माँ के इस नए अन्दाज से। क्या माँ की इस कब्र के नीचे किसी स्नेहिल माँ की रूह भी सो रही थी?

छुटकी खुशी से खरगोश हो कुलाँचे मारने लगी कि तभी मुझे ख्याल आया कि अगला दिन मंगलवार है यानी हाट का दिन और साथ ही मेरे कॉलेज का भी दिन। खुशी के सारे खरगोश फिर झाड़ियों में छिप गए।

मैंने माँ से मनुहार करते शब्दों में कहा–माँ क्या यह नहीं हो सकता कि हम यह प्रोग्राम शनिवार-रविवार को रख लें। तुम तो जानती हो कि कल की हाट के लिए मैं कई सप्ताह से तैयारी कर रही हूँ। कल मुझे रामपुरा हाट जाना है। इस बार मैंने साबुन अलग तकनीक से बनाया, जिसका रूप, रंग, आकार, कलेवर सब कुछ बदल डाला है। न सिर्फ़ बट्टी वरन् बोतल बंद लिक्विड साबुन भी बनाया है। उम्दा कोटि का कॉस्टिक सोडा, यूरिया और सलरी डाला है। दाम भी काफी आकर्षक रखा है। मात्र 40 रुपए की एक आधा किलो की बोतल। पूरी उम्मीद है कि इस बार मैं बाजार जीत लूँगी। देखना इस बार बिक्री डेढ़ी होगी। प्लीज अम्मा तुम बस दो दिन रुक जाओ। यह पूजा के पहले की हाट है। इसे मैं किसी भी कीमत पर छोड़ना नहीं चाहती।

मैंने फिर चम्पी की–तुम देख तो रही हो, पहले कहाँ हमारे साबुन की खड़गपुर और जमशेदपुर तक खपत थी और कहाँ पापा के जाने के बाद अब नलहट्टी, भदेजा, खररकुरा और वीरभूम तक भी कोई नहीं पूछता इसे...जबकि गुणवत्ता में दिनों-दिन बढ़ोतरी कर रहे हैं हम।

घायल पशु की तरह कँटीले बाड़े में फँसी माँ की आँखों में जाने कैसी पीड़ा फड़फड़ाई। अँगोछे से मुँह पोंछती वे अतीत में खो गई–पापा के जाने के बाद से नहीं, पापा के रहते ही साबुन का कारोबार दिन-पर-दिन ठप्प होता जा रहा था। पिछले आठ-नौ सालों से तो कारोबार में कोई बरकत ही नहीं रह गई थी। बस किसी प्रकार ठेल-ठालकर गाड़ी खींच रही थी। तुम्हारे पापा के जाने का दुख भी यह घटता हुआ कारोबार ही था। लोग उन्हें समझाते थक जाते कि धन्धा बदल लो, अब आजकल के समय में कोई नहीं पूछेगा, तुम्हारे 'ब्राइट' साबुन की बट्टी को। अब मैदान में बड़े-बड़े राक्षस उतर आए हैं। पहले का जमाना और था...तब गाँव में ही साबुन बनता और यहीं खप जाता था। न बाहर से माल आता, न बाहर जाता, पर अब ठौर-ठौर पर बड़ी-बड़ी कम्पनियों के साबुन बेचनेवालों के एजेंट पैदा हो गए हैं। इन्होंने हमारे बाजार में सेंध लगा ली है। और तुम निहत्थे हो...पहाड़ से अकेले लड़ने में सिवाय लहूलुहान होने से क्या हाथ लगना है, पर तुम्हारे ज़िद्दी पापा–कहाँ सुनते थे किसी की। जाने किस आशा में बम-बम रहते थे। बस एक ही रट...तीन पुश्तों का हुनर और अनुभव है मुझे। किसी बाहरी

के आने से अपना मैदान छोड़ दूँ? आसपास के गाँववाले तक मुझे साबुनवाले के नाम से जानते हैं। कहते हैं जैसे इनका साबुन घरों के मैल काटता है। वैसे विकास बाबू आत्मा का मैल निकालते हैं...तुम्हीं बताओ इसके बाद भी हार मान लूँ? अपनी पहचान मार दूँ? निर्माता से नौकर बन जाऊँ? फिर जब तीन पुश्तों से चला आ रहा धन्धा ही नहीं चल पाया तो नए धन्धे से मैं क्या तीर मार लूँगा? तुम्हारे पापा भी तुम्हारी तरह अपनी ज़िद पर अड़े रहे...पर आखिर मेरी बात ही सत्य हुई...वे गुहार लगाते रहे और देखते-देखते घरों में सनलाइट, सर्फ, निरमा और रीन घुसते गए। और वे हाथ मलते अपनी देसी बट्टी के लिए बेटी के वर की तरह घर-घर गश्त लगाते रहे। बोलते-बोलते माँ के चेहरे पर फिर अतीत का कोहरा छा गया था। वे फिर अपनी खामोशी में लौट गई थी। मैं फड़फड़ाई। यह सही था कि अपनी तीन पुश्तों से चले आ रहे पारिवारिक धन्धे के यूँ चौपट हो जाने से पिता का आत्मविश्वास हिल गया था। पर यह छोटे भाई ऋषि की मृत्यु ही थी जो सचमुच पिता के लिए काल बनी। पिता मुझे अक्सर कहा करते थे– मैं नहीं डरता किसी हिन्दुस्तान लीवर या सर्फ एक्सेल से। चोले के भीतर केवल धोखा है। बस बाहरी टीम-टाम है। विज्ञापन है। हमारा साबुन गलतफ़हमी का झाग नहीं पैदा करता है, पर मैल काटता है। बहुत कम पानी में इससे कपड़े धुल जाते हैं क्योंकि हमारे पूर्वज राजस्थान के थे। वहाँ पानी का टोटा रहता था। हमारे साबुन से सालों कपड़ों के रंग भी नहीं उड़ते। जिस दिन लोग तात्कालिकता की चकाचौंध से बाहर क्षितिज के पार देखेंगे...हम बाजी जीत जाएँगे। नैं कहना चाहती थी पर तब तक, माँ के भीतर की माँ जाने कहाँ बिला गई थी। एक बार फिर वे वैसी ही अपरिचित, अजनबी और रहस्यमयी माँ बन गई थी। पिता और ऋषि की मौत ने अनासक्ति और वैराग्य का जो रसायन उनके रग-रग में भर दिया था, वह फिर उसके चेहरे पर पाउडर की तरह पुत गया था। वे पिनक गई उन्होंने निरंकुश तानाशाह की तरह निर्णयात्मक अन्दाज में फिर कहा–कल सुबह ही निकल पड़ना है। और हाँ, छुटकी का सामान भी तुम्हें ही तैयार करना है।

मैंने आखिरी बार गुहार लगाई। माँ साबुन की बिक्री न सही, पर कल मेरी बहुत ज़रूरी क्लास है मैं अब एक भी पीरियड मिस नहीं कर सकती। तुम्हें तो पता ही है कि पहले ही मेरी प्रतिशत बहुत ही कम है। अब यदि मैं कॉलेज में अनुपस्थित रह गई तो शायद मुझे परीक्षा में भी नहीं बैठने दिया जाए। हम यदि शनि-रवि को चले तो कोई दिक्कत नहीं आएगी। साबुन की बिक्री भी अच्छी हो जाएगी। माँ की सारी ममता इस बीच गैस भरे गुब्बारे की तरह उड़कर शून्य में विलीन हो गई थी। उनकी आँखों में लपट-सी उठी–तुम्हारे साथ दिक्कत यह है कि तुम ख़ुद को ही घर की भाग्य विधाता समझ बैठी हो। मुँह से पादना शोभा नहीं देता। घर की यह जर्जर हालत अब तुम्हारे सुधारे नहीं सुधरने की। सब कर्मों

का फल है। मैंने भी कुछ सोचकर ही इस यात्रा का निर्णय लिया है। धर्म के काम में आलस ठीक नहीं। देवगुरु ने चाहा तो हमारे दुखों का अन्त बस हुआ ही जानो।

अन्तिम बात बोलते न बोलते जाने कैसा नूर बरसा उनके चेहरे पर कि उनके माथे पर स्थायी रूप से दिखनेवाली सिलवटें भी उन लम्हों गायब थीं।

पर नहीं चाहते हुए भी मेरे होंठ वक्र हो गए। अभी तीन दिन पूर्व ही मैंने माँ से अनुरोध किया था कि अन्दर के कमरे में ट्यूबलाइट लगवा दें जिससे हल्की पीली रोशनी में पढ़ने के कारण मेरी आँखों में अधिक दबाब नहीं पड़े। मैंने माँ को आश्वास्त भी कर दिया था कि–महीने भर के भीतर मैं माँ को ट्यूबलाइट लगवाने का अतिरिक्त खर्च चुका दूँगी...पर माँ की प्राथमिकता में यह धर्म यात्रा थी। नहीं तो भी कम-से-कम हज़ार रुपयों का खर्च था...कहाँ से जुगाड़ हुई होगी यह अतिरिक्त राशि?

रहस्यों की परत-दर-परत के नीचे लिपटा माँ का चेहरा। चाहकर कभी समझ न पाई मैं जिसे...कभी देख नहीं पाई।

आक्रोश और अवसाद से मेरी आँखें भर आई। सामने परीक्षा और कल रामपुरा हाट में लगनेवाली पूजा पूर्व की हाट! जाने कब से तैयारी कर रही हूँ मैं जिसके लिए। क्या माँ की आज्ञा के परखच्चे उड़ा दूँ...? पर दो-दो मौतों से ध्वस्त हुई माँ को एक और धक्का देना–अमानवीय नहीं होगा? नहीं मुझे जाना ही होगा उनके साथ।

ओफ़्, पर कितना मुश्किल है इन न मालूम से लगते हुए...न दिखते हुए से छोटे-छोटे गमों को पी जाना। पर ये प्रतिकूलताएँ और पथराव ही तो जगाते है हमारी आन्तरिक शक्तियों को। उस दिन मेरे भीतर से फिर एक ज़िद्दी मैं निकली इन बीहड़ों के बीच से ही निकालना होगा मुझे अपना रास्ता।

पापा के साथ डॉल्टनगंज के घने जंगलों में देखा था मैंने एक आदिवासी को...बीहड़ जंगलों और झाड़ियों के बीच अपनी पगडंडी तलाशते हुए।

देखा था मैंने–बड़े-बड़े कद्दावर पेड़ों के झुरमुटों के बीच फँसे एक पेड़ को जो एक ज़मीन पर लगभग लेटकर सूर्य से ऊर्जा ग्रहण कर रहा था। मैंने आँसू पोंछ डाले–यह आखिरी बूँद। अब मुझे अपनी भीतरी ताकतों को बटोर ख़ुद को निराशा के पिंजरे से मुक्त करना होगा...और अपने को उस धरातल पर रखना होगा...जहाँ मैं होऊँगी, छुटकी होगी...हमारा फैलता वजूद होगा...हमारा आसमान होगा और होगा हमारे स्वप्नों का गुच्छा!

शिखरजी के लिए निकलते वक्त फूल-माला से ढँकी पिता की तस्वीर के आगे सिर नवाया–तो आँखें भर आई–अपनी गम्भीर बीमारी के दौरान भी पिता मुझे समझा-बुझाकर कॉलेज भेज ही देते थे। पर आज ऐन परीक्षा के पहले माँ... खैर

यह समय विरोध का नहीं है। यह समय दुख बाँटने और खोई ताकत बटोरने का है। इस समय की माँग है–सहयोग, सद्भावना और अपनापन...जिससे चोट खाई हमारी घायल आत्मा फिर चमक उठे।

मैंने समझदारी की चादर ओढ़ ली और यात्रा की तैयारियों में जुट गई। 8 जून, 1984 को भारत के मानचित्र पर ऑपरेशन बलू स्टार की दुर्भाग्यपूर्ण घटना घटी। एक लम्बे समय तक देश के कैनवास पर जिसकी बदरंग छाया पड़ती रही। हमारे परिवार के मानचित्र को भी बदरंग करने की पहली शुरुआत शायद इसी ऐतिहासिक काल से प्रारम्भ हुई।

× × ×

गिरिडीह (झारखण्ड) से लगभग सत्तर किलोमीटर दूर–शिखरजी की पहाड़ियों की तराई में बसा छोटा-सा गाँव मधुवन, जो मधुवन कम, पहाड़ियों के चलते शिखरजी के नाम से ज्यादा जाना जाता है। यह जैनियों का मक्का-मदीना है। यहाँ एक किलोमीटर की रेंज के भीतर ही जैनियों के एक-से-एक आलीशान इक्कीस मन्दिर हैं। इन मन्दिरों की उत्कृष्टता, भव्यता और अनूठा स्थापत्य को देख इन्हें मन्दिरों का देश भी कहा जा सकता है। ऐसा विश्वास और मान्यता है कि जैन समाज के चौबीस तीर्थंकारों में से बाईस–तीर्थंकरों का निर्वाण इन्हीं पहाड़ियों पर हुआ था। आज भी इन पहाड़ियों पर इन तीर्थंकरों के पदचिह्न सुरक्षित हैं, जिन्हें टॉक कहा जाता है।

शिखरजी की पहाड़ियों से बह-बह कर आती हवाओं और झूम-झूम झूमते पेड़ों ने मुझ पर जादू का सा असर किया। मौत और अवसाद से भरे हमारे प्राणों में इन हवाओं ने वहाँ उतरने के साथ ही जीवन फूँकना आरम्भ कर दिया। मेरा दुपट्टा लहराने लगा। छुटकी के बाल हवा में उड़ने लगे और इसके साथ ही एक बार फिर हम खुशियों के बादल पर सवार हुए...ठौर-ठौर पर बने मन्दिरों के जखीरों को देख छुटकी बहुत रोमांचित थी। और एक जगह बन्दरों के झुंड के झुंड को तो देख चीख ही पड़ी–जीजी, यह देखो!

क्या माँ मृत्यु दुख से विदीर्ण हुए हमारे तन-मन को प्राकृतिक और आध्यात्मिक खुराक देकर फिर से तरोताज़ा करना चाहती हैं, जिससे हम अपनी सारी सिसकियों और आँसूओं को इन हवाओं और पहाड़ियों को समर्पित कर जीवन की राग दुबारा छेड़ सकें। एक प्रश्न मन के बियावान में उठा–क्या माँ को मैंने गलत समझा? जिन पलों माँ का ख्याल मेरे भीतर के आँगन में किसी ज़िद्दी मक्खी की तरह लगातार भिनभिना रहा था और हमारा उत्साह चढ़ती लहर की तरह चरम पर था...मैंने देखा...माँ हठात् फूट-फूट कर रोने लगी थी। तुम्हें एकाएक क्या हुआ? मैं आश्चर्य के समुद्र में डूब गई। यहाँ तो इतना उत्साह...इतना जीवन...कि मुर्दा भी हँसने लगे और तुम हो कि...मैं बात पूरी भी

नहीं कर पाई थी कि अम्मा फिर फूट पड़ी–आठ साल पहले जब हम यहाँ आए थे तो हम पाँच थे, आज सिर्फ़ तीन रह गए हैं। कुछ भी हमारा नहीं है। सब शेष हो जानेवाला है।

माँ अतीत में डूब गई थी और इसका सीधा संक्रमण छुटकी पर हुआ था। वह भी हँसते-हँसते रो पड़ी थी और रोते-रोते हिचकियाँ लेने लगी थी। ऋषि उसका दिन-रात का साथी था। दोनों एक साथ स्कूल जाते, एक साथ होमवर्क करते, शाम को एक साथ आईस-पाईस खेलते।

मैंने छुटकी के आँसू पोंछे। उसे समझाया–देखो, उसे ईश्वर ने दिया था हमें थोड़े दिनों के लिए और मियाद पूरी होने पर उसी ने वापस भी ले लिया। जो चीज़ अपनी नहीं उसके लिए दुख नहीं करना चाहिए। उसके भोले मन ने भरोसा किया मेरा और थोड़ी देर बाद ही वह शान्त हो गई।

धर्मशाला में थोड़ी देर आराम करने के बाद मैं छुटकी के साथ बाहर निकल पड़ी। शिखरजी के अप्रतिम-सौन्दर्य को जी-भर निहारने।

क़तार में बने एक से एक भव्य मन्दिर!

अध्यात्म के ताजमहल!

कहीं खिलते कमल की अनुकृति तो कहीं परम्परागत गोल गुम्बद के आकार में। कोलकाता व मुम्बई और दिल्ली से झन-झन कर बहकर आती चाँदी। यात्रियों की सुख-सुविधाओं के लिए पाँव फैलाता धार्मिक कारोबार, छोटे-मोटे कई होटल। कदम-कदम पर चाय-कॉफी, अल्पाहार और स्नैक्स के रेस्तराँ। चमत्कार, श्रद्धा और धार्मिक-भावना के पालन-पोषण के लिए पवित्र वस्तुओं की एक और दुनिया–धूप, चन्दन, अगरबत्ती, भौमिया जी की तस्वीर, कपूर, केसर, बरक, दीया-बाती, सिन्दूर, कुंकुम आदि की कई दुकानें, मन्दिर से सटी हुई। कहीं जड़ी बूटी बिकती हुई तो कहीं मंत्रित-चमत्कारित लॉकेट, तावीज बिकते हुए। सारे पाप-पुण्य, लाभ-हानि मन्दिर जी के नाम।

एक मन्दिर की शिल्पकला देख छुटकी खुशी से चहक उठी। हैरत से फिरती उसकी गोल-गोल आँखें पकौड़ी बन गई। मैं भी अवाक् मुग्ध। यह एकदम ताजा टटका मन्दिर था। इसकी बनावट इस प्रकार की थी कि बाहर से देखने पर पहली झलक में यह मन्दिर नहीं वरन किसी पहाड़ सदृश दिखता था। छोटी-छोटी उबड़-खाबड़ कृत्रिम पहाड़ियाँ। पहाड़ियों पर जहाँ-तहाँ बने बसेरे। विश्राम के लिए बनी एकाध कुटिया और तीर्थंकर के पदचिह्न, बाहर देवदास और क्रिसमस ट्री जैसे खूबसूरत पेड़ों से घिरा प्रवेश द्वार का अहाता। पूरा परिदृश्य ही इतना सुन्दर था कि सौन्दर्य आँखों में बस जाए। एक मुद्दत बाद मैंने और छुटकी ने एक साथ किलकारी मारी थी। हमें बाग-बाग देख वहीं के एक कर्मचारी ने पूछा... क्या आप लोगों ने पहाड़ कर लिया?

पहाड़ कर लिया? क्या मतलब? और तभी मुझे ध्यान आया कि यहाँ पर आनेवाला हरेक यात्री पहाड़ों पर बनी टॉक के दर्शन अवश्य करता है। इसीलिए यहाँ की बोलीचाली में जो शब्द सबसे अधिक गूँजता है वह है 'पहाड़ कर लिया।'

उत्साहित होकर बताने लगा वह जो पहाड़ नहीं चढ़ पाते उन्हीं के लिए बनाया गया है इस विराट पहाड़ का यह लघु संस्करण। घूम लीजिए इस मॉडल पहाड़ पर, असली पहाड़ करने का पुण्य हासिल हो जाएगा, आपको भी।

उस मॉडल पहाड़ की परिक्रमा कर हम मन्दिर के बाहरी दरवाज़े तक आएँ तो दरवाज़े पर हाथ में तलवार लिए द्वारपाल की एक प्रतिमा लगी थी। छुटकी ने मेरा ध्यान खींचते हुए कहा–दीदी यह देखो। मैंने कहा–हाँ, यह देखने में महाराणा प्रताप की मूर्ति की तरह लगती है। और जाने कैसे किसी जादुई छड़ी के स्पर्श से समय जैसे पीछे घूम गया। छुटकी की आँखें फिर भर आईं। याद है जीजी, ऋषि किस प्रकार अपने हाथ में स्केल लेकर उसे ही तलवार की तरह घुमा-घुमाकर अपनी कविता याद करता था–*'चढ़ चेतक तलवार उठा रखता था, भूतल पानी को/राणाप्रताप सिर काट-काट करता था सफल जवानी को।'*

और तुम भी तो उसके जवाब में कैसे जोर-जोर से गाती थीं–*'बुन्देले हरबोलो के मुँह हमने सुनी कहानी थी/खूब लड़ी मर्दानी वह तो झाँसी वाली रानी थी।'*

और कई बार दोनों भिड़ जाते। एक कहता, राणाप्रताप ज्यादा वीर थे, छुटकी कहती झाँसी की रानी ज्यादा बहादुर थी। कई बार ऋषि छुटकी को एक ही झटके में चित्त कर देता और मुझे आवाज़ देकर कहता–जीजी सँभालो अपनी झाँसी की रानी को...कैसे अधमरी पड़ी है।

ऋषि की उस भंगिमा को याद कर मैं उदास हँसी हँस पड़ी। छुटकी की आँखें फिर भर आईं। उसने अवरुद्ध कंठ से फिर पूछा–दीदी, ऋषि क्या सचमुच भगवान के यहाँ है?

जाने क्यों ऊँट की तरह गर्दन उचकाकर मैंने ऊपर की ओर ताका तो मुझे ऋषि तो नहीं, मुँह पर सफेद रुमाल बाँध माँ आती दिखाई दी। हर वक्त छाया रहनेवाला अवसाद उस वक्त माँ के चेहरे पर से सिरे से गायब था, जैसे किसी ने डस्टर घुमाकर बोर्ड साफ कर दिया हो। वे थोड़ी व्यस्त दिखीं। हड़बड़ाते हुए कहा उन्होंने–तुम दोनों यहाँ गुलछर्रे उड़ा रही हो और वहाँ मन्दिर में आरती का समय निकला जा रहा है। अम्मी की ढल्ली छुटकी तुरन्त मेरा हाथ छुड़ा अम्मा के साथ हो ली। पीछे-पीछे बेमन से पाँव घसीटती-घसीटती मैं।

जब तक बीच वाले मन्दिर में पहुँचे हम, आरती शुरू हो चुकी थी। छुटकी और अम्मा आध्यात्मिक तल्लीनता से आँखें मूँद झूम-झूम आरती गाने लगीं मैं फिर अवाक्...कल तक फिल्मी गीतों पर थिरकनेवाली इस छोकरी ने फिल्मी गीतों की पैरोडी पर इतने भजन कहाँ से सीख लिए? शायद वह उम्र के उस मुकाम

पर थी जहाँ हर प्रकार की ग्रहणशीलता और संवेदनशीलता चरम पर होती हैं या कौन जाने दो-दो असामयिक मौतों के चलते माटी-मटाल हुए उसके बचपन ने ही भजनों की ओर मोड़ दिया था उसे।

बहरहाल...रात माँ फिर मेरे लिए उतनी ही अबूझ और रहस्यमयी बन गई जितनी शिखरजी की पहाड़ियाँ। नाराज थीं वे–यहाँ भी साथ नहीं रहती तुम और छुटकी को भी साथ-साथ लादे फिरती हो। न ढंग से देव-दर्शन और न पूजा-आरती। सिर्फ़ मटरगश्ती। पहाड़ करना है, कल सुबह। अब सो जाओ तुरन्त सुबह साढ़े तीन बजे उठना है।

क्षमाभाव के साथ कहा मैंने–चाय पीनी है मुझे। अजीमगंज छोड़ने के बाद एक बार भी चाय नहीं पी। सिर घूम रहा है मेरा।

एकदम तल्ख हो गई, माँ की आवाज। थूकती नज़रों से देखा मुझे और टन्नाई, कब सुधरोगी तुम? तीर्थ स्थान है यह। दिन ढले यहाँ चाय तो क्या, लोग पानी तक नहीं पीते। जितनी जल्दी हो सके तुम अपनी गलत आदतों को सुधार लो नहीं तो...

नहीं तो क्या? मैंने पूछा था–पर तब तक माँ फिर जाने कहाँ लुप्त हो गई थी और वहाँ जो थी वह माँ नहीं, माँ की छाया भर थी...हमारी पहरेदार। उदास मन फिर पीछे घूमा। अतीत की राख छोड़ फिर एक शाम सामने आ खड़ी हुई। बी.कॉम. द्वितीय वर्ष की परीक्षा थी मेरी। बीमार चल रहा था ऋषि। मौत की छाया में साँस लेता हमारा परिवार था। डॉक्टरों ने जवाब दे दिया था, हमें। गमगीन-सी मैं परीक्षा हॉल से बाहर निकली तो जैसे सूखे में सावन दिख गया। सामने पापा थे, चाय से भरा पीला थर्मस हाथ में लिए। सम्पूर्णता का वह क्षण। उन क्षणों मिला जीवन का वह संस्पर्श। अभिभूत थी मैं। क्या किसी चमत्कार से ठीक हो गया ऋषि? कैसा है? आप क्यों आए?

क्यों न आता? और उन बीमार आँखों में भी अपनी बेटी के लिए न जाने कितने स्वप्न जुगनू की तरह झिलमिला उठे थे।

× × ×

भोर।

भोर के नर्म कोहरे को भेदती हुई एक आवाज़ चार बजते ही पूरे गलियारे में गूँजी–जागिए, पहाड़ पर जाने का समय हो गया है। भोर की प्रशान्ति और वातावरण की निस्तब्धता में किसी दूसरे लोक से आती लगी वह आवाज। नींद की नदी में हौले-हौले तैर रही थी मैं कि माँ ने झिंझोड़ा–उठो, पहाड़ चलना है। आधी सोती, आधी जागती, अनमनी-सी उठी तो देखा, प्रफुल्लित छुटकी उत्साह के अतिरेक में बन्दर छापवाला दन्त मंजन बजाय दाँतों के होठों पर ही मसल रही थी।

मुँह-हाथ धो हम मन्दिर के कार्यालय में पहुँचे। हम तीनों के नाम वहाँ नोट

कर लिए गए और पहाड़ पर चढ़ने के लिए हमें एक-एक लाठी भी दी गई। मन्दिर के कर्मचारी ने पूछा–क्या हमें डोली लगेगी? मैं माँ के लिए डोली करना चाहती थी, पर डोली का खर्च हमारे बजट की सीमा के बाहर था।

मन्दिर के मुख्य द्वार तक आते-आते ज़िन्दगी का एक बदरंग टुकड़ा फिर आँखों को झटका दे गया। खुले अहाते में ढीली मैली पोटलियों की तरह एक-दूसरे पर चढ़े, गंधाते उनींदे, चिपचिपे और बढ़ी दाढ़ीवाले ढेर सारे भूरे काले डोलीवाले जो पूरी रात अपनी डोली पर ही सोने और बैठने की बीच की स्थिति में अकड़े बैठे अपनी बारी का इन्तज़ार करते मिचमिची आँखों से हमें देखे जा रहे थे।

एक-सी ही मुखाकृति के उदास, बुभुक्षित निचुड़े चेहरे। पिछले छह महीनों में जाने कितनी बार मैंने स्वयं को पृथ्वी की सबसे बड़ी दुखियारी के रूप में देखा था...मनो नहीं, टनों आँसू बहे थे आँखों से। दिनोंदिन ज़िन्दगी के बोझ से दबी जा रही थी मैं। घटते खाने का स्तर देखकर काँप जाती, जाने कब चूल्हे से भी धुआँ उठना बन्द हो जाए।

पर आज मानवीय पीड़ा का एक सर्वथा नया पृष्ठ मेरी आँखों के सामने खुला। इन डोलीवाली की तुलना में कितनी रईस थी मेरी रातें...कि मैंने कोई भी तो रात मजदूरी पाने के इन्तज़ार में इस प्रकार अधसोते-अधजागते अकड़ते बैठकर नहीं काटी।

अतीत के झरोखे से फिर झाँक गए पिता। जब-जब जीवन हमें रुलाता। अपने अभावों का रोने को लेकर बैठ जाते हम, पिता हमें अपने अमूल्य विचारों की थपकियाँ देते रहते।

'अपना ही गम देखा है, तूने कितना कम देखा है।'

अनुभवों के तल से छनकर आती पिता की हर बात। वे थे तो किस प्रकार विचारों के पड़ोस में बसेरा था हमारा।

थोड़ा और आगे बढ़े हम कि साथ चलते-चलते दो डोलीवालों ने पूछा–'डोली लगेगा बहनजी?' ना कहने पर भी वे चलते रहे हमारे पीछे-पीछे।

हम भी चलते रहे। दृश्य बदलते रहे। ठिंगने-ठिंगने घर। छितराए। कच्चे-कच्चे गोबर माटी से लिपे-पुते। कहीं खपरैल की छत, कहीं टीन की तो कहीं केवल पत्तो से बनी...। कुछ झोपड़ियाँ एकदम नई नवेली, ताजी टटकी तो कुछ रिसती...ध्वस्त प्रायः। घरों के पास की ज़मीन वर्षा के पानी से भींगी हुई। आसपास ढेर सारा गोबर, कचरा, कादा कीचड़, मक्खियाँ और बजबजाता मल-मूत्र जिसे चतुर मेहतरों की तरह सफाचट करते चुस्त कमांडों से सूअर–प्राकृतिक मेहतर।

कई घरों में, जो थोड़े समृद्ध थे, आदमी और भैंस एक ही साथ डकार रहे थे। कहीं-कहीं भैंस के साथ बकरियाँ भी। भोर के नीम अँधेरे में ही यहाँ जीवन

शुरू हो जाता। एक घर के बाहर खूँटे से बँधी दो भैंसों के लिए नांद में ढेर सारा चारा डालती हुई मेरी ही हमउम्र एक लड़की। ऐसे सौभाग्यशाली घर अपवाद स्वरूप थे जहाँ भैंस और आदमी बराबर जगह घेरते हों। अधिकांश घरों के भीतर झाँका तो एक-सी ही बदरंग तस्वीर–अल्युमिनियम के कुछ बर्तन, पानी की हांडी, टीन का बक्सा और कुछ काठ-कबाड़। कोने से लगा माटी का चूल्हा। घर के भीतर बँधी कहीं मूंज, तो कहीं प्लास्टिक की डोरी जिस पर लटकते मैले से कुछ कपड़े...बाहर मूंज की खटिया। एक घर की छत को तो टीन और खपरैल तक नसीब नहीं थी...सिर्फ़ पत्तों से बनी...छत। यदि सोते हुए आग लग गई तो क्या बच पाएगा?

सूरज अभी तक नहीं निकला था। पर यहाँ जीवन बह निकला था। छोटे-छोटे जीवन-चित्र मेरी दुनिया को विस्तार दे रहे थे। और थोड़ा आगे बढ़ी तो रोगी-कोढ़ी भूखे, नंगों, लूलों और लंगड़ों की पूरी एक लड़खड़ाती दुनिया मेरे सामने थी, जिसने भोर की सारी सात्विकता और प्रशान्ति के परखच्चे उड़ा कर रख दिए थे। मेरा मन बुरी तरह भन्ना गया था। कहीं टूटे हाथ, तो कहीं रेंगते घसीटते शरीर, तो कहीं गली हुई नाक, तो कहीं सड़ी हुई उँगलियाँ। ऐसे जीवन जो जिन्दा थे मगर जीवित नहीं नज़र आ रहे थे। जिनकी स्थिर पुतलियों में तभी कोई हलचल मचती जब कोई यात्री इनकी फैली हथेलियों पर कुछ गिरा देता।

मानवीय व्यथा, पीड़ा और अवसाद की एक नदी बह रही थी हर तरफ जिसमें गले तक डूबे थे सभी। मैंने दिमागी चैनल बदला अपना और नज़रें दूसरी और घुमाई। यात्रियों का एक उमंगित कारवाँ आध्यात्मिक आह्लाद में आसपास की धूल-धक्कड़, दुख दैत्य से असंपृक्त...'अमर्त्य वीर पुत्र हो...बढ़े चलो, बढ़े चलो' की तर्ज पर अपनी धार्मिक उपलब्धियों के प्रशस्त पथ पर गर्व और उल्लास से बढ़ता जा रहा था आगे।

एकाएक मुझे लगा...मैं थोड़ा पीछे छूट गई हूँ। छुटकी और माँ काफी आगे निकल गई है।

पहाड़ के प्रवेश द्वार पर ही एक बोर्ड लगा था जिस पर लिखी इबारत ने मेरा ध्यान आकर्षित किया–संसार में उदासीन भाव से रहें...कामिनी कंचन आदि विकारों से दूर रहें। बोर्ड को पढ़ने के साथ ही मैं नए सिरे से सजग हुई कि यह पहाड़ सार्वजनिक कम वरन् जैन सम्प्रदाय की निजी सम्पत्ति अधिक था और यह यात्रा भी पहाड़ का आनन्द उठाने के लिए नहीं वरन् भवसागर पार करने के निमित्त अधिक थी...इसीलिए यह उपदेश। मुझे नए सिरे से अपने स्त्री होने का बोध हुआ पर साथ ही अपने वर्ग के बारे में महापुरुषों के विचार जान दुष्ट हँसी भी आई। कामिनियों से इतना डर कि ईश्वर की सर्वश्रेष्ठ कृति, कामिनी को भी विकारों में शामिल कर लिया गया? खैर...अपने आसपास बिखरी प्राकृतिक सुषमा

को आत्मसात करती अपनी आत्मा की खिड़कियों को खोलती रुक-रुककर ठहर-ठहर कर आगे बढ़ रही थी मैं कि तभी देखा–सीमेंट की बनी पटरी पर तीन किशोरियाँ एक अधेड़ स्त्री के साथ। मैली-कुचैली उनकी पोशाक, झूमा-झटकी पैरों में प्लास्टिक की सस्ती चप्पलें और बिखरे बालों को देख, यह समझते देर नहीं लगी कि वे मधुवन की ही स्थानीय बाशिन्दा थीं।

–क्या पहाड़ पर घूमने आई हो? मैंने पूछा।

–वे हँस पड़ी, लहर-लहर हरहराती हँसी।

–नहीं, हम यहाँ, बालू उठाने आई हैं।

–बालू उठाने? पर क्यों?

–पहाड़ पर इहाँ मन्दिर बन रहा है, उसी के लिए।

क्या? फिर एक मन्दिर? हे भगवान, यात्रियों से ज्यादा मन्दिर? एक किलो मीटर की रेंज में दो दिनों के लिए आए यात्रियों के लिए बीस मन्दिर पर यहाँ के मूल बाशिन्दों के लिए एक भी अस्पताल और विद्यालय नहीं? जीओ मेरे देश! अच्छा गोलमाल! आवश्यकता किस चीज़ की, और बन क्या रहा है? पहाड़ पर ऊपर एक और मन्दिर की तैयारी? क्या होगा इतने मन्दिरों का?

डंठल सी बदन की, डंठल-सी बैठी अधेड़ स्त्री बुरा मान गई। उसमें एकाएक हलचल हुई। वह मुड़ी मेरी तरफ और फूट पड़ी–बनते रहे मन्दिर...जब तक बनते रहेंगे, पेट में भात और दाना पड़ता रहेगा।

ज़िन्दगी की जंग में बालू ढोते उस परिवार को देख मन पर फिर हताशा और अवसाद की कोई पपड़ी-सी जमी। मन किया पूछूँ उन लड़कियों से–क्या तुम्हारे भी पिता नहीं, जो तुम्हें अभी से ही लड़नी पड़ रही है ज़िन्दगी की लड़ाई? पर तभी वह डंठल-सी करीब सरकी और पूछ बैठी मुझसे–डोली लगेगा...बेटी? अमरा आदमी डोली ढोता। बीस दिन से घूम रहा हूँ...पर एको यात्री नहीं पाया।

जी कड़ाकर कहा मैंने–नहीं, मुझे नहीं लगेगी डोली।

उम्मीद का जुगनू जो क्षण-भर के लिए चमका था उसकी आँखों में वह बुझ गया। अपने बेडौल पैरों को प्लास्टिक की चप्पल में घुसेड़ते हुए उठने को हुई वह कि तभी मैंने उन लड़कियों से पूछा–

–कितना मिल जाता है? पहाड़ पर बालू उठाने का?

–पाँच रुपया

–क्या? कितनी बालू उठाने पर?

–अपनी विफलता से बेखबर फिर हँसने लगी वह और टाँगों को हिलाते हुए जवाब दिया उसने।

–सुबह साढ़े आठ बजे से शाम पाँच बजे तक।

–बाप रे! साढ़े आठ घंटों की रगड़ाई का मात्र पाँच रुपए?

मेरे मुँह से हठात् निकल पड़ा। वे थोड़ी गमगीन हुई और पगडंडियों की ओर बढ़ने लगी। हाथों को लहराते हुए मैंने उनसे विदा ली और पहाड़ियों पर चढ़ने लगी।

× × ×

ठौर-ठौर पर लगे शीशम, इमली, सरगुजा, जामुन और महुआ के असंख्य पेड़। उनसे छन-छन कर आती हवाएँ, पत्तों की सरसराहट और उगते सूरज का सुनहरा उजास।

चित्रलिखित-सी प्रकृति और सम्मोहित मैं। हवाओं और दृश्यों को भीतर भरने लगी मैं। जीवन जगत को भूल-भाइंड से नो माइंड की भाव दशा में काफी दूर तक निकल गई थी कि फिर तंद्रा टूटी...कल्पना यथार्थ से टकराई। सुर बेसुरा हुआ। देखा, याचना के लिए फैला कोई अपाहिज हाथ। दिमाग को झटका दे आगे बढ़ना चाहा तो बढ़ नहीं पाई। अपाहिज का हाथ साथ-साथ चलने लगा और चलते-चलते टकरा गया अपने अतीत की बदरंग तस्वीर से।

मेरी परीक्षाएँ...साबुन का ठप होता कारोबार, दुखी माँ का अड़ियल रवैया... मैंने मन को मजबूत किया। बालू उठाते उस परिवार को याद किया और रूमाल में गाँठ बाँधी–मुझे ज़िन्दगी का साथ निभाना है और ज़िन्दगी से हार नहीं मानने की ज़िद को जिन्दा बनाए रखना है।

इस संकल्प के साथ ही जाने कैसी शान्ति मेरे भीतर भरने लगी। मैं खुश थी। कृतज्ञ थी। किसी ऋषि की तरह शान्त थी। इतिहास मुझसे बतियाने लगा। मैं साक्षात् देखने लगी–घर-परिवार को त्याग, सत्य की खोज में नंगे-पैरों विचरन करनेवाले ऋषि-मुनि तीर्थंकर। वह कैसी बेचैनी रही होगी, जिसने शान्ति और जीवन की खोज में जीवन रहस्यों को भेदने की आतुरता में ला पटका होगा उन ऋषि-मुनियों को इन पहाड़ियों पर।

मैं किसी ऊँचे टीले पर आलथी-पालथी मार बैठ गई। विराट के प्रभाव और भावनाओं के आवेग में आँखें मूँद गई मेरी। आत्मविस्मृति के कुछ विरल क्षण सरके कि तभी जैसे किसी ने पुकारा मुझे। आँखें खुलीं। मैं समाधि से नीचे उतरी तो सामने दो डोलीवाले।

–क्या है?

–डोली लगेगा बहनजी?

–नहीं

–क्या आप पहाड़ नहीं कर रहीं हैं?

–कर रही हूँ। मेरी माँ और बहन आगे निकल गई है। मुझे यह जगह अच्छी लगी इसलिए यूँ ही बैठ गई...

डोलीवाला फिर खुशामद करते हुए कहने लगा–डोली कर लीजिए बहनजी।

सत्ताइस किलोमीटर का इतना कड़ा पहाड़ आप बिना डोली के नहीं कर पाएँगी।

मेरे मना करने के बावजूद वे मेरे पीछे-पीछे चलते रहे। मैंने फिर उन्हें आगाह किया–देखिए हम डोली नहीं करेंगे। आप बेकार अपना समय नष्ट कर रहे हैं, हमारे पीछे-पीछे चल-चल कर। अच्छा हो, आप मन्दिर की ओर जाइए शायद वहाँ कोई यात्री मिल जाए।

मेरी बात सुनकर डोलीवाले का चेहरा गोबर के अधजले उपले की तरह बदरंग हुआ। उदास हँसी बिखेरते हुए कहने लगा वह–दूसरा काम हाथ में होता तो यूँ यात्री के पीछे काहे को दौड़ लगाता। मन्दिर में यात्री नम्बर से मिलता है, महीने में एक बार आता है नम्बर बाकी रोज तो हम लोग इसी प्रकार काम की उम्मीद में पहाड़ पर दौड़ लगाते फिरते है कि जब चढ़ाई कड़ी हो जाए तो शायद किसी को डोली की ज़रूरत पड़े।

क्या? इस मरियल-सी उम्मीद में हर रोज पहाड़ पर 27 किलोमीटर की दौड़! आश्चर्य से मेरा मुँह खुला का खुला रह गया।

उसने फिर मुझे समझाया। नहीं बैन जी, हम पूरा पहाड़ तक यात्री का पीछा नहीं करते। हम सिर्फ़ चढ़ाई भर पीछे-पीछे चलते हैं जो चढ़ाई अपने बूते कर लेता हो, उसे फिर उतरने में डोली नहीं लगता है। एक गहरी निःश्वास ले वह फिर चालू हो गया–का करे बैन जी, गाँव में भी तो काम नहीं मिलता है, वहाँ से भूखा मरता यहाँ पहाड़ पर दौड़ लगाते हैं और यहाँ से खाली हाथ वापस गाँव लौट जाते हैं।

यह यात्रा मेरी लोकयात्रा होती जा रही थी। डोलीवालों की बातें मेरी बन्द दुनिया में यथार्थ के नए रोशनदान खोल रही थी। मेरी आँखों से पर्दा हटता जा रहा था। मन करने लगा कि मैं अनन्त काल तक उनसे बतियाती रहूँ... उनके जीवन...उनके घर, घर के लोगों के बारे में पर छुटकी और माँ काफी आगे निकल चुकी थी...इस कारण मन मार मैं भी जल्दी-जल्दी ऊपर चढ़ने लगी।

ऊँचाइयाँ। पल-पल परिवर्तित प्रकृति। दृश्य फिर बदला। एकाएक देखा–ढेर सारे कुच-कुच हरे तोते। मैं आदिम खुशी से चीख पड़ी, तोता! थोड़ा ऊँचा चढ़ी तो एक गडरिये को देखा, झाड़ी से निकलते हुए। फिर एक लकड़हारा सिर पर लकड़ियों का भारी-भरकम गट्ठर ढोते हुए। दो-एक महिलाएँ सिर पर पत्तों की टोकरी ढोते हुए।

शायद इसे ही कहते हैं पहाड़ की दुनिया। प्रकृति और पहाड़ से एकात्मक होती मैं ऊपर चढ़ने लगी कि देखा फिर वे दोनों डोलीवाले जिन्हें नीचे छोड़ आई थी मैं। मैं विस्मय से भर गई। वे हँसने लगे, महुआ-सी मोहक हँसी–हम छोटी

पगडंडी से आ गए।

छोटी पगडण्डी? पर उधर घने जंगलों में तो जानवर भी मिल सकते थे! वे फिर हँस दिए–अब कहाँ वैसे झुंड-के-झुंड जिनावर। एक समय था कि आधी रात को लालटेन लेकर हम पहाड़ पर निकलते थे, तो ऊपर शेर की दहाड़ सुनकर काँप जाते थे। पर जब से पहाड़ पर मन्दिर बनाने के लिए, और रास्तों को पक्का बनाने के लिए डिनामाइट से चट्टान को उड़ाया गया। धमाके का...आवाज़ सुन सब जिनावर भाग गया।

जिनावर भाग गए? शब्दों के कम्पन ने मुझे स्पर्श किया। मैंने ध्यान से देखा–वह मुझे दुखी नज़र आया। वह लम्बू डोलीवाला।

–क्या आपको बहुत दुख है जानवरों के भाग जाने का?

कान के पीछे से अधबुझी बीड़ी निकाल उसने उसे सुलगाया और सुट्टा लेते हुए जवाब दिया।

–दुख तो होता ही है बैन जी। पहाड़ अब पहाड़ नहीं लगता। ये पहले कच्चा रास्ता था तो चढ़ने में थकावट भी नहीं होती थी। उबड़-खाबड़ रास्तों में गिरने से हड्डी टूटने और घुटना फुटने का डर कम रहता था। जब से रास्तों को सीमेंट का बना दिया गया है–एकदम सीधी चढ़ाई चढ़ने से दम फूलने लगता है।

एकाएक मेरे ज़ेहन में तीर कमान लिए नंगे बदन आखेट करते ठेठ आदिवासी का परम्परागत बिम्ब कौंध गया। अनाड़ी की तरह मैं पूछ बैठी–क्या आप शिकार करते हैं। उसके साँवले चेहरे पर फिर दुख के बादल मँडराने लगे–बहनजी अब गाँव के जंगल में भी कहाँ मिलते हैं वैसे झुंड-के-झुंड जिनावर। अब तो बस रसम के तौर पर साल में एक दफा फगुआ शिकार पर निकलते हैं।

–फगुआ शिकार?

–हाँ, बहनजी, यह फाल्गुन महीने में होता है। पूरा गाँव इसमें एक साथ शिकार पर निकलता है। इसमें हम कुछ लोग आगे जाकर पेड़ की आड़ में छिप जाते हैं। बचे हुए लोग जानवर के पीछे उसे खदेड़ते हुए पेड़ तक ले आते हैं। फिर पेड़ के पीछे छिपे लोग तीर से उसे छेद देते हैं। हरेक को जानवर कहाँ मिल पाता है। पूरे गाँव के बीच एकाध सूअर या हिरण बस। कई बार हम लोग आँख लगाकर बैठे रहते हैं कि जानवर कहाँ-कहाँ पानी पीने के लिए आता है। बस वहीं मंच बनाकर घात में बैठे रहते हैं–जैसे ही आया, निशाना साध लेते हैं।

अपने ही प्रवाह में बहता जा रहा था वह कि सुस्त पड़ जाती हूँ मैं। चढ़ाई चढ़ते-चढ़ते, हाँफते-हाँफते पूछ बैठती हूँ–कितनी दूर और है जल मन्दिर?

दोनों हँस पड़ते हैं। उम्मीद की किरण गहरा जाती है उनकी आँखों में कि अब शायद हाथ खड़ा कर दूँ मैं। मुझे रिझाते हुए कहता है लम्बू डोलीवाला–डोली पर बैठ जाइए। घंटे-भर में जल मन्दिर पहुँचा देंगे। जो समझ में आए दे

दीजिएगा। आप तो अभी से ही हाँफने लगी हैं।

नहले पर दहला मारते जवाब देती हूँ मैं–देखिए धर्म का रास्ता है यह। किसी और के कन्धे पर बैठकर नहीं जाया जा सकता है वहाँ। इसके लिए तो अपने पाँवों को ही थकाना होगा। धीरे-धीरे ही सही, पर पहुँच तो जाऊँगी।

वह हँस दिया–मखाने-सी मीठी हँसी। बात तो आपकी सही है।

छोटी-सी यह धार्मिक यात्रा किस तरह मेरी खोज यात्रा बन रही थी इसी अहसास के आनन्द में झूमते दरख्तों, कूद-फाँद करते बन्दरों, रह-रह कर कूकती कोयलों और मन को सिंचित करती हवाओं के साथ जब तक मैं जल मन्दिर पहुँचो, पूजा आरम्भ हो चुकी थी। छुटकी और माँ नहा-धोकर धुले वस्त्र पहनकर ईश्वर प्रतिमा का दूध और जल से प्रक्षालण कर रहे थे। मुझे देख बाजी जीत लेने के अन्दाज में छुटकी ने मुझे अँगूठा दिखाया। मेरे चहरे पर छाए अखंड आनन्द को देख माँ दुखी हुई और उनके भाव कठोर हुए। घूरती नज़रों से मुझे देखा माँ ने और आह भरते हुए कहा–क्या फायदा हुआ पहाड़ करके, जब पूजा में ही शामिल नहीं हुई।

मेरी नज़र अकस्मात् छुटकी पर गई जो नाक तक रूमाल बाँधे नन्ही पुजारिन-सी नज़र आ रही थी और जिसने क्लास मिस कर इस यात्रा का सुख भोगने का एक बार भी विरोध नहीं किया था और जो दिनोंदिन अपनी बाल-सुलभ जिज्ञासाओं, प्रवृत्तियों और चंचलताओं पर ढक्कन लगाते हुए जब तब माँ के पाले में चली जाती थी। मैंने एक अलग ही भावोदशा में थिरकते हुए माँ से ज्यादा छुटकी को सुनाते हुए जवाब दिया–माँ मुझे तो पत्ती-पत्ती में ईश्वर दिखाई देता है जो इतना विराट है कि उसकी पूजा तुम्हारी इस नन्ही-सी थाली और दूध से नहीं हो सकती।

माँ ऐसी भड़की कि लाल झंडे को देख भाजपायी भी क्या भड़कता होगा। उनके शान्त चेहरे पर एकाएक भर्त्सना के काँटे-ही-काँटे उग आए। लोगों के बीच ही मुझे कुहनी तक हाथ जोड़ते हुए परम दुखिया की तरह कहने लगी–भगवान के लिए अपनी बकवास अपने आप तक ही रखो। मुझे शान्ति से जीने दो...एक तुम्हारे पिता थे...सारी दुनिया के लिए दुख-दर्द था...पर धर्म के नाम से ही बिदकते थे। मजाक उड़ाते थे, साधु का साध्वियों का क्या हुआ? नतीजा सामने है। ख़ुद दुख भोगा मुझे भी भोगना पड़ा।

मैं कहना चाहती थी कि मेरे पिता धर्म का नहीं पाखंडों और कर्मकांडों का मजाक उड़ाते थे। तभी भीगी कबूतरी की तरह छुटकी ने मेरी और ताका और होंठों पर उँगली रख मुझसे चुप रहने का अनुरोध किया। जाने क्या था उन नन्ही आँखों में कि मेरे होंठ सिल गए।

पर मन उखड़ गया मेरा। जलमन्दिर की पूजा के बाद हमारा कारवाँ फिर

अपने सफर पर निकला। ऊपर की ओर पर मैं सबसे अलग-अलग कटी-कटी चलने लगी। भीतर फिर धड़कने लगा इतिहास। देव पुरुषों के पदचिह्न बतियाने लगे। जाने कितने ऋषियों और मुनियों की कर्मस्थली रही ये पहाड़ियाँ। जिनमें महावीर तो राजघराने के थे। पर मानव मुक्ति के लिए इन तपोवनों को ही महावीर ने घर बनाया और अपने भीतर का सारा-सौन्दर्य उँड़ेल वे उन जीवन सत्यों तक पहुँचे जिनके समक्ष दुनिया की सारी पूजा और धर्मग्रन्थ भी हल्के पड़ गए। अहिंसा, करुणा, अपरिग्रह का अमर सन्देश देते महावीर! उन्हीं की कर्मस्थली और देवस्थली पर इतने जीवित देवता...भूखे, रेंगते और निर्वस्त्र! इतने अपाहिज! इतनी सड़ी-गली भूरी-काली ठठरियाँ!

मेरी दादी कहा करती थी–आंधा की माखी राम उड़ावै, यानी लाचार आदमी की भगवान मदद करता है। पर मैंने ज़िन्दगी में आज पहली बार इतनी पीड़ा, इतनी विकलाँगता, इतनी लाचारी एक साथ देखी। मैंने देखा स्त्री की ठठरी से चिपकी एक निर्वस्त्र नन्ही जान जो सिर्फ़ हड्डियों का ढाँचा भर थी। रुक-रुककर चलती जिसकी साँसों की डोरी बारिश के एक झोंके में ही टूट गई थी। वह स्त्री छाती पीट-पीट कर भीख माँग रही थी...क्या राम बचाने गए उसे? और यदि हमारे भीतर सचमुच ईश्वर है तो फिर एक का दुख दूसरे को क्यों नहीं व्याप्ता?

पहली बार मुझे लगा कि मेरी आँखों से पर्दा उठ रहा है। पहली बार मैंने धर्म को सन्देह की दृष्टि से देखना शुरू किया था। सच्चाई यह है कि मैं पहाड़ियों पर नहीं, प्रश्नों की नोंक पर चल रही थी।

तो मैं क्या करूँ...किसकी सुनूँ? अम्मा की? लोगों की? वैसा ही जीवन जीऊँ जैसा लोग जीते हैं। जैसा अम्मा जी रही हैं। या अपनी राह ख़ुद चुनूँ? ज़िन्दगी पर अपनी राय ख़ुद क़ायम करूँ?

मैंने देखा–आसमान में उड़ते परिन्दों में जाने कितना जीवन था क्योंकि वही उनके जीवन का सत्य था। क्या है मेरे जीवन का सत्य? मैं नहीं जानती। पर पहली बार मुझे स्पष्ट महसूस हुआ कि मेरी आत्मा के अंडरग्राउंड अँधेरे में कोई सूरज है, जो पहली बार आज चमका है।

मैं...सामने विराट। भावावेग में मेरी आँखें मुँद गईं और एक अमूर्त्त प्रतिज्ञा आकार लेने लगी मेरे भीतर–इन हवाओं, पहाड़ों और पृथ्वी की समस्त हरियाली को साक्षी मान मैं प्रतीज्ञा करती हूँ, मैं जीवन में हार नहीं मानूँगी।

क्या सचमुच–आनेवाले समय का शिखालेख प्रकृति मेरे सामने बाँच रही थी? और उसी के लिए मेरी बीमार आत्मा में ताकत भर रही थी।

बहरहाल...बहुत शीघ्र ही टूट गई मेरी भाव-समाधि।

घड़ी देखी मैंने–बारह बजकर पैंतीस मिनट यानी जल मन्दिर से निकले मुझे पौने दो घंटे हो गए थे। जाहिर था, अपने भीतर ही रमते-रमते मैं छुटकी और

माँ से फिर काफी पीछे रह गई थी। लेकिन पहाड़ियों पर यात्रियों की सतत् आवाजाही के चलते मुझे जंगल में खो जाने का बिलकुल भी डर नहीं था। फिर जगह-जगह दिशा-सूचक चिह्न साइन बोर्ड की तरह लटकाए हुए थे। फिर भी माँ की तनी भृकुटि और छुटकी के घबड़ाए चेहरे की कल्पना ने मेरी तन्नयता विखंडित कर दी। मेरे भीतर बहता, अखंड आनन्द का घट रिसने लगा और मेरी चाल में अनायास ही तेजी आ गई।

रास्ते लेकिन अब संकरे और दुर्गम होने लगे थे। क्षण-भर के लिए एकाकी मन फिर सहमा। मैं और सामने पहाड़। बीच में एक रहस्यमय सन्नाटा और निस्तब्धता। क्या डर रही हूँ मैं? ख़ुद को टटोला मैंने। कुछ क्षण सरके कि तभी सुनाई दी कुछ स्थानीय आवाजें। मुझसे कुछ ही दूरी पर यात्रियों का कोई कारवाँ था। यथाशक्ति उनके ईद-गिर्द रह सकूँ...भीड़ के साथ होने की आदिम ख्वाहिश अब मेरे भीतर भी सिर उठाने लगी थी। वह जयपुर से आया कोई परिवार था। मैंने पूछा–क्या उन्होंने किसी ग्यारह वर्षीय बच्ची और साथ में उसकी माँ को देखा था...अजीमगंज से आए हुए हैं हम!

उन्होंने आश्वस्त किया–हाँ भगवान पार्श्वनाथ की टॉक साथ-साथ की थी हमने पर इसके बाद...आगे बढ़ गई वे दोनों।

मैं समझ गई, इसका मतलब था कि मेरे पास पहाड़ों के साथ रहने का अब और अधिक समय नहीं था। क्योंकि माँ और छुटकी अब पहाड़ के ऊँचाई और समतलवाले खंड को भी पार कर ढलान के रास्तों पर आ गए थे।

माँ का खौफ फिर मेरे भीतर रेंगने लगा।

क्या कुछ देर और रुक जाऊँ पहाड़ों के साथ या तेज-तेज चल छुटकी और माँ के पास पहुँच जाऊँ? मन की पुकार एक तरफ, माँ का खौफ एक तरफ। ओफ्! कितना मुश्किल है मन के भीतर घात लगाए बैठे इस भय से मुक्ति पाना!

मन की इस खींचातानी में अब पहाड़ी सौन्दर्य से पहले की तरह समरस हो पाना मुश्किल हो गया। हबड़ा-हबड़ी के चलते चैतन्य और अन्तरात्मा के इस सफर में दरार पड़ गई।

हवा अभी भी मेरे थके-बुझे तन-मन को सहला रही थी...पर अब मैं आधी थी आधी नहीं थी। उद्विग्न थी, उद्विग्न नहीं भी थी, मन का कोई कोना फिर जाने कैसी उदासी से भर गया। शायद सम्पूर्ण खुशी के क्षण मेरे नसीब में थे ही नहीं।

थोड़ी देर बाद ही मैं–ढलान पर थी। मैं खुश थी कि...मेरे और माँ के बीच अब फासला बहुत कम था। उन्हें मेरी प्रतीक्षा अधिक नहीं करनी पड़ेगी। मैं दुखी थी कि...कुछ अद्भुत और अनूठे लम्हे मेरी खोखली ज़िन्दगी में भरकर इन पहाड़ियों ने मुझे जीवन का नया मंत्र दिया था, वे ही पहाड़ अब ज़िन्दगी से दूर

हो जाएँगे। जाने कब फिर मिलना हो इन हवाओं से...पहाड़ियों से...घटाओं से। कल शाम ही हमें लौट जाना था। जहाँ हर शाम यह आशंका हो कि चूल्हे से भी धुँआ उठेगा या नहीं। वहाँ पहाड़ियों पर भम्रण किसी दूसरे नहीं, तीसरे ही लोक की बात थी। जाने माँ ने कैसे जुटाई होगी इस यात्रा की धनराशि?

मैं एकाएक फिर भावुक हो गई–सलाम पहाड़ियो...सलाम हवाओ...बहती रहो तुम और दुर्बल मनो को सँभालती रहो इसी प्रकार।

जीवन का सर्वथा नया स्वाद चखा था मैंने, आज।

सचमुच!

मन एकाएक फिर गुब्बारे-सा उड़ने लगा कि तभी एक जोरदार धमाका हुआ। कुछ अघटित घटा। कोई गिरा। क्या डाकू आ गए?

बहुत पहले सुना था कि 1982 के आसपास डाकुओं ने एक बार लूटपाट मचाई थी और एक यात्री को मार डाला था। पर वह तो भोर तीन बजे का समय था। उसके बाद से तो पहाड़ पर भी सुरक्षा प्रहरी तैनात कर दिए गए हैं...तो फिर क्या हुआ? दम साधे लम्बे-लम्बे डग भरती घटनास्थल पर पहुँची तो दिल धक् से रह गया। उतराई में किसी डोलीवाले का पाँव फिसल गया था। यात्री को कुछ नहीं हुआ पर डोलीवाले का घुटना फूट गया था। नहीं घुटना फूटा नहीं था पर खुल गया था। गर्म रेत पर तड़पती मछली की मानिंद तड़प रहा था वह। उसके टूटे घुटने पर लाल चौकड़ी का गमछा बाँधते साथी डोलीवाले का हाथ कँपकँपा रहा था।

अब क्या होगा? कैसे गिर पड़ा वह? मेरी उद्धिग्नता पर साथी डोलीवाले ने बताया–लगता है भूख से चक्कर खाकर गिर पड़ा था। कई दिनों से बेकार घूम रहा था।

हे भगवान, मेरी आँखों से पर्दा एक बार फिर हटा। वह परिवार जिसकी सेवा करते डोलीवाला अपने घुटने तुड़वा चुका था उसके मुखिया ने मेहँदी लगे अपने बालों पर हाथ फेरते हुए उसके साथी को डोली का शुल्क 370 रुपए अदा किया और पूरी घटना से अविचलित, निर्लिप्त यूँ खिसक गया जैसे कोई चूहा पास से गुजर जाता है।

थोड़े-थोड़े अन्तराल पर डोलीवाला दर्द से छटपटाता रहा।

थोड़े-थोड़े अन्तराल पर यात्रियों का कारवाँ गुजरता, उसे देखता और आगे बढ़ जाता। दो दिगम्बर मुनि भी उधर से गुजरे। मुझे आशा बँधी...अब शायद कुछ हो...पर वे सब यूँ गुजर गए जैसे वहाँ कुछ हुआ ही नहीं हो, जैसे वहाँ जीवित इनसान का घुटना नहीं कोई पोटली खुली पड़ी हो।

एक ठंडी उदासीनता से डोलीवाला देखता रहा। उन्हें उतरते हुए। उसने न क्रोध किया, न शिकायत की और न ही असन्तोष जताया। अपने भीतर ही आग

टटोलता रहा वह। वह शायद गुस्सा होने की सीमा के भी बहुत पीछे जीता था।

अब क्या करेंगे...? फिर पूछा मैंने।

आसमान की ओर ताकते हुए कहा उसने–देखें...ऊपर से डोलीवाले लौटते होंगे उन्हीं की खाली डोली में बैठाकर नीचे ले जाएँगे शिबु को।

क्या मन्दिर से मिलेगी कुछ सहायता? मैं पूछ बैठी। वह उलटे पड़े तिलचट्टे की तरह छटपटाता रहा। संसार का सारा दर्द जैसे उन छोटी-छोटी आँखों में आँसू बन तैरने लगा। अवरुद्ध कंठ से कहने लगा वह साथी डोलीवाला, नहीं, बैनजी, मन्दिर से हम लोगों को क्या मिलेगा। हम लोग तो यात्री नहीं हैं बल्कि डर है कि कहीं मैनेजरवा आगे से हमें यात्री देना ही बन्द न कर दे कि गोड़ में दम नहीं तो डोली का तानोगे। बोलते-बोलते वह फिर उचक-उचक कर देखता रहा कि दिख जाए कोई साथी डोली वाला।

हे भगवान! एक महान पीड़ा जैसे मेरे सामने जन्म ले रही थी। एक भयंकर विवशता मेरे सामने फड़फड़ा रही थी। देवताओं की इस नगरी में पहली बार धर्मात्माओं पर मेरी आस्था खंडित हुई। एक-एक कर कई यात्री पास से गुजरते गए पर कोई आगे नहीं आया। उनकी सहायता करने...

काश! मैं कुछ कर पाती! धुआँ-धुँआ रह गई मैं। नीचे उतरी कि शायद मिल जाए कोई डोलीवाला...थोड़ी दूरी भी समुन्दर-सी लगी। नीचे तराई में मुझे दो डोलीवाले दिखे...जैसे ही मैंने उन्हें ऊपर घटी दुर्घटना के बारे में बताया...उल्टे पैर दौड़ पड़े वे।

जिस समय धर्मशाला पहुँची। उसी परिवार का मुखिया बरमुडा पहने...लम्बे-लम्बे रोओं से भरे अपने पैरों में बड़े इत्मीनान से कड़वे तेल की मालिश करवा रहा था। उनसे मेरी आँखें चार हुईं...फिर भी उसने मुझसे उस जख्मी डोलीवाले के बारे में जानने की ज़हमत नहीं उठाई। मन में गहराती कड़ुवाहट और दरवाज़ा तोड़ न पाने की विवशता के साथ मैं जब तक अपने कमरे में पहुँची माँ गुस्से में उफान लेता समुद्र बन चुकी थी। उनके होंठों से शब्द नहीं, चिंगारियाँ फूट रही थीं–पिता क्या गए, पर ही निकल आए हैं महारानी के। माँ को तो घोल के ही पी गई। डर, लज्जा सबको खूँटी पर टाँग दिया। यदि अकेले ही सैर सपाटा करना था तो फिर साथ आई ही क्यों?

माँ की तनी आवाज़ को अनसुना कर मैंने माँ को डोलीवाले की घटना सुनाई और उनसे यह आग्रह किया कि वह महाराज–सा (मुनिवर) से अनुरोध कर मन्दिर से उस डोलीवाले को कुछ मुआवजा दिला दे। मेरी बात पर माँ बुरी तरह झल्ला पड़ी। लम्बे-लम्बे हाथ जोड़ते हुए बोली, 'अब चुपकर मेरी माँ। मैं यहाँ धर्म-यात्रा करने आई हूँ, बेकार के लफड़े में फँसने नहीं!'

उन्हीं लम्हों मैंने देखा–माँ के भीतर आहिस्ता-आहिस्ता उफान लेता उगता

एक और चेहरा।

दूसरी सुबह।

फिर वही गहरे कुएँ से आती-सी आवाज़...जागिए पहाड़ पर जाने का समय हुआ। छुटकी और माँ गहरी नींद में थे। मैंने भी सोना चाहा...पर जाने क्यों लगा जैसे वे महबूब पहाड़ियाँ बुला रही हैं मुझे–आओ! आओ!...मन में कहीं यह भी था...क्या हुआ उस डोलीवाले का। कल एक डोलीवाले ने बताया घुटने का ऑपरेशन करवाना होगा। कहाँ से जुगाड़ होगी इतनी धनराशि, नींद में ही छुटकी को हिलाया मैंने और कहा–पहाड़ की तरफ जा रही हूँ। मिचमिची आँखों से देखा उसने मुझे और फुसफुसाई–माँ से पूछ लिया? गुस्सा करेंगी?

मैंने देखा उसके मासूम चेहरे पर हर कहीं एक ही इबारत लिखी हुई थी। माँ के आतंक की। मुझे उस पर दया आई पर अपने से मजबूर थी मैं। इन पहाड़ियों से आती हवाओं ने पहली बार मेरी आत्मा पर दस्तक दी थी। पहली बार लगा था...मेरे भीतर का खालीपन भर रहा है। पहली बार महसूस हुआ–हर रिश्तों से ऊपर मेरा अपना स्व है जिसकी रक्षा मुझे करनी है।

हल्के से मैंने छुटकी के गालों पर हाथ फेरा और बिल्ली के से दबे-दबे पाँव बाहर निकल गई।

काफी दूर तक छुटकी की डरी-डरी आँखें पीछा करती रही मेरा। माँ जिस तरह छुटकी के बचपन के खूबसूरत आसमान पर बन्दिशें लगा रही थीं, मुझे उसके लिए नए सिरे से चिन्ता होने लगी थी। काफी दूर तक मानसिक तनाव झेलने के बाद ख्याल आया कि न तो मैं इस पहाड़ी सुन्दरता और विराटता के साथ एकतान हो पा रही हूँ और न ही इन हवाओं की गूँज ही सुन पा रही हूँ। जिस घर से दूर होने के लिए मैं इन जंगलों में आई...उसी घर को अभी तक लादे फिर रही हूँ...बच्चू थोड़ा काबू...मन को जबरन, मन से दूर धकेल मैंने अपने ईद-गिर्द बहती सुन्दरता और गूँजती हवाओं में दिलचस्पी लेनी शुरू की। अपनी गर्दन चारों ओर घुमाई–पहाड़ों का सिलसिला, मद्धिम-मद्धिम बहती पुरवैया, पहाड़ी संगीत, चहचहाते परिन्दे और सलामी देते दरख्त! कितना कुछ था मेरे पास उन लम्हों! देनेवाला देने को आतुर पर यदि लेनेवाला अपना कपाट ही नहीं खोले तो? चिड़ी उड़ी फुर्र की तरह मेरा अवसाद भी जाने कहाँ उड़ गया। मैं फिर इतिहास के मिथककाल में। जैसे-जैसे ऊपर चढ़ती गई, ज़िन्दगी एकाएक फिर फूल की तरह हल्की महसूस होने लगी।

मेरा विस्मय आसमान छूने लगा। विचारों के नए गवाक्ष खुलने लगे। मैंने दिगम्बर मन्दिरों में जैन धर्म के अन्तिम तीर्थंकर महावीर की प्रतिमा को एकदम निर्वस्त्र देखा था। पूर्णतः नग्न। उसी परम्परा में शिखरजी में ढेरों दिगम्बर मुनि थे–पूर्णतः नग्न। तो क्या महावीर का अनुकरण कर वे भी बन जाएँगे महावीर?

महावीर के लिए जंगल प्रयोगशाला थी। वे जंगल में ही समाधि लगाते थे। इसी दौरान विचारों की अलख उनके भीतर अग्नि की तरह जलती थी। इसी गहन समाधि में कपड़े कहाँ गए...भूख-प्यास कब मरी। उन्हें उनका भान तक नहीं हुआ होगा पर शताब्दियाँ की ओढ़नी ओढ़े इन धर्म गुरुओं ने इसी वस्त्रहीनता और आहारहीनता को धर्म बना दिया।

पापा कई बार एक कहानी मुझे सुनाते थे–एक साधु जब प्रवचन देता था तो एक बिल्ली रोज उसकी मुँडेर पर आकर बैठ जाती थी। बाद में एक दिन उस साधु की मृत्यु हो गई। नए साधु ने जब प्रवचन देना शुरू किया तो चेले- चपाटों ने बिल्ली को मारकर उसी मुँडेर पर बाँध दिया।

आम आदमी सोचता नहीं...अनुकरण करता है वह सिर्फ़–अन्धानुकरण!

विचारों के प्रवाह में बहती-रमती कुछ देर के लिए किसी पत्थर पर बैठ गई मैं और एक प्राचीन पहाड़ पर जहाँ-तहाँ बिखरे इतिहास के जीवाश्म को टटोलने लगी थी कि तभी देखा गहन झाड़ियों से अवतरित हुए एक दिगम्बर मुनि! एकदम खुला मैदान! पूर्णतः नग्न! एक हाथ में नारंगी रंग का प्लास्टिक और एक हाथ में मोर पंखों का बना चखला। इतने करीब से किसी भी दिगम्बर मुनि को पहली बार देख रही थी मैं। एकदम कृशकाय। हवा में फरफराती भूरी-सी एक आकृति। अपने जैन संस्कारों के अनुसार मुझे घुटने के बल बैठकर उनकी वन्दना करनी थी। पर जाने क्यों भीतर गहन श्रद्धा जैसा कुछ भी नहीं उभर पाया। तो फिर इतने पवित्र परिवेश में नाटक क्यों किया जाए? अपने संस्कारों के सत्य को अपने तर्क से खंडित करती खड़ी रही मैं। अडोल और अविचल।

मेरे सामने से गुजर गए वे...जैसे झाड़ी से गुजरता कोई खरगोश। पर मेरे भीतर गाड़ गए वे प्रश्नों के अनेक गुच्छे जिनके उत्तर चाहिए थे मुझे।

क्या प्रकृति से शत-प्रतिशत अनुकूल होने के लिए इन मुनियों ने अपने वस्त्रों तक को उतार फेंका? प्रकृति भी तो कहाँ स्वयं को आवृत्त करती है, पर शायद मैं गलत थी। वहीं पर विचरण करते एक यात्री ने मुझे बताया–'इस प्रकार अपनी आवश्यकताओं को न्यूनतम रखने के लिए ये वस्त्रों से भी ऊपर उठ गए।' एक-दूसरे यात्री ने निर्णायक स्वर में कहा, 'जी नहीं, जैन धर्म की बुनियाद थी अहिंसा। इन्होंने वस्त्रों का त्याग इसलिए किया कि जीवन में अहिंसा को अधिकाधिक साध सकें। आखिर वस्त्रों को धोने में भी तो जीव हत्या होती है।

पर सबसे तार्किक जवाब मुझे मुम्बई से आए एक अधेड़ यात्री ने दिया, 'इन्होंने देहातीत होने के लिए वस्त्रों का त्याग किया है।'

देहातीत? पर क्या इस प्रकार देह-बोध से ऊपर उठा जा सकता है? क्या तन को मारने से मर जाता है मन? सुना था कि रामकृष्ण परमहंस कई बार भक्ति की उस भावदशा में पहुँच जाते थे कि अपने वस्त्रों तक का भान नहीं रहता था।

वस्त्र खिसक जाते थे और वे आत्मलीन हो नग्न ही नृत्य करते रहते थे। पर ऐसी अवस्था तो कुछ विरले क्षणों के लिए ही आ सकती है। क्या इस प्रकार चौबीस घंटों ऊपर उठा जा सकता है देह-बोध से?

बिन गड़ेरिया की भेड़ों की तरह अस्त-व्यस्त विचारों का दिशाहीन रेला मेरे भीतर उठने लगा। मैं हैरान थी विचारों के उठते शोर से...हर शाख पर बैठे विचारों के परिन्दों से।

मैंने निश्चय किया इस खलबली को मिटाने के लिए मुझे इन महाराज से मिलना ही होगा। बीस वर्ष की उम्र में की गई मेरी यात्रा एक मुकम्मल खोज यात्रा बने, इसके लिए भी ज़रूरी है मेरा उन दिगम्बर गुरु से मिलना।

मैंने यह भी सोच लिया कि मैं उनसे माँ से छिपकर ही मिलूँगी। और यदि सम्भव हुआ तो उस घायल डोलीवाले की सहायता के लिए भी अनुरोध करूँगी, जिसका घुटना बिना ऑपरेशन के ठीक होनेवाला नहीं था।

बहरहाल...मैं तुरन्त धर्मशाला पहुँची। वहाँ से खाने का कूपन लिया। केसर इलायची की चाय, बादाम की बर्फी और गुजराती ढोकले का दिव्य नाश्ता किया और पंथागार धर्मशाला की ओर निकल गई। बीच-बीच में मन्दिर की घंटियों की तरह माँ की रहस्यमयी आवाज़ भी कानों में गूँजने लगी–यदि गुरुदेव ने चाहा तो हमारे समस्त सांसारिक दुखों का अन्त हो जाएगा। मन के सूने बीहड़ में फिर उगा प्रश्नों का एक गाछ–क्या अम्मा की मुक्ति के तार इस यात्रा और इन धर्मगुरुओं से जुड़े हैं? पिता की मृत्यु के बाद किस प्रकार जीवन और संसार विरोधी हो रही हैं अम्मा? यदि ऐसा, तब तो मेरा इन धर्मगुरुओं से मिलना और भी आवश्यक!

× × ×

पंथागार धर्मशाला।

पर जाने क्यों फिर एक अजीब संकोच घेरने लगा मन को। साधु-साध्वियों के यहाँ यूँ भी नहीं जाती और उस पर ये दिगम्बर मुनि!

एकदम खुला मैदान! जाने क्या आचार संहिता हो उनकी। तभी प्रवेश द्वार पर देखा–बड़ा-सा आदमकद कट आऊट उन्हीं महाराज का और पास ही लहराता बैनर जिसमें उन मुनि की सारी दिनचर्या लिखी हुई थी। वे यहाँ के स्टार महाराज थे। और उनका नाम था मुनि उदितराज महाराज।

फिर भी इत्मीनान के लिए दरबान से पूछ ही लिया–क्या अभी हो सकते हैं दर्शन?

–हाँ, हाँ, दरबार लगा है।

ऊपर चढ़ी तो दृश्यात्मक झटके लगे। यहाँ एक नहीं, कई-कई युवा मुनि थे जो अपनी निर्वस्त्र काया के साथ इधर-उधर विचरण कर रहे थे। वह बड़े

चौकवाली तीन तल्ले की एक पुरानी इमारत थी, जिसमें नीचे के तल्ले पर खड़े होकर ऊपर के तल्ले के नजारे देखे जा सकते थे।

दो तल्ले पर पहुँचकर देखा एक नवयुवती किसी युवा महाराज से हाथ जोड़े बतिया रही थी। सहज-स्वाभाविक रूप से उन निर्वस्त्र युवा महाराज से बतियाती उस युवा स्त्री को देख मेरे भीतर का संकोच दरका और नए-नए आत्मविश्वास के साथ मैंने भी महाराज के दरबार में एंट्री ली। भीतर कई श्वेतवस्त्रधारी साध्वियाँ थीं जिनके आगे आगम (जैन ग्रंथ) खुले हुए थे। कुछ श्रद्धालु श्रावक और बीचोंबीच लकड़ी के तख्त पर बैठे स्टार महाराज। ईद-गिर्द चार युवा महाराज। पूर्णतः निर्वस्त्र। सबके हाथों में मयूरपंखों से बना चरवला जिससे अपने नग्न शरीर पर बैठे मच्छर-मक्खियों को उड़ा रहे थे वे।

आसपास के वातावरण को सोखते हुए सहज स्वाभाविक होने की चेष्टा की मैंने, पर जाने क्या था–जो निरन्तर गड़ता रहा मेरी आँखों में। जाने क्यों बार-बार लगता रहा जैसे सभ्यता के एकदम आदिम युग में पहुँच गई हूँ पहली बार स्वयं पर आत्मग्लानि भी हुई। क्यों इतनी सतही है मेरी सौन्दर्य चेतना? टीवी सीरियल में देखे गए श्रीकृष्ण के भव्य रूप एकाएक स्मरण हो आए। गेरुआँ वस्त्र से ढँके विवेकानन्द भी पिछवाड़े से झाँक गए। पर जो सामने था उसे सहज स्वाभाविक रूप से ग्रहण नहीं कर पा रही थी मैं। लग रहा था जैसे किसी ने मेरी सौन्दर्य चेतना को पंगु कर अस्वस्थ कर डाला है मुझे। पहली बार अहसास हुआ कि वस्त्रों और रंगों का भी अपना एक चेहरा होता है, वे भी सन्देश देते हैं।

प्रकृति की सारी आपदाओं और मौसम की मार को ऐन शरीर पर झेलते हाड़-मांस के बने इन जीवों को देख मन में करुणा तो ज़रूर उपजी–पर वह भाव, वह श्रद्धा कतई नहीं उमड़ी जो किसी भी धर्मगुरु को वन्दनीय बनाती है।

क्या मेरी आँखों का सुन्दरम् मर गया था?

शायद हाँ!

शायद नहीं!

बहरहाल...एक छोटी-सी नमस्कार के बाद मैंने संवाद का खाता खोला, 'महाराज मैं यहाँ अपनी कुछ धार्मिक जिज्ञासाओं के साथ आई हूँ।' उन्होंने सोचा मैं शायद धर्म चर्चा के लिए आई हूँ...पर जब मैंने फिर उन्हें समझाया कि मेरी दिलचस्पी उस प्रस्थान बिन्दु में है जिन्होंने उनकी जीवन यात्रा को वर्तमान स्थिति तक पहुँचाया, वे थोड़ा चौंके, पर साथ ही चेहरे पर उदासी के बादल भी मँडराए।

सोच की धूप-छाँव लहराई।

कुछ क्षण उन्होंने मुझे एकटक देखा–गोया पूछ रहे हों यह क्या पूछ डाला... फिर उनकी उदास आँखें पीछे की ओर घूम गईं। पंख के चरवले से उन्होंने अपनी नग्न

देह को फिर पोछा...आँखों में कुछ बिम्ब बने। कोई तस्वीर उभरी। अतीत के सागर से कुछ लहरें उठीं–कुछ पूरी...कुछ अधूरी। बारिश के पश्चात् पेड़ की पत्तियों से रुक-रुककर टपकती बूँदों की तरह शब्द उनके मुँह से टपकने लगे– सोलह वर्ष की अवस्था में एक धार्मिक पुस्तक हाथ लग गई थी। उसे पढ़कर वैराग्य की भावना जागी कि जब तक संसार में रहूँगा पाप का खाता बढ़ता ही जाएगा। आप देखिए पानी भी यदि रात-भर रह जाता है तो सुबह तक उसमें सूक्ष्म जीवाणु पड़ जाते हैं। उसी जीवाणु से भरे पानी को हम पीते हैं और जाने कितने असंख्य सूक्ष्म जीवाणुओं की हत्या करते हैं। तो मैंने मन बना लिया कि मुझे संसार में नहीं रहना है। मैंने पुस्तक को दोबारा पढ़ा तो अपने निश्चय को और बल मिला। मैं संसार की बारम्बार की आवाजाही से भी मुक्त होना चाहता था। कर्म के बन्धनों को काटने के लिए भी ज़रूरी था कि मैं संन्यास ले लूँ जिससे न कर्म रहे और न ही उन परिणामों को भुगतने के लिए मुझे संसार में बार-बार आना पड़े।

मैंने कनखियों से देखा, दोनों युवा महाराज एवं साध्वियाँ दिलचस्पी से हमारा संवाद सुन रही थी। लकड़ी के तख्त पर विराजमान एक युवा महाराज किसी धार्मिक पुस्तक में मन रमाए बैठे थे।

थोड़ा संकुचाते हुए मैंने शंका जाहिर की–गुरुदेव क्या किसी एक पुस्तक को पढ़कर जीवन का सत्य पाया जा सकता है? और वह भी मात्र सोलह वर्ष की अवस्था में? जबकि जीवन का स्वाद आपने जाना भी नहीं था। और फिर एक समय का सत्य ही क्या जीवन का सर्वकालिक सत्य हो सकता है? जबकि अनुभव सीमित काल-खण्ड का हो और संसार एवं जीवन असीमित हो।

महाराज के एजेंडा में बीस वर्षीय युवती की बात पर गौर करना नहीं था। जवाब वहाँ रेडीमेड था। उन्होंने ऐसे देखा मेरी ओर जैसे कोई गोबर गणेश की ओर देखता है और बोले–'जिनमें संकल्प-शक्ति का अभाव होता है, उन्हीं के सत्य या संकल्प बदलते रहते हैं, ऋतुओं के अनुसार। दृढ़-प्रतिज्ञ लोगों के संकल्प हिमालय की तरह अटल होते हैं।'

क्या वस्त्र त्याग भी आपने उसी उम्र में कर दिया? दबे स्वर में पूछा मैंने। वे फिर वाया खिड़की अन्तरिक्ष की ओर ताकने लगे जैसे वहीं लिखी हो यह पटकथा। उनके नंगे बदन पर कोई पतंगा चढ़ गया था, उसे चरवला से उड़ाते हुए कहने लगे–नहीं, यह एक सुदीर्घ प्रक्रिया थी। धीरे-धीरे जब लगा कि भीतर के विकार शान्त हो गए हैं, तो ढक्कन को उतार फेंका...वस्त्र भी तो ढक्कन ही है। इस यात्रा की शुरुआत भैया जी (पूर्व वस्त्रधारी) से होती है फिर छोलक जी (दुपट्टाधारी) फिर एकल जी (एक लंगोटधारी) और अन्त में महाराज (पूर्णतः दिगम्बर)।

वे फिर रुक गए। मेरी आँखों के सामने फिर घूम गया, घुटनों पर खून सना

गमछा बँधा कलवाला डोलीवाला।

जाने कैसे मुँह से निकल गया, 'महाराज, आपके इर्द-गिर्द मानवीय पीड़ा और त्रासदी का समुद्र उफन रहा है। क्या नहीं लगता आपको कि इसके प्रवाह से अछूते आप भी नहीं रहेंगे कि आपको इसके लिए भी कुछ करना चाहिए...आखिर धर्म हमें मानव सेवा का पाठ ही तो पढ़ाते हैं।'

महाराज ने ध्यान से मुझे देखा। फिर धीरे-धीरे बोले, 'यह आधुनिक पीढ़ी भी ईसाइयत की मानव सेवा से अजीब तरह से प्रभावित है। जबकि जैन धर्म ईसाइपन से आगे की चीज़ है। क्योंकि हम स्थूल से सूक्ष्म की ओर यात्रा करते हैं। हम धर्म को पेट और रोटी के ऊपर, बहुत ऊपर की चीज़ मानते हैं...'

मैंने कहा, 'महाराज पर जब तक हम जीवन की ठोस आवश्यकताओं और बुनियादी ज़रूरतों से वंचित हैं, आत्म-उत्कर्ष और तत्त्वज्ञान की सारी बातें अन्तर्गल प्रलाप नहीं? आखिर विवेकानन्द ने भी तो यही कहा था कि जब तक एक कुत्ता भी भूखा है उसी को खिलाना धर्म है, बाकी सब अधर्म है। विवेकानन्द तो ईसाई नहीं थे।

महाराज ने करुण नज़रों से मेरी ओर देखा। उनके चेहरे के भाव बदले। शायद चरण वन्दना और जय-जयकार के उस माहौल में किसी भी कोने से उठनेवाली हल्की-सी अवज्ञा, मतभेद या नुकीले प्रश्नों के वे अभ्यस्त नहीं थे। वे थोड़ा अचकचाए। मेरे प्रश्नों के निहितार्थों को समझने में भी समय लगा उन्हें। तेज हवा में हिलते कमज़ोर पेड़ की तरह उनका चेहरा हिला। झरती पत्तियों की तरह उनके मुँह से अस्फुट से कुछ शब्द झरे, 'देखिए हर गाय या कुत्ती के पास अपना दूध होता है पर हर दूध से घी नहीं बनता। हम लोगों ने अपने शरीररूपी दूध को तपा-तपा कर घी बनाया है। अपने जीवन के दुष्कर्मों के अन्त के लिए ज़रूरी है कि जीवन को तपाकर उसे घी बनाया जाए अन्यथा दुख सहने को बाध्य है इनसान। जब तक उनके दुष्कर्मों के खाते का अन्त नहीं होगा, यह पीड़ा भुगतनी ही पड़ेगी उन्हें।'

'क्या?' चेहरा अनायास ही तमतमा गया मेरा–तो क्या ये सारे डोलीवाले बूँद-भर आशा में जो 14 किलोमीटर तक पहाड़ पर नंगे पैरों जाते हैं...ये मेहनतकश बादशाह...क्या अपने दुष्कर्मों का ही फल भुगत रहे हैं? किसने देखा हमारे दुष्कर्मों को? आपके अनुसार तो भगतसिंह, आजाद और राजगुरु ने भी दुष्कर्म किए थे। उनके लिए फाँसी का दंड क्या ईश्वरीय विधान के अनुसार था? तो क्या हमारा पुश्तैनी धन्धा हमारे दुष्कर्मों के कारण चौपट हुआ? नीतियों और असन्तुलित विकास के कारण नहीं?

जाने कैसे पिता मेरे भीतर बहते चले आए।

मैंने कहा, 'क्षमा करें, महाराज। मैं तो यही देख रही हूँ कि मनुष्य द्वारा मनुष्य

का शोषण हो रहा है। काली शक्तियाँ मौज कर रही हैं...और श्रम को किसी पवित्र पाठ की तरह पढ़नेवाली मेहनती जनता भूखी मर रही है और इसके ज़िम्मेदार भी आप हैं। क्योंकि आपका समाज में बहुत प्रभाव है। और आप हैं कि समाज और व्यवस्था के सम्बन्धों की पड़ताल किए बगैर ही मुक्ति का शार्टकट वाया आन्तरिक क्षेत्र से निकाल देते हैं। ताज्जुब है कि यहाँ आकर जो चीज़ मेरे सामने काँच की तरह साफ हो गई, उसे आप साधना के इतने वर्षों में भी नहीं समझ पाए? खैर आपसे मेरा अनुरोध है कि आप उन काली शक्तियों को दंड नहीं दिला सकें तो कम-से-कम सब भाग्य का फल कहकर उनकी पैरवी तो मत कीजिए।'

महाराज ने बुद्ध की मुद्रा में अपना दायाँ पंजा ऊपर उठाया, जिसका सीधा मतलब था कि अब मुझे चुप हो जाना चाहिए। उन्होंने कुछ क्षणों के लिए आँखें मूँद ली अपनी। कुछ चिन्तन किया और किसी नवजात शिशु की तरह धीमे-धीमे आँखें खोलते हुए बहुत धीमे स्वर में कहा, 'अभी मेरे स्वाध्याय का समय हो गया है। ऐसा करो तुम बाद में आओ।'

मैंने पूछा, 'कितने बजे?'

'घंटे-भर बाद।'

उपर्युक्त संवाद के बाद जाने क्यों मन फिर उदास हो गया। मन पर जैसे निराशा का घटाटोप छा गया। क्या ऐसे ही गुरुदेव होंगे अम्मा के? क्या इन्हीं के सहारे ढूँढ़ रही है हमारी अम्मा अपनी मुक्ति का मार्ग? क्या इसी उद्देश्य से इतने अभावों के बीच भी इस यात्रा को अंजाम दिया गया? जिज्ञासाएँ और दुश्चिंताएँ मेरे भीतर बन्दर की तरह कूद-फाँद मचाने लगीं। मैंने तय किया कि घंटे-भर की प्रतीक्षा के बाद मैं फिर मिलूँगी उनसे।

× × ×

मैं फिर अपनी श्वेतांबरों की धर्मशाला में लौट आई। दूर से ही देखा, श्वेत साड़ी में लिपटी छुटकी। मुँह पर सफेद रूमाल बाँधे बड़ी तल्लीनता से अम्मा के साथ इक्कीस विधि सनातन पूजा कर रही थी। उनसे आँखें बचाते हुए मैं गलियारे में चहलकदमी करने लगी। तरह-तरह के नजारे :

यात्री आ रहे थे, जा रहे थे। डोलीवाले और स्थानीय आदिवासी मजदूरों के बीच सामान को उठाने में सिर फुटौवल तक हो जाती। हर हाथ माँगता काम।

इसी बीच दिखा एक साथ कई काली-भूरी आकृतियाँ टूट पड़ीं। छीना-झपटी के साथ-साथ केश नोंचा-नोंची तक की नौबत आ गई। हुआ यह था कि मुम्बई से आए एक परिवार ने बची हुई पूरियों की टोकरी को बीच चौक में ही उलट दिया था। चील की सी फुर्ती से डोलीवाले, बच्चे और उनकी स्त्रियाँ इस माल पर टूट पड़े थे। किसी के हाथ कुछ लगा, तो कोई हाथ मलता ही रह गया।

मैं फिर चहलकदमी करने लगी–सिर्फ़ दो घंटे का समय था, मेरे पास...शाम की बस से ही हमें लौट जाना था। महाराज-सा से मिलने का समय भी करीब आ रहा था। तेज-तेज चलती मैं फिर पंथागार धर्मशाला में। पर वहाँ न तो महाराज थे और न ही उनके चेले-चपाटे। वहाँ सिर्फ़ कुछ श्रद्धालू थे। कोई आँख मूँदे था तो कोई माला के मनकों को सरका रहा था। पूछने पर पता चला महाराज तो अभी श्रद्धालुओं से सेवालाभ ले रहे हैं।

क्या मतलब?

मुझे बुड़बक की तरह मुँह बाएँ देख इन्दौर से आई एक महिला हँस पड़ी। दाएँ हाथ के साँप के मुँहवाले स्वर्ण कंगन को ऊपर खिंचकाते हुए उसने मुझे समझाया, 'देखो जी, जे माराज तो तुम्हारे कभी नहाते-धोते नहीं हैं। इनने तो जीवन-भर ही अहिंसा साधनी है। जे कारण इनने तो जल, विद्युत, धातु, वाहन, वस्त्र सभी को त्याग रखा है। हम श्रावकगण ही कभी-कभार गीले गमछे से इनके बदन को पोंछ देते हैं। सो अभी माराज-सा का बदन पोंछा जा रहा है। इसके बाद माराज-सा गोचरी पर निकलेंगे। गोचरी भी क्या बस जिस तिस गृहस्थ के द्वार पर खड़े होकर अंजलि फैला देंगे...। जितना-भर समा जाए अंजलि में उतने-भर से ही गुजारा कर लेंगे और यदि खाते वक्त भी कोई अन्तराय लग जाए जैसे कि कोई बाल या मच्छर गिर जाए तो फिर वह खाना भी नहीं खाएँगे। फिर दूसरे दिन उसी वक्त खाएँगे–बड़ा कठोर जीवन जीते हैं ये। सोना भी लकड़ी के तख्त पर...न कम्बल, न तकिया, न बिस्तर। जेठ की गर्मी हो या पूस की रात।

मैंने उनसे विदा ली। उस महिला के अन्दर धर्म ही धर्म भरा था। इस कारण चलाचली की बेला में मैं पूछ बैठी–'क्या आप कभी मुनि बनना पसन्द करेंगी?'

उसने फिर जीभ काटी। कान पकड़ा और मुझ पर तरस खाते हुए बोली, 'तुम तो एकदम ही गोबर-गणेश हो। तुम्हें तो जे भी नहीं पता कि हमारे यहाँ महिलाएँ संन्यास ले सकती हैं। जैसे ये महिलाएँ। पर वे माराज नहीं बन सकतीं। ऐसी महिलाओं को हम माताजी कहती हैं। वे सिर्फ़ एक वस्त्रधारी होती हैं, ना ही ब्लाऊज और पेटीकोट। माराज हमारे यहाँ सबसे ऊँची पदवी है। यहाँ औरतें महाराज बन ही नहीं सकती है। हाँ श्वेताम्बरों में औरतें भी दीक्षा लेकर माराज बन सकती हैं, पर वे मुनि प्रमुख नहीं बन सकतीं हैं।'

बाप रे! यह नया अर्जित ज्ञान मुझ पर भारी पड़ने लगा था। मैंने घड़ी देखी–डेढ़ घंटा बीत चुका था...पर उदित मुनि के आने के कोई आसार नहीं दिख रहे थे। मुझमें भी अब और ताब नहीं बचा था। मैं बाहर निकल आई थी। आसमान अब सुबह की तरह निरभ्र और चमकीला नहीं रह गया था। उस पर हल्की-हल्की धुँध छाने लगी थी। मैं समझ नहीं पा रही थी कि मेरे भीतर की धुँध बाहरी धुँध

से जा मिली थी...या बाहरी धुँध ने मेरे भीतर भी धुँध फैला दी थी। बहरहाल...मैं इतना ज़रूर समझ गई थी कि जो दुनिया मेरी कल्पना में थी। वह सब भरभरा कर ढह रही थी और जिस ईश्वर की खोज में आई थी मैं यहाँ, वह ईश्वर मेरे भीतर मर रहा था।

पंथागार धर्मशाला से लौटते हुए फिर वही नज़ारे। वही लड़खड़ाता संसार। कादा-कीचड़ के बीच क़तार में बैठे हुकुआते भिखारी, रेंगती ठठरिया। सदियों से जमी भूख और मार अपनी आँखों में सँजोए हुए। काल की घुन खाए वृक्ष पर उपस्थिति दर्ज करते वृद्ध एवं बच्चे। और उनके बीच से दिन में कई-कई बार गुजरते वीतरागी सा धु-साध्वियाँ! मोक्षकामी स्त्री-पुरुष!

चलते-चलते फिर एक नोटिस पर नज़रें ठिठकी। किसी धर्मशाला के बाहर एक नोटिस के जरिए श्रद्धालुओं को आगाह किया गया था–कोई ठग दिगम्बर साधु के वेश में लोगों से भिक्षा ले रहा है। कृपया उससे सावधान रहें। वह ठग है। साधु नहीं।

मुझे हँसी आ गई। किससे सावधान रहने की चेतावनी दी जा रही है? कौन बड़ा नुकसान कर रहा है? दो मुट्ठी अन्न लेनेवाला या पूरी नस्ल को ही भाग्यवाद की अफीम बाँट निष्क्रिय और संवेदनविहीन बनानेवाला, मनुष्य के अस्तित्व को ही निस्सार बना उसका मनोबल तोड़नेवाला।

मेरी आँखों से पर्दा उठ रहा था...धीरे-धीरे। पिता मुझसे कहा करते थे कि जो दिखता है वह कभी होता नहीं। जैसे दूध में मक्खन होता है पर वह दिखता नहीं है। धर्मात्माओं की इस नगरी में भी ठौर-ठौर पर ईश्वर दिखता था पर ईश्वर कहीं था नहीं। सबके भीतर के देवता सोए पड़े थे।

लौटने में जाने क्यों मन किया–पहाड़ों को अन्तिम सलाम कर आऊँ, फिर तो जीवन की अनिवार्यताएँ मुझे तट की ओर खींच ही लेंगी। लगभग दौड़ते हुए मैं पहाड़ के प्रवेश द्वार तक पहुँची तो एकाएक–मंत्रविद्ध-सी ठिठक गई। मन फिर गुब्बारे-सा हल्का हो उड़ने लगा था। नहीं यह पहाड़ या सौन्दर्य नहीं। यह कोई लोकगीत था जिसकी कड़ियाँ वर्षा की पहली बूँद के बाद माटी की तरह महकती हुई मुझ तक पहुँच रही थी। ये कुछ डोलीवाले थे जो अपनी यात्रा की समाप्ति पर लौटते हुए गा रहे थे। झूम-झूम कर। न नगाड़ों की धमक, न वाद्य, न साज...फिर भी उड़ता हुआ सा लोकगीत–हैरो हो, हैरे हो! मूति भला कति-खान छूटि! हैरे हो, हैरे हो...

मन कृतज्ञता से भर गया। इतनी श्रम-साधना के बीच भी ये गीत गाने का जज़्बा रख सकते हैं। ज़िन्दगी इन पर कभी भारी नहीं पड़ती। पानी से मिले पानी

की तरह किस प्रकार एकाकार हो जाते हैं, ये ज़िन्दगी से। इस यात्रा ने जो चीज़ मुझे सचमुच सिखाई...वह यही थी–जीवन और संघर्ष के रिश्तों की नए सिरे से पहचान।

इन्हीं विचारों की खुशबू के साथ जब तक मैं अपनी धर्मशाला पहुँची, माँ सब सामान को पैककर अपने खुले बालों का हाथ से जूड़ा बना रही थी–मुझे देखते ही चमकती तलवार-सा नुकीला उनका चेहरा और भी नुकीला हो गया। सुलगती बोरसी-सी भभक पड़ी वे–तु कमरजली! कैसे संस्कार हैं तुम्हारे? बचपन में बहुत बीमार पड़ गई थी तुम, तो तुम्हें हमने एक कूंजड़े को बेचकर उसी से पाँच पैसे में वापस खरीद लिया था। बहुत समय तक हम तुम्हें अपनी बेटी नहीं, उस कूँजड़े की बेटी मान पालते रहे थे, जिससे तुम जिन्दा रहो। जान तो तुम्हारी नहीं गई पर लगता है संस्कार तुम्हारे चले गए। उसी की ही परछाईं पड़ गई तुम पर। पूरी ही भाटा-पत्थर निकली। इतनी भक्ति हुई। आत्मा को कितनी शान्ति मिली। पर तुम कहीं भी शामिल नहीं हुई। फिर तुम यहाँ आई ही क्यों?

क्या? मेरे दिमाग के तार झनझनाए। अच्छा यूँ टर्न लिया माँ ने। मैं कब आना चाहती थी? परीक्षाएँ सिर पर! पूजा के पहले का बहुप्रतीक्षित हाट मेरा इन्तज़ार कर रहा था। मुझे तो जबरन लाया गया। मेरा चेहरा तमतमा गया। चोरी और सीनाज़ोरी! कुछ कड़ुआ बोलने के लिए चोंच खुलने ही लगी थी कि मेरे मनोभावों को भाँप भींगी कबूतरी-सी छुटकी ने फिर अपने होंठों पर उँगली धर मेरी ओर कातर निगाहों से देखा।

खरगोश की तरह फिर दुबक गया मेरा क्रोध। निःशब्द भुनभुनाती मैं जंगले से माथा टिकाकर खड़ी हो गई...और आसमान की ओर ताकने लगी कि तभी दोनों हाथों को तपाक से जोड़ते हुए अम्मा फिर कड़की, 'महारानी, अब तो कम-से-कम मेरी लाज रख लो। साध्वी 'चैन परभा' से मांगलिक सुन भभूत डलवा लो...शायद तुम्हारी बुद्धि ठिकाने लग जाए।'

मंगलाचरण सुनने के लिए जब हम साध्वी चन्द्रप्रभा के प्रवचन कक्ष में पहुँचे तो वहाँ लम्बी क़तार थी। श्वेताम्बर साध्वी जी के मुँह पर लम्बी सफेद पट्टी देख छुटकी ने मेरे कान में पूछा–इन साध्वी जी ने मुँह पर पट्टी क्यों बाँध रखी है?

–जिससे मुँह से थूक नहीं उछले। विदुषी की तरह मैंने परम आत्मविश्वास के साथ जवाब दिया। पर मेरा जवाब सुन माँ ने माथा पीट लिया और अपने शब्द वाणों से मुझे लहूलुहान कर डाला–मुरख कहीं की, धीगड़ीं हो गई और इतना नहीं पता कि हम जब बोलते हैं तो हवा में तैरते 'सूक्षम' जीवों की हत्या होती है। उसी जीव-हत्या से बचने के लिए माराज सा ने मुँहपट्टी बाँध रखी है।

जवाब सुन मैंने माथा पीट लिया–हे भगवान, धर्म के नाम पर किसी ने मुँह पर पट्टी बाँध ली तो किसी ने लंगोट तक उतार फेंकी। एक ही ज़मीन...पर

फसलें कितनी अलग-अलग!

बहरहाल...आते-आते हमारा नम्बर भी आया। महिमामयी साध्वी जी ने अपनी सुतवाँ नाक से ही जैसे मेरे कुसंस्कार सूँघ लिए और अपनी गुरु-गम्भीर वाणी में मुझे सुझाव भी दे डाला–जीवन में पाना कम और खोना ज्यादा है इसलिए धर्म का मार्ग कभी नहीं छोड़ना चाहिए।

और तभी माँ ने सिर पर आँचल डाल, मध्ययुग की किसी भिक्षुणी की तरह उनके चरणों पर कमर तक झुक गई और हाथ जोड़ कँपकँपाते शब्दों में कहने लगी–पिछले छह महीनों में दो-दो मौतें झेली हैं हमने। हमसे ज्यादा कौन समझ सकता है, जीवन में खोना क्या है। अब आप ही हमारी रक्षा कर सकती हैं। आपका आशीर्वाद रहा तो मैं भी अपनी दोनों पुत्रियों के साथ आपके मार्ग पर चलूँगी...

मैं हतप्रभ!

माँ और साध्वी चन्द्रप्रभा की बातों से जो रेशे मैंने खींचे वे मुझे झोला-भर उदासियाँ, नाकामियाँ और खतरे का आभास दे रहे थे। जैसे चीख-चीख कर कह रहे थे कि आनेवाले दिनों में हमारा आसमान काले-काले बादलों से घिरा रहेगा...कि यदि कुछ टपका भी आसमान से तो वह बूँद नहीं, खून होगा।

हमारे अरमानों का खून!

बहरहाल...धर्मशाला से जब हम निकलने लगे...हमने देखा एक बड़ी-सी गाड़ी, जिसे निकलने देने के लिए हमारी बस को रोक दिया गया था। ये कौन वीआईपी यात्री? मैंने यूँ ही बस के ड्राइवर से पूछा। यह यात्री बस नहीं है। कलकत्ते से डॉक्टरों की एक टीम आई है–ड्राइवर ने जवाब दिया।

डॉक्टरों की टीम? किसलिए?

–बड़े महाराज सा बीमार पड़ गए हैं उन्हें देखने के लिए। अब महाराज तो अस्पताल जाने से रहे।

क्या? हे भगवान! रहा सहा जीवन जो भी मुझमें बचा था...वह भी स्वाहा हो गया। यह सचमुच देवताओं की भूमि थी। इसीलिए देवों का ध्यान रखा जाना लाज़िमी था। इस देवभूमि पर देवों और भक्तों के अलावा बाकी सब धरती की गन्दगी और धूल-धक्कड़ थे। आँखों के आगे टूटे घुटनेवाला डोलीवाला और मन्दिर के बाहर अंग-भंग अपंग मानवता, इस दिव्य ज्ञान से प्रेत की तरह सामने नाचने लगी। मैंने आँखें मूँद ली।

विश्व भारती ट्रेन से जैसे ही अजीमगंज स्टेशन पर उतरे...सामने ही रामवृक्ष और रामपाल काका। साथ में एक-एक टीन का बक्सा और एक बड़ा-सा झोला। मैं

अवाक्!

कहाँ जा रहे हैं काका?

अपने गमछे से मुँह पोंछते हुए टूटे स्वर में कहा उन्होंने–भागीरथी एक्सप्रेस का इन्तज़ार कर रहा हूँ...कलकत्ता जाऊँगा।

कलकत्ता? और इस समय? इस भीड़-भाड़ में?

एक दीर्घ निःश्वास ली रामपाल काका ने और गौर से मुझे देखने लगे। मैंने फिर हल्के से झंझोड़ा–हठात् क्या ज़रूरत आ पड़ी? उनके माथे की सिलवटें गहराईं, आँखें तरल हुईं। पपड़ाए होंठों पर जीभ फेरी उन्होंने। लगा जैसे एक पीड़ा जन्म ले रही है। ज़िन्दगी में पहली बार मैं उन्हें इस प्रकार टूट-टूट कर बोलते हुए सुन रही थी। शायद कुछ दर्द को सिर्फ़ महसूस किया जा सकता है। शब्दों का जामा नहीं पहनाया जा सकता है।

–हठात् नहीं, कई महीनों से ही सोच रहा था, पर गाँव की माया छूटते नहीं छूटती, किसी प्रकार गाड़ी खींच रहा था, पर इस बार की मन्दी ने दम तोड़ दिया। पहले पूजा की बिक्री से साल-भर गुजारा हो जाता था–अब वो बरकत नहीं रही। इस बार तो घर की गाय तक बिक गई। पहले-तोला भर घी न सही पर दाल-भात तो सबको नसीब होता था...अब तो...' बोलते-बोलते उनके गले में जैसे गोला अटक गया था।

'तो कलकत्ते जाकर दाल-भात मिल जाएगा?'

'हाँ, बड़ा शहर है, शायद कुछ जुग भिड़ जाए। कोई दरवाज़ा खुल जाए। पीपल पट्टी में जगदीश बाबू की गद्दी है। उनके यहाँ दरबानी कर लूँगा, नहीं तो मेहनत-मजूरी तो मिल ही जाएगी।'

माँ का मुरझाया चेहरा फिर हरा हो गया। चेहरे पर बीते वर्ष काँटों की तरह उग आए। थरथराती आवाज़ में कहा, 'सही ही सोचा भाई तुम दोनों ने। अब इस माटी में हमें दाना-पानी देने को कूबत नहीं रही। तुमसे क्या छिपा है कितना कहती थी मैं इसके पापा को, पर जाने कैसी मोहिनी डाल रखी थी इस माटी ने कि ख़ुद उठ गए...सारा चाँदी-सोना बेच डाला पर गाँव न छोड़ा। जकड़ लिया था इस माटी ने...कम-से-कम तुम तो ऊपर उठे इसके मोह से...उतने बोदे नहीं निकले।'

मैं फिर फड़फड़ाई, मेरे पापा ने कोई भूल नहीं की। वे सह नहीं पाए कि उनके देखते-देखते एक खूबसूरत दुनिया को बाहर से आनेवाली कम्पनियों के पंजे निगलते, इस कारण वे एक ज़िद्दी चिड़िया बन गए थे जो हवा के विरुद्ध उड़ते फड़फड़ाते ध्वस्त हो अचानक गिर पड़ी थी। वे कहते थे कि यह गाँव मेरी माँ है, माँ की सेहत यदि खराब हो जाए तो क्या माँ बदल लूँ? रामवृक्ष काका की ट्रेन आ गई थी। दो मिनट के लिए ही रुकती थी गाड़ी। बात अधूरी छोड़

धक्का-मुक्की कर बैठ गए वे गाड़ी में।

उनके हिलते हाथों को देख मन कैसा-कैसा तो होने लगा। सारे छतनार वृक्ष चले गए...बचे रह गए सिर्फ़ कमज़ोर पौधे। मन पिघलने लगा–एक सहारा और छूटा।

पापा के बाद अपने गाँव में जिस व्यक्ति की सबसे अधिक ऋणी थी मैं, वे रामवृक्ष काका ही थे–पुदीने के शर्बत-सी ठंडक देती काका की हँसी। उन्हीं के पड़ोस में रहते थे रामपाल काका। दोनों के घर कुम्हार पाड़ा में ही थे। कभी आबाद थी यह बस्ती...जयंत देव, कमल पाल, सुखदेव पॉल...जैसे बड़े-बड़े मूर्तिकार और कुम्भकारों का टोला था। ट्रक की ट्रक माटी आती यहाँ। कभी लक्खीपुर से तो कभी बशीरहाट और कैनिंग से। तालाबों की चिकनी-चिकनी पोतनी-माटी।

ज़िन्दगी का पहला जादू भी यहीं देखा था मैंने!

कुम्भकार रामपाल काका सुबह उठते ही चाक की पूजा करते। इधर काकी अपने छोटे से पूजा घर में आरती उतार, शंख बजातीं। उधर काका डूब जाते माटी की दुनिया और माटी की सूक्ष्मता में। आसपास सब कुछ स्थगित। बस वे और उनकी माटी। माटी को रौंदते-मथते और फेंटते। तब तक फेंटते जब तक हाथों में दम रहता। फिर उसे छानते। एक भी कण बचा रहता तो उसे निकाल फेंकते। फेंट-फेंट कर माटी को टूथपेस्ट की तरह चिकनी और मुलायम बना डालते। गर्मी हो या सर्दी, आधी हो या व्याधि, तूफान आला-पाला कुछ भी क्यों न हो...एक बार वे चाक पर जा बैठते, तो बैठे रह जाते...फिर तो पृथ्वी का घूमना रुके तो काका का चाक रुके।

जब पहली बार मैंने घूमते चाक से घड़ा निकलते देखा तो आश्चर्य से मेरी आँखें विस्फारित हो गई थीं, 'घड़ा कैसे निकला काका?'

मौंजू काका ने उत्तर दिया, 'जादू!'

मेरे और रामपाल काका के घर के बीच बस एक संकरी गली थी। जब-तब मैं भागकर काका से यहाँ आ जाती। कई बार दिन में दो-दो बार भी। एक बार देखा–सुबह काका पैरों से माटी को रौंद रहे थे और दोपहर तक पूरा घर, घर की चौपाल तक घड़े, खिलौने, दीबरों, मथनियों, कुल्हड़ और हंड़ियों से अटा हुआ था। इन सब माटी के सामानों को काकी धूप में सुखा देती...फिर भट्टी पर पकाती और यदा-कदा उन पर रंग-रोगन भी करती। काकी से पूछा था मैंने एक दफा, 'तुम चाक नहीं चलाती?' काकी हँस पड़ी, 'तुम्हारे काका कहते हैं कि औरतें चाक चलाएँगी तो चाक घूमना बन्द हो जाएगा।' 'सो क्यों?' काका जवाब देते, 'औरतों के छूने से जादू काम नहीं करता। बहुत बाद में मुझे पता चला, कुम्हार समाज में महिलाओं का चाक पर काम करना वर्जित होता है। दूसरी शाम जब मैं गई

तो देखा काका तल्लीन होकर तोते की चोंच पर ब्रश फेर रहे थे।

'अरे, इन दीवड़ों के बीच तोता कहाँ आ धमका?' मैं भोलेपन से पूछती।

काका उसी बचकाने उत्साह से जवाब देते, 'जादू', और दो-चार माटी के खिलौने मेरी झोली में भी डाल देते। मैं हिफाजत से उन खिलौने को ऋषि के सिरहाने रख देती। अढ़ाई वर्ष का ऋषि मिचमिची आँखों से देखता...कुच-कुच हरा तोता! वह विस्मित विमुग्ध होकर पूछता, 'यह किसने रखा?' मेरा सर्वांग खिल उठता मैं जवाब देती–'जादू!'

पर उससे भी बड़े जादूगर थे रामवृक्ष काका। वे मूर्तियाँ गढ़ते थे...छोटी-बड़ी सभी तरह की मूर्तियाँ। उनकी वर्कशॉप भी बड़ी थी। उनके यहाँ माटी ही नहीं, बिचाली और बाँस की खपच्चियाँ भी भरी रहती। काका का काम पहले बिचाली से शुरू होता। सबसे पहले वे बिचाली से शरीर के सारे अंग अलग-अलग बनाते। हाथ, पैर और धड़। फिर उन्हें जूट की रस्सी से बाँध देते जिससे वे खुले नहीं। बिचाली का अन्तिम सिर वे खुला ही छोड़ देते। उनकी वर्कशाप का एक कमरा भरा रहता बिचाली से...एक भरा रहता बाँस की खपच्चियों से और एक इस प्रकार से बने हाथ-पैरों और धड़ों से। देखते-देखते मैं देखती कि दूसरे हो दिन सिर की गर्दन और हाथ-पाँवों के बीच की उँगलियों को छोड़ रात ही रात में सारे अंग जुड़ भी गए और बाँस की बनी खपच्ची और लकड़ी से बनी वेदी पर ये आकृतियाँ खड़ी भी हो गईं। छोटी-बड़ी मँझोली सभी प्रकार की आकृतियाँ...बिना सिर और उँगलियाँ वाली आकृतियाँ।

मैं पूछती, 'काका, देवी का चेहरा और हाथ-पैरों की उँगलियाँ कौन ले गया?'

काका हँस देते, 'रात को जब देवी उतरेगी आसमान से तो माँग लेंगे उससे।'

हर दोपहर स्कूल से लौटते मैं पूछती काका से, 'देवी उतरी काका? हँस देते काका–भागीरथी नदी का सारा सुरीलापन जैसे उनके कंठ को छू जाता। वे कहते–नहीं बिटिया, पर देखना आज की रात ज़रूर उतरेगी वह।

इस बीच मैं देखती की सभी धड़ों को काका गंगा की माटी का लेप लगा रहे हैं। अब वे बिचाली नहीं माटी की काया लगते थे। माटी सूखती तो धड़ों की माटी में बीच-बीच में दरार-सी दिखने लगती। मैं पूछती, 'काका, कैसे मिटेंगी ये दरारें?' काका फिर हँस देते, 'बिटिया, ये दरारें शरीर की नहीं मन की हैं। मन की दरारें तो तभी मिटेगी, जब सब समझ पाएँगे माटी को।' इस बीच पहलेवाला लेप सूख जाता तो फिर वे उस पर लेप करते और जहाँ-जहाँ शरीर को मांसल बनाना होता, मसलन जाँघ, पेट, वक्ष, नितंब...वहाँ-वहाँ काका गहरी माटी चिपका देते। देवी का वक्ष बनाते समय काका माटी के गोले को हथेलियों पर रख बड़ी तेजी से उसे लट्टू की तरह घुमाते। उन क्षणों में काका की आँखें मुँद जाती और मुँह से विचित्र तरह की ध्वनियाँ निकलती। मुझे ताज्जुब होता...मैं अपने शरीर

से देवी के शरीर की तुलना करती। एक बार मैंने पूछ भी लिया था, 'काका, ये गुब्बारे क्यों लगाए?' पर उन क्षणों तो काका जैसे समाधिस्थ हो जाते थे, चाँद-सितारे भी नहीं होते थे उनकी दुनिया में। निःशब्द वे हथेलियों में पड़े माटी के गोले को ज़ोर-ज़ोर से घुमाते रहते। गजब कि दोनों गुब्बारे एकदम एक जैसे बनते।

उसके बाद काका जी-भर देवी को निहारते। दोपहर को काका फिर लेप लगाते उस धड़ पर। इस बार घोल का रंग बदला हुआ और चमकता हुआ होता। इस बार शरीर पर दरारें भी नहीं दिखती। मैं पूछती, 'दरारें क्या हुई?' काका कहते 'उनकी प्लास्टिक सर्जरी कर दी।' 'वह कैसे?' काका हँस देते, 'देखो, इस माटी से, एटल माटी से।'

'माटी भी क्या अलग-अलग तरह की होती है काका?' मैं पूछती, दूर देखते हुए जवाब देते काका, 'हाँ, जैसे अलग-अलग तरह के इनसान होते हैं, माटी भी अलग-अलग तरह की होती है। तालाब की माटी फट जाती है। एटल माटी नहीं फटती।'

उन क्षणों में काका मुझे कहानी के अलीबाबा की तरह एकाएक अद्‌भुत, सम्पूर्ण और रहस्यमय लगते। विस्मित विमुग्ध-सी मैं माटी की जीव संरचना देखती रहती। देखते-देखते काका उसी एटल माटी से देवी का चेहरा और उसकी उँगलियाँ भी गढ़ लेते। काका किसी साँचे में माटी डालते और ताज्जुब वह एक चेहरा होता जिसे काका बड़ी नज़ाकत से धड़ पर जड़ देते और एक दिन देखते-देखते घास-बिचाली से की गई शुरुआत एक दिव्य देवी का रूप धारण कर लेती। जिसे काका हर पल सँवारते-सँजाते। प्रतिभा, श्रम, कल्पना, सौन्दर्य और हुनर की अन्तहीन ऊर्जा से उस माटी में प्राण डाल देते। देवी का गुलाबी चेहरा दमकने लगता।

फिर शुरू हो जाती काका की रंग और ब्रश की दुनिया। अपनी सुध-बुध, दीन-दुनिया सभी को बिसराकर एकाग्रभाव से लीन होकर काका अपने अस्तित्व को ही देवी के चेहरे की एक-एक रेखाओं को तलाशते हुए विलीन कर देते। काकी वहीं थाली में ही भात-भाजी रखकर चली जाती। काका के ब्रश चलते रहते। आँखें जुड़ी रहती। देखते-देखते देवी के होंठ, आँख, भौंहे और पुतलियाँ बोलने लगतीं। इस बीच ब्रह्मांड में जाने कितना कुछ घट जाता...पक्षी घर लौटने लगते, सूर्य ढलान पर आ जाता और जब रोशनी धीरे-धीरे मद्धिम होते-होते साँवली होने लगती, तब जाकर काका रंग और ब्रशों को माथे से लगाकर अपनी कर्म साधना से नीचे उतर जाते। उस समय उनकी आँखों के भाव उतने ही दिव्य और वत्सल लगते जैसे कैलेंडर में दिखते गुरुनानक की आँखों के भाव। इसके बाद काका पास के ही तालाब में जाकर नहाते और फिर भात को लथड़-लथड़

कर उसके लड्डू बना बनाकर खाते।

अगले दिन मैं स्कूल से लौटती तो देखती काका देवी को कपड़े और गहने पहना चुके हैं। कुछ देवी को काका जीवित काया की तरह ऊपर से गहने और साड़ी पहनाते। असली साड़ी और धातु के गहने जबकि कुछ देवी को माटी के ही कपड़े और गहने बना चमड़ी की तरह उसकी काया से ही चिपका देते। गीले कपड़े पर एटल माटी के घोल के हल्के व सूख जाने पर जाने किस अदाकारी और हुनर से काका उसे धड़ पर जड़ते कि साड़ी की सिलवटें तक उभर आतीं फिर काका उसमें रंग भरते। माटी की साड़ी के किनारों को अधिकतर लाल या सुनहरे रंग से रंगते। गहनों को साँचे में ढालकर बनाते और इसी प्रकार उन्हें भी माटी के धड़ के साथ जड़ देते। फिर शुरू होता रंग भरने का सफर। अक्सर सुनहरा रंग।

कई बार काका थके-थके दिखते पर थककर भी काका जैसे थकते नहीं थे। यह उनका सबसे बड़ा प्राकृतिक सत्य था कि माटी की गंध उन्हें बहते पानी की तरह हरपल गतिशील रखती, जीवन से जोड़कर रखती। पापा के बाद काका ने ही मुझे जीवन देखना सिखाया। मुझमें स्वप्न जगाए।

काका मेरी नन्ही दुनिया के पहले ईश्वर थे जिनके प्राणों की ज्योति को मैंने कभी बुझते नहीं देखा। यहाँ तक कि एक बार भयंकर बाढ़ में काका का सब कुछ बह गया था...माटी से बनी अधिकांश मूर्तियाँ माटी हो गई थीं। यह पिछले वर्ष की बात थी। मैं काका के लिए देवी-देवताओं का एक कैलेंडर लेकर आई थी। एक बार कैलेंडर को देखकर ही काका ने गणेशजी की भव्य मूर्ति बना दी थी। मैंने देखा, बाढ़ में अधिकांश मूर्तियाँ बह गई थीं। जो बची थीं उनके गहनों की दमक पानी के साथ बह गई थी।

मैंने पुकारा—काका, पर वे थे कहाँ, वे तो अपनी माटी की सृष्टि में ही रमे थे। उनके लिए तो न अँधेरा था, न उजाला। न सुख न दुख, न बारिश न सूखा। सारी इनसानी आवाज़ों से दूर, सारे शोर-शराबों से ऊपर समाधि की अन्तिम अवस्था में पहुँचे किसी योगी की तरह ध्यानावस्थित हो लगे थे वे उसे सँवारने में जो बचा रह गया था। पूरी तरह से एकात्म हो काका, उन मूर्तियों पर सावधानी से ब्रश मार रहे थे जिन पर पानी के दाग बैठ गए थे।

वही काका!

जो कहा करते थे कि माँ के दूध के बाद दूसरा ग्रास जो लिया वह माटी का ही था। जो कहा करते थे मूर्तिकार ईश्वर का अंश होता है क्योंकि वह एक प्रति संसार की रचना करता है।

वही काका...आज कह रहे थे—जब तक माटी ने साथ दिया...मैंने माटी का साथ नहीं छोड़ा। इस भागीरथी को नहीं छोड़ा...पर अब माटी की इज्जत नहीं

रही, इसलिए सब माटी हो रहा है। अब माटी के दीये नहीं जगमगाते, लट्टू और मोमबत्ती, प्लास्टिक की बोतलें, थर्मोकोल की गिलास, स्टिल की थालियाँ–बाजार में आ गए हैं। ओह...एक सौ बत्ती का दीवड़ा जो कभी बाजार में जाते ही बिक जाता था...आज ग्राहक की बाट जोह रहा है। बोलते-बोलते काका फिर आसमान की ओर ताकने लगे थे। उनकी कोर पर आँसू ठिठके हुए थे। हल्के से काँप रहे थे वे।

मेरी दुनिया के सबसे उज्ज्वल नक्षत्र...समय की शिला पर जाने कितने चित्र उकेरनेवाले मेरे काका...मेरी वीरान और सिकुड़ती दुनिया को और उदास और वीरान कर चले जा रहे थे...हमसे दूर...परदेश में। ट्रेन चल दी थी। अम्मा के भीतर फैला अन्धकार और सधन हो गया था। अम्मा ने दुखी स्वर में कहा, 'कोई सुखी नहीं है इस संसार में।'

मैं खामोश चलती रही। लगा, जैसे अनन्त काल से चल रही हूँ इसी प्रकार–खामोश, चुपचाप। काका क्या गए, मेरी हिम्मत का तो हिमालय ही जैसे दरक गया था, वजूद की चट्टानें खिसक गईं। अम्मा को बैठे-बिठाये संसार के दुखी और असफल होने का एक और हथियार मिल गया। साबुन के कारोबार और अपने बल पर दुनिया को देख लेने का हौसला अम्मा के सामने बनाए रखना अब और कठिन होगा मेरे लिए।

पर साबुन तो साबुन, अम्मा तो हमारे ज़िन्दगी में ही कील ठोंकने में लगी थी। लिपिस्टिक के अनेक शेड्स की तरह अम्मा के व्यक्तित्व के भी कई शेड्स थे, कभी कोई उजागर होता तो कभी कोई। शिखरजी से वापस लौट आने पर समझ पाई मैं कि मेरे अस्तित्व की रचनाकार मेरी माँ हमें क्यों ले गई थी शिखरजी। अम्मा हमें इसलिए ले गई थीं शिखरजी कि वहाँ के दुख दैन्य, दारिद्रय और जीवन की भयावहता को हम अपनी आँखों से देखें और इसके बरक्स सदा शान्त, प्रसन्न और सौम्य रहनेवाले साधुओं-साध्वियों को देखें और उनसे प्रेरित हो जीवन के मोह और भोग से ऊपर उठकर मनसा, वाचा, कर्मणा–दीक्षा का वरण करें। जिससे जीवन से थकीहारी हमारी माँ को बिना हींग और फिटकरी लगाए ही अपनी दोनों बेटियों की ज़िम्मेदारी से सम्मानपूर्वक मुक्ति मिल जाए।

यूँ पिताजी की मृत्यु के बाद से ही भ्रूण में बढ़ते चूज़े की तरह ज़िन्दगी का डर अम्मा के भीतर बढ़ने लगा था। पर इस यात्रा के बाद से तो अम्मा में वह इन्कलाब आया कि अब अम्मा फेंटा कसकर मैदान में थी। दसों दिशाओं से उनके लिए एक ही सन्देश था–सपरिवार दीक्षा।

अब पृथ्वी का सर्वाधिक सार्थक मंत्र यही था–दीक्षा। अब अम्मा ज़िन्दगी के हर रंग, ऋतुओं और आवाज़ों से ऊपर थीं।

अब हर दिन नई घटनाओं, टकरावों और युद्ध का दिन होता। धर्म ने अम्मा के आत्मविश्वास को ताड़ के पेड़ पर चढ़ा दिया था। इस कारण ज़रा-ज़राकर अम्मा हर दिन ज़िन्दगी की चादर को समेटने में लगी थी–ज़रा-ज़रा कर बसंत भी हमारे यहाँ जेठ बनता जा रहा था। एक नदी मैं पार करती कि दूसरी सामने आ जाती।

एक लहर मिटती नहीं कि दूसरी आकर मुझे और आगे बढ़ा ले जाती। एक सुबह, घड़ी में आठ बजकर सैंतीस मिनट, पर अखबार नहीं आया था। माजरा क्या है? मैं साइकिल उठा अखबार लाने के लिए निकलने लगी। अखबार उन दिनों का मेरा इकलौता सुख था। सुबह का संगीत था। इकलौती विलासिता थी जिसे मैंने लड़-झगड़ कर पिता की मौत के बाद जीवित रखा था। और तभी कंघी के उलझे बालों को उँगली में लपेटते अम्मा ने परम शान्ति के साथ जवाब दिया–मैंने अखबार बन्द कर दिया है।

पर क्यों?

और इसके पूर्व कि माँ कुछ अगर-मगर करती मेरी आवाज़ अनायास ही रामपुरी चाकू-सी धारदार हो गई, 'माँ मैंने तुमको कह दिया है कि घर खर्च मैं निकाल लूँगी। साबुन का धन्धा नहीं चला तो भी। मैं एक दो ट्यूशन और पकड़ लूँगी...साल-भर बस और तुम मेरे अनुसार चलो। खींचतानकर दाल-रोटी का जुगाड़ हो ही जाएगा। मैं बी. कॉम कर लूँ तब तक घर में शान्ति बनाकर रखो। हर दिन का यह उत्पात मेरी जान ले लेगा।'

माँ के माथे की सिलवटें गहराईं, पर वे बेकाबू नहीं हुईं। परम शान्त हो उन्होंने जवाब दिया, 'बेटी, तुम्हें इन छोटे-छोटे सुखों से ऊपर उठना होगा...ये सुख पानी के बुलबुले हैं। तुम्हारे पापा की मौत से यह फायदा हुआ कि इस गाढ़े दुख की कौंध में मुझे जीवन का परकाश मिल गया। मैं नहीं चाहती कि मेरे जैसा दुख तुम भी भोगो, कर्मों के बन्धन में फँसो। कितनी वाहियात चीज़ है यह शादी। मैं नहीं चाहती कि तुम इसमें फँसो, मेरी ही तरह विधवा हो और तिल-तिलकर अपने बच्चे को मरते हुए देखो। संसार में रहने का मतलब ही है–दुखों के दलदल में फंसना।' मेरी आँखों में सीधे देखते हुए अम्मा ने ब्रह्मास्त्र छोड़ा, 'मैंने तय किया है कि अब हमें इस माया के संसार में नहीं रहना है।'

'तो क्या हमें अन्तरिक्ष में रहना है?'

मैं पहली बार डरी...यह कैसी भाषा थी, जिसे अम्मा रच रही थीं। तो मेरी आशंका सही ही थी। यह तूफान पूर्व के संकेत थे।

अम्मा के दिमाग में नए उगे इस फ़ितुर को उखाड़ते हुए मैंने फिर कहा, 'अम्मा, महाभारत के संजय की तरह तुम्हें भी कोई दिव्य-दृष्टि मिल गई है जो तुम्हें हर जगह बुरा ही बुरा नज़र आता है। तुम्हें बेटियाँ घाटे का सौदा नज़र आती हैं, जंगली घास की तरह बढ़ती नज़र आती हैं। उनकी शादी की चिन्ता तुम्हारे

छाती की शिला बन तुम्हारा दमघोंट रही है, जबकि पापा कहते थे–ये पहाड़ी हवाएँ हैं, आँगन की बुलबुल हैं। और दूसरी बात अम्मा यह जान लो कि विवाह एक सामाजिक संस्कार है, कोई हवा-पानी नहीं कि इसके बिना जीवन जीया ही नहीं जा सके। अपने अंश पर भरोसा रखो अम्मा।'

कल की हाट में मुझे कई नए ऑर्डर मिले हैं। साबुन की बट्टी न सही, पर मेरा लिक्विड साबुन देखना चल निकलेगा। मैंने यूरिया और सलरी खरीद लिया है। कास्टिक सोडा आलमारी के नीचे डिब्बे में रखा हुआ है। तुम चाहो तो इस काम में मेरा हाथ बँटा सकती हो। माँ तो है ही नहीं मासी को रोवे...अम्मा और भी जाने क्या-क्या कहती रही पर अम्मा को बिना कोई मौका दिए मैं तेजी से साइकिल उठा बाहर निकल आई। इन दिनों जब-जब घर में घमासान होता, ज़िन्दगी के इस मरुस्थल को पार करने के लिए मैं अपने स्वप्नों की जादुई दुनिया में उड़ान भरने लग जाती थी। उस दिन भी मैंने चाहा उड़ान भरना पर बाहर मेरे भीतर हावी रहा और एक बेचैन नदी की तरह मैं बहती रही।

सारे रास्ते माँ का ख्याल उड़ते बादलों के टुकड़ों की तरह ज़ेहन में तैरता रहा। मैं गर्दन झटकाती रही–बीमारी, बुढ़ापा और मौत को देख जब सिद्धार्थ तक विचलित हो गए थे। संसार का त्याग कर चुके थे तो यह तो मेरी अम्मा है।

× × ×

सुबह।

हमारे आँगन में सुबह अब भी होती थी पर अब वहाँ मुर्गे की बांग नहीं वरन् किसी गिद्ध के नुकीले पंजे होते थे जो सूरज की पहली किरण के साथ ही ज़िन्दगी को दबोच लेते थे। मैं सुबह दही की मीठी लस्सी पीकर कॉलेज के लिए निकलती थी। सात वर्ष की उम्र से ही यह मेरी आदत थी। उस सुबह देखा माटी की काली हंड़िया उजाड़ थी। इधर-उधर नज़र घुमाई तो देखा माँ चाय बनाने के लिए स्टोव में दनादन पम्प भरती जा रही थी।

–दही कहाँ है? सहज भाव से पूछा मैंने।

–अब से दही की लस्सी इस घर में नहीं बनेगी। माँ फिर औरत से इस्पात बन गई थी।

कठोर और निर्णायक स्वर में फिर सुनाई माँ ने अपनी राजाज्ञा।

मैं आपे से बाहर। सुबह की मीठी लस्सी किसी संगीत से कम नहीं थी। लगा जैसे पाबन्दी दही की लस्सी पर नहीं वरन् वजूद के एक हिस्से में लगा दी गई हो। इसलिए आते हुए झंझावत को सूँघते हुए मैंने अपनी तरफ से ढाल भी तैयार कर ली थी। मैंने खुशामद करते हुए कहा, 'अम्मा, कल से मुझे दो और ट्यूशन मिल गई है। वह भी साढ़े तीन सौ और चार सौ रुपयों की। बस थोड़े ही दिनों की बात और है। देखना तुम्हारे कोठे भी अनाज से भरे होंगे। घी के टीन आएँगे।'

अम्मा व्यंग्य से मुस्करा दी, 'आड़ू चाल्या हाट, नी लकड़ी, नी बाट (मूर्ख बिना तराजू और बाट के ही हाट में दुकान लगाने चला है)। फिर मेरे उत्साह पर छींटे मारते हुए कहने लगी, 'घर का मालिक और घर का चिराग ही जब नैया किनारे नहीं लगा सके तो तुम्हारा यह मरगिल्ला-सा धन्धा मुझे क्या पार लगाएगा? अब तो धर्म का ही आसरा है...पर तुम इसे नहीं समझोगी।' माँ ने चाय को प्यालियों में उँड़ेलते हुए कहना जारी रखा, 'दही में असंख्य 'सूक्षम' जीव होते हैं, हमारे घर में अब यह जीव हत्या नहीं चलेगी। यूँ भी अब जबकि हम साधु-जीवन में दीक्षित होने जा ही रहे हैं तो हमें साधु-जीवन के नियमों के अनुसार ही चलना चाहिए। आगमन (जैन धर्म शास्त्र) कहते हैं कि जैसे साँप बिल में सीधा प्रवेश कर जाता है, वैसे ही मुनि को कौर मुँह में इधर-उधर घुमाए बिना सीधा निगल जाना चाहिए।'

स्वाद क्या है। इसे भी समझ लेना चाहिए। कोई चीज़–जीभ पर रखी, सारी जीभ स्वाद नहीं लेती, जीभ के अगले हिस्से पर कुछेक बिन्दु है जो स्वाद महसूस करते हैं।

मुझे कॉलेज के लिए देरी हो रही थी। फिर भी हथियार डालते हुए मैंने कहा, 'भगवान महावीर ने अहिंसा का उपदेश इसलिए दिया कि हम सृष्टि के छोटे-से-छोटे जीव का भी आदर करें...कि इस सृष्टि में सबको रहने का हक़ है...पर तुम तो आसमान में छेद कर रही हो। साग-सब्जी में, फूल-पत्ती में और यहाँ तक पानी में भी हिंसा ढूँढ़ रही हो। इस प्रकार तो तुम जीवन को ही विकलाँग कर दोगी।'

मुझे कॉलेज के लिए देरी हो गई थी। फिर ही हथियार डालते हुए मैंने कहा, 'ठीक है, तुम मत पीओ, पर मुझे तो पीने दो!' माँ ने कहा, 'तुम्हारी बातें मेरे पल्ले नहीं पड़तीं। यूँ भी मैं अब मोह-माया के कारागार से ऊपर उठ चुकी हूँ, इसलिए चाहती हूँ कि तुम भी निष्पाप जीवन जीओ...। जीव हत्या से बढ़कर कोई पाप नहीं। मेरे रहते इस घर में पाप का भार और नहीं बढ़ सकता। इस कारण दही का त्याग तो तुम्हें करना ही होगा। माँ का धर्म तो मुझे निभाना ही होगा।'

बाप रे! यह माँ का धर्म था या कोई चालाक लोमड़ी! भनभनाती मैं बाहर निकल गई थी पर बाहर निकलते-निकलते देखा...छुटकी चाय को ही फूँक मार-मार सू-सू कर पी रही थी। यानी...इस गधी ने लस्सी नहीं बनाए जाने का जरा भी विरोध नहीं किया।

धर्म के पत्थर मार-मार माँ जिस प्रकार छुटकी के बचपन को दूर भगा रही थी, वह चिन्ताजनक था।

जाने कौन-सी घुट्टी माँ इन दिनों छुटकी को पिला रही थी कि जो लाड़ो बात-बात पर रास्ते तक में पसर जाती थी और अपनी ज़िद मनवाकर रहती थी, जिसे पापा बिदकी घोड़ी कहते थे...वह अब पूरी तरह राम जी की गाय बन चुकी थी।

माँ ने वह कर दिखाया था, जो असम्भव था।

तो क्या छुटकी की ही तरह विरोध की मेरी भी सारी नोंकें घिस जाएँगी? मैं हार जाऊँगी। नहीं, मुझे स्वयं को माँ के पाले में नहीं डालना है। मुझे अपने सपनों के आसमान पर बन्दिशें नहीं लगानी हैं। मैंने चाय नहीं पी। आशा-निराशा के दो राहों पर खड़े, कच्चे पड़ते अपने मनोबल को मैंने थपथपाया और साइकिल पर ज़ोर-ज़ोर से पैडल मारने लगी।

गाँव और छोटे शहर के बीच कस्बे सा अजीमगंज। घर से छह किलोमीटर दूर हाट। साइकिल रिक्शे पर साबुन की बट्टियों और शीशियों को लदवाकर जब तक हाट पहुँची, मंडी सज चुकी थी। आसपास के गाँव के खासे लोग मौजूद थे। पर अब बाजार का चरित्र बदल गया था। टीवी विज्ञापनों ने सर्फ, सनलाइट और रिन साबुन को मोर मुकुट पहना दिया था। गाँव-गाँवइन बहुराष्ट्रीय कम्पनियों के साबुनों के एजेंट बन गए थे जो चार-चार मुँह से उनके गुणगान कर उन्हें बेच रहे थे। पिता की बात फिर कानों में गूँजने लगी। उदासी-भरे स्वर में पिता अन्तिम दिनों में अक्सर कहा करते थे–वस्तुओं का जमाना आ रहा है। साबुन आदमी को खा रहा है और सच...इन करोड़ों के विज्ञापनों वाले साबुन ने हमें खा डाला, कहीं का नहीं छोड़ा। इनके सामने हमारा लोकल साबुन ब्राईट घुटना टेक रहा था। पहले की बात और थी। साबुन गाँव में ही बिकता और वहीं खप जाता था। पर अब खुले दरवाज़े से आती यह आँधी हमारे पैर टिकने ही नहीं दे रही थी। सूरज की तरह जगमग करते सर्फ के सामने मेरा ब्राईट साबुन वह दीपक था जिसकी लौ बुझने वाली थी...अस्सी बोतलों और 40 बट्टियों में से कुल सत्रह बोतल और 13 बट्टी बिकी। जो भी कुछ आदिवासियों ने खरीदीं। माल के नहीं बिकने से ज्यादा डर माँ का था। माँ फिर ताना देगी। फिर एहसास कराएगी...मेरे बूते नहीं खिंचनेवाली घर की गाड़ी...

मेरे पास अधिक समय था भी नहीं...कुछ करके दिखाना है। वह भी इसी महीने...पास में थोड़ी बहुत जो भी नगदी थी मैंने साबुन पर खर्च कर दी थी। मैंने सोच लिया था कि अब बाजार से भिड़ने में बुद्धिमानी नहीं–क्योंकि अब बिक्री गुणवत्ता और कम लागत के आधार पर नहीं वरन् विज्ञापनों के जादू से होती है। अब जमाना तगड़ों का है, आवारा पूँजी का है। तिकड़मियों का है।

अब मेहनत और ईमानदारी की पूछ नहीं...अब बाटा के जूते बिकेंगे...लीवर के साबुन बिकेंगे पर हमारी थालियाँ यूँ ही धरी रह जाएँगी।

उस दिन हाट से मैं अपने अनबिके साबुनों को नहीं, अपने सपनों और अरमानों की अधमरी लाश को अपने कन्धे पर ढोते हुए घर आई थी। पिता ने कम-से-कम अपने जीवन काल में एक आधी अधूरी उम्मीद को तो जिन्दा रखा था...मैंने देखा विरासत में मिली वह अधूरी उम्मीद भी अब दम तोड़ रही थी।

मैंने घड़ी देखी। शाम के साढ़े सात बज रहे थे। यानी घर से निकले पूरे 13 घंटे हो गए थे और खाते में सिर्फ़ घाटा, थकावट और हताशा ही हाथ लगी थी। पर मैं इस नाकामी के साथ माँ का सामना नहीं करना चाहती थी। इससे माँ के सामूहिक दीक्षा के विचार को बल मिलता...लिहाज़ा अपने थके पाँवों को ही घसीटते हुए मैं अजीमगंज के एक दुकानदार, अमरनाथ बाबू के यहाँ गई। वे कपड़े के छोटे व्यापारी थे। मेरे चाचा की दुकान के पास ही उनकी दुकान थी। उन्होंने मुझसे अपनी दो पोतियों को पढ़ाने के लिए किसी टीचर के लिए कहा था। वह टीचर मैं ही क्यों नहीं हो सकती...मैंने सोचा पर सारे रास्ते छाती में धुकधुकी रही–आज का दिन निराशा और नाकामियों का दिन था...कहीं यहाँ से भी नाउम्मीदी का मुँह न देखना पड़े। पर उस शाम ने मुझे मायूस नहीं लौटाया। जिस समय अमरनाथ बाबू ने अपनी चढ़ी हुई मूँछों पर ताव देते हुए कहा, 'जितनी जल्दी हो, यह ज़िम्मेदारी सँभाल लो।' मैं रो पड़ी। लक्ष्य बेधने का सा उल्लास महसूस किया मैंने। उस शाम मैं घर में रोज की तरह मुँह लटकाए नहीं वरन् फख्र से घुसी।

डूबते को तिनके का सहारा। मेरे हाथों ने अर्जित किया था...अब वे खानेवाले नहीं वरन् अर्जित करनेवाले हाथ थे।

राजस्थानी कहावत है–'सहजा चूड़ो फूट गयो, हल्कों हो गयो हाथ। बाई का बन्धन कटिया, भली करी जगन्नाथ' यह कहावत छोटी बुद्धि और छोटी दृष्टि और तत्कालिक लाभ कमानेवालों पर लागू होती है। सुहाग का चूड़ा फूट गया तो कन्यापक्ष खुश है कि लड़की का हाथ हल्का हुआ पर पति मरने की जो भारी विपदा है, उस पर ध्यान नहीं जा रहा है। लोग खुश हैं इस बन्धन-मुक्ति पर लेकिन इस बेरोक और अचानक बन्धन-मुक्ति की कोख से कितनी विपदाएँ टूटेंगी–इस पर दृष्टि नहीं है।

यही हाल मेरे देश का है। मेरी माँ का है।

माँ खुश थी कि साबुन का धन्धा नहीं चला...राड़ कटी...अब सामूहिक दीक्षा के लिए मैदान साफ है। जो संसार रोटी और इज्जत नहीं दे सके...उस संसार में रहने से क्या लाभ?

इस कारण अगली सुबह फिर काँव-काँव से शुरू हुई। फिर पसरी काली रात छोटे-छोटे सुखों की हमारी चाँदनी पर। आज की ब्रेकिंग न्यूज थी–घर में पत्तियों की सब्जियों और जमीकंद पर एकदम पाबन्दी। हरी सब्जियाँ भी गिनी-चुनी आती

थीं। मेरी सर्वाधिक प्रिय सब्जी आलू को भी देश निकाला मिल गया था। उसकी जगह कच्चे केले ने ले ली थी।

नहीं चाहते हुए भी मुझे फिर भिड़ना पड़ा। भरसक क्रोध को दबाते हुए मैंने पूछा 'माँ तुम चाहती क्या हो...पत्तों की सब्जियाँ सस्ती और पौष्टिक भी होती है। मैं छाँट-छाँट कर गाजर लाई, मूली लाई, तुमने उन्हें भी बाहर फिकवा दिया। आखिर क्यों?'

माँ ने ध्यान से मुझे देखा–उनके चेहरे के भाव विचित्र थे। आँखों में एक विशेष प्रकार की चमक थी। कुछ क्षण उन्होंने मुझे टोहा, जैसे कोई नौसिखिया पहली डुबकी लगाने वक्त समुद्र की गहराई की थाह लेना चाहता हो। फिर माँ ने हाथ जोड़ते हुए उद्घोषणा की कि इसी चौमासे हम सब दीक्षा लेंगे। मैंने हर तरह से सोच लिया है। घर की बिगड़ती हालत और बिना मर्द के अपना घर। घर में बेटी और खेत में ककड़ी को बढ़ते देर नहीं लगती–बोलते-बोलते माँ की आँखें भर आईं। साड़ी के आँचल से आँख-नाक पोंछ माँ ने कहा, 'सोचती हूँ तो हाड़ काँप जाता है। जमाने से इतनी लात खाई कि अब छाती में जोर नहीं रहा। सच्ची बात तो यह है कि बिना धुएँ के चूल्हे और बिना खूँटे के बछड़े की कोई गति नहीं होती। जहाँ चूल्हा नहीं जलता वहाँ आदमी जलने लगता है। जानती हो, पापड़ बेलते-बेलते हथेलियों में ठाठे पड़ गए तो भी मैं नहीं घबराई। भाई साहब, भाई साहब, कहते-कहते छोटे-छोटे काम देने के लिए दुनिया के निहोरे काढ़ती रही। पर दुनिया इज्जत से जीने नहीं देती। जानती हो, उस लम्पट पापड़वाले ने किस क़दर जलील किया मुझे कि मन किया की धरती फट जाए और सीता मैया की तरह उसी में समा जाऊँ। गिनती में चार पापड़ कम रह गए थे तो हरामजादा ने कहा, 'पापड़ तो क्या, कहे तो खीरमोहन भिजवा दूँ पर जरा मेरा भी ख्याल रखा करो।' घर में कोई मर्द होता तो क्या ऐसे बोलने की हिम्मत कर सकता था वह? यह आदमियों की दुनिया है जो रोटी तो देगी पर बोटी नोंच लेगी। फटी चदरी-सा यह घर अब न तुम्हारे सँभले-सँभलेगा और न मेरे।

अपनी बात पर पूरा वजन रखने के लिए अम्मा तुलसीदास को भी बीच में घसीट लाई, 'अरे जिस समाज ने चार भुने हुए चने के लिए धरमात्मा तुलसीदास को भी नहीं छोड़ा वह हमें क्या बख़्शेगा?'

अम्मा का जेनरल नॉलेज देख मेरी आँखें भी चौड़ी हो गईं। और जिस प्रकार माँ जीवन का अँधेरा फैला रही थीं कि छुटकी की नन्ही आत्मा भी काँटों से बिंधने लगी थीं।

ज़िन्दगी की राह में अधबीच ही थककर दम तोड़ चुकी अम्मा को मैंने फिर समझाने की चेष्टा, 'माँ जीव वैज्ञानिक कहते हैं कि बाज के पंख भी उड़ने की इच्छा से ही निकलते हैं–जैसी मनसा वैसी दशा। आदमी डूबने की सोचेगा तो

डूबेगा ही। जिनके पास आशा है वही धनी हैं। उसी के पास सब कुछ है। तुमने तो धर्म को लोमड़ी की तरह चालाक बना दिया है। जीवन मुश्किल लगे तो धर्म का लबादा डाल लो। सोचो माँ, तुम्हारा डर और असुरक्षा बोध इस कारण है कि घर में कोई पुरुष नहीं। तुम्हें लगता है कि तुम अपने बूते हमारे लिए पति का जुगाड़ नहीं कर पाओगी तो इन्हें धर्मरूपी पति के हवाले कर दो। पर हमें न पति चाहिए न घर। हमें बस थोड़ा-सा भरोसा दो जिससे हमारे पंखों को मजबूती मिल जाए, फिर हम अपना आसमान ख़ुद ढूँढ़ लेंगे। औरत होने के भय से तुम ख़ुद भी मुक्त हो जाओ और हमें भी मुक्त कर दो।'

पता नहीं मेरी बातों का माँ पर कितना असर पड़ा पर इतना ज़रूर हुआ कि अपना रहस्य खोलकर अम्मा थोड़ा मुक्त हो गई थीं, जैसे फोड़े से मवाद निकल गया हो। दूसरे दिन हमारे घर के कोने में बने छोटे से आलयनुमा मन्दिर में दिया-बत्ती कर जब वे उठीं तो उनकी आँखों में एक अलग तरह की ही चमक थी–अपनी बात को न्यायोचित ढंग से रख करने का सन्तोष।

पर माँ की आँखों की उस चमक ने मुझे डरा दिया। यदि सचमुच ही माँ ने दीक्षा की राह पकड़ ली तो?

मैंने सचमुच चाहा भी कि मैं खामोश रहूँ पर जब तक माँ से यह आश्वासन नहीं मिल जाता कि वे दीक्षा की नहीं सोचेंगी, बिल्ली की तरह हर पल भीतर घूमती बेचैनी ने मेरा जीना हराम कर रखा था।

माँ के कन्धे पर हाथ रख मैंने प्यार से फिर समझाया, 'माँ, हमारा सारा संकट हौसला खो देने का है। ज़िन्दगी से इस प्रकार भागा नहीं जाता है। ज़िन्दगी बैठे-बिठाए मन लायक़ नहीं मिल जाती है। खान से निकले कच्चे लोहे की तरह उसे ठोक-पीटकर अपने लायक़ बनाना होता है।'

'यदि जीना छोड़ती तो मैं आत्महत्या करती पर मैं दुखों से आत्मज्ञान पाकर ही धर्म की शरण में आई हूँ। मैं मोक्ष पाना चाहती हूँ।'

माँ की नई शब्दावली मुझे फिर आतंकित करने लगी। मैंने कहा, 'यदि ऐसा है तो तुम दीक्षा ले लो, पर छुटकी का नाम भी न लेना। मैं उसकी ज़िन्दगी तबाह नहीं होने दूँगी। ग्यारह वर्ष की छोकरी...क्या समझेगी जीवन को या वैराग्य को।

'यदि तुम्हारा कोई भाई होता तो मैं छुटकी को अपने साथ नहीं ले जाती। पर अब तो मुझे अपनी बेटियों के साथ ही दीक्षा लेनी होगी। लड़कियों की जात, मैं कैसे अकेला छोड़ दूँ।'

मैंने आखिर बार माँ को समझाया, 'माँ कल क्लास में मेरी टीचर ने एक बहुत ही सुन्दर घटना सुनाई थी। एक आदमी ट्रेन में बैठा था। वह बहुत ही निर्धन था। वह दाएँ हाथ से रोटी का कौर तोड़ता और उसे बाएँ हाथ से छुआ

कर खा लेता। वह बार-बार ऐसा ही कर रहा था। सामने बैठे एक स्वामी उत्सुकतापूर्वक उसे देख रहे थे–एक बार, दो-तीन बार। उन्होंने देखा कि उसके बाएँ हाथ में कुछ भी नहीं था। आखिर उनसे रहा नहीं गया। उन्होंने पूछा– बायाँ हाथ तो तुम्हारा निपट खाली है, छुआ क्या रहे हो तुम? उसने कहा–मैं गरीब-गुरबा सिवाय रोटी के और कुछ भी जुगाड़ नहीं कर पाया, इसलिए कल्पना कर लेता हूँ कि मेरे बाएँ हाथ में नमक है। बस उसी से छुआ कर मान लेता हूँ कि नमक के साथ रोटी खा रहा हूँ। स्वामी जी मुस्कराए–जब कल्पना ही करनी है तो फिर ऊँची कल्पना करो, फिर नमक की क्या, राज-भोग, रबड़ी, अमृत भोग की कल्पना करो। तो अम्मा, हम भी उसी प्रकार दरिद्र हैं। हम कल्पना भी करते हैं तो नमक-भर छुआन की। जब स्वप्नों की उड़ान ही इतनी नीची है तो यथार्थ की उड़ान क्या होगी! तो माँ यह कल्पना मत करो कि बिना पुरुष के इस घर की कितनी दुर्गति होगी। कल्पना ही करना है तो यह करो कि इस घर की लड़कियाँ ही अपना पुरुषार्थ दिखाएँगी। हर पल दुख और मौत की सोचने की बजाय बड़े स्वप्न देखो। स्वप्न देखने का हौसला ही आदमी को आदमी बनाता है।'

मैंने माँ की ओर ताका...इस प्रेरणात्मक कहानी का कुछ भी असर माँ पर नहीं हुआ था, कोई भाव नहीं उभरा माँ के सपाट चेहरे पर। सुर्ख लोहे-सी माँ पर फिर चोट करते हुए मैंने कहा, 'माँ तुम्हारा वैराग्य यदि जीवन के प्रति स्वाभाविक विरक्ति, किसी बड़ी रोशनी में आने की व्याकुलता, तत्त्व चिन्तन या परम की प्राप्ति के लिए होता तो मैं विरोध नहीं करती। मैं आगे बढ़कर खोल देती सारे दरवाज़े–लो उड़ो, जितना ऊँचा उड़ सकती हो तुम। पर तुम्हारे ख्वाबों ने पटरी इस कारण बदली कि अँधेरा तुम्हारी आत्मा तक फैल गया है कि इस उजड़े घर में तीन खानेवाले और कमानेवाला कोई हाथ नहीं। तुम्हें संसार-असार तब जान पड़ने लगा, जब पाँच रुपयों की आमदनी के लिए तुम्हें दिन-भर पापड़ बेलने पड़ गए। जब ज़िन्दगी तुम्हें डराने लगी तो तुमने धर्म की चादर ओढ़ ली। पर यह जान लो अम्मा कि हम जो कुछ हैं, उसे नकार कर कुछ भी हासिल नहीं कर पाएँगे। और यह भी कि जो कुछ भी है इसी संसार में है, इससे परे कुछ भी नहीं है।'

× × ×

सजे-धजे सूअर से दिखते अमरनाथ बाबू। उनकी दोनों बेटियों को पढ़ाकर निकल ही रही थी कि सामने से आती हुई ताई (अमरनाथ बाबू की पत्नी) ने न सिर्फ़ जबर्दस्ती बैठाया वरन् बीकानेर की भुजिया के साथ अदरक की चाय भी पिलाई। आज यहाँ भी मौसम बदला हुआ था। ताज्जुब! ऋषि की मृत्यु के उपरान्त पिता ने उनसे बीस हज़ार रुपए उधार माँगे थे। उन्होंने उधारी देने में आनाकानी नहीं

की थी, पर उसके बदले में हमारे घर को गिरवी रखना चाहा था। उनकी इस हरकत ने पिता को गहरी चोट पहुँचाई थी। साथ-साथ खेले-कूदे और बड़े हुए अमरनाथ बाबू की वह गिद्ध-दृष्टि पिता को भीतर तक बेध गई थी। पहली बार उस दिन मैंने पापा की आँखों में आँसू देखे थे, विवशता के आँसू।

अमरनाथ बाबू की कपड़े की दुकान चल निकली थी। अपने छोटे बेटे के लिए वे एक अलग दुकान चाहते थे। उनकी अपनी दुकान उनके घर से ही जुड़ी थी। अजीमगंज में यह आम रिवाज था, नीचे दुकान, ऊपर मकान। हमारा घर उनके घर से हाथ-भर की ही दूरी पर था, इस कारण उनकी निगाहें हमारे घर पर थी, जिससे दोनों दुकानें पास-पास हो जाए। पापा उनकी गिद्ध-नज़र भाँप गए थे। इस कारण पापा ने उनके प्रस्ताव को स्वीकार नहीं किया था। उसके बाद से ही खिंचे-खिंचे रहने लगे थे वे।

वे ही अमरनाथ बाबू, आज मेरे लिए पलक पांवड़े बिछाए हुए थे। चाय के दौरान मैं लगातार हाथी जैसे लम्बे-लम्बे उनके कानों में उगे बालों के गंगा-जमुनी गुच्छों को देखती रही और सोचती रही कि मकड़ी के से उस चेहरे पर आज अचानक गुलाब की क्यारियाँ कहाँ से उग आईं?

कि तभी रहस्योद्‌घाटन हुआ।

निकलते वक्त अमरनाथ बाबू ने हाथ जोड़ लपलपाती आवाज़ में कहा, 'आप लोग मेरे लिए परम आदरणीय हैं और आपका घर? वह तो साक्षात पवित्र मन्दिर है जहाँ एक नहीं तीन-तीन दीक्षाएँ हो रही हैं।'

क्या? क्या? लगा जैसे एकाएक सब कुछ थम गया हो। मेरी श्वास मेरी धड़कन, सामने दीवाल पर टिक्-टिक् चलती घड़ी। यह धरती...वह आकाश। शब्द-शब्द हथौड़ा बन मेरे दिमाग के सर्वाधिक कोमल तन्तुओं पर चोट करने लगा। इतने हाइ मेगावाट का झटका मेरी सहनशक्ति के बाहर था। जिस खबर को अभी मैं भी ठीक से सुन नहीं पाई थी। पचा नहीं पाई थी, जिसे मैंने अभी ख़ुद से भी छिपाकर रखा था, वह इतनी जल्दी सार्वजनिक कैसे हो गई? क्या हवाओं ने चुगली कर दी?

एक निहितार्थ और था इसका। यदि स्वयं अम्मा ने दीक्षा की यह उद्‌घोषणा घर के बाहर की है तो अब इस दीक्षा को रोकना मेरे लिए उतना आसान नहीं होगा क्योंकि अब इसमें बाहरी ताकतें भी जुड़ जाएँगी। अब वह हमारे घर का व्यक्तिगत मामला नहीं वरन् धर्म का सार्वजनिक मामला बन जाएगा।

मैं असमंजस में थी कि इस घटना का खंडन करूँ कि मंडन कि तभी ताई ने एक धक्का और दे दिया, 'सुना है लली, कि जिस पंचम माँझी ने मंत्राया (मंत्र-बिद्ध) तीर चलाकर ऋषि के परान लिए थे, ख़ुद उसका बेटा कलुआ माँझी भी भरी जवानी में कटे पेड़-सा गिर पड़ा है। कहते हैं कि यह सब तुम्हारी माँ

के धरम के परताप से ही सम्भव हुआ है।'

हे भगवान! मुझे लगा मैं पागल हो जाऊँगी। यह सब क्या सुन रही थी मैं? ऋषि किसी माँझी के मंत्रविद्ध अदृश्य तीर से नहीं वरन् लीवर में संक्रमण के चलते मरा था। हम विवश देखते रहे थे और उसने गर्दन लटका दी थी।

हाँ इतना ज़रूर मैंने पापा के ही मुँह से सुना था कि जिस ज़मीन पर आज हमारा घर था, कभी वह ज़मीन पंचम माँझी के पिता झुमरू माँझी की थी, जिसे हमारे दादा ने तिकड़म से हथिया ली थी। उस समय का भोला आदिवासी समाज और उस पर निरक्षर। भूमि से वही रिश्ता उसका जो बेटा का माँ से। उसने अपनी ज़मीन का पट्टा भी नहीं लिया था। हमारे दादा को झुमरू ने बहुत आड़े हाथों लिया था और मुकदमा भी चलाया था। पर जज मुंडेरी भाषा जानता नहीं था। वह कुछ कहता दुभाषिया कुछ और समझा देता। प्रमाण के रूप में ज़मीन पर पट्टा तक पास नहीं...मुकदमा हारना ही था।

ऋषि की प्राणलेवा बीमारी के दौरान पापा जब तब विचलित हो कलपने लगते थे। लगता है उसी झुमरू की हाय डस रही है हमें। मरते वक्त हमारे दादा को श्राप दिया था उसने, 'देख, तू और तेरा परिवार कभी सुख से इस ज़मीन पर भात नहीं खा पाएगा। धरती का आबा (भगवान) तुम जैसे दिकू (बाहरी) से बदला ठीक लेगा।'

रह-रहकर पापा कहते, 'बस थोड़ा-भर पैसा हाथ में आ जाए तो पूर्वजों के इस कुकृत्य का प्रायश्चित कर डालूँ...उसका देय उसे लौटा दूँ। राजा भागीरथ तो पूर्वजों की मुक्ति के लिए गंगा को आकाश से पृथ्वी पर उतार लाए थे...मैं क्या इतना भी नहीं कर पाऊँगा...

× × ×

धर्म का कुहासा घना होता जा रहा था...और मैं विवश। उदासी मेरी आत्मा को छूने लगी थी—मैं क्या करूँ? घर को कुरुक्षेत्र बन जाने दूँ? या अम्मा के स्वप्नों का उपासर (जहाँ साधु-साध्वियों की जमात साधु नियमों के अनुसार रहते हैं) पर उसके लिए तो मुझे बैल बनना पड़ेगा।

मेरी मुश्किल यह थी कि मैं घर को घर बनाए रखना चाहती थी, जिससे अपनी अन्तर्शक्ति...अपनी ऊर्जा को खपा दूँ ज़िन्दगी की लड़ाई में। मुझे दो ट्यूशन मिल गई थी, कुछ और भी मिल सकती थी। साबुन का धन्धा भी कुछ अतिरिक्त आय दे सकता था। कहीं पार्ट टाइम नौकरी की भी सम्भावना थी। पर इन लड़ाइयों की सफलता के लिए ज़रूरी था कि मेरा मानसिक सन्तुलन और मेरी आन्तरिक सत्ता अखंडित रहे, मुझे घर में युद्ध न लड़ना पड़े। पर यह दोहरी मार मुझे खंड-खंड खंडित कर रही थी।

मैं बाहर भी थी।

मैं भीतर भी थी।

मैं बाहर रहती तो घर का भूत मेरे सिर पर सवार रहता। हर क्षण दिल में धुक-धुकी रहती कि कहीं अम्मा अपने इरादों में सफल न हो जाए।

एक रात मैंने स्वप्न देखा कि माँ और कई साध्वियों ने मिलकर मुझे रस्सी से बाँध दिया है और जबरन मेरे केशों का लुंचन कर मुझे श्वेत वस्त्र पहनाकर मुझे संन्यासिन बना रहे हैं। घबराहट में मैं उठ बैठी। बहुत देर तक सोचती रही मैं...क्या मैं मदर्स फोबिया से ग्रस्त हूँ? कहीं मानसिक रोगी तो नहीं हो जाऊँगी? दुःस्वप्न और यथार्थ की इन्हीं छायाओं में ही गिरती-पड़ती मैं नहाने के लिए बाथरूम में घुसी तो दिमाग की सारी नसें एक साथ झनझना उठीं।

माँ ने स्त्रियोचित आकार देनेवाले मेरे अन्तर्वस्त्रों की जगह तीन शमीज़ें टाँग दी थीं। शमीज़ की बनावट इस प्रकार कि वक्ष के सारे उभार नियन्त्रित रहे, सपाट रहे। देखते ही बौखला गई मैं। गला खुश्क हो गया। कहाँ-कहाँ दौड़ लगाता है अम्मा का दिमाग भी। माँएँ आगे बढ़कर किशोर होतीं अपनी पुत्रियों को स्त्रियोचित आकार देनेवाले वस्त्रों को पहनाती हैं जिनसे उनका यौवन अपनी सम्पूर्णता में विस्तार पा सके, पर लाना तो दूर जो जुटा पाई मैं, माँ ने उसे भी घूरे पर फेंक दिया। धार्मिक माँ के विकृत चिन्तन में ब्रा जैसे अन्तर्वस्त्र भी कामुकता के उद्दीपक थे।

मैं हत्थे से उखड़ गई। ज़िन्दगी एकाएक चट्टान की तरह भारी लगने लगी और माँ उस काली शक्ति की तरह, जिसके कई हाथ थे।

एक में धर्म की ढाल।

एक में वैधव्य का ब्लैकबेल्ट।

और एक में पकी उम्र के कवच-कुंडल।

सामने मैं!

निहत्थी! न हौसला! न आत्मा की शक्ति! कैसे लड़ूँ यह लड़ाई? द्रौपदी के चीर की तरह जिसका कोई कूल-किनारा ही न था। ऐसी ही परिस्थितियाँ आदमी को कॉकरेच बना देती होंगी।

पराजित-सी मैं, बाथरूम के बाहर देखा। माँ सामयिक पर बैठी है, यानी पैंतालीस मिनट तक माँ से इस विषय पर कोई संवाद हो ही नहीं सकता था। घर में इतनी घुटन थी कि मैं बिना नहाए ही बाहर निकल गई। देखा, बाहर के चौपाल पर रखा डोल पानी से भर चुका था पर कमर पर हाथ टेके बैगो अभी भी खड़ा था। कुएँ से मीठे पानी को घर-घर पहुँचानेवाले बैगी को छुटकी ने अटकाकर रखा था–जब सामयिक से उठेगी अम्मा तो देगी पैसे।

माँ का गुस्सा छुटकी पर उतरा, 'क्यों अटकाकर रखा है इसे, इतने से पैसों

के लिए...दस घर पानी भरनेवाला यह बैगी!' छुटकी रुआँसा हो गई, 'जीजी, मेरे पास पैसे नहीं थे, मैं क्या करती?'

बैगी को पैंतीस रुपए और छुटकी को पचास रुपए का नोट थमाकर दनदनाती मैं साइकिल पर पैंडल मारने लगी। सारे रास्ते ही अन्तर्वस्त्र दिखते रहे। क्यों किया माँ ने ऐसा? क्या इसीलिए कि साध्वियाँ अन्तर्वस्त्र नहीं पहनतीं?

क्या इसमें भी अधर्म हैं?

ओफ़्, किसने बनाया माँ को ऐसा?

आँखें एकाएक पीछे घूम गईं।

तब दादा-दादी दोनों ही जीवित थे। उठते ही अम्मा सबसे पहले स्नान करतीं; फिर चौके में घुसतीं, यह नियम था। जब तक वे स्नान नहीं कर लेतीं वे चौके में घुस ही नहीं सकती थीं। इस बीच यदि कोई ज़रूरत भी पड़ जाती तो दादी चौके में घुसती। एक बार पापा अपने कार्य के सिलसिले में कलकत्ता गए हुए थे। मुझे स्कूल जाना था। मैंने दादी से कहा, 'दादी मुझे आज जल्दी जाना है मुझे नाश्ता बना दो।' दादी ने कहा, 'अपनी अम्मा को बोल। मुझे क्या पता क्या बनाना है? कहाँ घी-तेल है?' मैंने भोलेपन से कहा, 'अम्मा तो अभी तक नहाई ही नहीं है, चौके में घुसेगी कैसे?' दादी हँस पड़ी, 'आज घुस जाएगी।'

शुरू से ही तर्क करने की अपनी आदत। मैं फिर अड़ी रही, 'जब रोज बिना नहाए नहीं घुसती तो आज कैसे घुसेगी?' हँसी रोकने के प्रयास में दादी की नाक फूल गई थी। दबी-दबी हँसी हँसते और नाक फुलाते हुए बोली, 'रोज तेरे पापा रात को तेरी अम्मा को गन्दा कर देते हैं, इस कारण तेरी अम्मा को नहाना पड़ता है।'

सालों बाद दादी के उस मजाक का निहितार्थ समझ पाई मैं। और यह भी कि कैसी मानसिकता बना रखी है हमारे धर्म-गुरुओं ने भी। ब्रह्मचर्य को इतना महिमा मंडित किया कि पति संसर्ग के चलते महिलाओं को ही अपवित्र मान लिया गया।

मैंने कभी दादी और दादा को एक कमरे में सोते हुए नहीं देखा। दो साल पूर्व मेरी चाची ने मुझे फुसफुसाकर बताया था कि उन दोनों ने गुरुदेव से ब्रह्मचर्य का व्रत ले लिया था। यही नहीं, हमारी दादी उस पलँग पर भी नहीं बैठती थी, बैठना तो दूर, उसे छूती तक नहीं थी जिस पर मेरी माँ और पिता सहवास कर चुके थे।

माँ का क्या दोष? माँ के व्यक्तित्व निर्माण में भी धर्मगुरुओं की ही मानसिकता झलकती थी, जिनके कानों में चौबीस घंटे काम की घंटियाँ ही बजती रहती थीं। चूँकि स्वयं वे इस आनन्द से वंचित थे, इस कारण कुंठित, दमित एवं इन्द्रियों की सीमा में रहनेवाली उनकी मानसिकता दूसरों को भी इसमें वंचित

रखने में ही क्रूर सन्तोष पाती थी। शायद इसी कारण उन्होंने देह को इतना बड़ा टेबू बना दिया था कि धर्म के सारे ताज़िये इसी देह पर टिके थे।

यह तो ख़ुद मैंने बचपन से ही देखा था कि जब अम्मा 'सामायिक' पर बैठती तो पुरुष तो पुरुष अढ़ाई वर्षीय ऋषि भी उस दौरान यदि अम्मा को छू लेता तो अम्मा बवाल मचा देती–'सेंगटा-सेंगटा' (यानी दोष लग गया) कह कर आसमान सिर पर उठा लेतीं।

पूरे दिन निरुद्देश्य गली-कूचों और सड़क पर भटकती रही मैं। कॉलेज में भी दिल नहीं रमा। एक अजीब तरह की बेचैनी भीतर के कोने-कोने में चमगादड़ की तरह घूमेर लेती रही।

थकी-माँदी शाम घर लौटी तो देखा, माँ छुटकी को ज्ञान दान दे रही है, जैसे कभी बुद्ध ने आनन्द को दिया था। माँ के सामने कोई पोथी खुली हुई थी, उसी को बाँच रही थी अम्मा–समय छह आरों में बँटा हुआ है। 1. सुखम्-सुखम्, 2. सुखम, 3. सुखम-दुखम, 4. दुखम-सुखम, 5. दुखम 6. दुखम-दुखम। पहले आरे में परम्-परम् सुख, हर व्यक्ति सुखी समृद्ध। दूसरे आरे में सुख थोड़ा घट जाता है, फिर भी ज़िन्दगी दुख की परछाईं से दूर ही रहती है। तीसरे आरे में सुख के साथ चोर दरवाज़े से दुख भी घुस जाता है और अब धीरे-धीरे दुख बढ़ते चाँद की तरह बढ़ता जाता और सुख घटना शुरू हो जाता है, यहाँ तक कि पाँचवें आरे तक जीवन में सुख का नामोनिशान भी नहीं रहता है। अभी पाँचवाँ आरा चल रहा है तो इतनी त्राहि-त्राहि मची हुई है पर जब छठा आरा, दुखम-दुखम आएगा तो दुख बर्दाश्त के बाहर होगा और दुख के अग्निकुंड में झुलसते नज़र आएँगे लोग

माँ पूरे मनोयोग से प्रवचन दे रही थीं। और मैं बिना छठे आरे में गए ही झुलस उठी। वहीं से फुत्कार उठी मैं, 'माँ इस अबोध बच्ची के मन में ज़िन्दगी का खौफ पैदा कर अच्छा नहीं किया तुमने। अभी तक तुम इसे बुर्केवाली से डराती रही कि वह अपने बुर्के में इसे छिपाकर ले भागेगी। जानती हो अभी हाल तक किसी भी बुर्केवाली और दाढ़ीवाले को देखकर यह रास्तों में किसी घर के अन्दर जाकर छिप जाती। जब तक वह बुर्केवाली और दाढ़ीवाला नहीं निकल जाता। वह बाहर नहीं आती। बड़ी मुश्किल से मैंने उसका डर भागाया। बच्चों के मन में सौन्दर्य के बीज बोए जाते हैं, भय और कुरूपता के नहीं। तुमने इसके बचपन को मार डाला...बहुत बुरी हो तुम माँ, तुम्हारी सोच में सिर्फ़ मौत और दुख है। रोगी हो तुम। यदि सभी लोग इस प्रकार सोचने लगे तो जीवन असम्भव हो जाएगा।

प्रवचन की धारा को बीच रास्ते में ही रोकते हुए माँ मेरी तरफ मुख़ातिब

हुई और ज़िन्दगी का सारा रहस्य जान लेनेवाले आत्मविश्वास के साथ दिव्य मुस्कान बिखेरते हुए कहने लगी, 'सत्य दुख देता है पर उसे जान लेना ही हित में है। गृहस्थी में सिवाय दुख के धरा क्या है? पांणी में पड्या सूखा कद निकली जै (जैसे पानी में गिरकर कोई भी नहीं निकल सकता है। गृहस्थी के प्रपंच में फँसने के बाद जीवात्मा के लिए मुक्ति असम्भव है)।

मैंने हाथ जोड़ते हुए कहा, 'अम्मा, बस भी करो पर याद रखना जिनकी शरण में जा रही हो न तुम, ख़ुद उनका जीवन व्यर्थ है। वह सिर्फ मन्त्रों की दुनिया है, यन्त्रों की नहीं, क्योंकि उसके लिए तो हाथ-पैर डुलाना पड़ता है, पसीने बहाने पड़ते हैं। पर वे ऐसा नहीं करते। इस कारण हर वक्त जीवन की व्यर्थता और निस्सारता का ही राग-अलापते रहते हैं। हर जीवन दूसरे से अलग है। यह कैसे सम्भव है कि तुमने जो रास्ता चुना हमारा कल्याण भी उसी रास्ते से हो? सत्य कोई बना-बनाया ग्लूकोज पाउडर तो नहीं कि उसे घोला और पी लिया। पापा कहते थे कि हर एक को अपना रास्ता ख़ुद ढूँढ़ना पड़ता है।'

अपनी पूरी शक्तियों के साथ मैं माँ को समझाना चाह रही थी पर माँ का दिमाग पहले से ही हाउसफुल था। मेरी बातों के लिए वहाँ कोई स्पेस नहीं था, इस कारण वे माँ के बन्द दरवाज़े पर दस्तक देकर वापस लौट आतीं।

माँ अब अपनी पूरी ऊर्जा के साथ हमारे लौकिक संसार की एक-एक सुख-सुविधा को बाउंड्री लाइन के बाहर फेंकने में लगी थी और मैं उन्हें कैच कर वापस अपने संसार की परिधि में। और इसी फेंका-फेंकी में घर चौबीस घंटों का कुरुक्षेत्र बना हुआ था।

एक रात सोते हुए मुझे लगा...गर्मी एकाएक बढ़ गई है। मैं बेचैन थी, पसीने में तर-बतर। तभी ध्यान आया कि पंखे की घिर्र-घिर्र बन्द थी। मैं समझ गई, लोडशेडिंग हो गई है। मैं फिर सोने की चेष्टा में करवट बदलने लगी लेकिन पसीने की चिप-चिप मुझे काँटों की तरह गड़ने लगी। मैं उठी कि गर्दन तक मुँह धो लूँ। उठते ही यूँ ही स्विच पर हाथ गया तो देखा ऑफ किया हुआ था। जैसे ही मैंने उसे ऑन किया, घर में पीला उजाला फैल गया, पंखा चल गया। माजरा क्या है? मैंने देखा, माँ की नाक घाट की चढ़ाई चढ़ रही थी और पास में ही लेटी छुटकी पतली-सी चादर पर बिन तकिया लगाए ज़मीन पर लेटी, करवटें बदल रही थी। तभी मुझे ध्यान आया कि इन दिनों छुटकी मेरे साथ खटिया पर नहीं सोकर माँ के साथ सोने लगी है। पर इस प्रकार ज़मीन पर वह भी बिना पंखे के?

तो क्या अम्मा ने बन्द किया पंखा? हे भगवान! यदि अम्मा ने जानबूझ कर बन्द किया है पंखा तब तो सचमुच स्थिति और भी गम्भीर है। हे भगवान...यह अम्मा तो मेरे रहे-सहे फ्यूज भी उड़ा देगी। मुट्ठियाँ भींचे कमरे में बिफरी शेरनी की तरह गश्त लगाती रही और सोचती रही कि घमासान अभी शुरू करूँ या सुबह

तक इसे टाले रखूँ। पर मैंने पाया कि एक अजीब-सी बेचैनी मेरी पोर-पोर में सर्प दंश की तरह मुझे डस रही थी। मैं मरने या मारने पर उतारू थी। आखिरकार मैंने जंग छेड़ ही दी। मैंने नींद में ही झकझोर डाला अम्मा को, 'अम्मा क्यों बन्द किया तुमने पंखा?'

माँ को उठने में और मेरे गुस्से का कारण समझने में समय लगा। मिचमिचाती आँखों से मुझे देखते हुए उन्होंने अग्निबाण छोड़ा, 'इतना लाल-पीला होना ठीक नहीं। मैंने बन्द किया पंखा क्योंकि साधु जीवन में जल और विदुत (विद्युत) दोनों ही सचित है। दोनों के उपयोग से सूक्षम जीवों की हतिया (हत्या) होती है।'

उस रात की निस्तब्धता में मुझे सचमुच लगा कि इस माँ के साथ रहते-रहते तो मैं पागल हो जाऊँगी। अच्छा हो जितना जल्दी हो दफ़ा हो वह यहाँ से पर मुझे बख्शे। इस ढीठ अधर्म ने धर्म की चादर ओढ़ इस क़दर डेरा डाला है कि दुश्वार हो गया है हमारा जीना...नाश हो इसका।

मैं पागल की तरह चिल्लाई, 'नाश हो इसका'। फिर उस रात हमारे घर में कोई भी सो नहीं सका।

सुबह हुई। पर हमारे घर के आसमान पर रात के बाद फिर एक अँधेरी रात ही पसरी...काली-काली रात।

बाहर सूरज का उजास फूट रहा था। परिन्दे चहचहा रहे थे...भीतर घर में घर की बुलबुल एक अँधेरे कोने में अपने सपनों से दूर, आसन पर पद्मासन की मुद्रा में, आँख मूँदे मुँहपट्टी बाँधे जोगिन बनी माला के मनकों पर जीवन से निराश हुई बुढ़ी की तरह उँगलियाँ फिरा रही थी।

आदमी प्राकृतिक आपदा को झेल लेता है, मौत को भी स्वीकार कर लेता है पर अपनों द्वारा दी गई यातनाएँ और पीड़ा उसके टुकड़े करके रख देती है।

माँ की मनमानी छुट्टे साँड की तरह घर के कोने अन्तरे में चहलक़दमी करती फलती-फूलती क़द्दावर होती जा रही थी और मैं घुटनों पर सिर रखे सोच रही थी कि छुटकी को कैसे बचाऊँ? चारों तरफ बिखरी इस कुरूपता से कैसे पार पाऊँ? जिधर भी नज़र जाती, धरती अशान्त नज़र आती।

मैं अनन्त काल तक उसी प्रकार घुटनों पर सिर टिकाए बैठी रहती कि तभी ख्याल आया कि आज कॉलेज में मेरा अन्तिम दिन है। आज हमें विदाई दी जाने वाली है। भागीरथी नदी के उस पार बसे जियागंज में बसा हमारा कॉलेज जो हर सुबह मुझे पुकारता, ज्ञान तर्क और जीवन के एस्थेटिक सौन्दर्य से भरपूर एक संसार से मुझे जोड़ देता...मेरा कॉलेज जिसने मुझे जीना और सोचना सिखाया... वहीं कॉलेज आज इतिहास बननेवाला था।

मैं फिर उदासी से भर गई। किसी प्रकार अपने भीतर शेष बची ताकत को

बटोरते हुए मैं उठी और पीने के लिए मटकी में लोटा डूबाया तो तह तक जाकर खट् बोला। हाँडी लगभग खाली। सिर्फ़ तह में इंच-भर पानी। किसी प्रकार अधभरे लोटे से पानी अंजुली में भर, सूखे गले के नीचे उतारा तो मुँह का ज़ायक़ा बिगड़ गया। यह कैसा पानी?

मुझे परेशान देख रेशमी रूमाल-सी छुटकी ने माला के मनकों को बीच में उँगलियों के बीच स्थिर कर थोड़ा डरते और थोड़ा पुचकारते हुए कहा, 'जीजी, पानी में चूना मिला हुआ है।'

'क्या कहा? चूना! पर क्यों?'

'क्योंकि उबले हुए पानी में भी आठ घंटों के बाद जीव पड़ जाता है, इसीलिए अम्मा रात को सारा पानी बालू पर गिरा देती है। बस टट्टी-पेशाब के लिए थोड़ा-सा पानी रखकर उसमें चूना मिला देती है, जिससे उसमें जीव नहीं पड़े।'

मुझे ध्यान आया। रात खाने के बाद जब मैंने पानी का घूँट लिया तो पानी का स्वाद मुझे कुछ बिगड़ा हुआ-सा लगा था और ठंडक भी वैसी नहीं थी जैसे घड़े के पानी की होती है। मैं समझ गई कि घर में अब पूरी तरह साधु जीवन के नियम लागू कर दिए गए हैं। फिर भी शंका निवारण के लिए मैंने फिर पूछा, 'तो क्या घर में उबला हुआ पानी चल रहा है?'

'हाँ जीजी, मंगलवार से ही अम्मा ने कच्चा पानी त्याग दिया है।'

मुझे लगा जैसे माँ का आकार बढ़ते-बढ़ते धरती से आसमान तक फैल गया है और मैं हर पल अपने वजूद को डूबते हुए देख रही हूँ।

मुझे बहुत जोर से प्यास लगी थी, मुझे नहाकर कॉलेज के लिए निकलना था। अपने उफनते दिमाग को मैंने फिर ठकठकाया...मैं क्या करूँ? परिस्थितियों के आगे समर्पण कर दूँ या दुर्गम पहाड़ियों से निकली छोटी-छोटी पगडंडियों की तरह अपनी पगडंडियाँ बनाती चलूँ।

माँ तब तक 'सामायिक' से उठ चुकी थी। मैंने यथाशक्ति स्वयं पर लगाम कसते हुए कहा, 'माँ, पापा कहते थे कि जिस घर में हर दिन कलह मचती हो उसके घड़े का पानी सूख जाता है।'

पर माँ वह रेतीला तट बन चुकी थी जिसे कोई भी लहर भिंगो नहीं सकती थी। वे शान्त रहीं और शान्त भाव से ही उन्होंने उत्तर दिया, 'देखो बेटी, मैंने तुम्हें उसी दिन कह दिया था कि अब हमें पाप की गठरी और नहीं भारी करनी इसलिए अब हमें साधु-जीवन के अनुसार चलना है, पर तुम हो कि बात-बात पर ख़ुद भी अशान्त होती हो और घर को भी अशान्त करती हो। अब इस घर में सूर्यास्त के बाद और सुबह आठ बजे के पहले कोई मुँह में पानी भी नहीं डालेगा। हम सभी चौबिहार करेंगे।'

चौबिहार? बाप रे यह क्या?

चौबिहार का मतलब है सूर्यास्त के बाद चारों आहारों–अशनम (अन्न), पानम् (पानी), खाईन (फल-फूल) और शाईगम (सौंफ-सुपारी, लौंग, इलायची) आदि का त्याग।

मुझे परेशान देख माँ ने फिर मुलायम-मुलायम शब्दों में अपने ज्ञान को फुहार छेड़ दी, 'देखो बेटा, आत्मसाधना में कोई छूट नहीं मिलती। उसे कठोर नियमों के अनुसार चलना ही पड़ता है। यहाँ चालाकी नहीं चलती। हमारे गुरुदेव कहते थे।

आसक नट, साधक सती, सूरों सहेवो सेल–
अराफरी की बात नहिं, खरा-खरी को खेल

(प्रेम, नटबाजी, आत्मसाधना, सती होने एवं वीरों के सहने में चालाकी नहीं चल सकती। क्योंकि यह तो खराखरी का खेल है।)

खुदाया...मैं प्यास से व्याकुल थी। भूख से कुड़कुड़ा रही थी, कॉलेज का मेरा अन्तिम दिन था और इस सबसे स्थितप्रज्ञ मेरी अम्मा मुझ पर तरस खाते हुए, नाक पर निकल आई फुंसी को मसलते हुए मुझे अहिंसा का उपदेश दे रही थी। चील बन मेरे वजूद को अपनी चोंच से लहूलुहान कर रही थी। मुझमें आज पंगा लेने की ताकत भी नहीं बची थी और पंगा भी कब तक लिया जाए, कहाँ-कहाँ लिया जाए!

अम्मा की अहिंसा ने तो सपनों से लेकर हक़ीक़त तक, ज़मीन से लेकर आसमान तक अपने खूनी पंजे मेरी आत्मा पर गड़ा रखे थे।

मैं सिसक पड़ी। आत्मा में नासूर-सा कुछ रिसने लगा। जाने कितने जन्मों के, जाने कितने दुख दर्द और टीस मिलकर दुख का एक महासागर बन मेरी आँखों से बहने लगे। मेरी सारी सहेलियाँ अपनी समूची ताकत और ऊर्जा के साथ आनेवाली परीक्षाओं की तैयारियों में जुटी थीं। रात-दिन एक कर पढ़ रही थी, जिससे ज़िन्दगी में वे आगे बढ़ सके और किन पत्थरों से माथा भिड़ा-भिड़ा कर लहूलुहान हो रही थी मैं।

और यह छुटकी? इस गधी में तो पिता का कोई अंश रह ही नहीं गया था। जिसने सिर्फ़ साल-भर पहले फूँक मारकर पूजा की अगरबत्ती बुझा दी थी। जिसकी उछली हुई गेंद से आलय में विराजमान गणेश जी की टाँग टूट गई थी, जो अपने उत्पातों से घर में नाक में दम मचाए रखती थी, वही उद्याम उफनती नदी आज किस क़दर देखते-देखते एक नाले में सिकुड़ रही थी और कुछ भी नहीं कर पा रही थी मैं। कुछ भी तो नहीं।

कॉलेज के विदाई समारोह में जाने का सारा मूड ध्वस्त हो गया था मेरा। एक खूबसूरत जीवन का आज पटाक्षेप होनेवाला था...मन यूँ ही मरा हुआ था और उस पर यह उत्पात! दो छोटे-छोटे कमरे का घर...कोई भी कोना खाली नहीं

जहाँ बैठ भीतर की उमड़न-घुमड़न को बरस जाने दूँ। मैं घर से बाहर निकल पड़ी। घर की घुटन से बचने के लिए किसी दिशाहीन पाखी के मानिंद। लगा जैसे शताब्दियों की उदासी और थकान छा गई है मुझ पर।

'नाव में नदियाँ डूबत जाए' अपनी अन्तिम कक्षा के एक दिन पहले मिसेज बक्षी ने हमें यही सन्देश दिया था कि संसार के अधिकांश लोगों की तरह कहीं हमारा भी जीवन व्यर्थ की छोटी-मोटी बातों में ही न खप जाए। जीवन की सार्थकता के लिए ज़रूरी है कि जीवन को जीवन की चेतना के साथ जीया जाए। नहीं तो वही होगा...नाव में नदी डूब जाएगी।

मुझे लगा कि मिसेज बक्षी ने जिन अधिकांश लोगों की ओर इशारा किया था, उनमें मैं भी थी। मेरी भी तो सारी शक्ति, सारी ऊर्जा, सारी अन्तर्शक्ति, सारी प्राणवत्ता किसी महान उद्देश्यों के लिए नहीं, वरन् दो कौड़ी के झगड़ों में चूक रही थी। मेरी आँखों से आँसू बहने लगे जिन्हें मैं लोगों से बचाकर छुप-छुपकर बीच-बीच में पोंछती रही...पिता क्या गए घर में प्रलय ही आ गई। भीतर फिर पिता की याद का इकतारा बजने लगा। ऋषि की भयंकर बीमारी के दौरान मैंने कॉलेज जाना भी छोड़ दिया था, तभी पापा ने एक बार मुझे कहा था, 'जानती हो, गीता का पहला शब्द है धर्म और अन्तिम शब्द है मम् यानी मेरा धर्म। तो शुरू से लेकर आखिरी तक गीता का सन्देश है मेरा धर्म...सही जानो, यही जीवन धर्म है। यही सार तत्त्व है। अनिष्ट की आशंका से इसे नहीं छोड़ा जा सकता है। जैसे महाप्रलय की आशंका से पृथ्वी घूमना नहीं छोड़ देती। कुम्हार चाक घुमाना नहीं छोड़ देता। माली पौधों को सींचना नहीं बन्द कर देता। रोज कॉलेज जाती हो...देखती हो भागीरथी को...क्या...कभी बहना छोड़ा इसने? क्योंकि यही है उसका धर्म। उसका जीवन सत्य। तुम्हारा धर्म भी अभी पढ़ना है,' पहाड़ी हवाओं की तरह फिर गूँज गई वह आवाज। हाथ जुड़ गए मेरे... आज फिर पिता ने बचा लिया। ओफ्! इतनी छोटी यात्रा में भी कितना कुछ दे डाला मुझे!

पिता की स्मृति और पिता की बातों ने फिर सँभाल लिया मुझे। एक ताकत-सी महसूसी मैंने। घर से मैं बिना मुँह धोए ही निकल पड़ी थी। सामने चापाकल था। मैंने उसे चलाया, अंजुली-भर पानी से मुँह धोया, गला तर किया। एक संकल्प मेरे भीतर उतरा–अच्छा बुरा जैसा भी है मेरा घर है। इसकी रक्षा करनी है मुझे। भले-बुरे जैसे भी सैनिक ईश्वर ने मेरे पाले में डाल दिए हैं, उन्हीं से जीतना है मुझे जीवन युद्ध।

इस नई दृष्टि से घर में घुसी तो देखा, घर किसी दीन-हीन मलीन विधवा-सा लग रहा था। हर दिशा में फैल गया था घर में गन्दगी का साम्राज्य। जगह-जगह झूलते जालों में मकड़ियाँ लटक रही थी। कोने में एक तरफ दीमक

बढ़ रही थी। खटिया पर, अलमारी पर, बाहर चौपाले पर...हर जगह धूल की एक मोटी तह। बाथरूम की टंकी के नीचे झुंड के झुंड मच्छर।

माँ ने जबसे ज़िन्दगी की परिकल्पना में स्वयं को एक साध्वी के रूप में देखना शुरू किया था, घर उनके सपनों की बगिया नहीं वरन् एक प्लेटफार्म-भर रह गया था। जहाँ उन्हें बस कुछ समय गुजारना था अगली महायात्रा की गाड़ी पकड़ने के लिए। अब न हर शाम घर में गोयथे में धूना जलाया जाता और न ही चींटियों को भगाने के लिए किरासिन तेल का पोंछा लगाया जाता...क्योंकि उसमें अधर्म था, जीव हत्या थी।

पीछे के दरवाज़े से मैं बाहर निकली और आनन-फ़ानन में थोड़ा धूना और आधा लीटर मिट्टी का तेल खरीदा। माँ और छुटकी उपासर के लिए निकल चुकी थी, इस कारण एक अच्छा मौका मेरे हाथ लग गया था। मैंने सारे जालों को साफ किया, सारी दीमक हटाई। दीमक हटाते-हटाते हठात् देखा दीवार पर टँगी ऋषि की तस्वीर भी धूल से अटी पड़ी थी। बड़े प्यार से अपने दुपट्टे से ही ऋषि की तस्वीर पोंछने लगी तो भीतर कुछ पिघलने-सा लगा। अतीत की झाड़ियों से खरगोश की तरह निकली फिर एक स्मृति। एक दिन इसी कमरे में इसी खटिया पर बैठे हुए ऋषि ने अखबार पढ़ एक बड़ा ही बेतुका सवाल पूछ डाला था, ''पापा, क्या बिना पेट काटे ही बच्चा पैदा हो जाता है...देखिए लिखा है कि औरत के रिक्शे में ही बच्चा पैदा हो गया।''

पिता झेंप गए। सामने मैं...क्या कहते...बात को टालने की ग़रज़ से बोले, 'दिखाना, कहाँ लिखा है' तभी छुटकी ने उसके हाथ से अखबार छीन लिया और विदुषी की तरह चहकी, 'गधे यह तो कल का अखबार है,' और दूसरे ही पल पूरा घर 'हो-हो' कर अट्टहास कर उठा।

एक और स्मृति। अजीमगंज में रामलीला देखकर आया ऋषि। जाने क्या सूझी ऋषि को कि हनुमान जी की तरह अपने पीछे चद्दर की पूँछ बना उसमें छुटकी से आग लगवा कूदने-फाँदने लगा। हठात् देखा कि मच्छरदानी फक्-फक् कर जलने लगी है तो घबराकर पूँछ को दूर फेंकना चाहा तो पूँछ ही नहीं छूटीं। डर के मारे सारा हनुमानभाव जंगले से भाग गया और दोनों चीख-चीख कर रोने लगे। आसपास के लोगों ने आकर आग बुझाई।

अतीत से बतियाती और हनुमान बने ऋषि के चेहरे पर उड़ती हवाइयों को फिर याद कर मुस्करा पड़ी मैं कि तभी ध्यान आया अम्मा कभी भी धमक सकती है। और इस ख्याल के साथ ही मेरे बदन में दुगुनी ताकत भर आई। अगले आधे घंटे में मैंने झाड़ू, झाड़न और टूटी ईंट की दुनिया से एकात्म हो दोनों कमरों में जमाने की जमी काई को रगड़ा। रसोई और नहाने घर के कोनों-कोनों को चमका दिया। मच्छर भगाने के लिए गोएथे पर धूना जला रही थी कि बाहर की कुंडी

जोर-जोर से घनघनाई।

समझ गई और जल्दी-जल्दी हाथ पंखे से तब तक हवा करती रही जब तक गोएथा ने पूरी आग नहीं पकड़ ली।

घुसते ही अम्मा की सुतवाँ नाक के नथुने में धूना की महक पहुँची। आँखों में पीड़ा लहराई। चेहरा यूँ बना जैसे बहुत कड़वा नीम चबा लिया हो। वे फिर ज्ञान देने लगीं। यह क्या कर डाला? अब कितने दिन तो और रहना है? जो इतनी जीव हत्या कर डाली। अरे, एक वह साधु था जिसने अपनी जान तक दे डाली पर उस चींटी तक को नहीं मारा जो उनके पैर पर चढ़ गई थी। मारना तो दूर उनने तो अपने पैर तक को नहीं हिलाया कि उसे कष्ट पहुँचेगा। बाद में दीमक तक ने उनके पैर में घर बना लिया पर उन्होंने पैर को नहीं हिलाया और इसी में उनकी मौत हो गई। उनका नाम ही पड़ गया था दीमक मुनि और एक तुम हो। आज से तीस-चालीस वर्ष पहले तक यदि सिर के बालों में जूँ भी पड़ जाती और वह चलते हुए बाहर भी आ जाती तो भी महाराज उसे पकड़कर वापस सिर में डाल देते कि कहीं उसे कष्ट न हो।

मैं और अधिक ज़ब्त नहीं कर सकी। मेरा सिर भन्ना गया। मैं चीख पड़ी–बस भी करो अम्मा इतने विराट जैन धर्म को तुम और तुम्हारे गुरु लोगों ने बस कीड़ों-मकोड़ों को ही समर्पित कर रखा है। उन्हीं के लिए दया-माया है तुम्हारे मन में...चौबीसों घंटा उन्हीं के लिए सोचना है तुम्हें। अंकुरित चना, दही और पानी में छिपे सूक्ष्म जीवों की चिन्ता है तुम्हें पर तुम्हारी आत्मा में जो फफूँदी जमी है जो चूहे की तरह हर पल ज़िन्दगी के डर से काँपती रहती है, उसकी चिन्ता नहीं है तुम्हें। आज महावीर भी जिन्दा होते तो सोचते कि मेरे बन्दे इतने गन्दे कैसे हो गए कि एक मासूम-सी लड़की के बचपन को धर्म के नाम पर बलि चढ़ा रहे हैं।

और फिर मैं महावीर को कोसने लगी कि उन्होंने अहिंसा को इतने चरम पर क्यों पहुँचा दिया। ह्युमन ज़ोन तक ही रहने देते।

माँ की आँखों में लपट-सी उठी। झटका देकर उन्होंने घुटना सीधा किया और बोलने लगी। आवेग के कारण उनके मुँह से झाग उठने लगा। शब्द अंगारों की तरह फूटने लगे–कैसी कुलबोरनी है तू जो धर्म गुरुओं को कोस रही है...अरे, पुण्य नहीं कमा सकती तो कम-से-कम पाप का घड़ा तो मत भर। अरे बोलने के पहले कुछ सोच तो लिया कर।

मेरी आवाज़ ढीली पड़ी। मुझे फिर मौका मिला। माँ के भीतर लगे जालों को झाड़ने का। इसलिए मैंने मुलायम होते हुए कहा–माँ, मेरे पास इसके पुख्ता प्रमाण हैं कि जिन आगम शास्त्रों की बुनियाद पर तुम्हारे साधु जीवन का सारा तामझाम टिका हुआ है वे महावीर के निर्वाण के 943 साल बाद सिर्फ़ स्मृति के आधार

पर लिखे गए हैं। इनमें इतना विकार आ गया है कि जैन दिगम्बर समुदाय ने इसे मान्यता देना अस्वीकार कर दिया था। सही धर्म कभी इतना अस्वाभाविक और जीवन के विरुद्ध नहीं होता। धर्म वह होता है जो जीवन में रोशनी भरता हुआ जीवन के साथ आगे बढ़ता है। बुद्ध और महावीर का ध्यान यदि इन्हीं छोटी-छोटी बातों में कच्चा पानी, पक्का पानी, हरा-सूखा, बत्ती-पंखा, नहाने-धोने स्त्री-पुरुष में लगा रहता तो क्या उन्हें मिलता–बुद्धत्व या मोक्ष? ये सब चीज़ें उनके चेले चपाटों ने उनके नाम पर गढ़ ली है, बना बनाया एक पैकेज थमा दिया है–कैसे जीवन जीया जाए! जिससे धर्म की दुकान चलती रहे। सोचो जरा, सुबह से शाम तक भी एक सत्य कितने मुँह में होता हुआ कितना बदल जाता है तो ये आचार संहिताएँ तो महावीर के भी निर्माण के 943 वर्षों बाद लिखी गई हैं।

माँ ने अचरज-भरी आँखों से मुझे देखा और कहा–तुम कल की छोकरी, दो दिन पहले जिसने नाड़ा बाँधना सीखा, कहाँ से जान गई ये सब?

–अम्मा मैं कल की छोकरी नहीं। इस बसन्त पंचमी को बीस की पूरी हो चुकी हूँ। और भगतसिंह ने जब 23 वर्षों में दुनिया का पूरा इतिहास जान लिया था तो मैं क्या जैन धर्म का इतिहास भी नहीं जा सकती।

नहले पर दहला पड़ता देख अम्मा आक्रामक हो उठी और मुझे झटका देते हुए कहने लगी–बकवास, यह सब बकवास है। धर्म को बदनाम करने के लिए ये सभी बातें नास्तिकों द्वारा कही गई हैं। तुम भी उन्हीं के बहकावे में आ गई हो।

मैं आपे से बाहर हो गई। नहीं चाहते हुए भी चीख पड़ी–माँ तुम्हारा दिमाग ऐसे कंक्रीट का बना हुआ है जिसे सिर्फ़ तोड़ा जा सकता है, मोड़ा नहीं।

× × ×

धूप और हवा की तरह अब घर के बाहर भीतर हर जगह धर्म था। फैलता हुआ। साक्षात् दिखता हुआ। वह अम्मा और छुटकी की दिनचर्या में था। खाने-पीने में था। वेशभूषा में था। उठने-बैठने में था। बोलने-बतियाने में था। यहाँ तक कि उसके हँसने-रोने में था। कई बार ये हरकतें इतनी मूर्खतापूर्ण और हास्यास्पद होती कि मेरे माथे की नसें फटने लगती। एक बार देखा–अम्मा घड़ी देखकर बाथरूम जा रही हैं। अम्मा से जो जाना तो सिर के बाल नोंच डाले मैंने। अम्मा उन दिनों मासिक धर्म में थी। इस कारण हर 48 मिनट (या 45 मिनट, टीक से याद नहीं) के बाद बाथरूम जाकर रुई चढ़ाकर वे योनि में जमा रक्त को निकाल बाहर करती जिससे खून में जीवानु पड़ने के पूर्व ही उसे बाहर कर जीव हिंसा से बचा जा सके। सारे कमज़ोर दरवाज़े उसने तोड़ दिए थे। हमारे घर के बाहर जो थोड़ी बहुत हरियाली थी, घास का जो छोटा-सा क़ालीन था, उस पर भी माँ ने बालू डलवा दी थी, क्योंकि जैन साधु हरी घास पर पैर नहीं रखते थे और देखते-देखते हमारा घर देवस्थान बन गया था।

फैलते-फैलते धूल की तरह यह बात अजीमगंज में ही नहीं आसपास के गाँवों यहाँ तक कि गाय-बैल और ढोरों-ढूरों के बीच तक फैल गई थी कि हमारे घर में एक नहीं तीन-तीन दीक्षाएँ हो रही हैं।

छुटकी और अम्मा के लिए सोने कि दिन थे ये।

लोग अब हमारे दर्शन करने आने लगे थे।

छुटकी को भी पूजा-अर्चना, झुके सिर और प्रशास्ति वचन मिलने लगे थे। बड़ी बूढ़ियाँ तक छुटकी को हाथ जोड़ने लगी थीं।

माँ और बेटी दोनों गद्‌गद्‌ायमान थीं।

साबुन की बची हुई मेरी सारी शीशियाँ फटाफट बिक गई थीं। पर जाने क्यों नया साबुन बनाने के मेरे सारे उत्साह पर जैसे पाला ही पड़ गया था। क्योंकि इस बिक्री में गुणवत्ता या अपने गाँव की चीज़ होने की सदाशयता कम धर्म अधिक था। पुण्य कमाने के लिए लोगों ने इसे धर्मादे के खाते में खरीद लिया था।

हमारे घर पर गिद्ध की तरह आँखें जमाए अमरनाथ बाबू के झाँइयों से भरे चेहरे पर दिलचस्पी का नया बल्व जगमगा उठा। ट्यूशन के लिए उनकी चौहद्‌दी पर पाँव रख ही रही थी कि बतीसी दिखाते वे टकरा गए। अपने कुम्हड़े-सा सिर हिलाते हुए कहने लगे, ''अहो भाग्य...आपको देख आत्मा प्रसन्न हो जाती है। लोगबाग जरा-सा धर्म करते हैं...एक दो तीर्थयात्रा कर आते हैं तो गाँव-भर में ढिंढोरा पीटते-फिरते हैं। लोगों से माला पहनते हैं। प्रसाद बाँटते हैं और एक आप हैं, सारे गाँव को पता है कि आप तीनों दीक्षा ले रही हैं पर आप हैं कि अपने मुँह से क़बूलती तक नहीं हैं। यही होती है सच्ची भक्ति। अब जाते-जाते अपने घर का भी उद्धार कर दीजिए।

मैं बिगड़ी घोड़ी की तरह बिदक गई। ज्वालामुखी की तरह फूट पड़ी, 'अब बस भी कीजिए और कान खोलकर सुन लीजिए–पूरा गाँव सुन ले...पत्ता-पत्ता जान ले कि कोई दीक्षा हमारे यहाँ नहीं हो रही है। न मैं ख़ुद दीक्षा ले रही हूँ...न किसी को लेने दूँगी।'

अमरनाथ बाबू एकदम सकपका गए। लटपटाते शब्दों में कहने लगे, 'मैं क्या सारा गाँव कह रिया है।'

'बकवास, एकदम बकवास है यह'...मैं फिर चिल्लाई कि तभी गले में दमकती सोने की मटरमाला से खेलती अपनी मांड लगी सरसराती साड़ी के साथ ताई ने एंट्री ली और आते ही मोर्चा सँभाल कुड़कुड़ाने लगी–हम पर गर्मी ना झाड़ो लली, तुम्हारे घर से ही बात फूटी है...सामूहिक दीक्षा की और तुम्हीं इसे झूठ बता रही हो तो झूठा कौन होगा...तुम कि मैं? और फिर इसमें बुराई भी क्या है जो तुम हथेली की आड़ लगाती फिर रही हो। राँड से भली जोगिन। सयानी है हमारी

चाची। राँड की सफेद धोती में तो क्या मिलता था...धब्बे और मुँह से टपकती लार। जोगिन की धोती में इज्जत भी मिलेगी और सुरकसा भी।

अनपढ़ी ताई की तार्किक शक्ति से बम-बम हुए अमरनाथ बाबू के चेहरे पर तृप्ति के भाव यूँ दमदमाए जैसे भैंस के दूध पर मलाई। मैं जड़! ऐसी भाषा भी कोई बोल सकता है कि सुनकर रीढ़ टन-टन बोलने लगे।

हमारा कस्बा एक साथ प्रागैतिहासिक, मिथकीय और आधुनिक था। औरतें यहाँ घूँघट में भी थी और जिंस टॉप में भी। दुकानों में जड़ी-बूटियों, ईसबगोल की भूसी, पुदीन हरा, जायफ़ल, जलज़ीरा, लवन भास्कर के साथ-साथ विदेशी परफ्यूम, साबुन, बरमुदा और सीडी भी बिकती थी। यहाँ सिल-बट्टे भी थे और मिक्सी भी। आधुनिकता की तेज़ बहती हवाओं में महिलाओं के दुपट्टे उड़ने लगे थे। पर जहाँ धर्म था वहाँ उड़ते दुपट्टे के साथ धर्म का घूँघट भी था। यहाँ धर्म सार्वजनिक अनुष्ठान था जिसका बुद्धि और विचार से कोई लेना-देना नहीं था। इस कारण पूरे अजीमगंज में छुटकी की दीक्षा का जय-जयकार था। छुटकी अब पूरे कस्बे की धरमपुत्री थी। पूरे कुएँ में ही धर्म की भाँग पड़ी हुई थी, इस कारण अजीमगंज के किसी भी कोने से इंच-भर भी विरोध नहीं फूटा, छुटकी की बाल दीक्षा का। बल्कि यहाँ विरोध ही अधर्म था। दंडनीय था। इस कारण धर्म के डाल पत्ते बिना किसी धूप-खाद और पानी के अपने-आप फैलने लगे थे और पलक मारते ही पूरा कस्बा धर्म की झील में तैरने लगा था।

एक दिन देखा कस्बे के कुछ युवा लड़कों ने हमारे घर के बाहर फैले कच्चे आँगन में धर्म का प्रतीक भगवा ध्वज फहरा दिया था। असहाय-सी मुँह चिढ़ाते इस ध्वज को फड़फड़ाते हुए देखती रही मैं। मेरी परीक्षा में बस दो दिन बचे थे। मैं सारे गोरख धन्धे से ध्यान हटाकर स्वयं को एकाग्र करने में लगी थी पर मन था कि बार-बार भटक जाता।

रात-भर जाग-जाग कर पढ़ने के कारण मुझे पौष्टिक आधार की सख्त ज़रूरत थी, पर हमारे खाने-पीने का स्तर दिन पर दिन गिरता जा रहा था। दाल में पानी की मात्रा बढ़ती जा रही थी और हरी सब्जियाँ ईद के चाँद की तरह कभी-कभार ही नज़र पड़ती। सुबह माँ ने खाखरा (सूखी हुई रोटी) को उबालकर उन पर चीनी बुरकाकर मेरे आगे डाल दिया था। मुझसे खाया नहीं गया। पुराने दिनों की स्मृति ने भीतर गहन उदासी भर दी। जब दोनों बेला आलू की सब्जी बनती थी। कितना स्वाद था तब ज़िन्दगी में। मेरे सामने खाना पड़ा था, पेट में आँतड़ियाँ कुड़कुड़ा रही थी, पर मुझे इस खाने को देखते ही अरुचि होने लगी थी। मैं तन और मन दोनों से परास्त थी। मुझे लगा यदि इसी प्रकार मैं हिम्मत हारती रही तो मेरी जो

कुछ भी परीक्षा की तैयारी है उस पर भी झाड़ू फिर जाएगी।

मैंने माँ से कहा–मुझे कुछ फल मँगवा दो, यह खाना मुझसे नहीं खाया जाएगा। मुझे बेहद कमज़ोरी महसूस हो रही है। पर माँ एकाएक बन्द दरवाज़ा बन गई थी। जिसके साथ कोई सार्थक संवाद सम्भव ही नहीं था। माँ ने निर्विकार भाव से जवाब दिया–आज अष्टमी है। आज के दिन लिलोती (हरे फल और सब्जियों) को छूना भी पाप होता है।

निःसहाय-सी मैं उन्हें ताकती रही। कैसे करूँ इस धार्मिक तानाशाही का मुकाबला? जाने किस शकुनि का षड्यंत्र पीछा कर रहा है मेरा? उन क्षणों मेरे भीतर जो कुछ हो रहा था वह इतना अज्ञेय, दमघोंटू और दुर्बोध था कि मैं बाहर आकर बैठ गई...शायद हवाएँ मुझे सँभाल ले!

देखा, हाथ में मिठाई की थाली लिए लक्ष्मी नारायण जी चले आ रहे हैं। मेरे चाचा के साले, उन्हें देख माँ गद्‌गदायमान थी। उन्होंने माँ के चरण स्पर्श किए। चेहरे पर ऐसे दिव्य भाव जैसे सामने गंगा बह रही हो। शब्द-शब्द श्रद्धा में डूबा हुआ। हाथ जोड़ सिर नवाते हुए कहा उन्होंने–धन्य हुआ गाँव, धन्य हुआ आपका कुल...एक नहीं, तीन-तीन दीक्षा! धन्य हुए हमारे नयन...ऐसे कलियुग में भी ऐसी धार्मिक भावना! सुनते ही मैं चला आया, अजीमगंज। फिर जाने कब हो आप लोगों के सामूहिक दर्शन...फिर तो रमता योगी, बहता पानी। फिर उन्होंने अहो-अहो की राग-छेड़ दी। अढ़ाई मिनट तक अहो-अहो करने के बाद वे फिर कहने लगे...हम लोग नौ भाई-बहन थे, हमारी दादी जी की बहुत इच्छा थी कि कोई एक तो दीक्षा ले...पर कोई भी हिम्मत नहीं कर सका। बड़े पुण्यों से आते हैं, ये भाव। उन्होंने फिर माँ की चरण वन्दना की और जब मेरे पास आकर झुकने लगे तो मैंने गुस्से में ज़मीन पर थूक दिया और बिफर पड़ी, 'यदि सचमुच आप स्वयं को पापा का मित्र मानते हैं तो छुटकी की दीक्षा को रोकिए।' 'क्या?' उजबक की तरह वे मेरा मुँह देखने लगे। माँ ने कहा, 'इसकी तबियत ठीक नहीं है' और उन्हें लम्बे-लम्बे आशीर्वाद देने लगी।

मुझे लगा मेरे ब्रेन सेल्स तेजी से मर रहे हैं। मरी आँखों से मैं देखती रही अम्मा को उन्हें आशीर्वाद देते हुए।

घर अब पूरी तरह देव स्थान बन गया था और हम सब देवियाँ।

मेरे भीतर अग्नियाँ जल रही थीं। मेरे प्रतिपक्ष ने शताब्दियों की बुनी सुदृढ़ चादर ओढ़ रखी थी। उनके पास परम्परा, इतिहास और संस्कृति के साथ-साथ ज़माने की शक्ति और स्वीकृति भी थी। मैं खाली डिब्बा थी। मेरे भीतर भय और बाहर धर्म था। दोनों का ही साम्राज्य बढ़ता जा रहा था।

कैसे तोड़ूँ दरवाज़ा?

सोचते-सोचते मैं सोच शून्य हो गई।

माइंड से नो माइंड हो गई।

मेरे सामने थे सिर्फ़ दृश्य, दृश्य ही दृश्य जो आँखों में भर गए थे।

विगत...आगत के दृश्य।

कभी जगत् सेठ थे लक्ष्मी नारायण जी के पूर्वज। जिनका नवाबों के नवाब सिराजुद्दौला के साथ उठना-बैठना था। एक बार उनके यहाँ डाकू आ धमके, तब तक गाँव में बिजली नहीं आई थी। शाम का झुटपुटा था। उसी झुटपुटे का फायदा उठा लक्ष्मी नारायण जी के दादा दीपचन्द जी ने छिपकर घर के आँगन पर राई ही राई बिछा दी। डाकू जैसे ही भीतर घुसे, फिसल गए। अपनी ही तलवार से एक का हाथ लहूलुहान हो गया। डाकूओं के बीच यह अन्धविश्वास प्रचलित है कि जिस घर में उनके खून की एक बूँद भी गिर पड़े, वहाँ वे लूटपाट नहीं मचाते। सारे डाकू उल्टे पैर लौट गए।

अतीत की राख झाड़कर फिर आ खड़ी हुई एक शाम। चलाचली की बेला में पापा अक्सर खो जाते थे बीते दिनों की मोरपंखी स्मृतियों में। देखते-देखते अजीमगंज का वैभव अवरोही तान लेने लगा था। देखते-देखते कई बस्तियाँ उजड़ गई थीं। सिल्क गया, इत्र गया। मूर्तिकारों का टोला भी उजड़ने लगा था। अब मेरे साबुन की बारी।

यही दहशत बैठ गई थी उनके दिल में।

–अरे, तुम लोगों ने क्या देखा है अजीमगंज को। मुझसे पूछो नवाबों की इस नगरी का वैभव। इठलाती, भागीरथी-सा छलछलाता था वह। इतना वैभवशाली और समृद्ध कि आज का पेरिस भी पानी भरे और यहाँ का मुर्शिदाबादी सिल्क? अरे दुनिया में मशहूर था, इतना बारीक कि पूरी साड़ी माचिस की डिबिया में अट जाए। और जानती हो...सबसे पहले लड़कियों के लिए कॉलेज भी यहीं बना था।

मुझे विश्वास नहीं होता...मैं कहती...यह कैसे सम्भव है?

माचिस की डिबिया में सिल्क की साड़ी?

पापा आवेग से भर जाते। पलँग की पाटी पर हथेलियाँ बजाते कहते, 'हाँ भई मैंने देखा है, भागीरथी की सौगन्ध।'

'तो अब क्यों नहीं बनता?'

आह भरते हुए कहने लगते वे–अब सारे कारीगर मजदूर बन गए हैं। अब कौन खरीदेगा इतना महंगा सिल्क! अब बारीक कारीगरी और क़द्रदानी का जमाना लद गया। अब अजीमगंज में मुनाफे की हवा बहने लगी है। अब मशीनों ने हाथ काट डाले हैं। जब मशीनों की बुनी हुई सस्ती सिल्क मिलने लगे तो हाथ की

बुनाई को कौन पूछता है? वह जमाना ही और था? दूर अन्तरिक्ष की ओर देखते हुए पापा कहते, 'तब एक भरपूर मुहल्ला था। इत्र और गुलाब जल बनानेवालों का। दूर से ही महकता था मुहल्ला। मुश्ताक़ अली, हाफ़िज़ मुश्ताक़, अबू सलेम...घर-घर पेटी लिए-लिए बेचते थे। कभी इत्र कभी गुलाब जल। ऐसी महक कि पेरिस का परफ्यूम भी क्या महके! अब वीरान पड़ा है वह मुहल्ला। जाने कहाँ बिला गए मुश्ताक़ अली और उसके मित्र। ढेरों-ढेरों गुलाब के बाग थे यहाँ। सारे भारत में जाता था यहाँ का गुलकन्द। अब गुलाब चले गए...काँटे रह गए। सब बीत गया...छुटकी पंखा चला दे...बड़ी उमस हो रही है।'

चेतन-अचेतन के बीच झूलते पिता फिर आत्मलाप में बहने लगते, 'तब बारात आती तो सारे घराती बरातियों पर गुलाब जल छिड़कने लगते थे। वो छिड़काव होता कि तन के साथ मन तक भींग जाता। आत्मा नहा उठती। जितना गहरा प्रेम उतना जबर्दस्त छिड़काव। सुगन्ध बिखरने लगती। आज भावशून्यता की बदबू फैल रही है, अजीमगंज में। अब देखो, अपने ही आदमी हिन्दुस्तान लीवर के साबुन बेच रहे हैं...किसने अपदस्थ किया ब्राइट को। अपनों ने ही।

पापा का ध्यान अच्छी चीज़ की ओर आकर्षित करने के लिए मैं फिर दूसरी बात छेड़ देती पर पापा फिर घूम फिर कर अजीमगंज की पुरानी संस्कृति और वैभव पर लौट आते। सिल्क, इत्र और ब्राइट से मैं पीछा छुड़ाती तो उन्हें भागीरथी के तीर पर बैठकर आम खाना याद आने लगता। क्या सोने के दिन थे। हमारा अपना आम का बगीचा था। दशहरा पर्व के दिन टोकरी में भरकर फसल की पहली खेप ले जाते...पहले भागीरथी को चढ़ाते फिर साथियों के साथ वहीं बैठकर आम का स्वाद लेते। लोग बुलाते...कभी इस घर से, कभी उस घर से न्योता आता। कहाँ उड़ गए वे मोरपंखी दिन...ऋतुएँ आती हैं। और चली जाती हैं। पता ही नहीं लगता कब जेठ आया, कब फागुन गया। बहकते-बहकते पापा समय और काल चेतना से दूर विगत और आगत के उस बिन्दु पर पहुँच जाते जहाँ सारी विभाजन रेखाएँ मिट गई थीं। वे ऋषि को पुकारने लगते...ऋषि छाती मसल दे...सूखी धरती की तरह तड़क रही है।

× × ×

उड़ते-उड़ते खबर कलकत्ते में रामवृक्ष काका तक भी पहुँच गई थी कि हमारा परिवार सामूहिक दीक्षा ले रहा है। जियागंज में काका के कुछ रुपए बक़ाए थे, उसी की वसूली के लिए काका आए तो हमारे यहाँ भी आ गए। हाथ में गन्ने के ताजा रस की हाँडी। मुझे बाँहों में भींच रोने लगे–'यह क्या सुन रहा हूँ बेटी... गाँव में अब क्या सिर्फ़ बूढ़े ही रह जाएँगे!'

माँ बाहर आँगन में थीं। गोबर में कोयले का चूरा, भूसा और छाई मिला

उससे गोल-गोल काले-काले लड्डू जैसे गुल बना रही थी। पहले ये गुल महीने-भर के लिए एक साथ बना दिए जाते थे। अब उसमें कहीं गुबरैले (गोबर के कीड़े) नहीं पड़ जाए इसलिए माँ सप्ताह-भर जितने ही गुल बनाती थी। गोबर लिथड़े हाथों से अम्मा वहीं से टन्नाई, 'काहे पट्टी पढ़ा रहे हो भैया, तुम्हें तो गुमान होना चाहिए कि बेटी दीक्षा के मार्ग पर जा रही है...पाप से भरी इस दुनिया से ऊपर उठ 'आतम' कल्याण के मार्ग पर जा रही है। रखा क्या है घर-गृहस्थी के जंजाल में?'

अम्मा का आदर करते थे काका। दोनों के बीच देवर-भाभी जैसा ही स्नेह था, पर खरी कहने से भी नहीं चूकते थे काका। कबीर की तरह काका को भी अपने सारे मूल्य, सारी दृष्टि माटी और मूरत से ही मिले थे। अम्मा को जवाब नहीं दिया काका ने, हँसकर रह गए पर मुझे समझाते हुए कहने लगे, 'मिलना तो सबका माटी में ही है, चाहे इधर मिलो, चाहे उधर। देखो, असल चीज़ तो भाव है, जो मन में उगते हैं। मन प्राणों में संन्यास हो तो तृष्णाओं का कीचड़ क्या लिथड़ेगा? संगमरमर पर कहीं कीचड़ टिकता होगा? इस बार की पूजा में मैं भी गया था भसान (विसर्जन) करने। मैंने देखा कि विसर्जन के पहले लोग- बाग उस माटी की प्रतिमा में विश्व माँ का दर्शन कर रहे थे। आँखों से अश्रुधारा बह रही थी उनके। पर जैसे ही देवी का भसान हुआ कई लड़के बाज़ की तरह उस पर झपट पड़े। लगे उसके काठ, कपड़ा, गहना, नोंचने-खसोटने। देखो काया वही थी पर मिनट-भर पहले वह स्वर्ग से उतरी कोई देवी थी पर भावों के बदलते ही वह काठ-कबाड़ बन गई। तो जो भावों को शुद्ध रखे, आत्मा पर मैला नहीं जमने दे, वही संन्यासी। मानो तो संसार उसी देवी की तरह प्रेम करने की चीज़, नहीं मानो तो लूटने-खसोटने का काठ-कबाड़ा।

बड़े उदास-उदास से बाहर निकले काका। मैं बाहर तक आई। मैंने कहा–काका, आपने जो सुना वह आधा सत्य ही जानों। दीक्षा न तो मैं ले रही हूँ और न ही मैं छुटकी को ही लेने दूँगी। अम्मा मेरे बस की नहीं।

काका ने आसमान की ओर हाथ उठाए। चेहरा उनका सूर्यमुखी-सा खिल उठा। होंठों से फूल से झड़े–तभी कहूँ कि हमारी बहादुर बिटिया भगोड़ा कैसे निकल गई?

अम्मा इस बीच गाँव की मीराबाई बन चुकी थी। आसमान में फड़फड़ाने लगी थी, उनकी कीर्ति पताका। लोग उनके आशीर्वाद लेने लगे थे। छोटी उम्र की बहुएँ ही नहीं बुजुर्ग महिलाएँ तक उनसे आशीर्वाद लेने लगी थीं। कई अपने नवजात शिशु को आशीर्वाद दिलाने के लिए आने लगी थीं।

इस लोकश्रद्धा ने अम्मा के आत्मविश्वास को वो धार दी कि अम्मा अब गाहे-बगाहे मुझ पर पलटवार करने से भी नहीं चूकती।

उन्हीं दिनों, ज़िन्दगी की जंग से टूटकर अजीमगंज के एक जूट व्यापारी ने परिवार सहित सामूहिक आत्महत्या कर ली थी। इस परिवार पर चार लाख का कर्ज था। कर्जदारों की जिल्लत से घबराकर पत्नी अब सीधा कह देती थी–वे घर पर नहीं हैं। एक कर्जदार ने दबंग होते हुए कहा–वे नहीं है तो क्या आप तो हैं लाखों की। नीचे उतरिए आपसे ही अदा कर लेते हैं। कहते हैं कि वह स्वाभिमानी परिवार इस अपमान और जिल्लत को झेल नहीं पाया और सामूहिक रूप से उसने दूध में जहर मिलाकर पहले दोनों छोटे-छोटे बच्चों को पिलाया, फिर ख़ुद पी गए। स्थानीय अखबार पूरे परिवार की तस्वीरों से अटा पड़ा था। कभी भी अखबार नहीं पढ़नेवाली अम्मा ने अखबार मेरे सामने फैला दिया–देखो, क्या हालत हुई।

मैं फुँक गई। सारी उच्च भावनाएँ भेड़ों की तरह बिखर गईं। कहना क्या चाहती है अम्मा? क्या यही कि सही वक्त पर उचित निर्णय ले लिया अम्मा ने वरना हमारे लिए भी यही रास्ता बचा था। बाज़ की तरह झपट पड़ी मैं अम्मा पर–तुम्हारे जैसे लोगों के चलते ही दुनिया इतनी भयानक हो रही है। जिन्हें जीवित लोगों के बजाय मुर्दा धर्म की ज्यादा चिन्ता रहती है। इतनी धर्मात्मा बनती हो, पर कभी उस परिवार की सुध ली तुमने कि तुम्हारे गुरुदेवों ने? जिन महाजनों के चलते उस परिवार को सामूहिक मरण का वरण करना पड़ा उसमें से एक तो तुम्हारे गुरुदेव के परम भक्त हैं। हिम्मत हो तो गुरुदेव करें उनका सामाजिक बहिष्कार...पर तुम्हारे गुरुदेव तो इस घटना का जिक्र तक अपने यहाँ नहीं होने देंगे। ये सब बातें तो वहाँ सांसारिक पचड़ा बोलकर मक्खी की तरह उड़ा दी जाती है।

पर मुझे ताज्जुब होता...गाँव बिखर रहा था। जड़ से उखड़ते पेड़ की टहनियों की तरह बस्तियाँ उजड़ रही थीं। सारे कुटीर उद्योग-धन्धे धूल चाट रहे थे। नौजवान शहर की ओर पलायन कर रहे थे। दो दलित दूल्हों को घोड़ों से उतार दिया गया था, सवर्णों द्वारा पर कहीं उसकी चर्चा नहीं थी। चर्चा थी तो सिर्फ़ हमारे परिवार की। माँ की धर्मपरायणता की, छुटकी के वैराग्य की।

मेरे भीतर धुआँ इकट्ठा होने लगा था–हताशा, दुख और आक्रोश का धुआँ। माँ की टुच्ची लोकप्रियता का धुआँ। गाँव की संवेदनशून्यता का धुआँ। यदि माँ की शक्तियाँ, भीतरी और बाहरी इस प्रकार बढ़ती गईं तो बचा चुकी मैं छुटकी को। अपने मानसिक सन्ताप और भीतर के ताप पर छींटे मारने के लिए मैं फिर भागीरथी की ओर निकल पड़ी। जब-जब जीवन ने चोट पहुँचाई, भागीरथी की

शान्त धारा ने मेरे घायल संसार की मलहम-पट्टी कर मुझे जीवन की ओर वापस लौटाया था।

पर आज भागीरथी का सारा जल भी मेरे भीतर की तपिश को कम नहीं कर पा रहा था। अपने भीतर के आवेग के कारण मैं हल्के-हल्के काँप रही थी। मुझ पर, जैसे विक्षिप्तता का हल्का-सा दौरा पड़ गया था...मैं वहीं गीली माटी पर मुक्के मारने लगी कि तभी देखा पीछे जंगल की ओर से माथे पर पत्तियों की टोकरी लिए तीन आदिवासी स्त्रियाँ। उन तीन में से दो स्त्रियाँ ने एक हाथ से मेरा अभिवादन किया। तो क्या इन तक भी हमारी दीक्षा की खबर पहुँच गई? मेरे दिमाग में शंका का फन लहराने लगा। यदि ऐसा था भी तो फिर बीचवाली खामोश क्यों रही? क्या यह मेरा भ्रम था? क्या मुझे आजकल हर जगह जुड़े हाथ ही दिखते हैं? अपनी बेचैनी से पार पाने के लिए मैं उनके पीछे-पीछे चलने लगी कि तभी बीचवाली आदिवासी स्त्री पर नज़र पड़ी तो मैं सन्न रह गई...बीचवाली का बाएँ हाथ का पंजा ही गायब था। अपने ठूँठ से रस्सी बाँधकर उससे ही उसने टोकरी को बाँध दिया था। और दूसरे हाथ के पंजे के सहारे टोकरी को सँभाले हुए थी वह।

खुदाया! क्या श्रम साधना! आदमी अपने टूटे हाथ से भी किस प्रकार काम ले लेता है पर ज़िन्दगी की लड़ाई जारी रखता है। सुबह की खबर ने जिस प्रकार मेरी आत्मा में अँधेरा फैला दिया था...और माँ जिस प्रकार अन्धकार के नमन को ही अपनी कामयाबी के रूप में देख रही थी, उस सब पर यह अकेली टूटे हाथवाली महिला कितनी भारी पड़ रही थी...अपनी विकलांगता के बावजूद जीवन को सिंगों से पकड़ने की कड़क।

जिस कामयाब मुस्कान के साथ विजय दर्प से दिपदिपाते चेहरे के साथ माँ ने अखबार मेरे सामने फैलाया था, उसका जवाब मेरे हाथ लग गया था।

वह टूटे हाथवाली थी। हम सही सलामत थे फिर भी हम जीवन से डरे हुए थे।

पूरी तरह से लैस होकर घर में घुसी तो देखा, अम्मा आनन्द के सागर में तिर-तिर तैर रही थीं। सर्वांग खुशी से थिरक रहा था उनका। फिर क्या तीर मार लिया अम्मा ने? उन दिनों अम्मा मेरा सबसे बड़ा फोबिया थीं। क्या आसमान से पुष्पक विमान उतर आया...अम्मा को मोक्ष मार्ग तक पहुँचाने के लिए?

पुष्पक विमान न सही, पर घर में पुष्पक विमान जैसा ही माहौल था। तीन-तीन साध्वियाँ पधारी थीं हमारे यहाँ गोचरी के लिए। घेरदार सफेद घाघरा, लम्बा ब्लाऊज...और सफेद आँचल सिर पर। छोटे-छोटे बाल, कहीं सफेद तो कहीं गंगा-जमुनी...नंगे पैर, हाथों में काष्ठ पात्र। इठलाती नदी की तरह छुटकी और माँ चौंके और आँगन के बीच धूम मचा रही थीं। मेरा मन इस क़दर वितृष्ण हो

गया था कि अपने संस्कारों और परम्परा के सत्य को खंडित करती मैं अँधेरे में सामना करती बिल्ली की सी जलती आँखों से सारी सरगोशियाँ देखती रही। लकड़ी के बने पाट पर बाकायदा कई सब्जियाँ सजाकर रखी हुई थीं। मुद्दतों बाद घर में एक साथ इतना कुछ बना था–तीन-तीन सब्जियाँ, धनिये की चटनी, तर-बतर फुल्के और तबियत से छौंकी दाल। कटे फल के कई प्याले। एक कोने पर मलमल की दो तीन सफेद साड़ियाँ।

मैं अवाक्। महीनों हो गए थे हमें साबुन से नहाए। सेब अंगूर तो दूर की बात, मुद्दत हो गई थी केले और अमरूद तक का मुँह देखे। पिछले सप्ताह मैंने अम्मा से अल्यूमिनियम के एक ट्रंक के लिए पैसे उधार माँगे थे जिसमें अपनी किताबों को चूहों और दीमक से सुरक्षित रख सकूँ...पर अम्मा मेरे प्रति इतनी ठंडी हो चुकी थी कि मेरी कोई भी सांसारिक ज़रूरत उन्हें छू भी नहीं पाती थी।

पर आज किस दिलेरी से अम्मा इन संसार त्यागी साध्वियों पर इतना धन लुटा रही थी। कहाँ से जुगाड़ हुआ? क्या बची-खुची चाँदी भी बेच डाली अम्मा ने?

मैं अपना खून जला रही थी और उधर छुटकी कभी छिले सन्तरे का पना तो कभी फुल्के तो कभी सब्जियाँ यूँ बहरा रही थी जैसे साक्षात् महादेव जी पर बेलपत्ता चढ़ा रही हो।

हठात् एक संवाद मेरे कानों से टकराया। सन्तरे में बीज तो नहीं? सन्तरे से यदि बीज पूरी तरह निकाला गया तभी वह स्वीकृत, अन्यथा नहीं। साध्वी जी छुटकी को बता रही थी।

मैं आपा खो बैठी। कहाँ फँसा दिया है धर्म को? कहाँ फँसा दिया...महावीर को? सन्तरे के बीजों में? ऐसे ही होनहार और आकाशमार्गी गुरु सन्तरे को बीज से अलग कर सकते हैं? कीचड़ से कमल को अलग कर देख सकते हैं और कह सकते हैं कि बीज निकला सन्तरा अहिंसा मुक्त है। हिश! दो दिन पूर्व गाँव में एक परिवार के चार लोगों ने आत्महत्या कर ली...किसान यहाँ फटेहाल घूम रहे हैं...कुम्हार, मोची बेकार बैठे हैं। उसकी चिन्ता नहीं, उसकी चर्चा नहीं। चिन्ता है सन्तरे के बीज की!

छुटकी भी क्या ऐसी ही आत्मकेन्द्रित कीड़ा बनेगी? आक्रोश मेरी आत्मा को छूने लगा था। बर्बादी सफेद लबादा पहन जैसे मेरे सामने खड़ी थी जिसे देख मैं उबलता सागर बन चुकी थी। उफनने को आतुर। स्वयं को जब्त कर पाना मेरे लिए नामुमकिन था। कोढ़ में खाज यह कि तभी मुझे ख्याल आया कि इस समय तो छुटकी को स्कूल में होना चाहिए...और हाँ, अभी तो उसके वार्षिक इम्तहान हो रहे हैं।

हे भगवान! यह क्या किया उसने? इन अर्द्धविकसित मस्तिष्कवाली साध्वियों

के पीछे अपना साल बर्बाद कर डाला? मेरा हाथ कुलबुलाया और एक झन्नाटेदार थप्पड़ छुटकी के दाएँ गाल पर।

–स्कूल क्यों नहीं गई तुम? पता नहीं तुम्हारे इम्तहान चल रहे हैं?

और जैसे बम फूट गया हो...पृथ्वी घूमना भूल गई हो...तीनों साध्वियाँ और माँ स्तब्ध, मूक और जड़ हो मुझे घूरने लगीं।

हनुमान भाव मेरे भीतर प्रबल हो चुका था। मैंने ठान लिया था कि आज मुझे तोड़-फोड़ और ईंट से ईंट बजानी ही है। विद्रोह का बिगुल अचानक बज उठा। मैंने छुटकी का सारा तान तम्बूरा, सारा लाव-लश्कर, पूजा-पाठ की सारी सामग्री...आसन, मुँहपट्टी, माला, चरवला, सफेद कपड़े उठाकर बाहर फेंक दिया और उसे बालों से लगभग घसीटती हुई स्कूल ले गई।

छुटकी का नाम स्कूल से कट चुका था।

वहीं जाकर मुझे पता चला कि छुटकी पिछले अढ़ाई महीनों से स्कूल भी नहीं गई थी। पिछले चार महीनों से उसने फीस भी नहीं भरी थी–और न ही इतनी लम्बी अनुपस्थिति के लिए प्रधानाध्यापिका को कोई आवेदन-पत्र ही दिया था।

यह जानकारी की नई परत थी और जाने कितनी परतें अभी और खुलनी थीं।

माथे पर हाथ दे मारा मैंने। अपनी परीक्षाओं, ट्युशनों, साबुन की बिक्री और माँ से भिड़ने में ही लहूलुहान होती रही मैं और इधर माँ ने जींस और क्रोमोज़ोम्स ही बदल डाले छुटकी के। पूरी तरह मेढ़की बना डाला उसे। धर्म की दलदल में फचफच-फचाक मारती मेढ़की!

रोते-रोते आँखें सूज गई थीं छुटकी की। बूँद-बूँद उदासी उसके चेहरे से टपकते हुए अनन्त में विलीन होती जा रही थी। छुटकी की चार महीने की बकाया फीस 160 रुपए थी। मेरे पास सिर्फ़ डेढ़ सौ रुपए थे। सिर्फ़ दस रुपए उधार माँगने में मुझे शर्म महसूस हो रही थी। इस कारण अपनी सहेली से पचास रुपए उधार ले मैंने उसकी चार महीने की बकाया फीस जमा की और बचे हुए रुपयों से उसके लिए कुछ टॉफी और एक माऊथ-आर्गेन खरीदा, जिसकी फरमाइश उसने महीनों पहले की थी। पर माऊथ-आर्गेन को बजाना तो दूर उसने होंठों से लगाया भी नहीं।

उसके भीतर की बुलबुल मर गई थी।

मेरा सारा आक्रोश, सारा उत्पात छौंकी हुई दाल पर तैरते ज़ीरे की तरह ऊपरा-ऊपरी ही रहा। छुटकी मुझसे ज्यादा अम्मा के करीब थी। चतुर अम्मा ने उस दिन के लंकाकांड को हथियार की तरह अपने हाथों में ले लिया और मेरी छवि किसी

खूँखार आतंकवादी-सी गढ़ी। छुटकी अब मुझसे डरी-डरी और खिंची-खिंची रहने लगी थी।

मैंने निश्चय किया कि मुझे भी अपनी रणनीति अब बदलनी पड़ेगी। इस प्रकार तो मैं छुटकी को पूरी तरह ही खो दूँगी और उसे माँ के पाले में डाल दूँगी। फिर सबसे बड़ी बात यह कि...यदि माँ मेरे लिए अँधेरा थी तो मैं भी तो माँ के लिए अँधेरा ही थी। छुटकी तो महज़ इन दो अँधेरों के बीच फँसी हुई निरीह जीव थी।

मैं सोचती थी कि पहले इस घुन लगे पेड़ की जड़ पर ही वार करूँ। छुटकी तो इसकी परछाईं-भर है। एक बार पेड़ ध्वस्त हो जाए तो परछाईं आजाद। पर नहीं। इसी बीच अम्मा ने मैदान मार लिया। अपने पेड़ के चारों ओर धार्मिक शक्तियों का वह कँटीला बाड़ा खींच लिया कि मैं न तो पेड़ को ही ध्वस्त कर पाई और न ही परछाईं को आजाद कर पाई।

उस दिन मैंने निश्चय किया कि अब बस छुटकी। मेरे भरपूर विरोध के बावजूद यदि माँ दीक्षा लेती है तो ले क्योंकि जैसा भी रहा हो, जीवन का स्वाद उन्होंने चख लिया था। उनके कोठे स्मृतियों और अनुभवों से भरे थे। पर छुटकी? वह तो कोरी स्लेट है। मुझे उसके कैनवास पर रंग भरना है। खूबसूरत और खिलते हुए रंग। मुझे इसके बचपन और रंगों को इसे वापस लौटाना है। और इसके साथ ही मैंने एक चुप्पी ओढ़ ली। फूल-सी कोमल और गांधी जी की अहिंसक चुप्पी।

जैसे शिकारी प्रतिक्षण शिकार की टोह में वैसे ही हर क्षण मैं छुटकी की टोह में। कब अम्मा निकले अपने सूखे से बाहर और कब मैं भरूँ उसमें हवा। एक बार माँ उपासर के लिए निकली। पीछे से घमासान बारिश। देखते-ही-देखते घुटनों तक पानी सड़कों और बाजारों में भर गया था। बारिश हालाँकि रुक गई थी पर मैं निश्चिंत थीं। अम्मा अभी घंटे दो घंटे आनेवाली नहीं, क्योंकि जैन साधु गीली धरती पर नहीं चलते और धरती अभी जल तुरन्त सोखनेवाली नहीं।

छुटकी को अपने पाले में खींचने की ग़रज़ से मैंने कहा–छुटकी!

–हूँ!

–छुटकी तू बोलती क्यों नहीं?

–सुन तो रही हूँ।

–पहले तो खूब बोलती थी।

–तुम भी तो खूब बोलती थी।

मैं सहम गई। सच, माँ से पंगा लेने में ही सारी ऊर्जा बह गई। छुटकी मुझसे छिटक गई।

मैंने कहा–छुटकी, कहानी सुनोगी?

–खूब सुनूँगी।

कहानियाँ छुटकी को बहुत प्रिय थी। वह स्प्रिंगवाली गुड़िया के सिर की तरह अपनी मुंडकी हिलाने लगी। मैंने कहना शुरू किया–किसी गाँव में दो मित्र रहते थे। एक बार उन्हें एक बड़ा खजाना मिला। कपटी मित्र ने कहा, आज मुहूर्त ठीक नहीं इसलिए हम लोग इसे कल आकर ले जाएँगे। सच्चे मित्र ने जवाब दिया, अच्छी बात है। इधर कपटी मित्र ने रात को वहाँ से खजाना निकाल लिया और उसकी जगह कोयले भर दिए।

अगले दिन सुबह दोनों खजाना लेने चले। खोदकर देखा तो कोयले निकले। कपटी ने कहा–हमारा दुर्भाग्य, खजाना कोयला हो गया। दूसरा मित्र चालाकी समझ गया। पर बोला–क्या किया जाए? हमारा भाग्य ही ऐसा है!

कुछ समय बाद सच्चे मित्र ने कपटी मित्र की एक मूर्ति बनवाई और दो बन्दर पाले। वह प्रतिदिन मूर्ति के ऊपर खाने की चीज़ें रख देता। बन्दर ऊपर चढ़ते और सब खा-पी जाते।

एक दिन उसने अपने मित्र के दोनों लड़कों को भोजन के लिए आमंत्रित किया। लड़के भोजन के लिए आए तो उसने उन्हें कहीं छिपा दिया।

शाम लड़कों का पिता जब उन्हें लेने आया तो उसने कह दिया–वे बन्दर बन गए हैं। उसने मूर्ति के ऊपर बैठे खेलते खाते दोनों बन्दरों को दिखा दिया। और कहा–ये ही तुम्हारे लड़के हैं।

कपटी बोला–यह कैसे सम्भव है? कहीं लड़के भी बन्दर बन सकते हैं?

मित्र ने जवाब दिया–तो फिर खजाना कोयला कैसे बन सकता है?

खिलखिला कर हँस पड़ी छुटकी। इतना हँसी की उसकी आँखों से आँसू निकलने लगे। आत्मीयता की उसी गरमाहट में मैंने कहा–छुटकी, चल थोड़ा बाहर घूम आते हैं। डर मत...अम्मा अभी डेढ़ से दो घंटे आनेवाली नहीं।

पिछली शाम ही मुझे ट्युशन के रुपए मिले थे। मैं छुटकी को अपने साथ घुमाने ले गई। अम्मा की छाया भी कहीं हम पर न पड़ जाए, इस कारण मैं छुटकी को भागीरथी के उस पार बसे जियागंज ले गई।

छुटकी इन दिनों अधिकतर हल्के-हल्के रंग पहनने लगी थी। इस कारण मैंने जान-बूझकर उसके संन्यास को चिढ़ाने के लिए उसके लिए गहरे लाल रंग की फ्रॉक खरीदी। फ्रॉक देख जैसे उसकी आदिम इच्छाएँ जाग उठीं। वह मुस्करा दी और कृतज्ञता से मेरी ओर देखने लगी। मेरे गले में बाँहे डाल उसने प्रेम से मेरे गालों पर मीठी जड़ दी। मेरी आँखें भींग गई...ऋषि की मृत्यु के पूर्व तक यह

हमारा अपना ढंग था...छुटकी हर रात मेरे साथ सोती और सोने के पूर्व इसी प्रकार मुझे मिट्ठी देती।

उन रूपहले दिनों की याद से मेरी आँखें भर आईं। पिता गए...ऋषि गया और अब छुटकी भी। मैंने हल्के से छुटकी के गालों पर थपकी लगाते हुए कहा– छुटकी तू दीक्षा मत ले, मेरे साथ रह, मैं तेरा खूब ध्यान रखूँगी।

उसके गोरे-गोरे गालों पर जैसे पलाश दहकने लगा। वह एकदम गमगीन हो उठी। मुझे लगा, मेरे जैसे ही उसके भीतर भी कुछ तेजी से उमड़-घुमड़ रहा है। जिसे न वह उगल पा रही है। और न ही निगल पा रही है। वह शाम सचमुच इतनी सम्पूर्ण और इतनी उदात्त थी कि उस पर कोई भी छाया मैं नहीं पड़ने देना चाह रही थी। इस कारण मैंने बात फिर बदली, 'ये हजरत तो जब से घर में घुसे हैं, जाने का नाम ही नहीं ले रहे,' छुटकी चौंकी, कौन-कौन आया? मैंने जवाब दिया, 'अम्मा का संन्यास'।

छुटकी खिलखिला कर हँस पड़ी, 'जीजी, तुम भी!'

ज़िद कर मैंने छुटकी को फ्रॉक वहीं दुकान के ट्रॉयल रूम में ही पहना दिया। रास्ते में ही कंघी खरीद उसके बालों को सँवारा। बालों पर खूबसूरत बकल लगाया। एक रेस्त्राँ में ले जाकर उसे समोसा और जलेबी खिलाई। उन्हीं दिनों जियागंज में पहला पक्का सिनेमा हॉल बना था। उसमें 'सीता और गीता' फिल्म चल रही थी। मैं छुटकी के साथ फिल्म देखने लगी।

और जिस समय सीता अपनी चाची के भाई को रुई की तरह धुन रही थी, छुटकी इतनी जोरों से हँसी थी कि हँसते-हँसते उसकी आँखों से आँसू निकल गए थे। छुटकी के एक-एक मनोभावों को, उसके सूक्ष्म से सूक्ष्म हावभाव को देखकर मैंने पूछा, 'छुटकी, मजा आ रहा है न,' जवाब नहीं देकर छुटकी ने मेरे गले में अपनी बाँहे डाल दी थी।

जीने की ख्वाहिश को उद्दीप्त करनेवाले उन हसीन लम्हों में हम सभी खुश थे, आनन्दित थे। लौटते समय मैं छुटकी को गली-गली घुमा रही थी, जिससे लम्बे समय तक उससे संवाद कर सकूँ। जान सकूँ कि धर्म का वाइरस उसके सिस्टम में कितना गहरा और कहाँ-कहाँ तक फैल चुका है।

मैंने हौले से पूछा, 'छुटकी, तूने बाजा क्यों नहीं बजाया, कितने चाव से लाई थी मैं!'

उसने नाक फुलाते हुए जवाब दिया, 'तुमने क्यों भेजा मुझे। मुझे नहीं अच्छा लगता है स्कूल जाना।'

'क्या?'

मुझे लगा, जैसे अभी-अभी बनी मेरी सृष्टि फिर उखड़ने लगी थी।

एकाएक वह फूट पड़ी, 'जीजी, जब से ऋषि गया है अकेले-अकेले स्कूल

जाना अच्छा नहीं लगता मुझे।'

'ठीक है मैं चला करूँगी, तुम्हारे साथ।'

वह घबरा गई। जल्दी में बोली जैसे मैं कहीं उसे स्कूल लेकर ही नहीं निकल जाऊँ, 'नहीं जीजी, स्कूल में हर वक्त मुझे सज़ा मिलती है, डाँट मिलती है। हर पीरियड में मैं बेंच पर खड़ी रहती हूँ। न मैं क्लासवर्क समझ पाती हूँ और न ही होमवर्क...मुझे नहीं जाना स्कूल।'

'कोई बात नहीं। मैं तुम्हारे लिए टीचर रख दूँगी। वह करवा देगी तुम्हारा होमवर्क।'

अबकी हथियार डाल दिए उसने।

'नहीं जीजी, महाराज सा कहते हैं कि अधिक पढ़ने से आदमी दुखी रहता है।'

अपने पर भरसक काबू रखते हुए बात की धारा को दूसरी ओर मोड़ते हुए कहा मैंने, 'तुम्हें उपासर जाना कैसा लगता है?'

वह हुलस उठी, 'बहुत अच्छा लगता है, जीजी। महाराज सा मुझे बहुत प्यार करते हैं। वहाँ मैं नई-नई बातें सीखती हूँ, नई-नई चीज़ें देखती हूँ। टीचर कहती हैं, यह बुद्धू है, इडियट है,' महाराज कहते हैं, 'यह बहुत नाम करेगी।' महाराज ने मुझे काष्ठपात्र बनाना भी सिखाया।

'काष्ठपात्र?'

छुटकी की शब्दावली ने फिर कौंचा मुझे। मेरी अज्ञानता पर उसके नाक के नथुने फिर फूल गए। ठुमक-ठुमक कर बताने लगी वह, 'जीजी, ये हैं ना, लकड़ी के भगोने होते हैं, महाराज सा इन्हीं में गोचरी लेते हैं और इसमें ही खाते हैं। खाते वक्त ये हैं ना उकड़ूँ बैठकर पैर में घुटने डालकर खाते हैं। जिससे कम खाने से ही काम चल जाए। खाते वक्त महाराज सा बात एकदम नहीं करते हैं। और जानती हो जीजी, महाराज सा लकड़ी के भगोने को पहले एक खुरदुरे कागज से खूब घिसते हैं। घिस-घिस कर उसे चमका देते हैं...फिर उस पर वार्निश करते हैं।'

एकाएक वह जल्दी-जल्दी बोलने लगी। अपने नए-नए अतिरिक्त ज्ञान का भार उस पर भारी पड़ रहा था। शायद बहुत दिनों से वह मुझे बताना चाह रही थी। अपनी दोनों हथेलियों को घुमाते हुए बताने लगी वह–जीजी, महाराज अपनी मुँहपट्टी को भी इसी प्रकार चमकाते हैं। वह मांड लगा कड़कदार कपड़ा होता है उसी पर महाराज सा अपने लोठिया को गोल-गोल घुमाते हैं...देखो, इस तरह।

बीच रास्ते में आईसक्रीम की दुकान पड़ी। छुटकी के लिए मैंने एक चॉकबार खरीदी। यूँ पुलकित हुई वह जैसे हाथों में चाँद आ गया हो।

फिर उसके एंटीना ने जैसे नई तरंग पकड़ ली हो। बात को उसी बिन्दु पर छोड़ वह फिर नई कहानी सुनाने लगी। जानती हो, जीजी! उज्जैन में एक तेरह

वर्ष के लड़के ने दीक्षा ली थी। पर दीक्षा लेने की पहली वाली रात उसने जमकर क्रिकेट खेला और दूसरे दिन साधु बन गया। जीजी, मैं भी दीक्षा के पहले जमकर आइसक्रीम खाऊँगी।

मैंने ताल में ताल देते हुए पूछा, 'क्यों बाद में क्यों नहीं?'

वह फिर अपने नए नवेले अर्जित ज्ञान के गुमान में हँस पड़ी उसकी नाक फिर फूल गई। शर्माते हुए कहा उसने, 'तुम इतना भी नहीं जानती जीजी कि साध्वी हो जाने के बाद सिवाय किताबों और दो जोड़ों वस्त्रों के मैं कुछ भी अपने पास नहीं रख सकती। तब पैसे थोड़े ही रहेंगे मेरे पास।'

'पैसे रहेंगे तेरे पास।'

'नहीं जीजी, महाराज सा की मनाही है।'

'मैं तुम्हारे सारे महाराज को तोता बनाकर पिंजड़े में डाल दूँगी।'

इस बात पर हम दोनों खुलकर हँस पड़े और बड़ी देर तक हँसते रहे।

शाम के अँधियारे में दूर तक गूँजती हमारी हँसी जंगली सुगन्ध की तरह हमारे पहुँचने के पूर्व ही माँ तक पहुँच चुकी थी। फन उठाए माँ आँगन के बाहर कुछ देर तक आग्नेय दृष्टि से हमें देखती रही। छुटकी की साज-सज्जा, उसकी फूलोंवाली खूबसूरत फ्रॉक, बालों पर बँधा खूबसूरत बकल, उसके चेहरे का उल्लास...इन छोटे-छोटे सुखों के छिद्रों से जागता जीवन, उठान लेती लालसा...सब कुछ को देखकर अम्मा को प्रचंड सात्विक क्रोध हुआ। मुझे देख उनकी आँखों से लपट-सी उठी। दाँत पीसते हुए वे गुर्रायी, 'कुलबोरनी, धर्मनाशिनी, ऋषि मर गया तू भी मर जाती तो कम-से-कम सुख-शान्ति से माँ-बेटी धर्म का रास्ता तो अपना लेतीं।'

वे फिर छुटकी के पास गईं। उसके सिर पर हाथ रख सीधा सुदर्शन चक्र घुमा दिया, 'छुटकी, तुम जिस दुनिया में जा रही हो, वहाँ इस प्रकार की मौज-मस्ती की कोई छूट नहीं है। तुम अभी भी सोच लो कि तुम माँ और माराज सा के साथ रहकर नाम कमाओगी, मान-सम्मान पाओगी या अपनी जीजी के साथ रहकर, स्कूल की मार खाओगी। एक-एक पैसों के लिए इसकी तरह कभी ट्युशन के लिए दौड़ोगी तो कभी साबुन की शीशियाँ लिए घर-घर डोलोगी। यह तो दिन-भर मारी-मारी फिरेगी और तुम्हें अकेले भूख लगे...कि भूत डराए...तो फिर मुझे दोष मत देना। ऋषि ने तुम्हारे सामने दम तोड़ा, तुम्हारे पापा तुम्हारे सामने मरे...क्या मिला उन्हें। न धर्म कमा सके न जीवन जी सके...तुम फिर सोच लो।'

यदि डर का कोई रंग हो तो वह उससे ज्यादा गाढ़ा नहीं हो सकता था जो

उस समय छुटकी की आँखों से झाँक रहा था। वह मलेरिया के रोगी की तरह काँपने लगी। बिसुरते हुए कहने लगी, 'मैं प्रायश्चित कर लूँगी अम्मा, फिर कभी बिना तुमसे पूछे बाहर नहीं जाऊँगी।'

नहीं चाहते हुए भी बादल फिर फटे। मैं फिर बरस पड़ी–अम्मा कम-से-कम इस अबोध बच्ची के खूबसूरत मन को अपने विषैले धुँओं से मत भरो। बख़्शो इसे। और तुम जिस महाराज के बल पर नाच रही हो ना...ख़ुद उनका जीवन बरसों से एक ही बिन्दु पर अटका हुआ है। वे क्या तुम्हें मार्ग दिखाएँगे? उनमें जरा भी मानवीयता होती तो वे इस बालिका दीक्षा का विरोध करते। क्या वे नहीं जानते कि पौधा अपनी स्वाभाविक ज़मीन पर ही उगता है, नहीं तो मर जाता है। क्या उन्हें नहीं पता कि जीवन का मतलब ही संघर्ष है। पर वे तो ख़ुद रोगी हैं, धर्म के रोगी।

पर अम्मा, वहाँ थी कहाँ जो मेरी बात सुनती। वे तो लपट बन छुटकी को निगलने में लगी थी। घर में कुछ समय के लिए जो ऋतु बदली, कुछ लम्हों के लिए ही सही, छुटकी के भीतर जीवन की जो ललक मैंने जगाई संसार की खूबसूरत चीज़ों के प्रति जो आकर्षण जगाया, अम्मा उन सब पर पोंछा लगाने पर तुली हुई थी। छुटकी फिर हाथ में माला लिए प्रायश्चित पर बैठ गई थी।

छुटकी को पद्मासन की मुद्रा में वापस आसन पर बैठे देख मैं फिर उबलता सागर बन चुकी थी। मेरे भीतर एक नहीं कई-कई ज्वालामुखी एक साथ फूट रहे थे–आक्रोश, हताशा, अपनी असफलता, छुटकी की भविष्यहीनता, माँ की मातृत्वहीनता, सबका ज्वालामुखी। उस क्षण की लपट इतनी भयानक थी कि माँ से पंगा न लेने की मेरी सारी प्रतिज्ञाएँ स्वाहा हो गईं। मैंने आगे बढ़कर एक झटके में छुटकी के हाथों से माला छीन तोड़ डाली।

–छुटकी, सोचो किस बात का प्रायश्चित कर रही हो तुम? खुशी मनाना और खुश रहना क्या पाप है? इस माँ के बहकावे में मत आओ, यह तुम्हारा जीवन बर्बाद कर डालेगी। मैं तुम्हें किसी भी हालत में दीक्षा नहीं लेने दूँगी।

माँ इस बार पूरी ताकत के साथ मेरे सामने आ गई। देखती हूँ कि कैसे रोकती हो तुम? धर्म के काम में जिसने भी रोड़ा अटकाया, उसी का सर्वनाश हुआ। कल से मैं और छुटकी पूरे समय उपासर में रहेंगे।

क्या कहा? उपासर में रहोगी? मैं पागल हो गई। माँ ने उपाश्रय की बोफोर्स तोप मेरे आगे कर दी। मुझ पर अवसाद का, उन्माद का, विक्षिप्त का जैसे दौरा पड़ गया। कब से इधर-उधर बिखरे दुख एक जगह इकट्ठे होने लगे। मैं पाँव पटक दाँत पीस चीख उठी, 'जाओ तुम सब भाड़ में जाओ। ऋषि गया, पिता गए, तुम दोनों भी जाओ...तुम ठूँठ हो चुकी हो माँ, भागीरथी का सारा जल और सूरज का सारा ताप भी तुममें प्राणों का संचार नहीं कर पाएगा।'

आँखों में जल के साथ ज्वाला लिए पैर पटकती, दनदनाती मैं बाहर निकल गई।

वह दिन और आज का दिन। छुटकी को चाहकर भी मैं फिर स्कूल नहीं भिजवा पाई। न ही जीवन में लौटा पाई। छुटकी के लिए माँ मुझे प्लेग के चूहे से भी ज्यादा खतरनाक मानने लगी थी। जब तक मैं घर में रहती माँ छुटकी को उपासर में या किसी रिश्तेदार के यहाँ भेज देती। मैं अब गाँव की एक बदनाम शायर थी।

सेज पर संस्कृत

संघमित्रा की डायरी के इन पृष्ठों की शब्द-यात्रा यहीं शेष थी। इस असमाप्त ज़िन्दगीनामे को कभी उसने अपनी अन्तर्शक्तियों को बटोरने, धर्म-अधर्म, सत्य-असत्य की धुँध को छाँटने, ख़ुद को सँभालने और भटकते मन को केन्द्रित करने के लिए लिखा था। संघमित्रा के इन पृष्ठों के साथ एक आत्मीय पत्र भी संलग्न था जिसे उसने अपनी मित्र, कम्पेनियन, गाइड और फिलॉसफ़र मालविका को लिखा था।

कभी संघमित्रा और मालविका ने अपने शैशव के अनेक चित्र एक ही आँगन में उतारे थे। दोनों के बीच गहरी हमदर्दी और प्रेम था। मालविका के पितामह के पिता कभी अजीमगंज के ज़मींदारों के ख़ानदान से ताल्लुक रखते थे। बाद में वक्त के बदलते मुखड़े के साथ मालविका के दादा ने भी अपने कारोबार की पटरी बदल डाली और जूट की तेजी-मन्दी में बहने लगे। अगली पीढ़ी के भाग्य ने और छलाँग मारी और देखते-ही-देखते कई गोदाम उनके सोने जैसे जूट से खचाखच भर गए। मालविका के पिता की महत्त्वाकांक्षा के लिए अजीमगंज की धरती और आसमान छोटे पड़ने लगे। कलकत्ते में उन्होंने बन्द पड़ी एक जूट मिल को औने-पौने दामों में खरीद लिया। और जबसे वह जूट मिल चल निकली, ज़िन्दगी तेजी से बह निकली और देखते-ही-देखते मालविका के पिता ने अपने पूरे परिवार को कलकत्ते बसा लिया।

तीन वर्ष पूर्व अजीमगंज के आसमान को छोड़ मालविका भरी आँखें और भारी मन के साथ कलकत्ता चली आई थी।

मालविका और संघमित्रा में एक समानता बचपन से ही थी। दोनों यद्यपि छोटी जगह से थी, पर दोनों ही स्वप्न बड़े देखती थीं। हर शाम जब सूरज डूबने को होता भागीरथी का सारा सौन्दर्य जैसे उनके अन्तर्मन में समा जाता। दोनों एक-दूसरे के गले में बाँह डाले, भागीरथी के जल में पाँव डुबोए, प्रकृति के जादू भरे संगीत और घर लौटते परिन्दों की चहचहाहट के साथ अपने स्वप्नों के ताने-बाने भी बुनती रहती थी।

भागीरथी के सौन्दर्य के साथ उन दोनों के व्यक्तित्व निर्माण में विकास बाबू

की ज्ञानवर्द्धक तात्त्विक बातें और उन पुस्तकों का भी बड़ा हाथ था जिनके बारे में उनकी कक्षा की टीचर मिसेज बक्षी उन्हें बताती और जिन्हें मालविका के पिता जब-तब कलकत्ते की पुस्तकों की सबसे बड़ी दुकान 'न्यू मैन्स' से ख़रीदकर लाते।

बहरहाल...आप अवश्य ही जानना चाहेंगे उस पत्र के बारे में जिसे संघमित्रा ने मालविका को लिखा था और जिसे पढ़कर वह भी इस लड़ाई से स्वयं को असंपृक्त नहीं रख पाई थी।

वह पत्र इस प्रकार था :

प्रिय मालविका,

मेरी डायरी के पृष्ठों से गुजरते हुए तुम इतना तो समझ ही गई होगी कि कैसी दुनिया में जा रही है अम्मा और छुटकी। एक ऐसी दुनिया जहाँ बुद्धि को फालतू बोझा मानकर बाहर फेंक दिया जाता है। जहाँ प्रेम, कल्पना, स्वप्न और सृजन के सारे दरवाज़े बन्द कर दिए जाते हैं। जहाँ प्यास को ही पी लिया जाता है। विराट को बिन्दु बना दिया जाता है और बिन्दु को विराट। इसलिए यहाँ कोई छटपटाहट, बेचैनी, मतभेद या विरोध नहीं होता क्योंकि यहाँ सिर्फ़ धड़ ही धड़ हैं, जिनके सोचने की मशीन को इस दुनिया में घुसने के साथ ही स्विच ऑफ कर दिया जाता है। जहाँ प्रवेश करते ही व्यक्ति अपने सभी पुराने सन्दर्भ, पहचान और रिश्तों से काट दिया जाता है, जिससे विशिष्टता और व्यक्तित्व को समाप्त कर उसे एक सार्वजनिक साँचे में डाल दिया जाए। जहाँ के धर्मगुरु अपनी पुस्तक 'साधु आचार संहिता' में दम्भपूर्वक यह घोषणा करते हैं। कुछ बानगी :

1. लौकिक और आध्यात्मिक धर्म एक नहीं।

2. सामाजिक भूमिका में रहनेवालों के लिए समाज-सेवा का निषेध नहीं हो सकता...भले फिर वह असंयम की सीमा में ही क्यों न हो। मुनियों के लिए समाज-सेवा का सर्वथा विधान नहीं किया जा सकता क्योंकि उसकी अपनी सीमाएँ हैं।

3. बहुतों के हितों के लिए थोड़े के हित को कुचलना उतना ही दोषपूर्ण है जितना कि थोड़े के हित के लिए बहुतों को कुचलना। छोटे जीवों को मारकर बड़ों का पोषण करने को जो अहिंसा कहते हैं, वे छोटे जीवों के दुश्मन हैं। (पृष्ठ 81)

4. उन्होंने सामाजिक व्यवहार को तोड़ने का प्रयत्न नहीं किया। घृणित मानी जानेवाली जातियों के घरों से भिक्षा लेने को अनुचित बताया। (पृष्ठ 60)

5. शारीरिक श्रम के बिना भिक्षा माँगने का अधिकार सिर्फ़ संन्यासी को है।

ये सारे महान विचार मैंने जैन धर्म की साधु परम्परा के सबसे बड़े घटक के आदि प्रवर्तक की पुस्तक 'भिक्षु विचार दर्शन' में पढ़े। सोचो, महावीर की विराटता और विश्व करुणा, प्रेम, अहिंसा और अपरिग्रह के सन्देशों पर किस

प्रकार कालिख पोती जा रही है। इन 'महान' चिन्तकों के अनुसार तो जिन्होंने कंस, रावण और दुर्योधन का वध किया और आज के सन्दर्भ में जो वीर कमांडर आतंकवादियों का सफाया कर रहे हैं, उनकी हिंसा भी दोषपूर्ण है। क्या ये महावीर के वंशज हैं? उनके अनुसार तो मदर टेरेसा भी सन्त नहीं हैं क्योंकि वह आत्म-साधना नहीं वरन् समाज-सेवा के लिए प्रतिबद्ध थीं। ओह, जब गंगोत्री ही प्रदूषित हो तो शुद्ध जल की आशा कैसे की जा सकती है? कितनी लज्जा की बात है कि मुट्ठी भर ये धर्मगुरु सारी दुनिया को मनमाने ढंग से भेड़-बकरी की तरह हाँक रहे हैं। मेरी समस्या यह है कि मैं भेड़-बकरी बनने से इनकार करती हूँ। धर्म की यह लड़ाई हमें लड़नी ही पड़ेगी, क्योंकि आज विश्व के सभी धर्मगुरुओं ने धर्म की मनमाने ढंग से व्याख्या कर पूरी धरती को घृणा, द्वेष और हिंसा से लहूलुहान कर दिया है।

एक बात और। मृत्यु, भूख और असुरक्षा के इस दौर ने एक नवीन दृष्टि मुझे दी है। वह यह है कि इनसान के अस्तित्व और नियति के सारे ताने-बाने बाह्य परिस्थितियाँ ही बनाती हैं। परिस्थितियाँ बदलीं, अप्रिय कुछ घटा...कि आदमी की सारी सोच, सारे तर्क, आस्थाएँ और विश्वास भी बदल जाता है। सोचो, यदि पापा की मृत्यु नहीं होती, तो क्या माँ और छुटकी की ज़िन्दगी का प्रवाह इस दिशा में बहता? तो फिर क्या आदमी अपने आप में कुछ भी नहीं? जो भी है, परिस्थितियाँ ही हैं!! बहरहाल...यदि मैं अपने मिशन में सफल नहीं हो पाई तो सम्भवतः आगामी चतुर्मास में कलकत्ते में 22 अगस्त 1984 को यह दीक्षा दी जाएगी। तैयारियाँ सब हो चुकी हैं...बस दस्तक-भर देने की देरी है...।

मालविका, इस लड़ाई में मैं एकदम अकेली पड़ गई हूँ...देह, मन और आत्मा से भी। यहाँ कोई कृष्ण भी नहीं जो अर्जुन की तरह मेरी अनन्त जिज्ञासाओं, संशयों और भटकन को राह दिखा दे। कभी तुम मेरी चेतना थी, ऋषि और बाद में पापा की मृत्यु पर तुमने मुझे मानसिक सम्बल दिया था...तुमने ही मुझे कहा था कि जीवन की जड़ें कभी नहीं मरतीं, जीवन कभी सम्भावनाओं से शून्य नहीं होता। पर आज मुझे लग रहा है कि जीवन और सम्भावनाएँ सभी दम तोड़ रही हैं। क्योंकि इतना बड़ा यह समाज...और किसी को भी यह बात परेशान नहीं करती कि इतने सीमित उद्देश्यों और देह के अँधेरों से घिरा यह साधु जीवन ईश्वर की असीमता को कैसे छू सकता है? अपने 'स्व' को विराट में कैसे समाहित कर सकता है?

मैं किससे तर्क करूँ? मैंने आचार्य प्रमुख श्री जीवनसिद्धि को कई पत्र लिखे...पर कोई जवाब नहीं आया। उनके संघ के एक मुनि ने कहा–आप बजाय तर्क के आस्था की भाषा में संवाद कीजिए तो शायद आपको आपका जवाब मिले। सोचो, जिस देश में गीता लिखी गई...जो पूरा संवाद है, तर्क है,

असमंजस से निकला तत्त्व चिन्तन है...उसी देश में तर्क करना, सन्देह करना वर्जित है।

तुम बचपन से मेरे स्वप्न और मेरी संवेदनाओं की हिस्सेदार रही हो। इस लड़ाई में भी मैं तुम्हारा साथ चाहती हूँ। एक तो मन यूँ ही अशान्त समुद्र बन चुका है। और समुद्र की सतह पर जब तूफ़ान आया हुआ हो तो भीतर के मोती नहीं दिखते। तुम साथ रहोगी तो मेरा दिमाग, बुद्धि, विवेक सब सँभला हुआ रहेगा। दूसरा कारण यह भी कि साधु नियमों के अनुसार एक अकेली स्त्री अकेले साधु से कभी नहीं मिल सकती। शाम के बाद अकेली स्त्री तो क्या कई स्त्रियाँ मिलकर भी किसी साधु के कक्ष में नहीं जा सकतीं। मुझे डर है कहीं इन्हीं नियमों की आड़ में दूसरे मुनि और संघ प्रमुख जीवसिद्धि अपनी जवाबदेही से बच न जाएँ।

तुम्हारी दुबली-पतली काया में एक निर्भीक, तेजस्वी और शक्तिशाली आत्मा है–मुझे अभी ऐसी ही निर्भीकता की ज़रूरत है क्योंकि आनेवाले समय में मुझे उन धार्मिक आचार्यों से टकराना है जो देवलोक के सवालों का जवाब चाहे दे दे पर ज़िन्दगी के बुनियादी सवालों का जिनके पास कोई जवाब नहीं होता। तुम साथ दो तो कदाचित् हम इस जीवन विरोधी और स्वप्न विरोधी ढाँचे को ध्वस्त कर पाएँ। मेरा यह स्वप्न तुम्हारा भी साझा स्वप्न बने।

कुछ अच्छी पुस्तकें रखना मेरे लिए।

अशेष शुभकामनाओं के साथ

तुम्हारी

संघमित्रा

21.4.84

विचित्र आकर्षण और विकर्षण भरा शस्यश्यामला बंगभूमि का यह महानगर कलकत्ता जहाँ पाँव धरते ही संघमित्रा की नज़र सबसे पहले एक विज्ञापन पर पड़ी जो बता रहा था कि लेजर तकनीक से अब गंजों के सिर पर भी बालों की शानदार फसल लहराएगी। अपनी उस मनःस्थिति में भी हँसी आ गई उसे–ओफ, कितनी विचित्र है यह दुनिया! कैसे-कैसे लोग! कैसी छलना में जीते हैं ये! किसी को सिर मुँडाने में सुख तो कोई जा चुकी हरियाली को वापस पाने को बेताब। शायद इस अप्राप्य के पीछे की बेचैनी का नाम ही है आदमी।

अपने प्रवाह में बहती जा रही है संघमित्रा। कलकत्ता शहर के बहते जन-प्रवाह के साथ। समुद्री लहर की तरह उठान लेता यह विशाल जनसमूह। मधुमक्खियों के झुंड की तरह भिनभिनाते लोग।

महानगर की दीक्षा प्रबन्ध समिति लेने आई थी उन्हें हावड़ा स्टेशन पर।

नीली फिएट में बैठी छुटकी भी जैसे एक नई दुनिया में तिर-तिर तैर रही थी। जब से दीक्षा की बात होने लगी है, हर कोने में जैसे खुशियाँ अटकी पड़ी हैं, बस डंडा छुआने भर की देर। हर दिन एक नई उत्तेजना, नए अनुभव, नए स्पंदन, नई हलचल से गुजर रही है वह। ओफ! कितना रोमांचक है यह सब। अपने से बड़ी उम्र के लोग भी जब झुक-झुक कर प्रणाम करते हैं तो कछुए की तरह एकदम सिकुड़ जाती है वह। काश जीजी भी साथ में दीक्षा ले लेती तो फिर कोई दुख नहीं था उसे। दीक्षा के बाद जीजी से दूर हो जाना पड़ेगा उसे, यह दुख जब-तब सालता ज़रूर है उसे, पर संसार में रहते हुए भी तो पापा और ऋषि छिन गए थे उससे। इसीलिए अम्मा ठीक ही कहती है कि संसार दुख का जलता हुआ कुंड है। कुछ सुख-शान्ति है तो दीक्षा में...कितना सही कहा था अम्मा ने। यह जीवन कितना सुखदायी है, हर वक्त लोगों से घिरा रहना... नई-नई जगह देखना। यदि नहीं लेती वह दीक्षा तो क्या देख पाती कलकत्ता? वह तो अपनी सहेलियों के साथ स्कूल में अभी तक 100 किलोग्राम बराबर एक ग्राम ही रट रही होती।

कलकत्ते की ऊँची-ऊँची इमारतों को देख हतप्रभ थी वह। डबल डेकर बस को देख उसकी आँखें बाहर निकल आईं–बाप रे! यह चलती-फिरती हवेली। ट्राम देखकर भी वह चीख पड़ी–देखो जीजी, शहर के बीचोंबीच ट्रेन।

और तभी जैसे उसकी आँखों को एक झटका लगा। अरे बाबा, यह क्या? ओफ, कितना कष्टपूर्ण...जीजी देखो...दोनों ने देखा...अपने बुढ़ाते शरीर की पूरी ताकत के साथ चारखाने की लुंगी और कन्धे पर तार-तार गमछा लटकाए, गंगा-जमुनी बालों और बढ़ी हुई दाढ़ीवाला एक बुढ़ाता रिक्शेवाला जो तीन-तीन जवान सवारियों को अपने रिक्शे पर बैठाकर टान रहा था।

यह मध्य कलकत्ते के कलाकार स्ट्रीट और सत्यनारायण पार्क के आसपास का मंज़र था। यहाँ एक ओर साड़ियों के दुनिया-भर के कटरे, चाँदी-सोने के बड़े-बड़े शोरूम, कॉस्मेटिक की दुकानों, मिठाइयों के भंडार, दवाइयों को दुकानों के साथ-साथ सड़क के एक ओर फल और सब्जी बेचनेवाले खटीकों को पंगत थी तो सड़क के बीचोंबीच बसों और टैक्सियों से टक्कर लेते खरीदारी के लिए आई हुई स्त्रियों और स्कूल जाते बच्चों को अपनी दुर्बल टाँगों से टानते हाथ रिक्शेवालों की जमात थी।

यह कलकत्ता के व्यस्ततम इलाकों में से एक था। बिना इस इलाके की सैर किए कलकत्ता की कोई भी कन्या दुल्हन बन ही नहीं सकती थी। यहाँ हर तरह के जीवन का सैलाब उमड़ा रहता था। शादी-ब्याह का मौसम हो, सावन की हरियाली तीज हो या गणगौर हो...भादों हो, होली हो, दीपावली हो, राखी हो...यहाँ तिल धरने को जगह नहीं मिलती। यहाँ की भीड़ शाश्वत थी, वीरानी यहाँ साक्षात्

ब्रह्म थी, जो कभी दिखाई नहीं देती थी। यह एक प्रागैतिहासिक, मिथकीय और आधुनिक इलाका था। दीपावली के समय यह पूरा इलाका दीवड़ों और गणेश-लक्ष्मी की मूर्तियों से सजा आपको मध्य युग के भक्तिकाल में पहुँचा देता तो यहाँ का ए.सी. मार्केट अपने आधुनिकतम डिजाइनों में पेरिस को भी मात करता। यहाँ की सुगन्धित सुपारी और जलेबियाँ मशहूर हैं। जीने और भोगने की हर सामग्री उपलब्ध कराता कलाकार स्ट्रीट और सत्यनारायण पार्क का यह इलाका आपमें सात्विक, राजसिक और तामसिक...तीनों भाव एक साथ जगा सकता है। ठेलेवालों, रिक्शेवालों और सिरों पर मनों बोझा ढोते झाका-मुटियावालों पर अपनी बोरियत झाड़ने के लिए अकारण डंडा बरसाती पुलिस को देख शर्तिया आपका राजसिक भाव जाग उठेगा। यहाँ पर बने जैन और हनुमान जी के मन्दिर के घंटे और आरती के स्वर भी यदि आप में सात्विक भाव नहीं जगा पाएँ तो फुटपाथों की भूखी-नंगी और विकलांग दुनिया रही-सही कसर पूरी कर ही देगी।

यहाँ की शाश्वत भीड़ के लिए एक मजाक प्रसिद्ध है कि पुरुषों को यहाँ आए बिना चैन ही नहीं पड़ता क्योंकि यहाँ उन्हें चलना नहीं पड़ता है, मारवाड़ी औरतों की भीड़ उन्हें ठेलते, हिलाते-डुलाते स्वयं ही आगे बढ़ा देती है। और यहाँ यदि आप जाम में फँस जाएँ तो तौबा कीजिए, जितनी देर में आप विमान से दिल्ली पहुँचेंगे उतनी देर में आप यहाँ के ब्रेबोर्न रोड तक पहुँचेंगे जो कि लगभग आधा किलोमीटर की दूरी पर है।

बहरहाल...उस दिन खुशकिस्मती थी कि रास्ता उतना जाम नहीं था। सुबह आठ बजे का समय था इस कारण शीघ्र ही पूर्णिमा देवी और छुटकी अपने नए ठौर पर पहुँच गए जो कि एक शानदार इमारत की तीसरी मंज़िल थी। इमारत एक गली के अन्दर थी, गली के भीतर घुसते ही संघमित्रा ने देखा, खुली नाली के ऊपर लगभग नग्न और गू में लिथड़ा अर्द्ध मूर्च्छित एक भिखारी, जिसके ऊपर मक्खियाँ भिनभिना रही थीं।

इस दृश्य को देखकर चिहुँक गई संघमित्रा। ड्राइवर जी इसकी साँस चल रही है, यह मरा नहीं है। दूर से मैंने भी इसे मरा ही समझा था। इसे उठाकर अस्पताल ले चलिए, प्लीज ड्राइवर जी। यहाँ तो मर जाएगा बेचारा। ड्राइवर ने संजीदा होकर कहा–यह कोलकाता है मुन्नी। अभी तो नई-नई हैं, इस कारण तकलीफ हो रही है आपको...थोड़े दिन रह लीजिए...फिर आप भी हम लोगों की तरह ऐसे नरक देखने की आदी हो जाएँगी। शुरू-शुरू में मैं भी विचलित हो जाता था। कई बार तो इस डर से कि कहीं कोई रास्ते में पड़ा मरा-अधमरा नहीं मिल जाए...मैंने रास्ते ही बदल लिए थे लेकिन कितने रास्ते बदलता।

× × ×

और जिस लालकोठी में दीक्षार्थी छुटकी और उसकी माँ पूर्णिमा देवी को ठहराया

गया था, उसमें घुसते और उसकी आबोहवा का जायज़ा लेते ही रंग उड़ गया संघमित्रा का। उस लालकोठी का हर आसमान एक ऐसी छलनी था जिसके हर छिद्र से बूँद-बूँद टपकती थी गुरुभक्ति। जिसकी हर दीवार का मिज़ाज धार्मिक। कहीं गुरुदेव के उद्धरण तो कहीं उनकी तस्वीर। गुरुदेव जो इस समय हज़ारपंथी संघ के सर्वेसर्वा और ग्यारहवें संघ प्रमुख थे।

इतनी प्रचंड, अखंड और अविभाजित गुरुभक्ति।

पहली मर्तबा आतंकित हुई वह। उसी दोपहर उसने देखा, सिर्फ़ लालकोठी में ही नहीं, कपड़ों की कई दुकानों एवं कई ऑफिसों में भी गुरुदेव की तस्वीर लगी हुई थी। और तो और स्त्रियों ने भी गुरुदेव की तस्वीर का 'पेंडेंट' अपने गले में लटका रखा था। पुरुषों की कमीज की पॉकेट से झाँकते पेन के ढक्कन पर भी गुरुदेव का पोट्रेट था।

वह हैरान थी...यहाँ गुरुदेव अज्ञात का दरवाज़ा खोलनेवाले किसी ईश्वर और इनसान के बीच की कड़ी या दूत नहीं थे। वे स्वयं ही ईश्वर थे। एक जीवित मिथक! अलौकिक शक्ति से सम्पन्न!

गुरुदेव के बारे में दुनिया भर की किंवदन्तियाँ प्रचलित थीं–उनके आशीर्वाद से बाँझ स्त्रियों की गोद हरी हो गई थी। एक बार उनकी छाया किसी सूखे वृक्ष पर पड़ी तो वृक्ष गदरा गया। एक घर में गुरुदेव ने मांगलिक कथा सुना दी, घर का मुखिया हारा हुआ मुकदमा जीत गया। लाडनूँ के एक श्रावक ह्वील चेयर पर अपने अस्सी वर्षीय पिता को लाए गुरु दर्शन के लिए। सुजानगढ़ में दीक्षा-समारोह के अवसर पर जिस खुले मंच पर गुरुदेव विराजमान थे, वहाँ केसर की बारिश हुई। एक घर में गुरुदेव व्याख्यान दे रहे थे। उसी घर में चोर घुसे...जहाँ-जहाँ ताला तोड़ने की उन्होंने कोशिश की, ऐसा जबर्दस्त करंट लगा कि वे दुम दबाकर भाग खड़े हुए।

कपाट तक चढ़ गईं संघमित्रा की आँखें, गश खाते-खाते बची, जब उसने देखा कि जहाँ-जहाँ गुरुदेव ने पाँव रखा था, महिलाओं ने उस जगह की धूल को ही माथे से लगा लिया था।

हे भगवान! यहाँ सर्वोच्चता कर्मों से सिद्ध नहीं होती। यहाँ तो चेले-चपाटे और श्रावकगण ही उन्हें इस सिंहासन पर बैठा देते हैं।

पहली बार संघमित्रा के आसन पर बादल गरजे, बिजलियाँ कड़कीं।

ऐसे ही दिव्य और अलौकिक गुरुदेव से शास्त्रार्थ कर छुटकी को बचाना होगा उसे? क्या भिड़ा पाएगी वह अपने सींग उनसे??

उम्मीद! उम्मीद!!

पर उम्मीद के बावजूद संघमित्रा की हालत वैसी ही थी जैसे शक्तिशाली दरख्त के समक्ष घास की एक पत्ती की। जैसे सागर के सामने ताल की मछली

की होती है।

उतरती शाम जब मालविका संघमित्रा से मिलने उसके नए डेरे पर पहुँची तो उसने देखा, मौत की तरह फैला अन्धकार और उस अँधेरे में डोलती सफेद वस्त्रों में आवृत कुछ निःशब्द छायाएँ।

–क्या बत्ती चली गई? उसने पूछा।

–नहीं यहाँ विद्युत वर्जित है–कहीं से आई हाथी की तरह झूमती एक आवाज। पहचानी-सी। और संघमित्रा लिपट गई मालविका से।

× × ×

सारी बात सुन मालविका ने कहा–तुम ज्यादा ही घबरा रही हो। ठीक है माँ और छुटकी कृतसंकल्प हैं, पर छुटकी की उम्र और तुम्हारा आक्रोश देखते हुए क्या गुरुदेव अपनी अनुमति वापस नहीं ले लेंगे और फिर डेढ़ हज़ार साधु-साध्वियों की टोली में क्या कोई भी नहीं समझेगा हमारी व्यथा? समर्थन नहीं देगा हमें??

संघमित्रा ने अफसोस जाहिर करते हुए कहा–समस्या इतनी लिनियर और सरल होती तो तुम्हें बुलाने की आवश्यकता ही क्यों पड़ती। माना यहाँ डेढ़ हज़ार साधु-साध्वियाँ और हैं, पर यहाँ मध्य युग का अँधेरा भी पसरा पड़ा है। ये सब धड़ हैं, यहाँ मस्तिष्क सिर्फ़ एक है। वही सूत्रधार और निर्णायक है सबका। यहाँ कोई कृष्ण नहीं जिससे जीवन की विराटता, अर्थवत्ता और रहस्यमयता पर चर्चा की जा सके। यहाँ अनुशासन के नाम पर हर मुमुक्षु के हाथों में धर्म का एक पैकेज पकड़ा दिया जाता है और वही बनता है उसके मोक्ष का 'गेट पास'।

मालविका हँस पड़ी–कोई बात नहीं, तूफान समुद्र में ही आता है। पर तुम मुझे जैन धर्म की कुछ बुनियादी बातें, मेरा मतलब है उसके मूल तत्त्व के बारे में तो बताओ जिससे उनसे पूरे ज्ञान और तर्क के साथ मोर्चा सँभाला जा सके। तुमने तो इन दिनों जैन धर्म, इसकी उत्पत्ति, उद्‌देश्य और विराटता पर काफी अध्ययन किया है।

सोच में पड़ गई संघमित्रा...कहाँ से शुरू करे। धीरे-धीरे कहने लगी वह–'जिन्' शब्द से बने जैन शब्द का मतलब है जिसने अपनी इन्द्रियों पर विजय पा ली, वही जैन। यानी शरीर की न्यूनतम आवश्यकताओं को पूरा करते हुए अधिकतम सात्त्विक एवं आध्यात्मिक विकास। साधना के अन्तिम सोपान में प्रकृति की अधिकाधिक अनुकूलता, विराट से साक्षात्कार एवं अन्तर्मन के समस्त आवेग एवं दुष्ट प्रवृत्तियों का शमन करते हुए त्याग-तपस्या एवं सर्वोच्च अहिंसा द्वारा चित्त को निरन्तर शुद्ध करते हुए पूर्णता की ओर अग्रसर होना ही जैन धर्म का अभीष्ट है। चूँकि परिवार में रहते हुए इस स्तर की साधना सम्भव नहीं, क्योंकि परिवार हर आध्यात्मिक उड़ान की डोर को वापस अपनी ओर खींच लेता है। अनन्त की यात्रा वापस आँगन तक सिमट जाती है। इस कारण परिवार को

इस लोकोत्तर एवं उच्चतम आध्यात्मिक अनुभूति के लिए, 'स्व' को विराट में समाहित कर पाने के लिए सबसे बाधक माना जाता है।

इसी कारण मोटे तौर पर बँटे इन दो घटकों–मूर्ति पूजा और गुरु पूजन में गुरु पूजन घटक में साधु-साध्वियों की एक समृद्ध परम्परा रही है। संघमित्रा ने समझाते हुए बात जारी रखी–और अब सुनो कि साधु किसे कहा जाता है। साधु वही जो पाँच महाव्रतों–अहिंसा, सत्य, अचोरी ब्रह्मचर्य एवं अपरिग्रह का पालन करते हुए आत्म-कल्याण में रत–धर्म, तपस्या, चिन्तन एवं स्वाध्याय के मार्ग पर निकला कोई मुमुक्षु।

और यह माना जाता रहा है कि 2600 वर्ष पूर्व जैन सम्प्रदाय के अन्तिम तीर्थंकर श्री महावीर स्वामी द्वारा इस प्रकार के पाँच महाव्रत और कुछ कल्पसूत्रों एवं आगम शास्त्रों के रूप में जीवन संहिता निर्धारित की गई थी। लेकिन इस तथ्य को हज़ारों की संख्या में हुए सभी धर्मगुरुओं द्वारा भुला दिया गया कि इन आचार संहिताओं की आधारशिला वे कल्पसूत्र और आगम हैं जो महावीर के निर्वाण के भी 943 वर्षों बाद सिर्फ़ स्मृति के आधार पर लिपिबद्ध किए गए थे। अतः इस गतिशील समय और समाज में 2600 वर्ष पूर्व निर्धारित वे साधु आचार संहिताएँ और अपने 'आत्म' तक केन्द्रित उन सारी साधनाओं को सत्य की छलनी से छानने की ज़रूरत है।

महावीर ने जो अमृत-वचन दिए थे वे टनों भूसों के बीच जाने कहाँ बिला गए। क्योंकि अन्तर्जगत की समस्याएँ शाश्वत हो सकती हैं। भीतर की दुष्ट प्रवृत्तियों को शमित करने के सवाल शाश्वत हो सकते हैं, भीतर के शून्य से उपजी जिज्ञासाएँ शाश्वत हो सकती हैं। पर बाहरी आवरण, जैविक समस्याएँ एवं मानवीय नियति एवं अस्तित्व की समस्याओं के वे समाधान जिनके तार गतिशील समाज और व्यवस्था के ताने-बानों से जुड़े हैं...युगों-युगों तक कैसे अपरिवर्तित रह सकते हैं?

× × ×

आज चौथा दिन।

बेचैनी बढ़ती जा रही है संघमित्रा की।

दिन भी रात जैसे काले होते जा रहे हैं।

चार दिन हो गए आज, पर गुरुदेव का सिर्फ़ दूर दर्शन ही हो पा रहा है। जाने कितने आयोजकों से मिली वह...जाने कितने श्रावकों के मार्फत अपना पैगाम पहुँचवाया पर हवा को पकड़ना आसान, इन महामहिम गुरुदेव को पकड़ना महा मुश्किल। उस पर महानगर का चौमासा! बाहर से आए हज़ारों श्रद्धालु। छुटकी और पूर्णिमा देवी सहित इक्कीस दीक्षाएँ। कई उद्घाटन-समारोह। हर दिन किसी-न-किसी वी.आई.पी. का आगमन। कभी स्थानीय नेता, कभी

समाजसेवी, कभी मन्त्री तो कभी राज्यपाल पधार रहे हैं, आशीर्वाद लेने। उनसे निपटे तो उद्योगपतियों, व्यापारियों और पत्रकारों का जमावड़ा। इतनी व्यवस्था, इतने निर्णय, इतने दिशा-निर्देश, इतने मंच, इतने पत्रकार और एक अकेले वे।

लाखों काम। करोड़ों का खर्च। धन-संग्रह अभी भी जारी है। अपनी तरफ से भी हवा भरने में जुटे रहते हैं गुरुदेव। नाक का सवाल। चतुर्मास की भव्यता में कमी मतलब स्टार गुरुदेव की साख में बट्टा।

इसी कारण हर वक्त तनाव में भी रहते हैं गुरुदेव। कैसे इस सभ्य समाज की सबसे ताकतवर और समृद्ध वर्गों की भिन्न-भिन्न क्रीमी लेयर को एकजुट करने के लिए कॉमन प्लेटफॉर्म मुहैया कराया जाए?

परत-दर-परत खुलती जा रही है यह श्वेत दुनिया। पहली परत में ही धर्म और वैभव का चोली-दामन का साथ देखकर चकरा गई वह।

कितना महँगा धर्म? और कितनी बौनी वह? क्या बचा पाएगी वह छुटकी को?

हताशा में माथे पर हाथ धर बैठी थी वह कि तभी मालविका ने एंट्री ली। उसे देख धैर्य का बाँध टूट गया। हताशा आँसुओं में ढल गई–इस सफेद दुनिया की काली शक्तियों से कैसे लड़ पाऊँगी मैं? तुम्हीं बताओ मालविका, इस आशा में ट्यूशन छोड़ी, कॉलेज छोड़ा, साबुन का धन्धा और इम्तिहान की भी चिन्ता छोड़ यहाँ चली आई कि कम-से-कम संघ प्रमुख गुरुदेव से मिलकर शायद इस दीक्षा को रुकवा सकूँ...शायद उन्हें समझा पाऊँ, सुना पाऊँ अपनी व्यथा, पर यहाँ आकर तो महसूस हो रहा है कि जय हो जय हो करने के सिवाय जैसे मेरी कोई औक़ात ही नहीं रह गई है। सोचो, मेरी माँ और बहन दीक्षा ले रही हैं और मेरी इतनी भी औक़ात नहीं कि मैं यह तक पूछ पाऊँ कि किस विधि-विधान ने आपको यह अधिकार दिया? यहाँ आकर तो लग रहा है जैसे गुरुदेव ने ही हम पर भारी कृपा की हो, हमें दीक्षा की स्वीकृति देकर। इस दुनिया में तो गुरुदेव जैसे महाकाय तक सिर्फ़ वे ही हाथ पहुँच सकते हैं, जो धनकुबेर हो या राजनेता। मुझे तो लगता है कि गुरुदेव स्वयं चाहे जितेन्द्रिय हो गए हों पर उनकी इन्द्रियों के सारे सूत्र धनकुबेरों के हाथों में हैं।

मालविका ने सँभाला उसे–बस भी करो। तुम भी किससे क्या आशा करती हो। पहले मैंने भी सोचा था कि गुरुदेव से अपनी दुख व्यथा कहेंगे पर अब हमें अपनी रणनीति बदलनी होगी। पिछले तीन व्याख्यान मैं सुन चुकी हूँ। सोचो, इतना बड़ा नरसंहार हुआ...दिल्ली और सारे भारत में इतने सिक्ख मारे गए...लेकिन गुरुदेव ने अपने व्याख्यान में इसके लिए कोई संवेदना तक व्यक्त नहीं की। हमारे गुरुदेव आम आदमियों के लिए नहीं हैं। चाहते तो क्या नहीं कर सकते हैं वे। ऑपिनियन मेकर्स, किंग मेकर्स, इतना बड़ा पूँजीपति श्रावक समाज

उनका...चाहते तो जो करोड़ों रुपए चतुर्मास पर खर्च हो रहे हैं, उससे जाने कितने सिक्खों का पुनर्वास करवा सकते थे...पर सीधी-सी बात, जिस दिन धर्म को सेवा से जोड़ दिया, इन धर्माचार्यों की नौका डूब जाएगी–स्वर्ग छिन जाएगा इनका...इसलिए इनसे यह उम्मीद करना व्यर्थ है। इस अभागे देश की तासीर ही कुछ ऐसी है...और तो और जब विवेकानन्द ने धर्म को सेवा से जोड़ा तो ख़ुद उनका भी विरोध हुआ था। यह तो माँ शारदा उनके बचाव में आ गई...वरना... ओह मैं भी क्या इतिहास-पुराण लेकर बैठ गई। तो सीधी-सी बात, जब ऊपर तक पहुँच नहीं हो तो निचले स्तर पर ही चेष्टा करनी चाहिए। अभी धर्म का सीजन है, साईबेरियन पक्षी की तरह सारे भारत से साधु-साध्वी चौमासे के उपलक्ष्य पर इकट्ठे हुए हैं। इन्हीं साधु-साध्वियों के ज़रिये हम अपनी बात फैलाएँगे और इस दीक्षा का विरोध करेंगे। देखना बात उड़ते-उड़ते दरबार तक पहुँच ही जाएगी क्योंकि विरोध के पंख बहुत तेज उड़ान भरते हैं।

× × ×

तो शुरुआत हुई अपनी-अपनी क़ब्रों में सोई इस साधु जमात को जगाने की।

उस श्वेत दुनिया को परत-दर-परत छीलने और खुदाई करने की।

उसे ठकठकाने की।

सिलसिला शुरू हुआ साध्वी किरण प्रभा जी से।

एक खाली कमरे में गत्ते के एक चौकोर टुकड़े पर बैठी थीं वे। अपने फटे कपड़े पर रफू करतीं इतनी तृप्त दिख रही थीं वे, मानो इस धरती और जीवन से कोई शिकायत ही न हो उन्हें। साँवली रंगत। कृशकाय और मध्यम क़द।

वन्दना के पश्चात् वे बोलीं–सुना है छुटकी की दीक्षा को लेकर आप दोनों बहुत परेशान हैं।

क्या? परम विस्मय से संघमित्रा ने मालविका की ओर देखा...तो इन्हें तक यह खबर है। मालविका के चेहरे पर वही सन्तोष उभरा जैसे किसी बिगड़ी रसोई को सँभालनेवाली गृहस्थिन के चेहरे पर उभरता है।

किरण प्रभा जी अपने प्रवाह में बोलती रहीं–नाहक ही परेशान हो रहे हैं आप लोग। यहाँ तो आपको ऐसे सैकड़ों उदाहरण मिल जाएँगे। बहुत बच्चों ने दस वर्ष से चौदह वर्ष की उम्र में दीक्षा ली है। स्वयं गुरुदेव ने भी तो दस वर्ष की उम्र में संन्यास वरण किया। आप निश्चित रहें, यहाँ कच्चे संन्यासी को पक्का संन्यासी बनाने की पुरजोर व्यवस्था है। हमारे यहाँ व्यवस्था इतनी सुन्दर और अनुशासन इतना कड़ा है कि आपको चिन्ता करने की कोई ज़रूरत ही नहीं है। आप ख़ुद देखिए...दूसरे समुदायों में इतने विघटन हुए, चेलों-चपाटों ने गुरु की अवज्ञा कर अपना अलग समुदाय बना डाला लेकिन हमारे यहाँ अभी तक कोई विघटन नहीं हुआ है।

संघमित्रा का चेहरा अचानक तमतमा गया। धीमे से बोली–मैंने सुना था आपके यहाँ भी करीब आठ-नौ वर्ष पूर्व एक साधु का संघ प्रमुख से मतभेद हो गया था, तो उसे न केवल संघ से निष्कासित कर दिया गया वरन् आपके ही अहिंसक श्रावकों द्वारा जहरीले पेड़े गोचरी में बहरा दिए गए थे।

सुनते ही पूरी तरह हरी-मिर्च बन गई साध्वी किरण प्रभा–यह सब गन्दगी विरोधी सम्प्रदायों द्वारा हमें बदनाम करने के लिए फैला दी गई है। वे हमारे संगठन के अनुशासन, संख्या और व्यवस्था को देखकर ईर्ष्याग्रस्त हैं। आप ख़ुद देखिए, हमारे संघ प्रमुख गुरुदेव श्रीजीवसिद्धि को स्वयं राष्ट्रपति ने सन्त की उपाधि से नवाज़ा है।

चतुर मालविका ने बात बिगड़ती देख संवाद की धारा को दूसरी ओर मोड़ते हुए दोस्ताना लहजे में पूछा–महाराज, क्या जान सकती हूँ कि आपके अंतःकरण में संन्यास के बीज कब अंकुरित हुए? क्या कोई विशेष घटना?

क्या? उनके चेहरे के भाव एकाएक बदल गए। दार्शनिक किस्म की खामोशी उन पर छा गई। स्मृतियों के ताप से जैसे भीतर का ग्लेशियर पिघला। अतीत की सीढ़ियाँ उतरते हुए उनकी आँखें ज़मीन की ओर स्थिर हुईं। भीतर के सागर में बहुत कुछ एक साथ खदबदाने लगा। कुछ लहरें उठीं...मचली, बिखरी...और फिर टूट गईं...।

अचानक वे सोए हुए बच्चे-सी मासूम और निर्विकार लगने लगीं। बारिश के बाद पत्तों से टपकती बूँदों की तरह टप-टप टपके उनके शब्द–आप क्यों जानना चाहती हैं?

बस यूँ ही, दिमाग में आया, पूछ डाला।

वे हँसी, एक उदास और किफायती हँसी। अतीत में लौटना शायद हमेशा ही उतना सुखद नहीं होता। धीरे-धीरे बहुत सावधानी से खोलना शुरू किया उन्होंने अतीत को जैसे कोई सावधानी से धीरे-धीरे उतारता है घावों पर बँधी पट्टी को। जैसे कोई तुरन्त बुझी राख पर रखता है अपने पाँव कि कहीं दबी चिंगारी पर पाँव न पड़ जाए।

कौन विश्वास करेगा कि ठीक सुहागरात में सुहाग सेज पर मैंने संकल्प लिया संन्यास लेने का। हम उजाले में कम अँधेरे में ज्यादा रहते हैं, ख़ुद मुझे पता नहीं चलता यदि मेरे साथ वह घटना नहीं घटती।

जी, सिर्फ़ हथलेवा-भर का पाप तो ज़रूर चढ़ा पर हाँ, पूरी तरह कुँवारी ही थी। अलवर शहर की बात। जी, साधु-साध्वियों की संगत में बचपन से ही रही, पर दीक्षा ही लूँगी ऐसा भी कहाँ सोचा था। अरे, सोचने से कोई दीक्षा थोड़े ही ले सकता है। यह तो हठात् कुछ घट जाता है, कोई झटका लगता है, डोर टूट जाती है और संन्यास की राह निकल जाती है। नहीं, ऐसा विशेष कुछ घटा भी

नहीं। जैसे हर लड़की बड़ी होती है मैं भी हुई। जी, धार्मिक परिवार था, अतः मन्दिर-देवड़ा और साधु-संगत के साथ-साथ बालपोथी से लेकर पाणिनि की व्याकरण तक पढ़ी। देखते-देखते जवानी ने मेरे द्वार पर भी दस्तक दी। माँ-बाप मेरी शादी के लिए चिन्तित हुए–बेटा खाए रोटी तो बेटी खाए बोटी। उन्हीं परेशान कर देनेवाले चिन्ता-भरे दिनों में पास के ही गाँव से एक रिश्ता आया। सास-श्वसुर देखने आए और मुझे पसन्द कर शगुन देकर बात पक्की कर चले गए। बाद में उनके सुपुत्र पधारे। उन्हें मैं पसन्द नहीं आई। सास-श्वसुर फक्। दोनों बात के धनी। प्राण जाय पर वचन ना जाई–की टेक। उसी परिवार के छोटे लड़के ने आगे बढ़कर माँ-बाप के वचन की रक्षा की और ख़ुद सगाई करवा ली।

दुगुने उत्साह और धूमधाम से पिता ने ब्याह रचाया। मैं मन मैला न करूँ, इसलिए हैसियत से बढ़कर खर्च किया। कुन्दन का सेट और सोने की बिछिया दहेज में दी। पूरे दो दिन बारात की खातिर-तवज्जो की। इस पर भी नहीं भरा मन तो हर बाराती को विदाई में चाँदी का प्याला दिया। पर कौन टाल सकता था होनी को?

सुहागरात। गुड़िया-सी सजी-धजी मैं सेज पर। जैसे ही पति अन्दर घुसे, मैं डरी-सहमी एक ओर सिमट गई। अँगड़ाई लेते हुए पतिदेव ने अपने पुरुषार्थ के दम्भ में ऐंठते हुए मुझसे कहा–डरो मत, मेरे बड़े भाई ने तुम्हें कहीं का नहीं रखा तो क्या, मैंने तो तुम्हारा उद्धार कर दिया ना! इधर उनके मुँह के यह दम्भ भरी उक्ति निकली और इधर मेरे प्राण निकले। लगा जैसे मेरी कोई औक़ात ही नहीं रह गई है, एक ने ठुकराया, दूसरे ने रहम कर अपना लिया। कितनी गई-गुजरी हूँ मैं! बस उसी क्षण मन में विरक्ति भर गई...लगा जब तक संसार में रहूँगी, इसी आग में जलती-भुनती रहूँगी। नहीं, प्रतिशोध की भावना से ऐसा नहीं किया, यह स्वाभाविक विरक्ति थी। मैं बदले में विश्वास करती ही नहीं क्योंकि दूसरे से लिया जानेवाला बदला भी अन्ततः अपनी ही हार होता है।

बस उसी जलते हुए क्षण में सोच लिया, इस चौहद्दी से परे जाना है मुझे। बाद में पति ने बहुतेरी माफी माँगी पर मैंने अपनी देह पर नाखून तक नहीं लगने दिया। बस उसी क्षण गुरुदेव का स्मरण कर उनकी शरण में चली गई।

एक दीर्घ निःश्वास ली उन्होंने और बाहर खिड़की से अन्तरिक्ष की ओर देखने लगीं। अब वे हमारे साथ नहीं थीं। अतीत की बारिश में भीगते वे अपने स्वप्निल संसार के उसी बिन्दु पर वापस लौट आई थीं जहाँ से कभी उन्होंने अपनी आध्यात्मिक यात्रा की शुरुआत की थी।

क़ायदे से उन्हें वन्दना कर उठ जाना चाहिए था। उन्हें अपनी खामोश स्मृतियों के साथ अकेला छोड़ देना था पर ज़िन्दगी और परिस्थितियों से खार खाई संघमित्रा उन पिघलते क्षणों में भी चुप नहीं रह सकी और दमककर फूट पड़ी–

एक पुरुष ने आपके अहं को रौंदा तो आपने संसार छोड़ दिया पर यहाँ भी तो आप धार्मिक बन्धक-सी ही ज़िन्दगी जी रही हैं। यहाँ भी तो आपकी अस्मिता और मुक्ति के फैसले वहीं से आते हैं। यह धार्मिक बाड़ा क्या मध्ययुग के सारे गुलामों जैसा नहीं है? सब भेड़-बकरियाँ...ऊपर एक गड़रिया...सब गोटियाँ ऊपर एक स्ट्राइकर।

साध्वी किरण प्रभा तमतमा गईं। तो चूजे भी इनके सामने चोंच खोलने लगे! यह प्रहार अप्रत्याशित था। कहीं उनके विश्वास की नरम ज़मीन धसक ही न जाए, इस डर से वे उत्तेजित हो उठीं। आवाज़ का लेमिनेशन उतर गया। पंजे निकालती भाषा में कहा उन्होंने–वे पुरुष नहीं, धर्मगुरु हैं। हमारे लिए साक्षात् ब्रह्म हैं।

पुरुष और सूत्रधार की भूमिका में तो वे अब भी हैं, यह कहिए कि यहाँ धर्म है इस कारण सब क्षम्य है। यदि यह पद पुरुषों के लिए सुरक्षित नहीं होता तो अढ़ाई सौ वर्षों के संघ के इस इतिहास में क्या कोई भी स्त्री संघ प्रमुख नहीं बनती? बुरा मत मानिए पर जिस बिन्दु से यात्रा आपने शुरू की थी, वापस उसी बिन्दु पर लौट गई हैं आप।

क्या?

ज़िन्दगी में पहली बार ऐसी दबंगई और धृष्टता से साबक़ा पड़ रहा था किरण प्रभाजी का। उनकी साँस फूलने लगी थी। गर्व से उन्नत अपने भाल को एक झटका दिया उन्होंने और कड़कती आवाज़ में जवाब दिया–यह तो परम्परा से ही ऐसा चलता आया है। अब जैसे पुरुष माँ नहीं बन सकता वैसे ही संघ प्रमुख स्त्री नहीं बन सकती।

मालविका ने संघमित्रा को चुप रहने का इशारा किया...पर अपने गुबार को रोके बिना नहीं रह सकी वह। दबंग हो बोल उठी–यह तो प्राकृतिक विधान है। पर आपके यहाँ जो विधान है, वह प्रकृति ने नहीं धर्माचार्यों ने बनाए हैं। पर आप नहीं समझेंगी इसे...वह उन्नत किस्म की स्त्री-स्वातंत्र्य चेतना ही नहीं है आपमें।

बात को बिगड़ती देख मालविका ने जबरन बाहर घसीटा संघमित्रा को–सँभालो स्वयं को। माना तुम आहत हो, पर इस कदर बिनब्याही माँ की तरह आपा खोने से क्या हासिल होनेवाला है तुम्हें? इन साध्वियों से भिड़ने से क्या हाथ लगनेवाला है? ये तो ख़ुद ही उसी व्यवस्था का पुर्जा हैं। भिड़ना ही है तो उनसे भिड़ो जिनके हाथों में सबकी नकेल है। और सच पूछा जाए तो वे स्वयं भी तो इसी प्रकार शिकार होते हुए अब शिकारी की भूमिका में उतरे हैं। दोष व्यक्ति का उतना नहीं जितना व्यवस्था का है।

संघमित्रा फिर झल्ला पड़ी–तो क्या करूँ मैं? देखते-देखते छुटकी बेलमुंडी हो

जाएगी...मेरी नज़रों के सामने से जोगन की तरह नंगे पैर निकल जाएगी और तुम कहती हो मैं हाथ पर हाथ धरे बैठी रहूँ।

× × ×

एक बार एक विमान में हठात् कोई तकनीकी खराबी पैदा हो गई। विमान गिर पड़ने को हुआ तो पायलट ने घोषणा की कि विमान में हम चार यात्री हैं और तीन पैराशूट है। यानी हममें से किसी एक को मरना ही होगा। पर मेरा बचना बहुत ज़रूरी है क्योंकि मुझ पर देश ने इतना खर्च जो किया है। इतना कहकर वह पैराशूट लेकर कूद पड़ा। उसी विमान में एक नेता भी था। उसने घबराते हुए कहा–देखिए, देश मेरे सहारे चल रहा है, यदि मैं ही नहीं रहा तो कैसे चलेगा मेरा देश, मेरा बचना बहुत ज़रूरी है और वह भी पैराशूट लेकर कूद गया अब बचे हुए दो में एक शिक्षक और एक शिष्य था। शिक्षक ने शिष्य से कहा–तुम कूद जाओ, क्योंकि तुम देश के भविष्य हो, तुम्हारा बचा रहना बहुत ज़रूरी है, मेरा क्या है...। शिष्य ने कहा–पर सर, हम दोनों ही बच सकते हैं। शिक्षक ने कहा–यह कैसे सम्भव है? एक पैराशूट में हम दो कैसे अटेंगे?

शिष्य ने जवाब दिया, 'सर, घबराहट और हड़बड़ी में वह नेता बजाय पैराशूट के मेरे स्कूल का बैग लेकर ही कूद पड़ा।'

कहानी सुनाकर मालविका ने संघमित्रा से कहा–तो मैडम खार खाया और दिल जला दिमाग सही दिशा में चलता नहीं, बस ऐसी ही कूद-फाँद मचाता है इसलिए सबसे सबसे ज़रूरी है कि तुम अपने दिमाग को शान्त रखो...अन्यथ तुममें और उस नेता में कोई अन्तर ही नहीं रह जाएगा।

संघमित्रा ने प्रशंसा की नज़रों से देखा मालविका की ओर। अपनी इस भरोसेमन्द सखि पर सदैव ही नाज रहा था उसे।

–मैडम, इसीलिए तो बुलाया है तुम्हें कि मेरा मानसिक तापमान तुम्हारे नियन्त्रण में रहे।

× × ×

सूर्य की पहली किरण के साथ ही मालविका ब्रेबोर्न रोड स्थित उस लालकोठी में पहुँच जाती थी जहाँ पूर्णिमा देवी और छुटकी सहित कई दीक्षार्थियों को ठहराया गया था। सत्यनारायण पार्क, कलाकार स्ट्रीट, तुला पट्टी और ब्रेबोर्न रोड के कुछ कोनों-अन्तरों से लेकर स्ट्रांड रोड तक का पूरा इलाका धार्मिक इलाका था। पर्युषण की व्यवस्था, चौमासे के बाद दीक्षा की व्यवस्था, साधु-साध्वियों के डेरे, बाहर से आए हज़ारों यात्रियों की व्यवस्था...सब कुछ इन्हीं इलाकों में था। यहाँ कई भव्य इमारतें थीं जो इसी नेक काम के लिए समाज द्वारा समर्पित थीं। कई प्रबन्ध समितियाँ चतुर्मास को ध्यान में रखकर बना दी गई थीं, जो मंच की तैयारी, बिजली की व्यवस्था, बाहर से आए यात्रियों को ठहराने और खाने-पीने

की व्यवस्था, टिकट व्यवस्था से लेकर टी.वी. की नेटवर्किंग तक में लगी थी।

हर दोपहर, हर शाम मालविका और संघमित्रा अपने डेरे से संघ प्रमुख के डेरे तक जातीं और निराश लौट आतीं। स्टार महाराज कभी वी.आई.पी. श्रावकों से घिरे रहते तो कभी प्रबन्धकों से, कभी प्रेसवालों से, कभी कार्यकर्ताओं से तो कभी नेताओं से।

जाने कितने चिट और प्रार्थना-पत्र संघमित्रा पहुँचा चुकी थी गुरुदेव तक। अब उसका धैर्य जवाब देने लगा था–व्यर्थ ही आई कलकत्ता। भगवान चाहे मिल जाएँ, पर इन स्टार महाराज से तो एकान्त में मिलने का समय पाना महामुश्किल!

मालविका ने हँसकर ठीक किया उसे...मैडम, ऐसे नहीं कहते। यहाँ महाराज मिलते नहीं, सेवा-लाभ देते हैं। बड़े पुण्यों से मिलता है यह सेवा-लाभ का पुण्य जो सीधा श्रावक के पुण्य खाते में जमा होता है। इस दुनिया में यदि घुसपैठ करनी है तो यहाँ की बोली-ठाली भी सीखनी होगी।

–तो फिर मैं क्या करूँ?

–अरे हम छोटे लोगों के लिए छोटे महाराज तो हैं न, चलो वहीं लेते हैं सेवा-लाभ। मुस्कराकर जवाब दिया मालविका ने।

× × ×

जिस समय वे पहुँचीं युवा साधु सुनील मुनि के कक्ष में, वे स्वाध्याय में तल्लीन थे। सामने ठावणी ('एक्स' आकार का लकड़ी का स्टैंड) पर पुस्तक खुली थी। आज्ञा लेकर दोनों भीतर घुस गईं।

छुटकी से सुना था संघमित्रा ने कि दो वर्ष पूर्व ही दीक्षा हुई थी उनकी। दिल्ली के हैं। माँ-बाप के इकलौते लड़के। लम्बा-चौड़ा व्यापार, पर कुछ भी बाँध नहीं सका उन्हें। ऐसे सुरक्षित और सुन्दर जीवन में भी संन्यास ने सेंध लगा ली।

सोच-सोचकर भी सोच नहीं पाती संघमित्रा कि वह क्या आकर्षण है संन्यास में कि भरी गगरी-सा छलकता जीवन भी हार जाता है और संन्यास जीत जाता है। यद्यपि घूम-घूमकर जितने भी संन्यासियों को देखा था उसने, उनमें से अधिकांश का संन्यास रोटी का संन्यास था। कुछ संन्यास डर का था, जीवन से डरकर लिया हुआ संन्यास। कुछ-कुछ वैसा ही जैसा प्रसव वेदना के डर से गर्भधारण ही न किया जाए और जीवन को ही बाँझ बना दिया जाए।

ऐसी ही कुछ हुआ था सुनील मुनि के भी साथ। एक तेज लहर आई और सब कुछ बहा ले गई, सारा तामझाम...बचा रह गया सिर्फ़ निरर्थकता का बोध...व्यर्थता का अहसास। एक विदग्ध घाव खाया मन और 'भाग, भाग' की आर्त पुकार!

वन्दना कर मालविका ने पूछा–महाराज, आप अपनी वर्तमान स्थिति तक कैसे पहुँचे? किसने प्रेरित किया आपको इस जीवन को वरण करने के लिए?

क्या कहें सुनील मुनि। चेहरे पर लिपटा गहन उदासी का महीन जाल और गहरा गया। अतीत के चमन से पाखी एक-एक कर उड़ने लगे। कहीं कोई कबूतरी...कहीं कोई हँसिनी...कहीं बुलबुल तो कहीं चुलबुल। कहाँ रंग और नूर की वह दुनिया और कहाँ यह उदासी भरा छाई रंग जीवन!

एक दीर्घ निःश्वास ली उन्होंने। चेहरे पर अतृप्ति के भाव साफ झलके। टूटे-टूटे स्वरों में निकली जीवन के टूट की वह कहानी–क्या बताऊँ, बहुत रहस्यमय है यह जीवन! कब कौन-सी घटना जीवन की दिशा पलट आपको भिक्षुक बना दे...कहना मुश्किल है। पिता व्यापारी थे पर सुखी-सन्तुष्ट जीव थे। उनके अपने जीवन मूल्य थे। कभी चोरी का माल नहीं खरीदते थे। चमड़े और शराब की कम्पनियों के शेयर तक नहीं खरीदते थे कि यह पैसा अनैतिक है। बड़े से बड़े रिश्तेदार के यहाँ तक भोजन नहीं करते यदि उनके यहाँ बेईमान और भ्रष्ट पैसा आता हो। साफ-साफ कह देते वे–जैसा खाए अन्न वैसा बने मन। मुझे खीझ होती, हाथ आई लक्ष्मी को जाते देख। इसलिए मैं बी.कॉम. के साथ-साथ ही दुकान पर बैठने लगा। धीरे-धीरे मैंने व्यापार में खूब बरकत की और पिता से अलग अपनी दुकान और अपना शोरूम खोला। लाखों की हेरा-फेरी की। लोहे की स्ट्रिप पर ब्रास और अल्युमिनियम की पॉलिश कर उन्हें खूब बेचा। चोरी के बर्तनों को लेता और उन्हें हाथोंहाथ गलवा देता जिससे सारे सबूत हाथोंहाथ मिट जाए। मिलिट्री तक पहुँच गया था। घटिया माल सप्लाई करता, बढ़िया दाम लेता। मुझे पैसों के पीछे इस प्रकार पागल होते देख पिता चेताते–तू पैसों को नहीं, पैसा तुझे खा रहा है। दैव-सा रूप, यौवन, दौलत और शोहरत...सब कुछ मेरे पास। आसपास सब कुछ महकता हुआ। प्रशंसा और सफलता की बौछारों में भीगता मैं सोचता, कुछ भी अप्राप्य नहीं है मेरे लिए...बस हाथ भर बढ़ाने की देर है। सफलता का नशा विवेक को दबोच लेता है। एक से बढ़कर एक रिश्ते आते मेरे लिए पर बादलों पर उड़नेवालों को ज़मीन पर चलनेवाला हर शख्स बौना ही नज़र आता है। हर रिश्ता बौना नज़र आता मुझे। मूर्च्छित नैतिक चेतना और सफलता का नशा जो न कराए सो थोड़ा। हर लड़की तितली-सी लगती। सहज ही घुल-मिल जाता मैं उससे। गुलछर्रे उड़ाता और जब 'ऊपर के कोर्ट' से रिश्ते पर मुहर लगाने की बात उठती तो मैं कन्नी काट जाता। इस उस बहाने से मना कर देता। इसी प्रकार एक के बाद एक तैंतीस लड़कियों के साथ गुलछर्रे उड़ाता मैं यौवन के उन्मुक्त आकाश में उड़ता रहा।

उन्हीं में से एक लड़की जो दूब की तरह शान्त और अग्नि की तरह तेज थी, उसने मुझे शाप दिया–तुमने इतनी लड़कियों को अपमानित किया है, देखना तुम कभी भी स्त्री-संसर्ग का आनन्द नहीं ले पाओगे। शायद उसी का अभिशाप फलीभूत हुआ–दूसरी सुबह उठा तो बाएँ गाल पर सफेद दाग-सा नज़र आया।

सामान्य दाग समझकर मैंने साबुन से मुँह धोया–बार-बार मुँह धोया पर वह ढीठ दाग मुझे मुँह चिढ़ाता रहा।

दूसरे दिन डॉक्टर को दिखाया तो उसने कहा–यह साधारण दाग नहीं है। मेरा सर्वांग काँप उठा–क्या कोढ़? सदैव आकर्षण और चकाचौंध के बीच रहनेवाला मैं इस दाग को झेल नहीं पाया जो मुझे मेरी हैसियत बता रहा था। लगा जैसे किसी बहुमंजिली इमारत से सीधा सड़क पर फेंक दिया गया हूँ। मैं बुरी तरह घबरा गया। ज़िन्दगी से डर गया। कल्पना में देखने लगा–आधा गोरा, आधा काला चितकबरा चेहरा। इस चेहरे के साथ कैसे रह सकूँगा मैं, वैभव और विलासिता की इस मांसल दुनिया में? ओफ, जिस कुरूपता से इतनी घृणा करता था, उसी में नहा गया था मैं। हर पल मैं आत्महत्या की सोचता। हर वक्त मेरा ध्यान, मेरा हाथ गाल पर ही। मुझे लगता, यह दाग जैसे मिनट-मिनट अदृश्य ढंग से बढ़ रहा है। पागल की तरह मैं दाग को मापने की कोशिश करता। हर आधे-आधे घंटे में बाथरूम जाता और दाग का निरीक्षण करता। न दिन कटता न रात। शाम होते ही जब राजमहल-सा मेरा घर बत्तियों की रोशनी से जगमगा उठता, मेरी आत्मा में काली रात का अँधेरा पसर जाता। हर वक्त मेहमानों से गुलजार रहनेवाले हमारे घर में कभी कोई मेहमान, कभी कोई बच्चा अकस्मात् पूछ ही बैठता–अरे, यह दाग कैसा? ऐसे विचलित क्षणों में मुझे लगता मेरा सारा वजूद सिमटकर बस एक दाग भर रह गया है। उधर रात के साथ जगमगाहट बढ़ती जाती, इधर मेरे भीतर की तोड़-फोड़। टूटन। पहली बार लगा, जीवन में कुछ भी हमारे हाथ में नहीं है...जो जीवन सप्ताह भर पूर्व मेरी मुट्ठी में था...वही अब मुट्ठी से फिसलकर ज़मीन की धूल पर कण-कण बिखर गया था। ओफ! कितना मुश्किल था मुझे अपने को स्वीकार कर पाना। मेरा मन करता सब कुछ जला दूँ...मेरे अत्याधुनिक कपड़ों से भरी आलमारी, ड्रेसिंग टेबुल। मेरा मन करता धरती के सारे दर्पण तोड़ डालूँ...ओफ्...यह कितना अच्छा था कि आदमी अपना चेहरा नहीं देख पाता था।

मैंने बाहर निकलना भी बन्द कर दिया था क्योंकि मुझमें अब किसी को खींचने और रिझाने की कूवत नहीं रह गई थी। यह अहसास जानलेवा था कि अब मेरी ज़िन्दगी में कोई रमणी नहीं आनेवाली थी, यदि कोई आ भी जाएगी तो मुझ पर तरस खाकर या अपनी परिस्थितियों से समझौता कर...पर किसी का दिलबर, किसी का प्रियतम बनने की कूवत मैं खो चुका था।

मैं मर सकता था पर स्वयं को किसी से कमतर स्वीकार नहीं कर सकता था। मैं विशिष्टता का आदी हो चुका था, इस कारण अपनी बेरोशन और बेरंग ज़िन्दगी को लिए घंटों अकेला बैठा रहता। उन उदास पलों में मुझे वे सारे कर्मचारी एक-एक कर मुँह चिढ़ाते जिन्हें उनकी शारीरिक बनावट के चलते मैंने कालू सिंह, नाटू, मैंगा, ऊँट जैसे अजीब-अजीब नाम दे रखे थे।

उन्हीं दिनों कलकत्ते में उदित महाराज पधारे। मैंने उनसे कहा—महाराज मेरा मन उद्भ्रांत और चित्त विस्थापित है। मैं अशान्त हूँ। ज़िन्दगी ने एकाएक इतना बड़ा धोखा दिया है कि मैं अब जीना नहीं चाहता। मेरी ज़िन्दगी का सूरज पूरी तरह ही डूब चुका है। अब बस अँधेरा...।

उन्होंने कहा—अपने अनुभवों का आध्यात्मिक उपयोग करो और दीक्षा ले लो।

मैंने छूटते ही विरोध किया—महाराज मुझे ईश्वर नहीं, शान्ति चाहिए। इन सफेद दागों ने (तब तक एक दाग मेरे कान के नीचे गर्दन पर भी उग आया था) मेरा जीना हराम कर दिया है। स्वप्न में भी मेरा पीछा नहीं छोड़ते ये दाग। जो कभी मेरे नूरानी चेहरे को देख आहें भरते थे, रश्क करते थे मुझसे। उनकी आँखों में अपने लिए तरस खाने का भाव सहन नहीं कर सकता मैं, मुझे आत्महत्या अब प्रेमिका की तरह लुभाती है।

उन्होंने कहा—तुम दुखी इस वजह से हो कि तुम ऊँची लौ में जलने के आदी थे पर अब एकाएक केन्द्र से परिधि पर आ गए हो। दीक्षा लेकर साधु बन जाओ तो तुम्हारे दीये में नई बाती लग जाएगी और तुम्हें फिर से केन्द्र मिल जाएगा। तुम्हारा चित्त भी शान्त हो जाएगा क्योंकि यह समाज एक चितकबरे युवक को चाहे इज्जत नहीं बख्शे पर साधु के लबादे में उसका चितकबरापन भी ढक जाता है।

बस मैं उस पार से इस पार चला आया।

बोलते-बोलते हँस दिए वे, एक दबी-दबी और उदास हँसी। और उसके बाद कुछ क्षणों तक खामोशी सबके बीच पसरी रही। अपने-अपने जीवन से उपजी एक दार्शनिक किस्म की खामोशी। तीन जीव, तीन द्वीप की तरह अपने-अपने वृत्त में तैर रहे थे कि तभी संघमित्रा ने मिसाइल-सी छोड़ी—तो महाराज, धर्म आपके लिए जिल्लत से इज्जत की दुनिया तक पहुँचने का चोर दरवाज़ा ही निकला। बुरा मत मानिएगा गुरुदेव, पर हमारे गाँव के एक घर में एक हिजड़ा जन्मा—मुन्ना हिजड़ा। कुछ सालों तक वह परिवार में रहा, पर अपमान और जिल्लत से घबराकर वह वृन्दावन चला गया। वहाँ जाकर उसने राधा की सखि का धार्मिक चोला ओढ़कर स्वयं को सखि सम्प्रदाय से जोड़ लिया। आज वह मन्दिर में नाचती है, गाती है...आसपास के गाँव की औरतें उसे श्रद्धा से नमस्कार करती हैं। धर्म उसके लिए भी सेफ्टी वॉल्व बना।

हतप्रभ मालविका। हतप्रभ सुनील मुनि। चेहरे पर राख पुत गई। सीना दरक गया, साँस न आए न जाए। कहाँ तो श्रावक समाज चरण रज लेते-लेते नहीं थकता...और कहाँ यह पथराव। मन को समझाने लगे, सब धान एक समान नहीं होते। बात को घुमाने की फिर असफल चेष्टा की मालविका ने—महाराज, हमारा

मतलब है कि जब आपको यह आत्मबोध हो ही चुका था कि असली सौन्दर्य आत्मा का ही सौन्दर्य है, तब भी आपने सौन्दर्य की कसौटी बदलने की चेष्टा क्यों नहीं की??

बुझी चिलम से बैठे रहे सुनील मुनि। कुछ पल सरके, विचारों का रेला फिर आया तो अन्तरिक्ष की ओर ताकते-ताकते लटपटाते शब्दों में कहा–इसीलिए तो उस दुनिया को छोड़ इस दुनिया में चला आया। वहाँ तो मैं सिर्फ़ देह था, यहाँ आत्मा हूँ। विचार हूँ।

संघमित्रा ने फिर वार किया–यहाँ भी आप देह ही हैं मुनिवर! फर्क महज इतना ही है कि वहाँ देह के प्रति आपमें आसक्ति थी, यहाँ विरक्ति है। वहाँ आप देह को सजाते-सँवारते थे, यहाँ देह को विरूपित करते हैं। वह इच्छाओं के पीछे भागने की दुनिया थी तो यह इच्छाओं को मारने की दुनिया है। एक अति से दूसरी अति। दोनों ही अस्वाभाविक स्थिति। आपके इस महान त्याग और बलिदान की सार्थकता तो तब थी जब यह लोकहित से जुड़ पाता। जब आप सत्य और सौन्दर्य की हत्या के विरुद्ध अपनी लड़ाई लड़ते।

झुके सिरों के अभिवादन के अभ्यस्त सुनील मुनि तैश में आ गए। आवाज़ में गुस्से का प्रतिशत बढ़ गया। पलटवार करते हुए कहा–ऐसा है तो फिर क्यों आप अपनी माँ और बहन को इस दुनिया में भेज रही हैं?

मालविका ने पंचम स्वर में जवाब दिया–गुरुवर, हम पूरी ताकत और ऊर्जा से, पूरे अन्तःकरण से इन दोनों की दीक्षा का विरोध करते हैं। यदि सम्भव हो तो हमारे इस विरोध को आप अपने गुरुदेव तक पहुँचा दीजिएगा।

अपने चेहरे के भावों को भरसक दबाते हुए मालविका की ओर मुख़ातिब हुए सुनील मुनि और पूछा–आपका सम्यक् परिचय? ये तो राशि बिनायिका की बहन हैं पर आप?

चिढ़कर बोली मालविका–मैं नहानेवाले धर्म की हूँ, जैसे आप नहीं नहाने वाले धर्म के हैं। यही है मेरा परिचय।

तिलमिलाए सुशील मुनि उत्तेजना में उठ खड़े हुए। हाथों में चरवले (एक प्रकार की ऊनी झाड़ू...जिसे बैठने और चलने के पूर्व ज़मीन पर घुमा देते हैं जिससे जीव हत्या न हो) को ज़मीन पर घुमाते हुए आगे बढ़ते-बढते फिर रुक गए। इतनी कड़ी बात को न निगल पा रहे थे न उगल पा रहे थे वे। अविश्वास से ताकते रहे। चेहरे पर उड़ रहा था–रेत का बवंडर।

बाहर निकलकर मालविका ने कहा, 'हमने इनके शान्त ठहरे पोखर में कंकड़ फेंक दिया...देखना अब वे कभी शान्त नहीं रह पाएँगे।'

× × ×

सामूहिक दीक्षा लेनेवाला एक और परिवार था जिसमें माँ-बाप अपनी एक दस वर्षीया पुत्री के साथ दीक्षा ले रहे थे। हैरान मालविका...यहाँ तो नाबालिग दीक्षाओं की बहार है।

लड़की की माँ ने जवाब दिया–गुरुदेव भी क्या करते, उन्हें आज्ञा देनी ही पड़ी। गुरुदेव ने कहा कि साधारण परिस्थितियों में मैं ऐसी दीक्षा की आज्ञा तुरन्त नहीं देता...पर प्रश्न है कि जब माँ-बाप दोनों ही दीक्षा मार्ग पर निकल पड़े हों तो फिर पुत्री को किसके पास छोड़ा जाए।

तो क्या पुत्री के युवा होने तक माँ-बाप की दीक्षा नहीं रोकी जानी चाहिए?

नहीं, गुरुदेव का विश्वास है कि एक के लिए दो दीक्षाओं को रोकने की बजाय ज्यादा धर्मसंगत है कि तीन दीक्षाओं का पुण्य किया जाए...और बच्ची को शुरू से ही यहाँ के सात्विक वातावरण में रखा जाए जिससे उसमें स्वाभाविक रूप से ही वैराग्य जाग जाए।

संघमित्रा के होंठ वक्र हो गए–क्या सोच! छुटकी के लिए भी कोई ऐसा ही जवाब थमा दिया जाएगा उसे।

मालविका ने इनकार में सिर हिलाया–नहीं, ऐसा नहीं कर सकते वे। उस लड़की को ज़िम्मेदारी लेनेवाला कोई नहीं था, पर छुटकी की ज़िम्मेदारी तो हम लेने को तैयार बैठे हैं। हाँ, मुझे ऐसा ज़रूर लग रहा है कि यह सारी धार्मिक सत्ता कितनी अनानवीय हो उठी है...कि निषिद्धों के इंजेक्शन दे-देकर युवतियों के उल्लास-उमंग और यौवन सुलभ स्वप्नों की ही भ्रूण हत्या की जा रही है। कहीं परिवार में रहते हुए जीवन न जाग जाए इस कारण अंकुरों को ही मसल देना...सम्भावना को ही शेष कर देना और नाम दे देना वैराग्य का। जैसा कि गाँव में किसान बछड़ों के युवा होते ही उनके अंडकोष को काट देते हैं जिससे उनकी सम्भोग की सामर्थ्य और इच्छा ही नष्ट हो जाए...मर जाए उसका काम–फिर जोता जा सके उसे खेतों में।

क्या हम उन पर मुकदमा नहीं ठोक सकते–आवेग में कहा संघमित्रा ने।

मेरी जान, इस देश में ढोर-मवेशियों तक के लिए कानून है पर धर्म और दीक्षा के विरोध में ऐसा कोई भी कानून नहीं है। क्योंकि मामला धर्म से जुड़ा है, और धर्म से टकराने में इस देश के हाड़ काँप जाते हैं।

× × ×

अगली मुलाकात हुई साध्वी श्री अपूर्वा से। किस्से-कहानियों की दुनिया में सबके अपने-अपने सत्य।

अपने-अपने आर्केमिडिज।

उनकी भी अपनी एक अलग ही कहानी।

संघमित्रा पहले भी कई बार मिल चुकी थी उनसे, इस कारण अकेले जाने से कतरा रही थी वह। मालविका को उस दिन घर लौटने की हड़बड़ी थी, उसकी

माँ को ज्वर था। पर संघमित्रा का आग्रह–जाने क्यों इन साध्वी जी से अकेले मिलने में मुझे घबराहट होती है। जब भी मिलती हूँ, बड़े अटपटे ढंग से लिपटा लेती हैं मुझे।

अटपटे...क्या मतलब?

बोलने में सकुचा रही थी संघमित्रा?

शायद यह मेरा भ्रम ही हो, पर जाने क्यों लगता है, ये विचित्र ढंग से लिपटती जाती हैं। कभी चिंबुक पर हाथ मारती हैं तो कभी कमर पर। बात-बात पर गाल सहलाना...मुझे बहुत अजीब और अरुचिकर लगता है।

मालविका ने कहा–तब तो हमें सचमुच ही जाकर सत्य की तह तक पहुँचना होगा।

जिस समय वे पहुँची चाँदनी में नहाए ताजमहल-सी देहवाली साध्वी अपूर्वा जी अपने कपड़ों का 'पलोवन' (अपने कपड़ों का निरीक्षण...कि कहाँ उसमें कोई कीट-पतंग तो नहीं चल रहे हैं) कर रही थीं। उन्हे देखते ही उन्होंने अपने कपड़े को कोने पर रखे काँवड़ी (कम्बल) के ऊपर रखा और उन्हे बाँहों में भरना चाहा।

सतर्क संघमित्रा पहले ही वन्दना कर नीचे बैठ गई थी।

आसन पर बैठते हुए अपूर्वा जी ने पूछा–हो गई दीक्षा की सब तैयारियाँ?

संघमित्रा कहने जा रही थी, कैसी दीक्षा?–हम इसका विरोध करते हैं कि तभी मालविका ने बातों का सूत्र अपने हाथों में लेते हुए जवाब दिया–महाराज सा, यह काम हमारे चाचा देख रहे हैं। हम तो आपसे मिलने, आपके जीवन के बारे में जानने आए हैं।

मुस्करा दी अपूर्वा जी–साधु का जीवन तो सार्वजनिक है। खुली किताब है। जो चाहे बाँच ले।

मालविका ने मनुहार करते हुए कहा–नहीं महाराज, हम तो आपके भीतर की उन हलचलों तक पहुँचना चाहते हैं जिन्होंने आपको सारे प्रलोभनों से ऊपर उठाकर मोक्ष-कामना की इस राह से जोड़ा।

पैंतालीस वर्षीया अपूर्वा जी गमगीन हुई। बूढ़े होते अतीत के रेगिस्तान से कुछ लपटे उठीं और उन्हें झुलसा गईं, कुछ फुहारें छूटी और उनके चेहरे की कोमलता और खूबसूरती में चार चाँद लगा गईं। कभी इस कभी उस बिन्दु पर गिरती-पड़ती वे उस बिन्दु पर ठिठकी जहाँ कभी ज़िन्दगी ने सहलाया था उन्हें। हवाओं ने प्यार के हल्के-हल्के थपेड़े दिए थे। खुलकर एक अँगड़ाई ली थी तब उन्होंने। और फिर एक सत्य पर दूसरे सत्य को आरोपित करने का उनका सिलसिला...फिर अन्तिम निर्णय...।

चश्मे से झाँकती उनकी झील-सी गहरी आँखें मालविका से टकराईं। वे फिर असमंजस में–कहूँ न कहूँ। धीमे से निःशब्द शब्द गिरे, जैसे पत्ती से ओस की बूँद

लुढ़की हो–क्यों जानना चाहती हो, वह जिसे मैंने कब का दफना दिया, स्मृति के कबाड़खाने में। और फिर जबकि ख़ुद आपके घर में एक भी नहीं दो-दो दीक्षाएँ एक साथ हो रही हों।

धीमे से फुसलाती आवाज़ में जवाब दिया मालविका ने–इसीलिए महाराज सा, यह देखने को कि हमारा सत्य कितना मेल खाता है आपके सत्य से।

कुछ देर आँखें मूँदी उन्होंने, जैसे कुछ देर के लिए वहीं बैठे-बैठे दूर निकल गई हों।

चेहरे पर फिर अतीत की चाँदनी छिटकी। दूर छिटका बचपन फिर आँखों में डबडबाया। स्कूल। सात भाई, चम्पा, जागो रे जागो...। पर भाई नहीं जागे और वह प्रेम की कुलाँचे भरती गई, बिना जाने कि वह प्रेम था। था भी या नहीं।

बोलते-बोलते वे फिर सट गईं मालविका से।

जीवन के धुँधले पड़े चित्रों में रंग भरने की उनकी कश्मकश। और इसी कश्मकश में वे प्रौढ़ महिला से एकाएक किशोरी बन गई थीं जैसे जादू की छड़ी घुमा दी हो किसी ने। अपने फूले-फूले गालों पर हथेली रख वे पुरानी ज़िन्दगी के पन्ने उलटाने लगीं।

मैं जिस समय तेरह वर्ष की थी, माँ गुजर गई थी मेरी। भाइयों ने इतना प्यार दिया कि माँ की कमी कभी खली नहीं। मेरे बाल इतने लम्बे, घने और काले थे कि लोग कहते मैं 'ब्राह्मी आँवला तेल' की साक्षात् मॉडल हूँ। आसपास की औरतें मेरे बालों को देखने आतीं। मैं इतनी खूबसूरत थी कि हर कोई मुझे प्यार देता, पास बैठाता। सिनेमा देखना, घूमना, सजना-सँवरना मुझे बहुत भाता। छोटी उम्र में ही साड़ी पहन मैं काँच के सामने खड़ी हो जाती और कभी वैजयन्तीमाला की नक़ल उतारती तो कभी वहीदा रहमान की।

उन्हीं दिनों हमारे पड़ोस में एक नया परिवार आया। जी मैं अहमदाबाद में रहती थी। उसी परिवार में एक लड़का था सदुर्शन। इतना खूबसूरत था वह कि उसके आगे अँधेरा रोशन हो जाए। बुझे दीये जल उठे। अरे वह हँसता तो जेठ भी सावन हो जाता। मैं जब भी जाती उसके यहाँ, मेरी दोनों चोटी पकड़ बच्चो की तरह मुझे प्यार करता, चिढ़ाता। वह सचमुच मुझे बच्ची ही समझता था, पर मैं उसमें पुरुष खोजती थी।

मेरे चुटीले रंगों को देख वह अक्सर मजाक करता–एक साथ इतने रंग, अरे अभी ही सारे रंगों को पहन डालोगी तो बाद में क्या पहनोगी? चूना रंग।

वे फिर आत्मलीन हो गईं। संघमित्रा के हाथों को अपनी हथेलियों में दबाकर कहने लगी–देखो, कितना सच कहा था उसने।

कई बार मजाक में वह मेरी हथेलियों की रेखाओं को पढ़ने लगता। मैं पूछती– मैं क्या बनूँगी?

वह कहता–सोनिया (मेरे संसार पक्ष का नाम) तुम सब कुछ बनोगी।

वे फिर उदासी भरी हँसी हँस दी–देख लो, एक तरह से उसकी यह बात भी सच ही निकली। जो साध्वी बन गई, वह जानो सब रिश्तों से ऊपर सब कुछ बन गई।

एक शाम आते-आते उसने मेरा रास्ता रोक दिया...उस दिन शायद पहली बार उसने भी मुझमें एक स्त्री की छाया देखी थी, वह मुझे...और कहते-कहते वे फिर रुक गईं, जैसे चलती गाड़ी को एकाएक ब्रेक लग गई हो। वे सजग हो उठी। देखिए कुछ बातें साधु मर्यादा के विरुद्ध होती हैं।

उनको हल्का करने के लिए कहा मालविका ने–महाराज, आप तो सिर्फ़ वही बता रही हैं जो घटित हो चुका है।

वे सचमुच हल्की हुईं।

सोच की एक छोटी-सी धूप-छाँव उनके चेहरे पर लहराई–बोलूँ न बोलूँ की ड्योढ़ी से सरकते हुए फिर एक मरियल-सी सफाई दी उन्होंने–देखिए, जब हम दीक्षा का वरण करते हैं तो अपने पुराने जीवन, सम्बन्ध, पहचान, स्मृतियाँ सबको दफ़ना देते हैं। अपना नाम तक हम बदल देते हैं, जिससे सांसारिक पक्ष की कोई स्मृति हमसे जुड़कर हमें आसक्ति के घेरे में नहीं खींचे।

पर अपने अतीत के बिन्दु तक पहुँचकर उससे ऊपर उठना भी उनके लिए नामुमकिन-सा था। वे सचमुच उस बिन्दु तक डूब जाना चाहती थी जहाँ अतीत और वर्तमान, स्मृति और यथार्थ की सारी विभाजन रेखाएँ धुल-पुछ जाए। इस कारण वे फिर स्मृतियों के प्रवाह में बहने लगीं–बस वही शाम हमारी मुलाकात की आखिरी शाम थी।

दूसरी सुबह कॉलेज जाते वक्त दुर्घटना में उनका हीरो होंडा ट्रक के नीचे आ गया था। हीरो चला गया था...बचा रह गया था सिर्फ़ टूटा पिचका होंडा।

मैं जब उसके यहाँ पहुँची, उसकी चिता सज चुकी थी। जिद कर मैंने चादर हटाकर उसका मुँह देखा तो मेरा सर्वांग सिहर उठा...मैं काँप उठी। ऐसा सुदर्शन चेहरा और कैसी खाक पड़ी। आँख-नाक-होंठ सब चिथड़ा हो गए थे। लाल-काले मांस का लोथड़ा भरा चेहरा। वह क्षण ही महाचेतना, महावैराग्य का क्षण बन गया। वह क्षण ही सत्य था। क्षण की कौंध में मैंने ज़िन्दगी की निरर्थकता और धर्म की सार्थकता देखी। उसकी मौत में मैंने अपनी मौत की परछाईं देखी।

कितना आनन्दवादी था वह!

और कैसा अन्त! साधु-साध्वियों का घर में आना-जाना लगा ही रहता था। मुझे पथराई देख एक ने कहा–दीक्षा ले लो, जन्म-मृत्यु के इस दुष्चक्र, इस आवाजाही से सदैव के लिए मुक्त हो जाओगी।

लेकिन तब भी स्पष्ट नहीं था कि मैं दीक्षा ही लूँगी। हाँ, बीच-बीच में जब-जब वह विकृत चेहरा स्मृति में कौंधता, भीतर संन्यास की लहर-सी उठती।

ऐसे में मैं श्वेत वस्त्र धारण कर लेती तो मन सात्विक भावों से भर उठता। उन्हीं दिनों एक और घटना घटी, जिसने मेरे निश्चय पर अन्तिम मुहर लगाई। मेरी भाभी का बच्चा यानी मेरा भतीजा पीलिया में चल बसा। भाभी की भयंकर प्रसव पीड़ा भी मैंने देखी थी। जिन क्षणों वे उस मर्मांतक प्रसव पीड़ा से छटपटा रही थी, तब भी मेरे भीतर जीवन मर रहा था, रही कसर भतीजे की मृत्यु ने पूरी कर दी। रोती-बिलखती भाभी को देख मैं सोचने लगी, इसी प्रकार मेरी शादी होगी, फिर बच्चे होंगे, फिर उनमें से कोई मर गया तो मेरी भी भाभी जैसी ही हालत होगी। हम दुखी इसी कारण होते हैं कि दूसरों के दुख में हमें अपने ही दुख की परछाईं मिलती है। बस, मेरे भीतर जीवन और जीने की ख्वाहिश सब कुछ मर चुकी थी।

दुख की पवित्रता से साध्वी अपूर्वा का चेहरा अलौकिक-सा दिखने लगा था कि तभी दो-तीन दर्शनार्थी आ गए थे। अपूर्वा जी की वन्दना कर वे वहीं बैठ गए थे। थोड़ी देर इधर-उधर की औपचारिक बातें कर अपूर्वा जी ने टालने के लिए साधुओं के द्वारा प्रचलित शब्दावली में कहा–बाद में सेवा लूँगी।

वे उठकर चले गए। अपूर्वा जी फिर उनकी तरफ मुखातिब हुईं–ओफ, क्या सुर छेड़ दिया तुम दोनों ने भी। न छोड़ते बनता न गाते। बहरहाल...अपनी अधूरी कहानी को सम्पूर्णता के बिन्दु तक ले जाते हुए उन्होंने कहा–बस अब और सोचना नहीं था। फेरे लेती लड़की को देख मुझे चरम वितृष्णा होती। उन्हीं दिनों साध्वी चन्दना जी का अहमदाबाद में चौमासा था। उन्होंने मुझे आशीर्वाद दिया। मैं धीरे-धीरे साधु जीवन के नियमों को जीवन में उतारने लगी। वह जीवन भी इतना सरल नहीं था। पूरे छह महीने के बाद जब मैंने घोषणा की तो मेरे भाई बड़े दुखी हुए। बड़े भाई मुझे घंटों धूप में एक पाँव पर खड़ा करवाते, मीलों पैदल चलवाते कि मैं कहीं चूक जाऊँ तो वे मुझे दीक्षा लेने से रोक सकें। पर मैं अडिग रही और हर कसौटी पर खरी उतरती चली गई।

बाद में उन्हें आज्ञा देनी पड़ी और मेरी दीक्षा को भी उन्होंने एक उत्सव की तरह मनाया। प्रदेश के मुख्यमन्त्री आए। तेरह हाथी निकले। पर इस सारे ताम-झाम के बीच भी जब मैंने विधिवत् भाइयों से दीक्षा के लिए अनुमति माँगी तो मेरा सबसे छोटा भाई रो पड़ा...मुझे गले लगाते हुए बोला...इस प्रकार जीवन से मत भागो, दुख-सुख हम सब बाँट लेंगे...पर मुझ पर तो दीक्षा का भूत ही सवार था...फिर इतनी भव्य तैयारियाँ, छत-छज्जे, बारे-चौबारे पर खड़े इतने लोग...इतने सन्त-साध्वियाँ...मैंने उस कमज़ोर क्षण पर फिर विजय पाई...और आँखों के आँसू पी...अपने वीर के आँसुओं को गालों पर लुढ़कते देखती रही–बोलते-बोलते अपूर्वा जी का गला भी भर आया था। उन क्षणों वे साध्वी की काया से मुक्त एक अनुरागमयी-ममतामयी भगिनी ज्यादा लग रही थीं।

और तभी वे फिर नए सिरे से सजग हुईं...। मैं भी क्या सब लेकर बैठ गई। अब गोचरी का समय होने आया...और वे उठ खड़ी हुईं।

जाते-जाते संघमित्रा ने फिर एक तीर छोड़ ही दिया–महाराज सा...इतने वर्षों के ध्यान, जप, तप, प्राणायाम और आसन के बाद भी क्या आपको लगता है कि आपने अपने मस्तिष्क को केन्द्रित कर लिया है? विषय वासना पर विजय पा ली है? क्या आप मुक्त आत्मा हो चुकी हैं? और क्या इतना ही सरल है मस्तिष्क की महाचेतना पर नियन्त्रण रेखा खींचना?

साध्वी के चेहरे की सिन्दूरी आभा पर एकाएक भादों के बादल मँडरा गए...जैसे प्रश्नकर्ता ने आर-पार देख लिया हो उन्हें।

उन्होंने चरवला को ज़मीन पर घुमाया और नीचे देखते हुए वहाँ से खिसक गई। धीरे-धीरे और बे-आवाज। पतझड़ के सूखे पत्ते की तरह।

उनके जाने के बाद भी उनकी उपस्थिति को उस खाली कमरे की ईंट-ईंट में महसूस करती संघमित्रा और मालविका वहीं बैठी रहीं, जैसे उनकी कहानी का उत्तरार्द्ध अभी भी किसी उपसंहार की प्रतीक्षा में हो।

मालविका कमरे का मुआयना करने लगी। साफ-सुथरा कमरा। बीच में लगी मूँज की डोरी। डोरी पर लटके कुछ सफेद कपड़े। एक कोने में समेटकर रखा गया कम्बल और दरीनुमा सफेद चादर। एक गोदरेज आलमारी जिसकी बाहरी सतह पर स्टिकर के रूप में चिपकाए हुए गुरुदेव के कुछ उद्धरण–एक ध्येय, एक विचार, एक आचार और एक आचार्य।

वाह! संघमित्रा फिर भड़की–न ढेर सारे विचार और न विचारों का द्वन्द्व। इतनी विराट ज़िन्दगी और एक आचार्य...जैसे एक ईश्वर...जो कुछ मिलना है, इन्हीं से मिलना है।

अपने में खोई आत्मलीन-सी बोले जा रही थी संघमित्रा कि तभी मालविका ने उसका ध्यान अपनी ओर खींचा...ये देख, ढेर सारी पुस्तकें। सहज जिज्ञासावश संघमित्रा ने पुस्तकों की ढेरी को उतारा...सभी धार्मिक पुस्तकें–जैन जातक कथाएँ. ..आत्म साधना की और अमृत वचन आदि की पुस्तकें। पर उन्हीं पुस्तकों की ढेरी से शिड्यूल कास्ट की तरह अलग-थलग कपड़े में लिपटी एक और पुस्तक। पूरी तरह पंजे के बल खड़ी होकर उतारा मालविका ने उस पुस्तक को। कपड़ा हटाकर पुस्तक को खोला तो चौंक गईं दोनों। आँखें कपाल तक चढ़ीं– आचार्य रजनीश की पुस्तक थी–सम्भोग से समाधि तक।

कन्धे उचकाते हुए कहा मालविका ने–यह है हमारा एंटी सेप्टिक सेन्ट्रेली हिटेड समाज।

× × ×

हर दिन इसी प्रकार अपनी बदरंग तस्वीर रचता जा रहा था। उम्मीदें धुआँ होती

जा रही थीं।

लालकोठी में संघमित्रा के चाचा जगदीश बाबू दीक्षा की तैयारियों को अन्तिम स्पर्श देने में व्यस्त थे। जीवन के दो सीमान्त ध्रुवों की झाँकी दिखाते दीक्षा समारोह के पहले सेशन में छुटकी को किसी दुल्हन की तरह सोलह शृंगार कर सजाया जाना था। इस अवसर पर पहनाए जानेवाले घाघरा सेट, चूड़ियाँ, कान के बूँदे, गले की चेन, शृंगार का सामान–बिन्दी, काजल, लिपिस्टिक, पाउडर आदि। संघमित्रा को ताज्जुब होता, इतने धन का जुगाड़ कहाँ से हो रहा है? कैसे हुआ इतने आभूषणों का इन्तजाम? सुनगुन थी कि कुछ धार्मिक संस्थाएँ इन सब कार्यों के लिए दिल खोलकर दान दे रही थीं। छटपटाकर रह जाती थी संघमित्रा। वैष्णव धर्म के जिस कर्मकांड के विरुद्ध जैन धर्म अस्तित्व में आया, आज वे ही सारे कर्मकांड यहाँ भी आ गए थे। दीक्षा जैसे आयोजन में भी शादी-ब्याह जैसा तामझाम? वैसे ही निमन्त्रण कार्ड, प्रीति-भोज, गोड़ा बिठाई, सामूहिक भजन-कीर्तन, शोभा-यात्रा, पैसों और चावल की उछाल–वहीं ज़मीन पर मुक्के मार-मार वह अपने आक्रोश को शान्त करने लगी। लाल जोड़े के साथ ही रखा था, साध्वी का बाना, एक मलमल की सफेद साड़ी और ब्लाउज। इसके साथ ही माँ और छुटकी दोनों के लिए, एक-एक काँवड़ी (कम्बल), चरवला, आसन, संथारा (बिछाकर सोने के लिए), स्थापना जी (लकड़ी का साँपदार जिस पर किताब रखते हैं) मेरू की डिजाइन वाली लाठी (जंगल में विहार करते वक्त जिसे अपनी रक्षा के लिए रखा जाता है) और लकड़ी के पात्रों के दो सेट (गोचरी के लिए)।

छुटकी के निमित्त बने सफेद बाने को देख फिर आपा खो बैठी संघमित्रा। भीतर कुछ उबलने लगा...उफनकर बाहर आने को तैयार। ओह नो, कैसे सँभाले ख़ुद को...मन इस कदर बेकाबू हुआ कि सफेद बाने को ही उठाकर बाहर फेंकने लगी कि तभी बाहर से आती छुटकी ने उसे थाम लिया–जीजी!

भावावेग में उसने छुटकी को भींच लिया–मैं तुम्हें इस प्रकार दीक्षा नहीं लेने दूँगी...मैं नहीं देख पाऊँगी तुम्हें जोगन बनते, केश लुंचन करवाते। तुम नहीं जानती, गुरुदेव क्यों तुम्हें दीक्षा में धकेल रहे हैं, वे इसलिए तुम्हें दीक्षित कर रहे हैं, जिससे उनकी वृद्धावस्था का इन्तजाम हो सके। पूरा समाजवाद है यहाँ। साधु परम्परा में जो अन्धभक्ति, अन्धविश्वास हर साधु पाता है उसे अगली पीढ़ी को ज्यों का त्यों सौंप देता है जिससे एक दूसरी अन्धभक्त और गुरुभक्त पीढ़ी तैयार हो सके...मेरी बात को समझने की चेष्टा करो छुटकी। मैंने घूम-घूमकर देखी है यह दुनिया। यह पलायनवादियों की, कमज़ोरों की दुनिया है। जैसे कमज़ोर शरीर पर वायरस सबसे पहले आक्रमण करते हैं वैसे ही कमज़ोर मन और आत्मा सबसे पहले संन्यास की ओर आकर्षित होती है।

समझ-नासमझ के समागम बिन्दु पर खड़ी छुटकी कुछ भी जवाब नहीं दे

पाई...बस आँसू भरी आँखों से अपनी जीजी को निहारती रही।

× × ×

कहानियों का यह देश और साधु-सन्तों की यह दुनिया। जहाँ एक दुनिया में अनेक दुनिया बसी हुई थी। हर दुनिया की अलग कहानी। सभ्यताओं के अस्तित्व और उनकी संरचना की पहचान कराती कहानी। वैदिक देवता की तरह हर कहानी से जन्म लेता कोई साधु या साध्वी। इन्हीं कहानियों के छेद से इस दुनिया के आसमान को दूर तक देखने की मालविका और संघमित्रा की कोशिश।

हेम प्रज्ञा, किरण प्रभा, अपूर्वा, सुनील मुनि, मंजू रेखा, कंचन प्रभा से साक्षात् करती संघमित्रा किसी भटकती हुई आत्मा की तरह एक दोपहर पहुँची उदित मुनि के पास। एक जैसे इन्पुट। किसी कमज़ोर क्षण में अपने घायल संसार की मलहम पट्टी के लिए धर्म की चौहद्दी पर सिर टेका तो फिर लौटकर वापसी हो ही नहीं पाई।

साधु जीवन अन्तिम शरणस्थली।

यहाँ से रास्ता सीधा देवलोक की ओर!

कहानी राजस्थान के गाँव–जोबनेर की!

धर्म की साँस लेता, धर्म को ही ओढ़ता-बिछाता पूरा गाँव। साधु-सन्तों की नित्य आवाजाही। एक किशोर। सुन्दर। सौम्य। परिश्रमी। आज्ञाकारी। जब-जब साधु-सन्त गोचरी के लिए पधारते पुत्र हवा में टँग जाता। स्कूल-पढ़ाई सब कुछ को ताक़ पर रख साधु सेवा में एक टाँग पर खड़ा हो जाता। माँ। बलैया लेती। पिता निहाल होते। लड़का चौबीस घंटे मुनियों के साथ रहता। उनके लिए छत पर बालू बिछाता...उन्हें घर-घर गोचरी के लिए ले जाता। प्रवचन की व्यवस्था करता।

किशोर की फुर्ती, सेवाभाव, आज्ञाभाव एवं उच्च कोटि की विनम्रता को देख मुदित मन महाराज सा ने उसकी माँ से उसी को माँग लिया, जैसे कभी यशोधरा से बुद्ध ने राहुल को माँगा था।

भाव-विभोर हो महाराज ने कहा–इस बालक में मैं अनन्त सम्भावनाएँ देख रहा हूँ। तुम इसे मुझे दे दो, मैं इसे तेजस्वी मुनि बनाऊँगा जो धर्म के काम आएगा।

माँ गद्‌गदायपान। अहोभाग्य! माँ बनना सार्थक हुआ–स्वयं आगे बढ़कर गुरुदेव ने धर्म के काम के लिए तुम्हें माँगा है। दो पुत्र हैं। एक धर्म के मार्ग पर चला भी गया तो क्या बुढ़ापे का घुटना सूना नहीं रहेगा, ईश्वर ने चाहा तो दोनों घुटनों पर दो-दो पोते सुख की नींद सोएँगे।

उन्होंने पुत्र की बलैया ली–मैं धन्य हुई। इसे ही कहते हैं पूर्व-जन्मों का प्रताप।

आज्ञाकारी पुत्र! महज तेरह वर्ष की भावुक उम्र। साधु-सन्तों का प्रबल

सम्मोहन। बड़ों की बातें अविचारणीय-सा गुरुमन्त्र और पूरे गाँव की जय-जयकार।

महानता और धर्म की चादर ने इस कदर लपेट लिया उनके नन्हे जीव को कि हिलडुल भी नहीं पाया वह।

न सोचा, न विचारा और मुँडा लिया अपना सिर। तीन महीने के भीतर ही माँ-बाप का वह लाडला, यार-दोस्तों का नटखट बिट्टू से उदित महाराज बन गया। लुकछिप कर 'बाइस्कोप' के लिए निकलने और तितली पकड़ने की उम्र में ही अनन्त की यात्रा पर निकल पड़ा।

बीच में मुनि दीक्षा के डेढ़ महीने पूर्व अपने ननिहाल भी गया था वह, अन्तिम सांसारिक मुलाकात के लिए। वहाँ न माँ थी और न ही माँ का साया। वहाँ थी ममेरे भाई-बहनों की एक पलटन। इसलिए चंचल मन फिर भटक जाता, कभी कैरम, कभी गुली-डंडा तो कभी फुटबॉल की दुनिया में। नादान मन भूल-भूल जाता साधु जीवन के कठोर नियमों को। अपने खेल-खिलौनों की दुनिया में जब पूरी तरह डूब जाता वह कि तभी घनघना उठता माँ का टेलीफोन–आज का सामयिक पूरा किया? माला फेरी?

हूँ...हाँ में गोल-मटोल जवाब दिया जाता।

माँ का हिटलरी फरमान भीतर तक हिला देता उसे–जिस जीवन का वरण किया है तुमने, वह आम लोगों से ऊपर का जीवन है। महान बनना है तुम्हें। इसलिए तुम्हें इन छोटे-छोटे सुखों से ऊपर उठना होगा।

फोन उसके बालक मन को ठेला मार-मारकर वापस ठेल देता उसे उसकी खामोश माला, सामयिक और प्रार्थना की दुनिया में।

तब से जो शुरू हुई ठेलाठाली, आज तक जारी है वह। कभी मन उस ओर तो कभी ठेला खाकर इस ओर और इसी में पहुँच गया वह बचपन से पचपन तक।

अतीत की लहरों में बहते जा रहे हैं उदित मुनि। संध्याकालीन उदासी बिखरी हुई है चेहरे पर। नम आँखों से पीड़ा भरी मुस्कान बिखेरते हुए कहते जा रहे हैं–जब-जब सांसारिक कामनाएँ बन्दर की तरह उछलकूद मचातीं इसी प्रकार संयम के पत्थर मार-मार बरज देता हूँ। जीने और भोगने की सारी चंचल लहरें हमारे यहाँ निर्वाण और मोक्ष के घाट से टकरा-टकरा कर बिखर जाती है।

फिर आपा खो बैठी संघमित्रा–गुरुवर, आपने 'नमो अरिहंताणम् का नहीं वरन् 'नमो अंधकार' का जाप किया है।

क्या?

वे सनाका खा गए। जय-जयकार सुनने के अभ्यस्त कानों में संघमित्रा के तीखे वचन शीशा घोलने लगे।

–क्यों कहा आपने ऐसा?

क्योंकि जिन मूल्यों को आपने भक्तिभाव से जीया, क्या कभी आपने विश्लेषण किया उनका? हूबहू उतार लिया अपने जीवन में? इनका परीक्षण करते या जाते इनकी तह तक तो समझ पाते आप कि ये जीवन मूल्य कितने इकहरे, सतही और किसी सत्ता या षड़यन्त्र का हिस्सा थे।

–नहीं, ऐसा नहीं हो सकता–चीख पड़े मुनि। किस आधार पर कह रही हैं आप ऐसा?

–इस आधार पर कि आपने बिना अपने मन को टटोले, बिना अपने 'स्व' को जाने दूसरों के निर्णय को ओढ़कर ज़िन्दगी बिता डाली और वह भी किसलिए? निर्वाण और मोक्ष जैसी सन्दिग्ध प्राप्तियों के लिए। आपमें मातृभक्ति नहीं अन्धभक्ति थी।

–पर इसमें माँ का क्या दोष? मुझे तो गुरुदेव ने माँगा था।

उदित मुनि की आवाज़ की तुर्शी से सजग हुई मालविका। इशारे से बार-बार 'वोल्टाज डाउन', 'वोल्टाज डाउन' की गुहार लगाती रही पर ज़माने की आग में जलती संघमित्रा अपने पर काबू नहीं रख सकी और तेजाबी शब्दों में कहने लगी–

–क्योंकि गुरुदेव को अपना वंश बढ़ाना था, इसके लिए बचपन सबसे अच्छा चारा होता है। आपमें सामन्तवादी वफादारी और भक्ति के उत्कृष्ट जीवाणु थे। आपमें उन्हें एक अच्छा शिष्य और सेवक मिल रहा था और पुत्र को धर्म में प्रवृत्त करने का धर्म लाभ आपकी माँ को। दोनों के अपने-अपने लाभ गणित में आपका जीवन निकल गया।

–क्या? और एकाएक लोकगीत-सा लुभावना उनका चेहरा शोक-गीत में बदल गया।

–तो क्या उन्हें बुद्धू बनाया गया? जीवन नहीं, सिर्फ परछाई के पीछे दौड़ते रहे वे!

फड़फड़ाते चमगादड़ों की तरह अपने कक्ष में गोल-गोल घुमेरे लेते रहे उदित मुनि।

संघमित्रा और मालविका जा चुकी थीं पर उदित मुनि के मन की स्लेट पर पहली मर्तबा आज स्वर्गीया माँ और गुरुदेव के लिए आड़ी-तिरछी रेखाएँ जो खिंचनी शुरू हुईं, कि खिंचती ही चली गईं।

डेरे पर पहुँचकर फिर लताड़ा संघमित्रा को मालविका ने–तुमने ऐसा क्यों किया? एक शान्त ठहरे जीवन को अशान्त और बेचैन क्यों कर डाला? जब पानी नहीं दे सकती तो फिर प्यासे होने का अहसास ही क्यों कराया?

–क्योंकि यही सत्य था और सत्य सदैव सुन्दर होता है। जवाब दिया संघमित्रा ने।

× × ×

धर्म, आस्था और त्याग-तपस्या के इस सफर में सबसे विचलित कर देनेवाला दर्दनाक सफर था गंगाबाई का। नहीं, वे साध्वी नहीं, एक साधारण गृहस्थिन थी। भरे पूरे परिवार की दादी। एक कम साठ की उम्र।

खबर मालविका लेकर आई थी।

जैन संसद के ऑफिस के बाहर की दीवारों पर पोस्टरों का हुजूम था–महान संथारा।

पिछले कई वर्षों से गंगाबाई एक दिन उपवास और एक दिन एकासना (एक बार खाना) ले-लेकर शरीर को गला रही थी। इस बार उन्होंने गुरुदेव से संथारा पचख (संकल्प) ही लिया।

आज पाँचवाँ दिन। लिलुआ के पास ही उनका घर। स्टेशन से ही रिक्शावाले ने बिना ठिकाना पूछे ही उन्हें घर के सामने खड़ा कर दिया। पूरे लिलुआ को खबर–घर की बुजुर्ग दादी ने अन्न-जल छोड़ दिया है। नीचे कच्चे आँगन में संथारे की अनन्त यात्रा का उद्घोष करता फड़फड़ाता सफेद ध्वज। भीतर एक छोटे से कमरे के फर्श पर दरी बिछी हुई थी। बत्ती-पंखा सब बन्द। उसी पर लेटी थी–मोक्षकामी, मृत्युपथ गामिनी गंगाबाई! गर्म रेत पर पड़ी मछली की तरह प्राणान्तक पीड़ा से छटपटाती हाथ-पैर पटकती। हाय-तौबा मचाती।

सूखा कंठ। कटती अंतड़िया और आग उगलता पेट...भीतर वो बवंडर उठता कि उनकी दुर्बल काया प्रेतिनी की तरह कभी इस करवट तो कभी उस करवट।

पानी तक त्याग दिया जिससे यथाशीघ्र पक्षी पिंजरा तोड़ उड़ जाए। प्राण निकलने की प्रतीक्षा में आकुल-व्याकुल निःशब्द क्रन्दन करता पूरा कुनबा। पुरुष वर्ग दीवार की खिड़की से झाँक-झूँक कर चला जाता पर घर की बहू-बेटियाँ घेर कर बैठी थीं उन्हें।

कोई सिरहाने-भरी आँखों से हाथ पंखे से हवा करती हुई तो कोई शरीर के भीतर अग्नि की तरह धधकती ज्वाला को शान्त करने के लिए पेट पर गीली माटी का लेप करती हुई।

पूरा माहौल इतना भारी, वितृष्ण और जीवन आस्था की धज्जियाँ उड़ाने वाला था कि संघमित्रा घबराकर खड़ी हो गई। लगा जैसे सामने गंगाबाई नहीं, उसकी माँ लेटी है। मालविका ने जबरदस्ती उसे बैठाया कि तभी परिवार की पुत्रवधू ने उनसे अनुरोध किया कि वे कुछ समय के लिए बाहर खड़ी हो जाएँ क्योंकि संथारेवाली महिला ने वहीं दरी पर ही पेशाब कर दिया था। इतनी अशक्त हो चुकी थी वह कि ख़ुद कपड़े भी नहीं बदल सकती थी।

दुबारा जब वे भीतर घुसे तो गंगाबाई की पुत्री ने अवरुद्ध कंठ से अनुरोध किया–आप प्रत्याख्यान कीजिए (यानी किसी भी एक उपभोग की वस्तु का परित्याग कर दीजिए)।

फ़िज़ा में इतनी घुटन, मौत, मुर्दनी और अपशकुन भरा हुआ था कि कुछ जवाब तक देते नहीं बना संघमित्रा से।

थोड़ी देर बाद ही गंगाबाई का छटपटाना, हाय-तौबा, हाथ-पैर पटकना फिर शुरू। उनके पुत्र-पौत्र खिड़की से झाँकने लगे, महिलाएँ ढाँढस बँधाने लगी...बस अब पूरा होने ही वाला है संथारा, गुरुदेव का जाप करो।

गंगाबाई का भावविहीन चेहरा यंत्रवत् गुरुदेव का जाप जपने लगा। सफेद पड़ चुकी उनकी आँखों से चरम बदहवासी और घबराहट का अन्धड़ चलने लगा। मौत की गन्ध, कुरूपता और हाय-तौबा के बीच एक दो स्त्रियों ने धीमे-धीमे स्वर में ढाल (भजन) गानी शुरू कर दी :

माटी को थै मोल चुकायो
मोल चुकायो हद हिम्मत दिखलाई है, अनशन में

फिर दूसरी ढाल–

लागी लागी नाव किनारे अब लागी हो
जनम सुधार्‌यो थे तो सांतरो

संघमित्रा का दम घुटने लगा। दोनों बाहर निकल आईं। बाहर आते ही लम्बी साँस ली संघमित्रा ने और आहत हो कहने लगी–इस दुनिया में आकर तो लगता है जैसे सभ्यता की इस महान यात्रा में मनुष्य की अपराजेय गरिमा और अदम्य जिजीविषा की जो कहानियाँ पढ़ी थीं हमने...वे सब मिथ्या हैं। सत्य है सिर्फ़ मौत। लगता नहीं कि हम उसी संस्कृति के वारिस हैं जहाँ मौत को भी एक उत्सव की तरह लिया गया और उसमें भी सौन्दर्य देखा गया।

क्या कहे और क्या जवाब दे मालविका। वह तो ख़ुद हैरान। जीवन का इतना काला चेहरा पहली बार देखा। याद आई...वह लोक संस्कृति...जहाँ जीवन को सौन्दर्य और वैभव सम्पन्न बनाने के लिए महीनों तक चलता रहता था–बसनोत्सव...जीवन का महाराग। याद आई...पुरी के मन्दिर की प्राचीरों पर जीवन के भेद खोलती, जीवन में रस भरती काम कलाएँ।

कहाँ जीवन का वह मादक रूप और कहाँ मौत का इतना पूजन।

यह इस देश का दुर्भाग्य कि यहाँ मौत ने भी युवकों को उसी प्रकार आकर्षित किया जैसे जीवन ने। नहीं तो क्या स्वामी विवेकानन्द का तैंतीस वर्ष की उम्र में ही जीवन से जी भर जाता और त्याग देते वे अपने प्राण हठयोग से? कितना कुछ वे कर सकते थे देश के लिए?

क्या स्वामी रामतीर्थ गंगा में डूबकर प्राण गँवा देते?

उसने पढ़ा था–आदि शंकराचार्य युवावस्था में ही अपनी गुफा में समाधिस्थ हो गए और गुफा के द्वार पर पत्थर लगवा दिए।

स्वामी चैतन्य महास्वामी पुरी के समुद्र के सौन्दर्य से ही इतने सम्मोहित हो

गए कि वहीं जल-समाधि ले ली।

क्या इस देश की माटी ही पोषित करती है मौत और वैराग्य के ऐसे जीवाणुओं को? सोचना होगा कि क्यों इसी देश में दुनिया के किसी भी देश से ज्यादा इतने साधु-सन्त हैं?

क्यों? क्यों??

उस रात खाना गले से नहीं उतरा संघमित्रा के। क्यों गंगाबाई में उसे जब-तब अपनी माँ और छुटकी की सम्भावित छवि कौंधती दिखाई पड़ती रही। माथे पर हाथ दे मारा उसने। आँखें मूँद ली–हे भगवान! अभी और क्या देखना बाकी है। कितना अँधेर मचा हुआ है। इतने अमूल्य जीवन...चौरासी लाख योनियों के बाद मिले जीवन का क्या ऐसा अन्त! कभी मृत्यु के सन्निकट क्षणों में देहातीत होने के लिए संथारे की अवधारणा की गई होगी...पर आज कैसा विरोधाभास।

सारी हाय-तौबा ही देह की।

सारी चेतना देह पर ही टिकी हुई।

काश, मौत ऐसी होती जैसे झड़ते हुए पत्ते। जैसे ओझल होते तारे। जैसे ढलती साँझ की लालिमा। अपनी मृत्यु के क्षणों भी कितने भव्य होते हैं वे. कितने ग्रेसफुल! ऐसी ही मौत चाहती है वह।

उसने डायरी बन्द की और सोने की चेष्टा में लग गई।

× × ×

ज्यों-ज्यों दीक्षा करीब आ रही थी, चतुर्मास प्रबन्ध समिति एवं दीक्षा प्रबन्ध समिति द्वारा कभी भजन सम्मेलन तो कभी सामूहिक नवचार-मन्त्रोच्चार आयोजित किए जा रहे थे। लगभग हर शाम छुटकी और पूर्णिमा देवी को प्रीतिभोज के लिए आमन्त्रण मिल रहा था।

संघमित्रा वितृष्ण भाव से छुटकी को ऐसे ही किसी आयोजन में जाते देख रही थी कि तभी दीक्षा प्रबन्ध समिति के किसी सदस्य ने आकर सूचना दी कि गुरुदेव श्री जीवसिद्धि ने उन्हें बीस मिनट का सेवा-लाभ दिया है।

सिर्फ़ बीस मिनट? इतने समय में क्या रख पाऊँगी मैं अपना पक्ष? संघमित्रा पर हताशा का दबाव बढ़ता जा रहा था।

मालविका ने फिर हल्का किया उसे–इतनी बड़ी सूबेदारी। लालबत्ती वालों से ज्यादा व्यस्त हमारे गुरुदेव। एक से बढ़कर एक सूरमा, सिरमौर, वी.आई.पी. दर्शनार्थी...इतना बड़ा पद, इतने बड़े समाज की संचालक शक्ति और सूत्रधार वे और उससे जुड़ी आदिम और अपूर्व शक्ति धर्म की। माई डियर मित्रा, ये धर्म के आलोक स्थल नहीं, ये प्रभुसत्ता, धर्मसत्ता और राजसत्ता के नापाक गठजोड़ हैं। जहाँ प्रवचन तक में अग्रिम पंक्तियाँ धन-कुबेरों और सत्ताधारियों के लिए आरक्षित हो

ऐसे गुरुदेव आम आदमी के लिए कितना बच पाते हैं? आम आदमी ही आम आदमी का दुख-दर्द समझता है। पर वे तो ईश्वर हैं इस कारण अपने युग के खुदाओं के लिए ही आरक्षित हैं। इसलिए मित्रा डियर इस ख्याल से खेलना छोड़ो कि गुरुदेव तुम्हें अच्छा समय देंगे...इस बीस मिनट को ही अपने जीवन की नियामत जानो और स्वयं को तैयार कर लो।

बहरहाल...अपने सारे तीर-कमानों के साथ संघमित्रा और मालविका गुरुदेव के डेरे पर। साध्वी कनक प्रभा की बातें अभी भी गूँज रही थी कानों में–आधी से ज्यादा दीक्षाएँ किशोर दीक्षाएँ होती हैं क्योंकि बचपन डोरी से जल्दी बँध जाता है। कच्ची माटी पर जो पहली थाप पड़ती है वही असरदार होती है। युवा मन कभी इस पार तो कभी उस पार।

× × ×

नियत समय के करीब डेढ़ घंटे बाद पधारे गुरुदेव। साथ में मुनि नागदेव, जिन्हें कुछ आवश्यक परामर्श देते जा रहे थे वे।

उन्हें परामर्श देते हुए ही गुरुदेव संघमित्रा की ओर मुखातिब हुए...हाँ बोलो, क्या कहना चाहती हो तुम?

भूमिका बनाते हुए कहा संघमित्रा ने।

–गुरुदेव, मेरी जिज्ञासाएँ जीवन की बुनियादी ज़रूरतों और सवालों के इर्द-गिर्द हैं।

गुरुदेव झुँझला गए–देखो, इन बुनियादी सवालों का जवाब तो हमारे संघ का कोई भी मुनि दे देगा...तुमने तो लिखा था कि तुम्हारे पास कुछ ऐसे सवाल हैं जिनका जवाब सिर्फ़ मेरे ही पास है।...

आतंक की तरह मामूलियत फिर एक बार उस पर हावी हुई। लेकिन शीघ्र ही उससे उबर भी गई वह। बिना वक्त बरबाद किए जल्दी-जल्दी बोलने लगी वह–हाँ, मैं उसी पर आ रही हूँ...मेरी पहली जिज्ञासा यह है कि आप भी तो यह मानेंगे कि पृथ्वी पर हरेक व्यक्ति अपने विशिष्ट व्यक्तित्व के साथ आता है... एक पत्ती भी अपने आप में अनोखी होती है।

–हाँ, हाँ, क्यों नहीं।

–और आप यह भी मानेंगे कि हर व्यक्ति का अपना सत्य होता है, बल्कि एक व्यक्ति के जीवन में भी अलग-अलग समय का अलग-अलग सत्य होता है। बचपन का जो सत्य होता है वह युवावस्था तक आते-आते बदल जाता है। मेरा मतलब है कोई भी सत्य सार्वकालिक नहीं होता।

गुरुदेव थोड़े अधीर हुए...यह लड़की तो सिर्फ़ ज्ञान बघार रही है। सूखी लकड़ी से चरमरा उठे उनके शब्द–आप कहना क्या चाहती हैं?

–बस एक मिनट...मैं अपनी बात पूरी तरह स्पष्ट कर दूँगी। गुरुदेव, जैसे

एक वीणा वादक का सत्य उसकी वीणा में, नृत्यांगना का सत्य उनके घुँघुरुओं में, कुम्हार का चाक में, पक्षी का उड़ान में, वैज्ञानिक का प्रयोगशाला में...क्योंकि यहीं वे अपनी आत्मा का सर्वश्रेष्ठ उँड़ेलकर...अपना सर्वश्रेष्ठ मानवता को देकर मुक्त हो सकते हैं। मोक्ष पा सकते हैं वैसे ही एक ग्यारह वर्षीय बालिका का सत्य तो उसके खिलौने और उसकी पुस्तक ही हो सकता है। उसके सत्य पर किसी और सत्य का आरोपण करना क्या उसके सत्य के साथ बलात्कार नहीं होगा? जवानी के कपड़े बचपन में नहीं पहने जा सकते हैं गुरुदेव! आपसे अपेक्षा है... गुरुदेव कि आप छुटकी...जी मेरा मतलब है राशि विनायिका की बाल दीक्षा की अनुमति वापस ले लें क्योंकि यह उनके हित के विरुद्ध होगा।

गुरुदेव की उलझन बढ़ गई। इतने सुदीर्घ संन्यास जीवन में पहली बार साबक़ा पड़ रहा था ऐसी वाचाल उच्छृंखलता से। वे हैरान थे, युवा पीढ़ी की इस संस्कारहीनता पर। लिहाज था तो सिर्फ़ पूर्णिमा देवी का, इस कारण किसी प्रकार उसकी उद्‍दंडता को पीते हुए संयत होकर जवाब दिया–मैं तुमने सहमत नहीं, तुम तो दुनिया के सारे बच्चों को ही दीक्षा के अयोग्य करार दे रही हो। तुम्हारी बात सामान्य किस्म के औसत बच्चों पर लागू हो सकती है, पर कुछ बच्चे अपने पूर्वजन्मों के संस्कारों के चलते जन्म से ही विशिष्ट, विलक्षण एवं तेजस्वी होते हैं। उन पर दूसरे बच्चों की तरह सांसारिक और प्राकृतिक नियम लागू नहीं होते। ऐसे बच्चों पर ईश्वर की विशेष अनुकम्पा होती है। इन्हीं के माध्यम से ईश्वर अपने विशेष कार्य सम्पन्न करवाते हैं। मेरे गुरुदेव ने दस वर्ष की अवस्था में दीक्षा ली। ग्यारह वर्ष की उम्र में मैं दीक्षित हुआ...मुझे तब की स्मृति है जब मैं मात्र दस-ग्यारह महीने का था। कुछ तेजस्वी बालक यदि लोकोत्तर जीवन को अपनाकर अपनी मुक्ति चाहते हैं तो उन्हें रोकना पाप है, अधर्म है।

हठात् बीच में बोल पड़ी मालविका–महाराज, क्या आज भी दुनिया के लिए वैसा ही सोचते हैं जैसा आप उस समय सोचते थे जब दस वर्ष की अवस्था में आपने दीक्षा ली थी?

महाराज ने जोश में कहा–हाँ, एकदम वैसे ही विचार हैं। गुरुदेव की कृपा से विचारों की शुद्धता बरकरार है।

तब तो आपकी ज़िन्दगी के बीच के इतने सारे वर्ष बेकार हो गए... मन-ही-मन सोचा मालविका ने।

कुछ खामोश, दार्शनिक पल। अपने खुले बदन पर चढ़े मच्छर को उड़ाते हुए फिर बोलने लगे गुरुदेव–देखो, शताब्दियों की साधना का परिणाम है यह आध्यात्मिक उन्नति। जिनमें ईश्वरीय अंश होता है...वे ही सोचते हैं मुनि बनने की। पर इसे देखने के लिए तर्क नहीं आस्था की आँखें चाहिए।

संघमित्रा ने विनम्र किन्तु दृढ़ शब्दों में कहा–ऐसी बात है गुरुदेव तो फिर

आपके हज़ारों साधु-साध्वियों में से कोई एक भी बुद्ध, विवेकानन्द या महावीर क्यों नहीं निकला? और फिर जिन महावीर के उपदेशों या कल्पसूत्रों पर यह साधु आचार संहिता और धर्म की बुनियाद खड़ी है उन्होंने ख़ुद तीस वर्ष की आयु में गृहस्थ जीवन का स्वाद चखने के बाद उससे स्वाभाविक रूप से विरक्त होकर संन्यास लिया था।

हाँ, महावीर का यह पक्ष तो आपने अपने समर्थन में जुटा लिया, पर आप यह भूल गईं कि महावीर को तीन ज्ञान गर्भावस्था में ही हो गए थे। उन्होंने माँ के गर्भ में हिलना-डुलना बन्द कर दिया था यह सोचकर कि इससे उनकी माँ को कष्ट होगा। पर भोली माँ क्या जाने कि गर्भ में तेजस्वी पुत्र है, वह यह सोच रोने लगी कि बच्चा मर गया है। बाद में माँ को दुखी देख वे फिर हिलने-डुलने लगे।

अत्यन्त विनम्र शब्दों में जवाब दिया संघमित्रा ने–गुरुदेव, महापुरुषों के जीवन किंवदन्तियों से भरे होते हैं। इस घटना का क्या कोई वैज्ञानिक आधार है? बहरहाल, महावीर की बात मैं क्षण-भर के लिए सत्य भी मान लूँ तो भी यह बात तो शरीर विज्ञान के भी विरुद्ध है कि ग्यारह वर्षीय लड़का या लड़की शारीरिक रूप से इतने परिपक्व हो जाएँ कि वे संसार के रागात्मक पक्ष, स्त्री-पुरुष के परस्पर आकर्षण और सेक्स के भेदों को समझ उससे ऊपर उठकर आजन्म ब्रह्मचर्य का व्रत ले लें। महाराज, जो अनुभव मिल जाए उससे आदमी फिर भी ऊपर उठ सकता है, पर जो नहीं मिला उसकी कसक हमेशा के लिए घर कर जाती है और व्यक्ति को कुंठित बना देती है। गुरुदेव जीवन के सारे अंकुर मन की उस भावभूमि पर अंकुरित होते हैं जो रहस्यमयी है। संन्यास का बाना क्या उस मनोभूमि को बंजर नहीं बना देगा? महाराज, यह प्राकृतिक सत्य है कि स्प्रिंग को जितना दबाओ, उतनी ही उछलती है वह। क्या यही कारण नहीं कि कई साधु-साध्वियाँ वृद्धावस्था तक आते-आते अपना मानसिक सन्तुलन गँवाकर विक्षिप्त से हो जाते हैं।

गुरुदेव की आँखों में काँटे उग आए। खिन्नता और आक्रोश चेहरे पर जंगली झाड़ियों की तरह बिछ गए। राम-राम! कैसी वाचाल यह आधुनिक पीढ़ी! नहीं चाहते हुए भी उनकी आवाज़ रामपुरी चाकू की तरह धारदार हो गई–देखिए, आप जैसी रुग्ण और दुर्बल आत्माओं के लिए हौआ हो सकता है सेक्स, आपको डरा सकता है सेक्स...पर मजबूत और दिव्य आत्माओं के लिए यह महज़ घास-फूस है।

संघमित्रा मुस्करा दी–क्या इसीलिए आप लोगों ने ब्रह्मचर्य को इतना महिमामंडित कर रखा है? इतनी रोक-टोक और वर्जनाएँ पाल रखी हैं। जानते हैं गुरुदेव...मन्दिरों की दीवारों पर यौवन और सौन्दर्य के चित्र क्यों उकेरे गए?

क्योंकि मध्य युग में एक समय ऐसा भी आया कि जब समाज के चिन्तकों को लगा कि आप जैसे जैन आचार्यों के प्रभाव में ब्रह्मचर्य के अति महिमामंडन से कहीं पूरा समाज ही संन्यास की ओर प्रवृत्त न हो जाए। क्योंकि आपके यहाँ तो सिरे से ही मानवीय अनुभूतियों, प्रेम, सौन्दर्य और कल्पना को नकार दिया जाता है। चिन्तकों ने सोचा यदि ऐसा हो गया तो सृष्टि चक्र कैसे गतिशील रह पाएगा...अतः उन्होंने मन्दिर की दीवारों पर काम-कला को उत्कीर्ण कर यह सन्देश दिया कि जीवन काम और राम के दो किनारों के बीच सन्तुलित ढंग से बहती जीवनधारा है।

गुरुदेव का चेहरा तमतमा गया। सन्न रह गए वे। ऐसी अनावृत्त और उच्छृंखल भाषा! साथ ही भीतर कहीं बौनेपन की भी अनुभूति हुई। वे कुछ नहीं बोले। लेकिन फड़फड़ाता गुस्सा देह की भाषा बोलने लगा। उनकी आँखें दहकीं। मुँहपट्टी का कोना फड़फड़ाया...। उनके देखने का कोण एकाएक तिरछा हुआ और वे अपनी खामोशी में लौट गए।

मालविका समझ गई–अब संघमित्रा खतरे के ज़ोन में है। कुछ देर दार्शनिक मौन व्याप्त रहा। फिर गुरुदेव के साथ आए मुनि नागदेव ने कहा–देखिए कुछ बातें तर्कगम्य नहीं अनुभूतिगम्य होती हैं, उन्हें तर्क द्वारा नहीं समझाया जा सकता। आप पहले जैन दर्शन को पढ़ें...महावीर को जानें, यहाँ की व्यवस्था देखें तो आप पाएँगी कि कितने बालक साधु और साध्वियाँ अकुंठ भाव से सत्य की राह पर चल रहे हैं। सबसे ज़्यादा तपस्या वे ही कर रहे हैं।

इस बीच गुरुदेव ने मुनि नागदेव को कुछ आवश्यक परामर्श दिया। और विरक्त होकर संघमित्रा को दिए बीस मिनट के 'टॉक-टाइम' के पूर्व ही प्रेसवालों से मिलने चले गए।

संघमित्रा मुनि नागदेव की ओर मुखातिब हुई और अड़ियल घोड़ी को तरह बिदकते हुए कहा–क्षमा चाहती हूँ महाराज, पर जिस प्रकार आप तपस्या को इतना महिममंडित करते हैं कि एक उनसठ वर्षीय महिला तक को संथारा ही पचखा दिया, मुझे तो वह व्यर्थ ही नहीं अमानुषिक भी लगता है। बुद्ध ने कहा था, जो उपयोगी है, वही सत्य है। पर क्या उपयोगिता ऐसी तपस्याओं की, उपवासों की? उस संथारे से क्या मानवता का कुछ भी भला हुआ? वरन् अपमान ही हुआ है जीवन का। मैं मानती हूँ महाराज कि हमारे सारे जीवन, साधना और शिक्षा-दीक्षा का वृहत्तर उद्देश्य है सत्य की खोज। और उसके लिए जिस झोंक या सनक की ज़रूरत होती है, वह किसी पागल या फकीर में ही हो सकती है। इसी पागलपन का परिणाम था गैलीलियो, आइंस्टीन, कॉपरनिकस जो अपने अनुसन्धानों में इतने आत्म-विस्मृत और आत्मलीन हो जाते थे कि उनकी आहार-निद्रा तक छूट जाती और अन्ततः वे सत्य तक पहुँच जाते थे। उनका लक्ष्य तपस्या नहीं, लक्ष्य रहता

था सत्य की खोज और इसी खोज के क्रम में उनमें तपस्या अनायास उत्पन्न हो जाती थी...जबकि आपके यहाँ तो लक्ष्य ही है तपस्या और रहा महावीर को जानने की बात तो महाराज महावीर को जानने के बाद ही जान पाई हूँ कि आपके इतने धन-कुबेरों, अरबपति, करोड़पति और लखपति श्रावकों और भक्तों में सही माने में कोई भी महावीर का अनुयायी नहीं निकलेगा। आप गौर फरमाएँ, महावीर ने फ्रांस क्रान्ति और कार्ल मार्क्स के पहले ही अपरिग्रह का उपदेश दिया था क्योंकि वे जानते थे कि सब सामाजिक बुराइयों की जड़ में यह पूँजी संचय ही है। पर आपके यहाँ जो जितना बड़ा पूँजीपति, वह उतना ही सम्मानजनक। क्षमा करें गुरुदेव, पर यह आपकी दुनिया खद्दर के नीचे मुलायम सिल्क पहनने वालों की दुनिया है। यह सेज पर संस्कृत बोलनेवालों की दुनिया है। अहिंसा प्रधान आपके धर्म में धोखाधड़ी, जालसाजी, चोरबाज़ारी, मिलावट, सूदखोरी, जमाखोरी, टैक्स चोरी, मुनाफाखोरी, स्मगलिंग, बाल-शोषण, स्त्री-शोषण, श्रम-शोषण जैसे जघन्य आर्थिक अपराधों को पाप समझा ही नहीं जाता है। और तो और, नकली दवा बेचनेवालों और खाद्यान्नों में मिलावट करनेवालों के दुष्कर्मों को भी पाप घोषित नहीं किया जाता है जिससे हज़ारों-लाखों परिवार बर्बाद हो जाते हैं। पाप के हाथियों को यहाँ खुला गेट पास दिया जाता है और लोगों को समझाया जाता है कि पाप है, हरी सब्जी खाने में, अनछाना पानी पीने में, गाजर, मूली, आलू, प्याज खाने में। सूर्यास्त बाद खाने में...खुले मुँह से बोलने में क्योंकि इससे जीवों की हत्या होती है। आपका धर्म इनसानों में नहीं जीव-जन्तुओं में ज्यादा दिलचस्पी रखता है। कीड़ों-मकोड़ों को ही समर्पित है यह। मनुष्य के मनुष्यत्व में जो कीड़े लगे हैं उसकी आपको फिक्र नहीं है। और सच पूछा जाए तो आपका यह धर्म पशुओं के लिए भी समर्पित नहीं है, यदि ऐसा भी होता तो आप निर्दोष पशुओं और जानवरों की बलि के विरुद्ध आवाज़ उठाते, यहाँ कलकत्ते में ही काली मन्दिर में किस प्रकार पाठा बलि चढ़ती है...क्या आपने या आपके अनुयायियों ने उठाई इसके विरुद्ध आवाज़? क्या आप अपने श्रावकों को प्रेरित करते हैं कि वे आवश्यकता से अधिक संचय न करें? आप तो यह भी भूल गए गुरुदेव कि महावीर ने अहिंसा को परम धर्म इसलिए कहा था क्योंकि उस समय सामन्ती-समाज में क्षत्रिय राजे-महाराजे अपने अहं के चलते अनावश्यक हिंसा में लिप्त रहते थे। इस खून-खराबे को रोकने के लिए ही उन्हें अहिंसा को परम धर्म बनाना पड़ा। 'अपरिग्रह' के महान उपदेश को आप सुविधापूर्वक भूल गए और सिर्फ़ अंहिसा की पूँछ पकड़ आपने इसे ही चरम पर चढ़ा दिया। सच कहूँ तो सामन्तवादी और पूँजीवादी मानसिकता के अनुकूल है यह धर्म और यही कारण है कि यही समुदाय आपका सबसे बड़ा और सम्मानित श्रावक समुदाय है। एक से एक आर्थिक अपराधी भरे हैं आपके श्रावक समुदाय में, पर आप इनका विरोध

नहीं करेंगे। क्योंकि यह श्रावक समाज ही आपकी सबसे बड़ी शक्ति और सेना है। सौरमंडल के नक्षत्रों की ही तरह आप दोनों भी एक-दूसरे के गुरुत्वाकर्षण पर ही टिके हुए हैं। उन्हें अपने जीवन को जीने के लिए कोई ऐसी धार्मिक धुरी चाहिए जिससे तमाम दुष्कर्मों के बीच भी उन्हें धर्मात्मा बने रहने का मानसिक परितोष मिलता रहे। आप उन्हें वह मानसिक सुख और परितोष देते हैं और उच्च शक्तियों को आदान-प्रदान के लिए मंच मुहैया करवाते रहते हैं। प्रतिदान में आपको मिलता है–ईश्वरत्व, पूजा-अर्चना, जय-जयकार, नए-नए शिष्य और सेवक।

महाराज ने कठोर नेत्रों से उसे देखा और धीमे से बुदबुदाए–आप सिर्फ़ भरी तोप हैं और कुछ नहीं। देखिए मैं फिर कहूँगा कि धर्म आस्था की चीज़ है और आप उसमें शून्य हैं, एकदम शून्य। इस कारण आप न जैनत्व को समझ पाएँगी और न ही साधु जीवन को। हर चीज़ को आप बुद्धि के डंडे से नहीं हाँक सकतीं।

संघमित्रा ने फिर अपना पक्ष रखा–महाराज, जो आस्था बुद्धि और विवेक की हत्या कर दे वह आस्था नहीं, अन्ध-आस्था और अन्ध-विश्वास ही होता है। उसी अन्धी आस्था का परिणाम है कि हज़ारों वर्षों पूर्व के अतीत को ज्यों-का-त्यों अपना लिया है आप लोगों ने। काश, आप लोगों ने उसे सत्य की छलनी से छाना होता, सूप से फटकारा होता तो इतनी सम्भावनाशील युवा शक्ति को आपने इस प्रकार तमस, जड़ता और कर्महीनता के अन्धे कूप में नहीं धकेला होता। सोचिए महाराज, जो युवा शक्ति हँसते-हँसते इतना कठोर जीवन अपना ले, जो अपनी प्यास को ही पी जाए, भूख को ही गटक ले, वह युवा शक्ति क्या नहीं कर सकती थी? यदि आप चाहते तो इस युवा शक्ति और ऊर्जा को एक शक्तिशाली, जीवन्त और बेहतर मानवीय समाज की संरचना के लिए उपयोग कर पूरी मानवता का उपकार कर सकते थे...आप देश की रीढ़ बन सकते थे, पर आप...

बात पूरी नहीं करने दी मालविका ने और हनुमान की तरह बीच में ही कूद पड़ी और विनीत स्वर में कहा उसने–महाराज, इस शास्त्रीय चर्चा का कदाचित् कोई अन्त नहीं। हम आपसे सिर्फ़ इतना सहयोग चाहते हैं कि आप राशि बिनायिका (छुटकी) की दीक्षा का विरोध करें और गुरुदेव पर दबाव डालें कि वे इसे दीक्षित नहीं करें। वह बच्ची है, अपना भला-बुरा नहीं सोच सकती और उसकी माँ पूर्णिमा देवी, उसकी आँख पर धर्म की पट्टी बँधी है, वे तो ख़ुद ही उसके भविष्य पर गोबर पोत रही है। अब उम्मीद सिर्फ़ यहीं बची है।

महाराज ने अपना गर्दन और हाथ एक साथ हिलाए। पूरे दम से हिलाए। अपनी जीभ काटी–यह मेरे लिए किसी भी सूरत में सम्भव नहीं। गुरुदेव! और उनका विरोध! असम्भव! हमारे लिए साक्षात् ब्रह्म हैं वे।

और वे भी झटके से खड़े हुए–अब बाद में सेवा-लाभ लूँगा।

उम्मीद का आखिरी पुल भी टूटा। कलेजा फिर दरका। पाँखुडी-पाँखुडी बिखरी संघमित्रा को फिर सँभाला मालविका ने–किस अँधेरे से उजाले की भीख माँग रहे हैं हम भी। हम तो क्या...लाखों-लाखों टनों के हाइट्रोजन बम भी यदि फोड़ दिए जाएँ तो भी नहीं खुलेंगी, इनके दिमाग की बन्द खिड़कियाँ। सीधा-सादा धर्म–सबको प्रेमभाव में बाँधकर रखना उसको भी कितने जाल-जंजालों में डाल जटिल कर डाला है इन्होंने। भगत सिंह को यूँ ही नहीं कहना पड़ गया था–धरती के स्वर्ग को अक्सर धर्म की आड़ में ही उजाड़ा गया है।

कुछ जवाब नहीं दिया संघमित्रा ने, बस खाली-खाली आँखों से आसमान की ओर ताकती रही...दूर उड़ता कोई पाखी उड़ते-उड़ते ओझल हो गया था। ठीक वैसे ही जैसे दूर होते-होते ओझल होते जा रहे थे सपने उसकी आँखों से।

× × ×

एक गरीब आदमी था, वह रोज मन्दिर जाता और सप्तम स्वर में ईश्वर से याचना करता–हे भगवान, मुझे रोटी दे और यदि सम्भव हो तो रोटी के साथ थोड़ी दाल भी दे दें। एक धर्मगुरु हर दिन की उसकी इस टुच्ची प्रार्थना को सुनते-सुनते उकता गया। एक दिन उससे रहा नहीं गया। लगा उसे फटकारने–तुम्हें शर्म नहीं आती, ईश्वर से माँगते भी हो तो क्या, दाल-रोटी...कुछ तो शर्म करो। गरीब ने पूछा–तो फिर तुम्हीं बता दो, मैं ईश्वर से क्या माँगू? अच्छा यही बताइए कि आप क्या माँगते हैं?

उस धर्मगुरु ने गर्व से कहा–मैं माँगता हूँ–हे ईश्वर, मुझे सत्य, ईमानदारी, संयम और नैतिकता दे। मुझे चरित्र दे। उस गरीब ने जवाब दिया–सही फरमाया आपने। व्यक्ति ईश्वर से वही माँगता है जो उसके पास नहीं होता है।

कहानी सुनाकर मालविका ने कहा–जानती हो मित्रा, इस उपासर में हर शाम मैं एक प्रार्थना सुनती हूँ–संयममय ही जीवन हो...। मकड़ी के जाले की तरह जहाँ हर दीवार पर संयम लटका हो, जहाँ हवा भी संयम से बहती हो...वहाँ यह प्रार्थना।

अवसन्न संघमित्रा ने जीवन से हारे जुआरी की तरह गहरी साँस ली और कहा–जब सूरज ही निस्तेज हो जाए, दोपाया ही चौपाया हो जाए तो फिर अन्धकार का क्या दोष?

× × ×

दीक्षा का बचा अब एक दिन।

नित्य नए अनुभवों और स्पन्दनों से गुजरती छुटकी के लिए वह चाँद पा लेने का दिन था। संघमित्रा का रक्तचाप हर दिन तेजी से बढ़ता हुआ खतरे की सीमा पार कर गया था। वह छुटकी को गायब करने की योजना बनाने की सोच रही थी। सन्तुलित दिमागवाली मालविका उसे समझा रही थी–जब नदी में बाढ़ आई

हो तो उस पर बाँध नहीं बाँधा जा सकता है। जो कुछ तुम कर सकती थी, तुमने किया। छुटकी के अबोध मन के साथ अभी समाज और धर्म की अपरिमित ताकत जुड़ी हुई है, अभी चाहकर भी तुम उसे अपने पास नहीं रख पाओगी, अभी अंडा फूट चुका है इसलिए अच्छा है कि फिलहाल तुम दोनों को ही इन शक्तियों के हवाले कर दो...। जब बाढ़ का पानी उतर जाएगा...यथार्थ के कीचड़-कादे को जब वह स्वयं महसूस करेगी, जब स्वतन्त्र चिन्तन और निर्णय लेने की क्षमता विकसित कर लेगी वह, तभी तुम उसके लिए कुछ कर सकोगी।

–पर तब तक क्या बचा रहेगा पानी उसकी नदी में? बची रहेगी वह इस ब्लैक होल में?

–पर यदि अभी तुमने दीक्षा समारोह का बहिष्कार किया तो छुटकी फिर कभी ज़रूरत पड़ने पर भी सहायता के लिए गुहार नहीं लगाएगी। उसके मन में खरोंचें पड़ जाएँगी। देखो, सारे उत्पाद की जड़ मन है। जो मन आज उसे ज़िन्दगी और मौत के डर से संन्यासिनी बना रहा है, वही मन जब सही दिशा में दौड़ेगा तो उसे झाँसी की रानी भी बना देगा।

–पर जो इस रास्ते पर एक बार निकल गया, वह कभी लौटकर वापस नहीं आता...उस दुनिया में स्नेह, प्रेम और लगाव के सारे कोमल पत्तों को झाड़ दिया जाता है। नियमित चिट्ठियों तक के आदान-प्रदान की छूट नहीं है वहाँ।

–देखो, धर्म हो या राजनीति या समाज–सारे नियम कमज़ोरों के लिए होते हैं। जिसके हाथ में लाठी वही लठैत। 'समरथ को नहीं दोष गुसाईं।' इसलिए तुम सिर्फ़ एक काम करो, स्वयं को ताकतवर बनाओ...। फिर देखना कोई हवा तुम्हें उखाड़ नहीं पाएगी।

× × ×

दीक्षा की पूर्व संध्या।

लालकोठी में वही उल्लास एवं उत्सव था जो किसी भी शादी-ब्याह के घर में होता है। रिश्तेदार भी आ गए थे। छुटकी के चाचा-चाची ने छुटकी और पूर्णिमा देवी पर केसर के छींटे मारकर उनकी संसार त्यागने की महायात्रा पर अन्तिम मुहर लगा दी थी। फिर एक-एक कर सभी सम्बन्धियों ने केसर के छींटे मारे। जब बहन की बारी आई तो मालविका ने ठेला संघमित्रा को। पर टस से मस नहीं हुई संघमित्रा। बेदी से उठकर स्वयं ही आई छुटकी अपनी जीजी के पास। सुबह की दूब-सी मासूम, शान्त और निरीह-सी छुटकी को देख कलेजा मुँह को आ गया संघमित्रा का। वो हूक उठी, कि भीतर की गले की आवाज़ हो अवरुद्ध हो गई...आँखें भरने लगीं। गर्दन हिला फिर मना किया उसने दीक्षा लेने को और कसकर भींच लिया अपनी लाडली को।

बहन से लगी छुटकी भी सिसक उठी। लिपटे-लिपटे ही जीजी के आँसू पोंछने

लगी। होने वाली साध्वी के भीतर इतनी दुर्बलता! यह अनर्थ देख बूढ़ी-सयानी महिलाएँ छुटकी को खींच ले गईं। उधर महिलाओं ने धार्मिक भजन शुरू कर दिया :

"मन को मार ले।
संयम बिन नहीं मिलती शान्ति, कर ले करोड़ उपाय
मन को मार ले
जितनी इच्छा उतना संकट, आखिर तब बढ़ जाए
मन को मार ले...!"

एकाएक संघमित्रा को ध्यान आया, छुटकी ने कहा था, जीजी, दीक्षा लेने के पूर्व मैं भी जी भरकर आइसक्रीम खाऊँगी और कॉमिक्स पढूँगी।

भारी मन से आइसक्रीम लेने निकल गई संघमित्रा। पूरे रास्ते एक कुविचार पीछा करता रहा उसका–काश आइसक्रीम खाकर छुटकी इतनी बीमार पड़ जाए कि दीक्षा लेने के लिए उठ ही न सके और दीक्षा का दिन टल जाए।

मन को स्वस्थ करने के लिए संघमित्रा वहीं सड़क पर ही चक्कर काटने लगी। मन की डाल पर विचारों के पक्षी फिर फुदकने लगे–चाँद-तारों और नक्षत्रों की दिशा बतानेवाले हमारे धर्माचार्य काश समझ पाते कि अकेले व्यक्ति के भीतर क्या उमड़-घुमड़ रहा है। काश समझ पाते कि सबसे बड़ा–सबसे बड़ा पाप यही है...इनसान को ईश्वर से जोड़ने की आड़ में इनसान को इनसान से तोड़ना।

घर लौटी तो देखा, छुटकी बड़े चाव से अपने हाथों में अपने जीवन की अन्तिम मेंहदी लगवा रही है। महिलाओं का भजन अब आरोही तान लेने लग गया था :

"बीत रही है पल-पल तेरी ज़िन्दगी
कर ले अब तो अन्तर्मन से प्यारे प्रभु की बन्दगी।"

× × ×

हुलस-हुलस कर आइसक्रीम सबोरती छुटकी को देख आसपास की औरतों की भी आँखें भर आईं...।

पूर्णिमा देवी ने भारी गले से कहा–भोग-विलास की अन्तिम सन्ध्या।

चाची ने कहा–लाड़-दुलार की अन्तिम घड़ियाँ।

चाचा ने कहा–कल इस समय हम इनकी वन्दना करेंगे और ये हमें आशीष देंगी।

सन्तुलित दिमागवाली मालविका भी चुप नहीं रह सकी। फट पड़ी–इसके भीतर तो आनन्द और उल्लास भरा पड़ा है। संसार से वैराग्य की तो छाया भी नहीं है इसके आसपास। शरीर भी कहीं झूठ बोलता होगा...पर इतना बड़ा सत्य भी नहीं दिखता आप लोगों को...मैं हाथ जोड़ती हूँ...अभी भी रुकवा दीजिए यह दीक्षा। यह झूठ है।

इस बेमौसम की बारिश देख एकाएक जैसे सबको साँप सूँघ गया।

आखिर चाचा ने ही बात सँभाली–देखो, तुम दोनों के ऊपर मोह-माया का पर्दा पड़ गया है इस कारण तुम्हें भीतर का सत्य नहीं दिखता। ज़िन्दगी का सुख भोग में नहीं, भोग से ऊपर उठने में है। धर्म के रास्ते पर निकल पड़ी है लड़की, उसको भटकाना ही सबसे बड़ा अनर्थ है।

संघमित्रा को ताज्जुब हुआ, कलकत्ता पहुँचने के बाद पूर्णिमा देवी ने भूलकर भी संघमित्रा को आड़े हाथों नहीं लिया था...और न ही उन्हें कभी यह डर सताया कि कहीं संघमित्रा छुटकी को भड़का नहीं दे, क्या इसलिए कि कलकत्ते की लालकोठी में पहुँचकर छुटकी धर्म के सेफ़-ज़ोन में पहुँच गई थी?

× × ×

शाम को अन्तिम बार धातु की थाली में भोजन किया छुटकी ने...आत्मीयों ने अपनी सारी ममता जैसे पकवानों में उँड़ेलकर रख दी हो। छप्पन भोग पकवान। हर घर से आया कोई-न-कोई पकवान। धर्म के इस यज्ञ में अपने हिस्से का पुण्य बटोरने की सभी की आदिम लालसा। मिनट-मिनट बढ़ता पुण्य का खाता। किसी ने अन्तिम बार पहनने के लिए छुटकी को घाघरा सेट उपहार में देकर पुण्य कमाया तो किसी ने गले में सोने की चेन डालकर पुण्य कमाया। पूरा समाजवाद, जिसकी जितनी हैसियत, कमा ले पुण्य।

रात जब छुटकी अन्तिम बार पलँग पर सोने लगी तो फिर किसी ने पलँग पर अपनी तरफ से चादर चढ़ा दी। जैसे ही घुसी संघमित्रा भीतर छुटकी चहकी...जीजी देखा यह चद्दर, फूलोंवाली। संघमित्रा ने फिर उसके माथे पर ममता का हाथ फेरा–यह सब तुम्हें हर वक्त अहसास दिलाने के लिए किया जा रहा है कि तुम विशिष्ट हो...। तुम महान हो। पर यह सत्य नहीं है...इस प्रकार छोटे-छोटे सुखों को मारकर आदमी विशिष्ट नहीं बनता है...बल्कि वह कुंठित, हिंसक और पाशविक वृत्ति का ही बनता है। न तुम्हारी उम्र अभी इन सबसे ऊपर उठने की है और न ही इन मासूम सुखों से ऊपर उठने की कोई ज़रूरत ही है।

समझ-नासमझ के समागम बिन्दु पर खड़ी छुटकी के चेहरे पर परेशानी फिर झलकी। लाचार नज़रों से देखती रही अपनी जीजी को। सोचकर भी सोच नहीं पाई वह कि क्यों उसकी जीजी अम्मा की तरह सोच नहीं पाती?

× × ×

रात!

उस सजे-सँवरे रोबीले पलँग पर आखिरी दफा सोने के लिए जैसे ही लेटने लगी छुटकी, संघमित्रा की टूटती भींगती आवाज़ ने फिर विह्वल कर डाला उसे।

छुटकी, याद है, आज की रात के लिए क्या कहा था तुमने...क्या चाहा था?

छुटकी उठकर बैठ गई। तकिये के रेशमी ग़िलाफ़ पर हाथ फेर उसकी चिकनाई को महसूस करते हुए नज़रें ऊपर उठाईं, सामने उदासी में लिपटा जीजी का मुस्कराता चेहरा। उसकी आँखें सिकुड़ी, दिमाग पर जोर डाला उसने–पर कुछ भी पकड़ में नहीं आया। आखिर हथियार डाल खुशामद करते हुए कहा उसने–ऊँहू-हूँ...मुझे तो कुछ भी याद नहीं पड़ता जीजी...तुम्हीं बताओ न क्या कहा था मैंने?

यह देखो!

संघमित्रा के दोनों हाथों में इन्द्रजाल के दो कॉमिक्स किसी पहलवान की तरह इतराए।

खरगोश की आँखों-सी चमकी छुटकी की आँखें। चिड़िया-सी वह चहकी–ओह जीजी, तुम सचमुच कितनी अच्छी हो...मुझे दो प्लीज...बस आज की रात... आखिरी बार।

उसे कॉमिक्स पकड़ाते हुए हाथ काँप गए संघमित्रा के। लगा जैसे फाँसी की सज़ा पाए किसी कैदी की अन्तिम मुराद पूरी करने जा रही है वह।

कॉमिक्स पढ़ते-पढ़ते रात गहरा गई। फैंटेसी की दुनिया में खोई छुटकी ने एकाएक देखा, कॉमिक्स के बीचोंबीच एक चिट रखी हुई थी–छुटकी यदि सचमुच अपनी जीजी को चाहती हो तो भगवान के लिए यह दीक्षा मत लो।

जीजी! छुटकी के हाथों से कॉमिक्स छूट गई। पलटकर वह संघमित्रा के पास आई तो देखा, सुबक-सुबक कर रो रही है उसकी जीजी।

मत रोओ जीजी! उसके आँसुओं को पोंछते-पोंछते वह ख़ुद रो पड़ी।

और गहराती रात के उन पिघलते लम्हों में, जब दोनों बहनों की आँसुओं की धारा एक साझा धारा बन बहने लगी थी, हवाएँ उन साक्षी दीवारों पर इस सदी की सबसे उदास कविता रचने में व्यस्त थीं।

× × ×

भोर!

घर में चहल-पहल मची है, लगभग वैसी ही जैसी शादी-ब्याह के अवसर पर होती है। नवकार मन्त्र की हल्की-हल्की गूँज के बीच आँखें खोली छुटकी ने। उनींदी चेतना में सबसे पहली बात यही कौंधी–बस अन्तिम दिन। कल से दुनिया अलग। एकाएक रात की घटना ज़ेहन में कौंधी...सिसकती जीजी। व्याकुल हो उसने पुकारा–जीजी! पर उन क्षणों वहाँ न संघमित्रा थी और न ही मालविका। अपने आसपास से ऊपर उठने के लिए, अपने आक्रोश और हताशा से पार पाने के लिए छत पर चली गई थी संघमित्रा।

व्याकुल और आशंकित छुटकी ने फिर पुकारा–जीजी! जवाब दिया पूर्णिमा देवी ने–दो घंटे बाद तुम्हारी दीक्षा का मुहूर्त है और तुम जीजी-जीजी की रट लगा

रही हो। जीजी हो, ऋषि हो या तुम्हारे पापा...सब बन्धन झूठे हैं, सच्चा नाता है सिर्फ़ गुरुदेव का, धर्म का। जाओ...इस जीवन का अन्तिम इस्नान करो और आखिरी 'सिंगार'।

× × ×

सज रही है छुटकी
सजाई जा रही है छुटकी।

दोनों होंठों को मिलाकर लिपिस्टिक का लेप बराबर कर चुकी है वह। काजल की पतली रेखा भी आंज चुकी है। ललाट की टिकुली को गोल आकार देते-देते पूछ बैठती है–यह भी क्या बात भला, पहले शृंगार करो और फिर उतारो।

जवाब दिया चाची ने–जिससे घरवाले अपनी लाडली को गुरुदेव के हवाले करने के पहले उसके दुल्हन रूप को भी जी भर देख लें।

आदत से मजबूर संघमित्रा फिर सोचने लगी–शृंगार और सौन्दर्य के प्रति छुटकी की ऐसी आसक्ति को देख तो कोई अन्धा भी कह देगा कि यह छोकरी सिर्फ़ नए-नए रोमांच और अनुभव से गुजरने को ही संन्यास समझ रही है। इसी ख्याल से खेल रही है वह कि अब हर दिन इतना ही रोमांचक बीतेगा। हे भगवान! इतना अनर्थ और वह भी तुम्हारे नाम पर।

अपनी तरफ से जोर लगाती है मालविका। छुटकी यह भी तुम्हारी परीक्षा है यदि तुम्हें सजने में, लिपिस्टिक से होंठों को रचने में, काजल आंजने में ज़रा भी आनन्द आ रहा है तो जानो तुम्हारा संन्यास कच्चा है, झूठा है। और तुम जानती हो झूठ कितना बड़ा पाप होता है, अभी भी कुछ नहीं बिगड़ा है, तुम थोड़े दिन अपनी जीजी के साथ और रह लो क्योंकि तुममें जीवन के प्रति वैराग्य नहीं, उत्साह भरा हुआ है। अपार उत्साह और यह सही भी है, होना भी चाहिए।

संवाद की दिशा पलटती देख, धार्मिक सफलता के हाई-वे पर खड़ी पूर्णिमा देवी ने कठोर दृष्टि से मालविका की ओर देखा और लम्बे-लम्बे हाथ जोड़ बोलीं–इस सब बहसों की गुंजाइश अभी भी बची है क्या? अब तो बख्शों हमें। पूरा समाज दीक्षा देखने मोहम्मद अली पार्क में इकट्ठा हो गया है, और छुटकी है कि अभी तक तैयार नहीं हुई। जल्दी करो, छुटकी।

संवाद से ध्यान हटाकर सारा ध्यान छुटकी ने फिर अपनी साज-सज्जा पर केन्द्रित किया। बड़े चाव से गोटा के फूलों से कढ़ा घाघरा पहना। कभी सिनेमा में देखा था उसने अभिनेत्री राखी को दुल्हन की तरह सजते हुए। उसी तरह उसने मोतियों की लड़ीवाला माँगटीका पहना। गले में कल्चर मोती का गलपटिया डाला। कानों में हैदराबादी मोती के छोटे-छोटे बुन्दे। उँगली में पुखराज की अँगूठी। कलाई

में मछली के मुँहवाले बंगाली कंगन। पूरी तरह से सज-धज कर माथे पर लाल चुनरी से आँचल देकर जी-भर निहारा ख़ुद को। बस दुल्हन के शृंगार में एक कमी रह गई है–ललाट पर चन्दन और कुमकुम की महीन-महीन बिन्दियों का अर्द्धचन्द्राकार गोला।

और अब पारिवारिक सदस्यों को अन्तिम सांसारिक प्रणाम करने की रस्म अदायगी। आज वह पुत्री है, बहन है, बस दो घंटे बाद ही सब रिश्तों, आवाज़ों और पहचानों को पार एक अनासक्त आत्मा बन जाएगी वह।

एक साध्वी।

सबसे पहले तुम जीजी। पाँव छुए। नम आँखों से उसे देखा और अवरुद्ध कंठ से दो शब्द बाहर धकेले–जीजी, खमत्खामणा (सांसारिक जीवन में रहते हुए जाने-अनजाने जो भी भूल-चूक हुई हो उसके लिए क्षमा-याचना।)

भावावेग में लिपटा लिया संघमित्रा ने छुटकी को। निःशब्द रोती रही दोनों। धीरे से कहा संघमित्रा ने–जब भी जी भर जाए संन्यास से, लौट आना...तेरी बाट जोहती रहूँगी रे!

फिर चाचा-चाची, मामा-मामी सबसे होते हुए अन्त में छुटकी ने पूर्णिमा देवी का चरण स्पर्श किया–बस दो घंटे बाद ही वे माँ-बेटी नहीं रहेंगी। इन रिश्तों की समाधि पर नए रिश्ते उगेंगे–गुरु बहनों का रिश्ता।

फिर बारी आई पूर्णिमा देवी की। विधवा नारी। शृंगार विहीन जीवन। इस कारण दीक्षा भी शृंगार विहीन। न साज, न शृंगार। सीधा केसर के छीटों का शार्ट-कट। बड़े भाई-भाभी से केसर के छींटे लगवाकर नई आत्मा की तरह उन्होंने भी नए श्वेत वस्त्र धारण किए और अपने देवर-देवरानी, भाई-भावज और सभी दूर-पास के रिश्तेदारों को अन्तिम सांसारिक प्रणाम किया...।

महाप्रयाण की उस महाबेला में नम आँखों से सबने एक साथ विदा दी कि तभी पूर्णिमा देवी ने देखा...संघमित्रा वहाँ नहीं थी। उन्होंने पुकारा–मित्रा। छुटकी ने पुकारा...जीजी। बाथरूम में आँखें धोती संघमित्रा की आँखें रोते-रोते जवाफूल बन चुकी थीं।

ऋषि गया, पापा गए अब माँ और छुटकी भी। अपने आनेवाले अकेलेपन के अहसास से कलेजा फटने लगा संघमित्रा का।

जो छुटकी बिना परियों की कहानी सुने सोती नहीं थी, जो छाया की तरह इस कदर चिपकी रहती उससे कि कभी बाहर जाना भी हो तो उसे चकमा देकर ही जा पाती थी वह...आज उसे छोड़कर जा रही थी सदा-सदा के लिए। अब नदी किनारे वह अकेली...

संघमित्रा की हालत देख अनासक्ति के दूसरे किनारे पर खड़ी पूर्णिमा देवी की आँखें भी भर आईं...गला अवरुद्ध हुआ...हवा में हिलते पत्ते की तरह वे

फड़फड़ाईं। चलते कदम ठिठक गए कि तभी जैसे भीतर से आवाज़ आई–सब माया है। बेटा-बेटी, पति-पत्नी सब रिश्ते झूठे हैं। संघमित्रा के सिर पर हाथ रख माँ के रूप में आशीर्वाद दिया–खुश रहना और धर्म की राह पर चलना और फिर वे सधे कदमों से चलकर कार में बैठ गईं।

कार की खिड़की से पूर्णिमा देवी और छुटकी सांसारिक सुख-सुविधा के प्रतीक चावल और पैसों की उछाल करते गए, सारे रास्ते।

× × ×

दीक्षा स्थल–मोहम्मद अली पार्क।

धर्म के ध्वज, बैनर, स्वागत द्वार, भव्य पंडाल। होर्डिंग और गुरुदेव के आदमकद कट-आउट।

मंच के बाईं ओर सरोवर में तैरते हंसों की तरह एक क़तार में झक-झक उज्ज्वल वस्त्रों में दिपदिपाते परमहंस सरीखे साधु। दाईं ओर एक क़तार में बैठो देदीप्यमान आत्माएँ–साध्वियाँ। बीच में अनुशासित ढंग से बैठा श्रावक समाज। हवा की झकोरियों की तरह हर तीन मिनट पर उठती धर्म की जय-जयकार। धर्म के सौरमंडल में अलग से ही किसी ध्रुवतारे की तरह झिलमिलाते मुगले-आज़म गुरुदेव, जीवसिद्धि। आचार्यों के आचार्य। होनेवाली इक्कीस दीक्षाओं को देख चेहरे पर वही पुलक और परितोष, जो परिवार के बुजुर्ग पर होता है अपनी लहराती वंशबेल को बढ़ते देख।

हज़ार-हज़ार वाट के बल्ब की तरह जगमगाता पूरा साधु समाज। तीन चरण में होने वाली इक्कीस दीक्षाओं में आज सिर्फ़ पाँच दीक्षाएँ। हर दीक्षा गुरुदेव के हाथों।

मंच के बाईं तरफ एक क़तार में सजे-धजे दीक्षार्थी मुमुक्षु। दाईं तरफ कुछ साधु-साध्वियाँ। सामने की पंक्ति में ढेर सारे साधु-साध्वी। कुछ श्रमणियाँ दीक्षार्थियों के साथ अपनी श्रेणी आरोहण की प्रतीक्षा में। पूरी चुस्त-दुरुस्त व्यवस्था। गुरुदेव का संगठन कौशल। सबसे पहले गुरुदेव ने महामन्त्र का सस्वर पाठ किया–ओम नमो अरिहंताणम्...ओम नमो सिद्धानणम्। फिर कलकत्ते की स्थानीय महिलाओं ने गुरुदेव की वन्दना की।

कलकत्ते के रसगुल्ले के रस की तरह टप-टप टपकती उनकी श्रद्धा :

"सोने रो सूरज उगियो/गुरुदेव पधरिया म्हॉरे पावणा।
कभी राम बनके, कभी श्याम बनके, गुरुजी चले आना।"

फिर एक सूफियाना भजन–'तुच्छ कामनाओं ने नर को कदम-कदम पर भटकाया है।'

फिर राज्यपाल का संक्षिप्त भाषण–जैन धर्म में तीन चीज़ों पर बहुत बल दिया गया है–सत्य, अहिंसा और अपरिग्रह। इन मूल्यों को अपनाकर ही हम इक्कीसवीं सदी को भारत की सदी बना सकेंगे।...और अन्त में मैं इन मुमुक्षुओं के प्रति

शुभकामना व्यक्त करता हूँ कि ये धर्म की राह पर चलते हुए इस देश के लोगों में धार्मिक मूल्यों के प्रति आस्था जगाएँगे।

फिर एक विदाई गीत...दीक्षार्थियों के अभिनन्दन में जिसने लोगों को एक खास भाव दशा में पहुँचाया :

"बीत रही है पल-पल तेरी ज़िन्दगी
कर ले अब तो अन्तर्मन से, प्यारे प्रभु की बन्दगी।"

फिर गुरुदेव का संक्षिप्त भाषण। फिर वे थोड़ा भावुक हुए क्योंकि आज का दिन उनकी भी दीक्षा का दिन था। दीक्षा का मतलब समझाते हुए कहा उन्होंने–असत् का निग्रह कर सत् की दिशा में प्रस्थान ही दीक्षा है।

सिर उठाकर गुरुदेव ने फिर सगर्व घोषणा की कि आज के भौतिक चकाचौंध के इस युग में भी ऐसे तेजस्वी और चमत्कारी बालक-बालिकाएँ हैं जिनमें वैराग्य की भावना जन्म के साथ ही प्रबल होने लगती है। दोहरे आनन्द की बात है कि आज के इस समारोह में एक परिवार सामूहिक दीक्षा और एक माँ-बेटी दीक्षा ले रही हैं।

तो आज की इस दीक्षा का शुभारम्भ हम राशि बिनायिका (छुटकी) की दीक्षा से ही करते हैं।

इसके साथ ही छुटकी सहित सभी दीक्षार्थियों के अभिभावकों की ओर से प्रस्तुत आज्ञा-पत्र का वाचन हुआ। छुटकी के आज्ञा-पत्र को उसके चाचा ने पढ़ा।

दुल्हन की तरह सजी-धजी छुटकी अपार जनसमूह के समक्ष हाथ जोड़ते हुए आई और अपने चाचा-चाची से संन्यास जीवन वरण करने की औपचारिक आज्ञा माँगी।

फिर शुरू हुई दीक्षा की प्रक्रिया। छुटकी ने प्राकृत भाषा में पहली शपथ ली।

"करोमि भन्ते समाइयं सावज्जं जोगं पचक्खामि
यावज्जीव-पज्जुवासामि दुपि हं निविहेणं न करोमि न कारनेमि"

(हे भगवान, मैं आपके चरणों में आकर मनसा-वाचा-कर्मणा दीक्षा स्वीकार करती हूँ। यदि अतीत में मैंने कुछ पाप किया हो, वनस्पति, पानी या वायु का दुरुपयोग किया हो तो प्रायश्चित करना चाहती हूँ।)

और उसे इसके साथ ही पूरे समाज के समक्ष धरती, आकाश और हवाओं की साक्षी में उसे साध्वी घोषित कर दिया गया–नए जन्म, नए सन्दर्भ और नए नामकरण के साथ। अब से वे साध्वी दिव्यप्रभा कहलाएँगी।

जय हो, जय हो के बीच छुटकी ने जन-समुदाय का अभिवादन स्वीकार किया।

साथ ही शुरू हुई उसके विरूपीकरण की प्रक्रिया।

शुरू हुई शरीर पर चढ़े एक-एक आभूषणों की बोली।

...यह माँगटीका...इसे दिव्या जी फिर कभी धारण नहीं करेंगी।

एक हज़ार एक...

पाँच हज़ार एक...

...मुक्तहस्त से बोली बढ़ाइए...इस सारे धन का उपयोग धार्मिक उद्देश्यों के लिए होगा।

दस हज़ार एक...

यह हाथों के कंगन...एक हज़ार एक।

पाँच हज़ार एक।

दस हज़ार

दस हज़ार एक

पन्द्रह हज़ार...

बोलियाँ बढ़ती गईं। एक-एक कर सारे आभूषण उतरते गए। यूँ पकड़ाती रही छुटकी उन्हें जैसे कोई बच्चा एक-एक कर पकड़ाता है अपना खिलौना।

देखते-देखते वह आभूषण विहीन हुई। अलौकिक हुई। कई वृद्ध महिलाओं की आँखें भर आईं। उसके आनेवाले कठोर जीवन की कल्पना मात्र से।

फिर शुरू हुई केश-लुंचन की प्रक्रिया जो और भी यातनादायक थी। छाई के सहारे कुछ अभ्यस्त हाथों ने दनादन उसके केशों को उखाड़ना शुरू किया। दाँत भींचकर आँखें मूँदे असह्य वेदना सहती रही छुटकी। कई महिलाएँ केश-लुंचन की यह प्रक्रिया देख सिसक पड़ीं...और तभी हॉल के बीच कुछ खलबली-सी मची...कई लोग उठकर खड़े हो गए...अंतड़ियों को फाड़कर निकला संघमित्रा का क्रन्दन उस पूरे पार्क को कँपा गया...एक अन्तहीन हताशा और बेकाबू विक्षप्ति में प्राणों के भीतर से निकली एक चीख–रोको, रोको इसे...कोई तो रोको...एक मासूम कन्या को इतनी बेरहमी से गंजा किया जा रहा है...और सब श्रद्धा से देख रहे हैं...क्या धरती का पानी सूख गया है। क्या यही है धर्म! यही है सभ्यता! हे भगवान...

जैसे-जैसे बालों का छोटा-मोटा झरना ज़मीन पर गिरता–उन्मादिनी-सी चीख उठती संघमित्रा।

कुछ धर्मात्माओं ने थाम लिया था संघमित्रा को। उसकी हालत उस देवकी-सी हो गई थी जिसके सामने ही मारा जा रहा था उसकी सन्तान को।

विचलित हो मालविका और उसकी सहेलियों ने जमकर नारेबाजी की–ऐसे निष्ठुर धर्म का नाश हो! जीवसिद्धि होश में आओ। जीवसिद्धि मुर्दाबाद।

यह नारेबाजी अप्रत्याशित थी। अभूतपूर्व थी। संघ इतिहास में पुष्प वर्षा तो कई बार हुई थी...पर यह नारेबाजी! लोग सनाका खा गए थे–आखिर कुछ सयानी धर्मात्माओं ने मालविका और उसके मित्रों को खदेड़ते हुए बाहर किया।

दिव्यप्रभा के बालों की आखिरी लट को साध्वी प्रमुख प्रज्ञावती ने उखाड़

दिया। धरती पर गिरे छुटकी के बालों को झोली फैलाए खड़ी उसकी चाची के आँचल में डाल दिया गया।

बीस मिनट का अन्तराल।

बदला हुआ परिदृश्य।

जैसे चित्रकार की सर्वश्रेष्ठ कृति को किसी शैतान ने झूमते बसन्त से उदास पतझड़ में बदल डाला हो।

दुल्हन छुटकी का जोगिन में रूपान्तरण। शृंगारहीन। बेलमुंडी। मुँह पर श्वेत पट्टी। नंगे पैर। श्वेत घाघरा-ओढ़नी। हाथों में चरवला। और चेहरे पर भावहीन उदासी।

अब वह मोक्ष मार्ग की यात्री थी।

अलौकिक दुनिया की जीव।

अपने इस नए रूप में उसने सबसे पहले अपने दीक्षा गुरु की वन्दना की।

और भौतिक आत्माओं ने उसकी।

फिर सिलसिला शुरू हुआ जय-जयकारों का।

धर्म की जय!

आचार्य जीवसिद्धि की जय!

साध्वी दिव्यप्रभा की जय!

जैन धर्म की जय!

पूर्णिमा देवी की जय!

अंडे से तुरन्त निकले चूजे की तरह ताज़ी टटकी साध्वी दिव्यप्रभा ने एक-एक कर सभी साधु-साध्वियों की वन्दना की। फिर आई परिवार के सदस्यों की बारी। चाचा-चाची और चचेरी-ममेरी बहनों ने उसकी वन्दना की। चाची ने आरती उतारी। पर दिव्यप्रभा की आँखें बेचैनी से जिसे खोज रही थी वह वहाँ नहीं थी।

फिर आई पूर्णिमा देवी की बारी।

इस बार जय-जयकार की गूँज इतने हाइ-पावर की थी कि दिशाएँ गूँज गई थीं।

वे थीं भी दुगुनी जय-जयकार की अधिकारी। उन्होंने अपनी पुत्री को भी धर्म के मार्ग पर प्रवृत्त किया था। इस कारण श्रद्धालुओं की श्रद्धा भादों के बादल-सी बरस पड़ी थी।

दीक्षोपरान्त उनका नामकरण हुआ–साध्वी मणिप्रभाजी।

इसके सप्ताह-भर बाद छुटकी की पक्की दीक्षा हुई और दूसरे दिन ही साध्वी दिव्यप्रभा और साध्वी मणिप्रभा परिव्राजक बन विहार की ओर निकल गए।

× × ×

थमते-थमते थम गया सब शोर।

उड़ते-उड़ते ओझल हुई छुटकी...जैसे कोई वन पाखी।

पर नदी की धारा रुके तो जीवन रुके।

इस कारण अपने भीतर मरकर दुबारा जन्म लेना सीख लिया है संघमित्रा ने। कभी प्रकृति, कभी पुस्तक, कभी स्वप्न तो कभी संगीत...किसी-न-किसी भीतरी आलोक का दामन थाम हताशा की अँधेरी गुफा से बाहर निकल ही आती है वह।

आज भी वह गंगा के तीर पर। कलकत्ता का बेलूर मठ। कल-कल बहती गंगा के साथ महान समय की निरन्तरता को स्वयं भी महसूस कर रही है संघमित्रा। कुछ भी सोचना नहीं चाहती वह, चाहती है बस दृश्यों को आँखों में भरना–गंगा की सतह पर उड़ते समुद्री पाखी, दूर जाती नौकाएँ, नीले आकाश में उड़ान भरते परिन्दे। विवेकानन्द, रामकृष्ण और माँ शारदा के भव्य मन्दिरों की पृष्ठभूमि में क़तार में लगे देवदास के पेड़। दूर से आती घंटियों की आवाज़, पत्तियों की सरसराहट! सामने एक बेल वृक्ष पर टँगी एक सूचना पट्टी–यह उस बेलवृक्ष के स्थान पर लगाया है जिसके नीचे बैठकर स्वामी विवेकानन्द समाधिस्थ हुआ करते थे।

स्वर्ण बिखेरती सन्ध्या में अनन्त काल तक ऐसे ही बैठी रहती है वह। गालों पर हथेलियाँ टिकाए। विचार शून्य।

क्या यही है आदिम अवचेतन मन से साक्षात्कार? ऐसे रहस्मय वातावरण में? एकाएक व्याकुल हो उठती है वह...जैसे कोई दूर से पुकार रहा हो उसे।

उसने आँखें मूँद लीं।

अब सृष्टि और समय...सबसे दूर थी वह।

टाइम और स्पेस के उस ऊँचे टीले पर जहाँ दिख रही थी शताब्दियाँ, नीचे से गुजरते हुए।

अपनों की पीड़ा से बिखरता व्याकुल अर्जुन और सामने विराट स्वरूप कृष्ण, कर्म और कर्त्तव्य का सम्बन्ध जीवन से जोड़ते हुए।

और वही अर्जुन जब कृष्ण की विराटता, सृष्टियों की आवाजाही और युगों से साक्षात्कार करता है तो उस असाधारण अनुभव के ताप में अपने छोटे दुखों और व्यक्तिगत पीड़ाओं से कैसे ऊपर उठ जाता है।

क्योंकि चेतना विश्वचेतना को छूने लगती है। काश, मिल जाए संघमित्रा को भी कोई कृष्ण जो उठा दे उसे इन निजी दुखों से ऊपर।

अपनी अन्तर्शक्तियों को बटोरने के लिए फिर आँखें मूँद लीं उसने।

फिर फड़फड़ाने लगे इतिहास के पृष्ठ और भरने लगी भीतर की शून्यता।

किसी टहनी को सलीब बनाकर अपने कन्धे पर ढोते, गोल गाथा के टीले

पर चढ़ते ईशु।

विष का प्याला पीते सुकरात।

इसी दर्द और पीड़ा की फाँक से ही फूटी होगी रोशनी की कोई किरण कि तभी कह सके वे–लाइट, मोर लाइट।

जौहर लेती राजस्थानी स्त्रियाँ।

ओफ! सभ्यता की इन महान यात्राओं की नींव में जाने कितनी उदासियाँ भरी हुई हैं। क्या धरती का कोई भी टुकड़ा है ऐसा जो भींगा हुआ नहीं हो इनसानी आँसुओं से?

कल ही देखी थी उसने भोपाल गैस त्रासदी की एक तस्वीर जिसमें एक बच्ची मरी माँ के स्तन को चूस रही थी।

तो क्या यही है मनुष्य का सांस्कृतिक और प्राकृतिक सत्य? दुख...निरन्तर दुख!!

ख़ुद रणभूमि बनी हुई संघमित्रा।

ख्यालों में बादलों-सा टकराया...अतीत का फिर एक टुकड़ा। बीमार ऋषि और सिरहाने बैठे पापा।

ज़िद कर रहा है ऋषि–पापा कुछ सुनाइए...कुछ भी कहानी...चुटकुला।

ऋषि के बाल सहलाते-सहलाते सुनाते जा रहे हैं पापा–अकबर एक बार पीछे पड़ गए तानसेन के...मुझे अपने गुरु के पास ले चलो। सुना है जब वे गाते हैं तो धरती पर पसरी चाँदनी मचल उठती है। उनका इतना आग्रह देख तानसेन ले गए उन्हें गहन जंगलों के बीच बसी एक कुटिया में। गुरु हरिदास भाव-विभोर होकर कोई भजन गा रहे थे। समय जैसे ठहर गया था। हवाएँ जैसे थम गई थीं निस्तब्ध यामिनी में थरथरा रहे थे सिर्फ़ भजन के बोल। उन क्षणों में अकबर अकबर नहीं रहे एक भावाकुल व्याकुल आत्मा बन गए...भीतर जाने क्या कुछ इतने वेग से पिघला कि आँखों से अश्रुधारा बहने लगी।

लौटते वक्त भी अकबर उसी भावदशा में चले जा रहे थे। सहसा उन्होंने तानसेन से कहा–क्या तुम भी वही भजन गा सकते हो?

हाँ गा सकता हूँ। तानसेन ने जवाब दिया।

तो गाओ।

तानसेन ने गाना शुरू किया। थोड़ी दूर तक पहुँचे कि विरक्त होकर अकबर ने तानसेन को बीच में ही रोक दिया–बस करो, तुम्हारे गाने में वह दर्द, वह कशिश, चित्त को बहा ले जानेवाली वह लहर, वह तड़प कहाँ जो गुरु हरिदास के भजन में थी।

तानसेन ने जवाब दिया–जहाँपनाह, वे ईश्वर के लिए गा रहे थे, मैं आपके लिए गा रहा हूँ।

तो समझे बेटा...जितना बड़ा सरोकार उतनी बड़ी सार्थकता...उतना अधिक सौन्दर्य, उतना ही बड़ा आनन्द।

द ग्रेट पापा...आज फिर बचा लिया आपने मुझे। वह बुदबुदाई–अब तो हर जगह मुझे वही कहानी सुनाई पड़ रही है। देखिए पापा–सामने बहती इस गंगा को, क्या यह किसी एक के लिए बहती है? या किसी एक की पीड़ा से विचलित होकर बहना छोड़ देती है? किसी की भी निजी पीड़ा से निर्लिप्त अपने को रेशा-रेशा बाँट वह पूरी सृष्टि के लिए बहती है...तभी पैदा होता है ऐसा संगीत।

आज फिर पर्दा हट रहा है पापा!

मुझे भी गंगा बनना है...ऐसे ही बहना है। बुद्ध की करुणा क्या यही नहीं है? यही विस्तार...पूरी मानवता को अपनी करुणा की शरण में ले लेना। रोगी और वृद्ध को देखकर उनके भीतर भी यही भय समाया होगा कि एक दिन उनकी यशोधरा भी ऐसी हो जाएगी और इसीलिए चल पड़े होंगे वे जीवन के रहस्यों और सत्य की खोज में।

विचारों की आँधी चल रही है।

हज़ारों-हज़ारों सालों की विकास यात्रा के पश्चात् मनुष्य ने प्रेम करने की जो क्षमता हासिल की है, उसी का अन्तिम बिन्दु तक विस्तार का नाम ही शायद ईश्वर है...यही है आध्यात्मिकता। इसीलिए बहन की आत्महत्या से भी विवेकानन्द टूटे नहीं वरन् मनुष्य की नियति और अस्तित्व के सवालों को सींगों से पकड़ा।

और अब दृश्य में गंगा नहीं विवेकानन्द थे। बहुत देर तक वह विवेकानन्द के काल्पनिक जीवन दृश्यों को आँखों में भरती रही। दरख्तों की टहनियों से टकराती हवाओं को निःशब्द सुनाती रही। उसने चाहा, ये क्षण शाश्वत बन जाए पर फिर भीतर वो लहर उठी कि सीढ़ियों से नीचे उतर गंगा की धार तक जा पहुँची। उसे ध्यान आया–इस प्राचीन और सांस्कृतिक देश में हर संकल्प हाथों में जल लेकर किया जाता है। उसने भी अंजलि आगे बढ़ाई और गर्दन घुमाकर पूरे परिदृश्य को फिर देखा–सामने सोना रंग सूरज एक पवित्र उदासी लिए दिशाओं को आलोकित कर रहा था। आसमान में परिन्दे उड़ रहे थे। नौकाएँ उस पार जा रही थीं। गंगा का पानी चमक उठा था। अपनी सारी रोशनी लुटाकर डूबते सूरज ने उसके भीतर सोए देवताओं को जगा दिया था। उस जादुई परिवेश में गहन शान्ति उसके भीतर उतरी जैसे वह स्वयं नदी की अन्तर्धारा बन गई हो, एक स्वच्छ और पारदर्शी अन्तर्धारा...समस्त विकारों और क्षुद्रताओं से मुक्त।

वह थोड़ा और झुकी और अंजलि में जल भर अनन्त की ओर जाते सूरज को साक्षी मान मन-ही-मन उसने एक प्रतिज्ञा की–हे डूबते सूरज मैं उन समस्त धब्बों को मिटा डालूँगी जिसने इस धरती को गन्दा किया हुआ है। उन सब दीवारों को ढहा दूँगी जो जीवन सत्य और यथार्थ के बीच आ खड़ी हुई हैं। मैं आजीवन

अन्याय के विरुद्ध लड़ूँगी और कभी आवश्यकता से अधिक संचय नहीं करूँगी, यह प्रतिज्ञा रही मेरी।

बहुत दिनों बाद उसका सिर झुका, उस विराट के सामने जिसकी प्रतीति उसने अपने भीतर महसूस की। बहुत दिनों बाद उसने महसूस किया एक प्रागैतिहासिक उजाला जिसके आलोक में उसने अपनी माँ को क्षमा किया। दोष माँ का नहीं, उन लोगों का है जिन्होंने धर्म पर अधर्म का मुखौटा चिपका दिया है। लोग धर्मात्मा हैं बिना यह जाने कि धर्म क्या है। धर्म की इन विषैली जंगली घासों को काटना होगा, नई परिभाषाएँ, नई व्याख्याएँ गढ़नी होंगी।

वह बुदबुदाई।

महीनों बाद आज फिर उसने अपने आपको पाया...अपने 'स्व' को पहचाना।

× × ×

और जिस समय वह पहुँची मालविका के पास उसका मन यद्यपि एक शान्त समुद्र बन चुका था, पर भीतर विचारों की लहरें इस क़दर उफान मार रही थीं कि वह स्थिर नहीं बैठ सकी। वह चाहने लगी कि किसी से बात करना, उन प्रश्नों के जवाब तलाशना जो इन दिनों गाहे-बगाहे निरन्तर उसका पीछा करने लगे थे। वह चाहती थी उस धुन्ध को छाँटना जो मकड़ी के जाले की तरह उसके आस-पास बुन गई थी। मालविका दर्शनशास्त्र से बी.ए. कर चुकी थी उसका चिन्तक रूप संघमित्रा को सदैव ही लुभाता रहा था। आज भी इसी घाट पर उसने अपनी भीतरी बेचैनी, अपनी अनन्त जिज्ञासाओं को उँड़ेल डाला था। मालविका, जब हम बच्चे थे तो धर्म, ईश्वर और आस्तिकता को लेकर कितनी पवित्र भावनाएँ हमारे भीतर थीं। मुझे याद है, कोई कहता, बहुत धार्मिक व्यक्ति है, तो मैं किसी प्रकार उन्हें स्पर्श कर लेती कि उनकी पवित्र आत्मा का कुछ सुन्दर तत्त्व बहकर मुझ तक आ जाए। पर शिखरजी की यात्रा, माँ का व्यवहार और अन्त में छुटकी की दीक्षा से धर्म का जो अमानवीय, घृणित और कुरूप चेहरा मेरे सामने आया, उसने मुझे सोचने पर विवश कर दिया कि क्या धर्म प्रारम्भ से ही ऐसा था? जाने कैसे-कैसे प्रश्न उठते हैं मेरे दिमाग में? क्या सभी धर्म ऐसे हैं? कैसे हुई धर्म की उत्पत्ति? किसने की धर्म की कल्पना? कैसे इतना फलता-फूलता गया धर्म का साम्राज्य? हिस्ट्री और दर्शन तुम्हारे विषय हैं, तुम क्या सोचती हो? यदि आज निजी पीड़ा ने मुझे इतना विचलित नहीं किया होता तो सम्भवतः मैं ज़िन्दगी-भर इस पर इतना नहीं सोचती।

मालविका की आँखों के आगे जैसे घूम गया सृष्टि का पहला प्रभात। प्रथम रजनी। कहाँ था तब धर्म? हथेली पर ठुड्डी टिकाए खिड़की से उड़ते परिन्दों को देख रही थी वह। दिमाग के झरोखों से विचारों के परिन्दे उड़ने लगे। धीरे-धीरे कहने लगी मालविका–देखो, किसी भी धर्म की उम्र 5000 वर्षों से अधिक की नहीं, जबकि मानव जाति का इतिहास कई लाख वर्षों का है। पाँच हज़ार वर्षों

पूर्व इनसान की ज़िन्दगी में न धर्म था, न ईश्वर। पहले पहल धर्म ने अपनी आँख तब खोली, जब इनसान के भीतर डर ने जन्म लिया। प्रकृति की विनाशकारी शक्तियों ने उसे भयभीत कराया और कल्याणकारी शक्तियों ने उसे प्रकृति के प्रति कृतज्ञ बनाया। आदिम मानव पूरी तरह प्रकृति पुत्र था। प्रकृति पर निर्भर था। तुम देखोगी कि आरम्भ में उसने उन्हीं देवी-देवताओं की पूजा की जिससे उसका हित या अहित हो सकता था। कल्पना करो, साँय-साँय करते जंगल में अकेला मानव और गड़गड़ाती बिजलियाँ, शरीर को छेदती तेज हवाएँ और आकाश फोड़ती बारिश। इन शक्तियों से डरकर उसने सूर्य, जल, पवन, पृथ्वी और वनस्पति आदि को देवता स्वरूप माना और उनकी कृपा प्राप्त होती रहे इसलिए उनके लिए प्रार्थनाएँ और स्तुतियाँ रची। बाद में इन्हीं प्रार्थनाओं और स्तुतियों को सम्पन्न कराने के लिए पुरोहितों का वर्ग अस्तित्व में आया। ये सभी वैदिक युग के देवता थे। चूँकि उस समय जीवन इतना जटिल नहीं था। संसाधन प्रचुर थे। समय का अबाध सागर था। इस कारण इन शक्तियों की स्तुति में न केवल वैदिक ऋचाएँ रची गईं वरन् कर्मकांड की भी शुरुआत हुई।

मालविका का गला सूखने लगा था। पानी का घूँट ले वह फिर अपने प्रवाह में बहने लगी–लेकिन विकास की इस शुरुआती अवस्था को पार कर मनुष्य ने जब सभ्य युग में प्रवेश किया तो पितृसत्ता, व्यक्तिगत सम्पत्ति, वर्ग-भेद एवं दास प्रथा आदि का विकास हुआ। इस स्थिति में ईश्वर की जिस अवधारणा का जन्म हुआ उसके नाक-नक्श पिछले जमाने के देवी-देवताओं के नाक-नक्श से एकदम भिन्न थे।

फिर जैसे-जैसे सभ्यता आगे बढ़ती गई, व्यक्तिगत सम्पत्ति के संचय की प्रवृत्ति ने मनुष्य को मनुष्य नहीं रहने दिया। लोभ-लालच और दूसरे के हिस्से हड़पने की प्रवृत्तियाँ सिर उठाने लगीं। इससे उत्पन्न अराजकता और उच्छृंखलता के शमन हेतु धर्म की स्थापना के विचार ने जन्म लिया। धर्म मनुष्य में भय अथवा उदार भाव भर उसके आचरण को अनुशीलन कर उसमें करुणा और नैतिक चेतना जागृत कर समाज में व्यवस्था एवं सामंजस्य का विकास करे इसलिए आचार संहिता के आधार पर धर्म का प्रारूप बना। तो इस प्रकार पहले ईश्वर, फिर धर्म और फिर दर्शन की सोच विकसित हुई।

मालविका का एक सर्वथा नया रूप दुल्हन के अवगुंठन की तरह खुल रहा था आज। शायद महानगर की परवरिश का परिणाम..पिछले तीन सालों में मालविका की चेतना के कई क्षितिज खुले थे। अपनी इस भरोसेमन्द सखि पर आज उसे नए सिरे से एक उन्नत किस्म के गर्व की अनुभूति हुई।

मेरी बात समझ में आ रही है ना...मालविका ने पूछा।

अभिभूत संघमित्रा ने गर्दन हिलाई। मालविका ने कहना जारी रखा–तो यह

तय है कि यहूदी, हिन्दू, बौद्ध, जैन, ईसाई, इस्लाम और सिक्ख...सभी धर्मों का स्वरूप जीवन को सुन्दर और नैतिक मूल्यों से सम्पन्न करने का रहा। समाज में व्याप्त कुरीतियों, अन्याय, अराजकता एवं शोषण के विरुद्ध धर्म का जन्म हुआ। पर जिस प्रकार गंगा अपने उद्गम में निर्मल, पवित्र एवं पारदर्शी होती है, पर धीरे-धीरे वह प्रदूषित होती जाती है, वैसे ही कालान्तर में सारे धर्म उन्हीं बुराइयों के शिकार हुए जिनके उन्मूलन के लिए उनका जन्म हुआ था। चिन्तन के दूसरे ध्रुव पर खड़ी संघमित्रा सोच रही थी–पर धर्म की मार सबसे अधिक स्त्रियों पर ही क्यों पड़ी?

मालविका ने समझाया–स्त्रियों पर ही नहीं, धर्म की मार उन सभी पर पड़ी जो निर्बल, अज्ञानी, वंचित और असहाय थे। यह सिर्फ़ भारत में ही नहीं, विश्व के सभी देशों में हुआ। तुम देखो, मध्यकाल में दास-प्रथा ईसाई धर्म का अभिन्न अंग थी। पोप, पादरी एवं कुलीन वर्ग के संरक्षण में यह प्रथा फलती-फूलती रही। इसीलिए ईसा मसीह ने करुणा, प्रेम, दया और भाईचारे का सन्देश अवश्य दिया पर पहले से चली आ रही दास, अर्द्धदास प्रथा, शोषण एवं विषमता के प्रश्न पर वे मौन रहे। सन्त पॉल एवं सन्त अगस्ताइन ने इस दास-प्रथा को धर्मसम्मत बताते हुए इसके समर्थन में धार्मिक संहिताएँ जारी कीं। प्रारम्भ में गोरे के दास गोर होते थे। बाद में ईसाइयों और मुसलमानों के बीच होनेवाले युद्धों में बन्दी बनाए गए लोग दास बनाए जाते थे। यूरोपीय देशों का अफ्रीकी देशों से सम्पर्क होने के बाद दासता का स्थान रंग-भेद ने ले लिया। पन्द्रहवीं और सोलहवीं सदी में चर्च ने चतुराई से यूरोप के गोरे ईसाइयों को दासता से मुक्त करते हुए कहना शुरू किया कि अफ्रीका के हैम और काइन की सन्तान होने के कारण अफ्रीका के नीग्रो दास होने के लिए ही पैदा हुए हैं। 'ओल्ड टेस्टामेंट' में वर्णित गाथा के अनुसार प्रलय के दौरान नोह की नाव में हैम ने सम्भोग किया था इसलिए शापग्रस्त होकर वह दास के रूप में दंड भोग रहा है।

जानती हो मित्रा, एक स्थान पर हज़रत मोहम्मद कहते हैं–अपने दासों को वही भोजन दो, जैसा स्वयं करते हो। वही कपड़े दो जैसे स्वयं पहनते हो। उल्लेखनीय है कि दासों के साथ समानता की यह बात भी उन्हीं दासों के लिए है जिन्होंने इस्लाम कबूल कर लिया था। कहने का मतलब यह है कि इस्लाम में पहले से प्रचलित दास-प्रथा को हज़रत मोहम्मद ने भी मिटाने का कोई प्रयत्न नहीं किया, बल्कि इसे बरकरार रखा।

तो मैडम, धर्म सिर्फ़ स्त्री ही नहीं, उन सभी के प्रति उदासीन रहा जो शक्तिहीन, वंचित एवं परवश रहे। हाँ, सभी धर्मों ने गरीबों पर मलहम लगाने के लिए दान-पुण्य की प्रशंसा अवश्य की, पर उत्पादन के साधनों पर सभी के समान अधिकारों की घोषणा किसी भी धर्म में नहीं हुई। यही कारण था कि

कुलीन वर्ग ने धर्म का संरक्षण एवं पोषण किया और धर्म ने सामन्ती समाज का हित साधा।

पर ऐसा क्यों किया धर्म ने–संघमित्रा ने पूछा–क्या ज़रूरत थी धर्म को स्त्रियों, शक्तिहीनों और वंचितों के खिलाफ जाने की?

क्योंकि सारे धर्मगुरु उनकी प्रचंड शक्ति से भयभीत थे। यदि स्त्रियों और वंचितों को भी उनके ही समान उड़ने को आज़ाद आकाश दे दिया जाता तो फिर उनकी सेवा-टहल कौन करता? मेरे चाचा अक्सर कहते हैं कि जब से स्त्रियाँ आजाद ख्याल की होने लगी हैं–दुनिया बोर और जीवन नीरस होता जा रहा है। तो स्त्री को नियन्त्रण में रखने का एक आधार भी था धर्म।

मेरी आँखों से पर्दा उठ रहा है–संघमित्रा ने बहुत दिनों बाद फिर अपना वही जुमला दोहराया। लेकिन एक बात मुझे समझ में नहीं आती कि धर्म जब इस कदर स्त्री विरोधी है तो स्त्रियों का धर्म के प्रति इतना सम्मान क्यों है? तुम देखो, धर्म के मामले में हर जगह स्त्रियाँ ही सबसे आगे हैं। बल्कि उन्होंने ही थाम रखा है धर्म का सारा वितान।

मालविका ने इस फुर्ती से जवाब दिया, जैसे पहले से ही सोच रखा हो–क्योंकि उनमें अज्ञान, अनिश्चय और असुरक्षा बोध पुरुषों से कहीं अधिक है। परम्परा और प्रथा से भी वे पुरुषों से अधिक बँधी रहती है। तुम देखो...स्त्रियों पर होनेवाले सभी अन्यायों को धर्म की चादर से ढाँप दिया गया क्योंकि जहाँ धर्म है, वहाँ सब कुछ वरेण्य है चाहे वह सती प्रथा हो, बहु-पत्नी प्रथा हो या देवदासी प्रथा। दक्षिण के भव्य मन्दिरों की संस्कृति के साथ देवदासी प्रथा का गहरा सम्बन्ध है। और क्या यह भी संयोग ही रहा कि वेश्यावृत्ति का सम्बन्ध भी प्राचीन धार्मिक नगरी अयोध्या, काशी और मथुरा से ही रहा? और जानती हो, सती प्रथा के पीछे भी बंगाल के तत्कालीन हिन्दू समाज में प्रचलित दाय भाग व्यवस्था थी जिसके अनुसार पति की मृत्यु के पश्चात् उसकी सम्पत्ति पर पुत्रहीन विधवा का अधिकार होता था। पुत्रहीन विधवा की सम्पत्ति को अपने अधीन करने के लिए परिवार के स्वजन विधवा को मोक्ष, स्वर्ग, पाप-मुक्ति आदि का प्रलोभन देकर सती होने के लिए प्रोत्साहित करते थे। सीधी-सी बात यह कि सारे धार्मिक विधान चूँकि समर्थ पुरुषों द्वारा बनाए गए हैं इसलिए समर्थहीन स्त्रियों और निम्न जातियों के खिलाफ ये सारे नियम बने।

पानी का घूँट लेकर फिर आवेग में आ गई मालविका–तुमने इस बात पर साध्वी किरणप्रभा के सामने आक्रोश व्यक्त किया था कि हजारपंथी में आचार्य प्रमुख कोई भी स्त्री क्यों नहीं बन सकती? पर वह तो महज अढ़ाई सौ वर्षों पुराना धर्म है जबकि हज़ारों साल के ईसाइयत के इतिहास में किसी भी स्त्री के लिए पोप बनना तो दूर की बात स्त्रियों को क्लर्जी (धर्माचार्य), बिशप (धर्माधिकारी)

आदि छोटे पदों के योग्य भी नहीं समझा जाता है। और इस्लाम? कुरान शरीफ़ में बार-बार कहा गया है कि मर्द औरत का मालिक है। आयत 222 में स्त्री को पुरुष की खेती बताया गया है। जानती हो, हिस्ट्री हेड ऑफ डिपार्टमेंट की मिसेज सिंह ने महिला दिवस पर हमें बताया कि गैर-सरकारी संगठन 'प्लांट इंटरनेशनल' के अनुसार सोमालिया, सिपरालियोन और माली में 90 प्रतिशत से अधिक लड़कियों का ख़तना अभी भी किया जाता है। मैडम धर्म का यह अधर्मी उत्पात हनुमान जी के लंकादहन के उत्पात से कम लोमहर्षक नहीं है।

मन में धुआँ भर गया संघमित्रा के। ओफ! दुनिया में कितना अँधेरा है। हर तरफ धूल ही धूल। उसकी रीढ़ में हल्का-सा कम्पन हुआ। लगा जैसे मस्तिष्क की सारी कोमल कोशिकाओं पर किसी ने नुकीली आरी चला दी हो। जिस सभ्यता और संस्कृति पर इतना गर्व था, वह सारी हेकड़ी आज हवा निकले गुब्बारे-सी पिचक गई। मालविका जा चुकी थी, पर उसकी बातें अभी तक कानों में गूँज रही थी–धर्म ने इतना अँधेरा इसलिए फैला रखा है क्योंकि उसका उद्देश्य सदैव सीमित होता है। उसके केन्द्र में सिर्फ़ किसी विशेष समुदाय या वर्ग हित का चिन्तन होता है। इसीलिए वह हर समुदाय में 'हमीं श्रेष्ठ' के वायरस भरता रहता है और ऐसे वायरसों को व्यक्तिगत मुक्ति, मोक्ष या स्वर्ग की अवधारणा से जोड़ देता है जिससे धार्मिक उन्माद के जीवाणु फलते-फूलते रहे और यह जीवन का सबसे बड़ा ड्राइविंग फोर्स (संचालन- शक्ति) बना रहे।

कितना सही कहा था मालविका ने। पहली बार उसने उस अभेद्य तमस को महसूस किया जो उसके चारों ओर दिन के उजाले-सा फैला हुआ था।

× × ×

वह रात...रात नहीं जैसे नीले अँधेरे में उड़ती कोई चील थी। खिड़की से बाहर झाँका संघमित्रा ने–ओफ! कितना सघन अँधेरा जैसे युग-युग की रातें इकट्ठी हो गई हों एक साथ। उसने आँखें मूँद लीं। दबाव हल्का हुआ। उसने महसूसा–जैसे सदियों की आँधियाँ गुज़र रही हो भीतर। महाकाल का झंझावात और घटनाओं के गर्द-गुबार। ये रोम के बाज़ार...यहाँ बिकते दास। ढोल-नगाड़ों के बीच स्वाहा होती सतियाँ। वह फ्रांस का सम्राट लुई। पन्द्रहवीं और सोलहवीं सदी। हर स्त्री की सुहागरात सम्राट के साथ...नहीं तो उसके राज्य के कर्मचारी के साथ...। क्या अन्तर आया है तब से आज तक। एकाएक ज़मीन पर गिरते छुटकी के काले-काले बाल चेतना को नागपाश की तरह डसने लगे। ओह...नो! उसने आँखें खोल दीं। और घड़ी की ओर निगाहें फेंकी...अभी सुबह होने में बहुत देर थी। उसने स्मृति की धारा को दूसरी ओर मोड़ा, अपने कॉलेज की ओर, मिसेज बक्षी की ओर। स्मृति में कौंध गए कवि गुरु...'जार वक्षे वेदना अपार। तार नित्य जागरण' (जिसके सीने में अपार वेदना है, उसका नित्य जागरण है)। सौ फीसद

सही। ऐसी ही वेदना भुगती होगी कविगुरु ने। पर वह कविगुरु नहीं, उसे नींद चाहिए, जागरण नहीं।

दूसरे दिन वह अजीमगंज के लिए निकल पड़ी।

× × ×

इस बुढ़ाती दुनिया के हिलते दाँतों-सा अजीमगंज।

पग धरते ही लगा जैसे वजूद के सौ टुकड़े हो गए हैं। किसी में आग तो किसी में राग। कोई दर्द में ऐंठता तो कोई आँसुओं में भींगता। कहीं स्मृतियों का अँधेरा तो कहीं उजाला। कहीं जीवन से झुंझलाती अम्मा तो कहीं जीवन का मैनुअल बाँचते विकास बाबू। कहीं खिलखिल करता ऋषि तो कहीं मुँह फुलाए बैठी छुटकी। जाने कब-कब की स्मृति जाने किस युग की स्मृति धारा से जा मिलती और खाली पड़े उस भुतहा घर में प्रेतिनी-सी मँडराने लगती।

कैसे पार पाए संघमित्रा मगरमच्छ के खुले जबड़े की तरह सब कुछ निगल जाने को आतुर स्मृतियों के इस अकेलेपन से?

कैसे?

ओह पाँच में से बची वह एक! खाली घोसला और पंख टूटी गौरैया!

कैसे झेले इस घाटे को?

एकाएक निगाह पड़ी तारीखवाले उस कैलेंडर पर जिस पर कभी संघमित्रा ने कई क्रॉस बना रखे थे और जो गवाह थे 'हम' से 'मैं' पर उतर चुकी ज़िन्दगी के। कील समेत उखाड़ फेंका संघमित्रा ने उस कैलेंडर को पर भीतर का अवसाद कम नहीं हुआ। बूँद बन आँखों से डबडबाने लगा।

बेलूर मठ में गंगा तीर के पास उस शाम जिस शान्त बिन्दु पर पहुँच गई थी वह, अपने इस उदासी पुते घर में पाँव धरते ही वह शान्त बिन्दु भोर के तारे-सा ओझल हो गया था।

अकेलेपन की उमस और खंडहर होते आत्म से स्वयं को उबारने के लिए बाहर निकल गई वह।

हमेशा की तरह भागीरथी ने फिर सँभाला उसे। नहीं, अब जो बीत चुका है उसके बारे में नहीं सोचेगी वह। वह सोचेगी, उस ज़िन्दगी के बारे में जो आनेवाली है। इसी गंगा किनारे बेलूर मठ पर कसम खाई थी उसने कि एक सार्थक ज़िन्दगी जीयेगी वह। तो फिर यह दुख और हताशा क्यों? और उन्हीं डबडबाती आँखों की फाँक से जैसे रोशनी की कोई किरण दिख गई हो उसे... वह चाहे तो आज, बल्कि इसी क्षण से अपनी ज़िन्दगी को सार्थक दिशा दे सकती है। क्यों न वह अपने पूर्वजों द्वारा धोखे से हड़प लिए गए अपने इस घर को इसके असली हकदार को लौटा दे? ज़िन्दगी इसीलिए टीस मारती है कि जिसका जो देय है हम उसे दे नहीं पाते और पीढ़ी-दर-पीढ़ी बढ़ता जाता है हमारी आत्मा

पर एक अदृश्य ऋण।

इस विचार के साथ ही उसे लगा, उसकी आत्मा स्वस्थ हो रही है। धीरे-धीरे। उसने खुलकर साँस ली। उसने चारों ओर नज़र घुमाई। कितनी शान्त बह रही थी भागीरथी...कितना सात्विक था आसमान। मन को मुक्ति दे रहा था ढलता सूरज। उन क्षणों भीतर-बाहर सब कुछ सुन्दर था। उसके हाथ जुड़ गए...ओह! भागीरथी, तुम्हारे घाट से कोई खाली हाथ नहीं लौटा। जिसने जो चाहा, वही पाया।

बीतकर भी नहीं बीती वह शाम। नदी किनारे बैठी जाने कितनी देर लहरों की खामोशी को सुनती रही वह और डबडबाती आँखों से देखती रही डूबते-गहराते सूरज को। नौका, घाट, लहरों, परिन्दों और अपने नए संकल्प के साथ जब वापस लौटी वह तो उसके साथ ही लौट चुका था उसका सन्यस्त भाव।

× × ×

भीतर बहती उदास हवाएँ फिर उसके सन्यस्त भाव को बिखेर न दे...उत्पाती बालक-सा मन फिर कहीं अस्थिर न हो जाए...घर में घुसते ही वह इसकी पुरजोर तैयारी में लग गई। सामने की दीवार पर उसने एक उक्ति टाँगी–लुक हायर एंड थिंक बिग। हिलती टाँगोंवाली पढ़ने की टेबिल पर एक और चिप्पी चिपकाई–डू दि वेस्ट एंड लिव दि रेस्ट टू हिम। कमजोर क्षणों में मानसिक सम्बल बना रहे, इसके लिए भी उपाय सोचा और किताबों के बक्से के ऊपर स्टिकर की तरह चिप्पी चिपकाई–आज की परिधि में रहो। अपनी खटिया के सामनेवाली दीवाल पर बड़े-बड़े अक्षरों में लिखा–निगाह लक्ष्य पर। अपने बाथरूम की चूना झड़ती दीवारों को साफ कर उस पर बड़ी-सी चिप्पी चिपकाई–दुनिया तुम्हारे कारण थोड़ी और सुन्दर बने। और इन सब उज्ज्वल विचारों की प्रतीक वाग्देवी की छोटी-सी प्रतिमा को जिसे मालविका ने आते वक्त उसे भेंट की थी, अपने सिरहाने रखा।

जब-जब उसकी नज़र 'थिंक बिग' पर पड़ती उसके इरादे में एक गाँठ और लग जाती। जैसे भी हो, जितनी जल्दी हो उसे यह घर पंचम माँझी को लौटा देना है। जब तक खुला रहेगा नाइंसाफी का खाता, ऋण चढ़ता रहेगा। पर कैसे पार पाए अपने चाचा से, जिनकी गिद्ध आँखें जाने कब से टँगी है इस घर की ईंट-ईंट पर। हर दिन किसी-न-किसी बहाने आ धमकते हैं, और टोह लेते हैं उसकी भावी योजनाओं का।

पढ़ते-पढ़ते जैसे ही उड़ता-सा ख्याल आ जाता चाचा का, बेचैन हो उठती है वह...कहीं ऐसा न हो कि चाचा उसका इरादा भाँप लें और खुद ही कब्ज़ा जमा लें, इस भुतहा घर पर। कई दिनों से चाचा एक नई रट लगा रहे हैं–दुकान का कुछ सामान यहाँ रखवा देता हूँ...नहीं, तुम्हें रखवाली नहीं करनी पड़ेगी...एक छोकरा बैठा देता हूँ...तुम्हारा काम भी कर देगा और सामान की रखवाली भी हो जाएगी।

बस चाचा परीक्षा भर हो जाए फिर सामान क्या आप ख़ुद को भी यहीं रख लीजिएगा...कहकर टाल तो दिया उसने, पर समझ गई अब जो कुछ भी करना है, परीक्षा के भीतर ही करना है। सामने झूलते कैलेंडर पर फिर से निगाह डाली उसने और चौदह दिसम्बर पर लाल स्याही से गोला खींचा–बस इसी दिन आखिरी पेपर और इसके अगले दिन ही इस भूतहा घर का तर्पण। पर अगले दिन की नौबत ही नहीं आई।

उस शाम उसे ख़बर मिली कि चाचा दुकान के लिए ज़रूरी सामान खरीदने तीन दिन के लिए मुर्शिदाबाद गए हैं।

एक मन कहता, मौके का फायदा उठाना चाहिए। एक मन कहता–पहले परीक्षा निपट जाए, उसके भविष्य का सवाल है। फिर इस पचड़े में फँसना चाहिए। पर यदि इस बार चूक गई तो जाने मौका मिले न मिले। उसके हगे-मूते की भी खबर रखनेवाले शक्की चाचा से लोहा लेना इतना आसान नहीं। परीक्षा के लिए फिर मौका मिल जाएगा, पर पूर्वजों के अपराध के लिए प्रायश्चित करने का मौका फिर मिले न मिले।

आखिर हाँ-ना की इस उधेड़बुन से निकल उसी रात वह कलकत्ते के लिए निकल गई। दूसरे दिन वकील से आवश्यक परामर्श लेकर दूसरी रात ही वापस लौट आई वह।

× × ×

तीसरी सुबह गुप्त रूप से मिली वह पंचम से। संक्षेप में उसे अपना इरादा बताया। उसे विश्वास दिलाया कि जो दुष्कर्म उसके पुरखे कर चुके हैं, वह सिर्फ उनका भुगतान भर कर रही है, अतः इस प्रायश्चित को अन्जाम तक पहुँचाने में उसे पंचम का सहयोग चाहिए। पंचम की एक आँख मुस्कराई। आँखों के झरोखे से कामनाओं के परिन्दे उड़ान भरने लगे...पर दूसरी आँख भय से सिकुड़ गई। आशंकित हो कहा उसने–ना! ना दीदी, तोहार चाचा हमार जान ले लिहैं। चोरी-चुपारी के मुकदमा में फँसा दिहैं। का ठिकाना बड़े लोगन का...पुलिस थाना सब उन्हीं के हाथ।

उसके भीतर ताकत भरने की अपनी तमाम कोशिशें पर पानी फिर जाने के बाद आपा खो चुकी संघमित्रा ने जमकर लताड़ा उसे–तुम सब डर-डर के मरेगा। भूखा मरेगा, पुलिसवा की गोली से मरेगा, हैजा से मरेगा, मलेरिया से मरेगा...हर तरह से तुम मरेगा...पर तुम बोदा लोग लड़कर नहीं मरेगा, मारकर नहीं मरेगा। अपने हक के लिए जिस रोज तुम मरना और लड़ना सीख जाएगा ना कोई नाई का लाल तुम्हें लूट नहीं पाएगा।

संघमित्रा के शब्दों ने जादू का असर किया। तिनका तीर बन गया। वह सहयोग देने को तैयार हो गया। उसने संघमित्रा पर पूरा विश्वास किया। इतना

बेदाग और भरोसा देनेवाला चेहरा धोखेबाज नहीं हो सकता।

उन दिनों करमा का त्यौहार चल रहा था। उस दिन भी करमा की कथा, सरगुना के फूल को परस्पर भेंट करने की उत्सवधर्मिता और ताड़ी की खुमार में उनींदे पड़े आदिवासी समाज ने संघमित्रा का काम थोड़ा आसान कर दिया था। उधर ढोलकी और मांदा पर गीत के बोल 'करम-करम कर लैगे समारोह, करम का दिनों कैसे आबी' ने उठान ली उधर रात के अँधेरे में ही संघमित्रा ने उसका कुछ सामान ठेले पर उठवाकर अपने कमरे में रखवाया और पंचम की पत्नी सुखिया को समझा-बुझाकर अपने साथ ले आई। किसी को कानो कान खबर तक नहीं हुई।

चौथी सुबह दुकान खोलते वक्त चाचा जब उधर से गुजरे तो दूर से आँखों में बसन्ती रंग की साड़ी का झपका-सा पड़ा। उनका माथा ठनका...यह संघमित्रा तो नहीं...कद-काठी भी उसकी-सी नहीं...और न ही वह साड़ी पहननेवाली और वह भी चटक बसन्ती रंग की। तो फिर यह कौन अजूबा?

गुस्साते झुँझलाते घर की ड्योढ़ी पर कदम रखा तो सौन्दर्य-बोध को फिर एक तगड़ा झटका लगा...नाक के नथुनों में धुएँ और कड़ुए तेल की मिली-जुली गन्ध बड़ी शिष्टता से गहरे तक घुस गई। एक कोने में कथरी कम्बल पड़ा था। पास ही काली बैंगनी सुखिया पाँव पसार अपने बिवाई भरे पैरों पर सरसों का तेल मल रही थी।

सुगन्धित सुपारी और जायकेदार जर्दे का स्वाद भी ऐसा बेस्वाद हुआ कि नफरत से वहीं पर पच्च कर पीक थूकी और पूरे वेग से चिल्लाए–मित्रा! मित्रा! यह क्या है? घर है कि धर्मशाला? संघमित्रा ने हँसते हुए आश्वस्त किया–कुछ नहीं, चाचा अभी परीक्षाएँ चल रही हैं, इस कारण पंचम की पत्नी को घर के कामकाज में हाथ बँटाने के लिए साथ में रख लिया। आती सर्दियों के गूँगे दिन और साँय-साँय करता इतने दिनों का बन्द घर! हर तरफ गन्दगी-ही-गन्दगी।

चाचा मुस्कराए। पर इस बित्ता-भर मुस्कराहट का जुगाड़ करने में भी वह दम निकला कि चेहरा नीला और आवाज़ पीली पड़ गई। किसी तरह थूक निगलते हुए और माचिस की तीली से कान खोदते हुए ख़ुद को व्यवस्थित कर कहा–खाली-पीली पड़ी हो तुम यहाँ। कित्ती बार कहा, इस घर को बन्द कर देते हैं...वहीं रहते हैं एक साथ...पर तुम हो कि छोड़ना ही नहीं चाहती इस घर को।

संघमित्रा की आँखें फिर डबडबा गईं–चाचा, सब कुछ तो छूट गया, ले-देकर यह घर ही तो बचा है। मेरे माँ-बाप और भाई-बहनों की स्मृतियाँ जुड़ी हैं इस घर से। जब तक अजीमगंज में हूँ...तब तक तो कम-से-कम मुझे यहाँ से निकलने

को मत कहिए।

चाचा चुप्पी मार गए। ताजा घाव को कुरेदना उचित नहीं समझा। जाते-जाते कानी आँख से घर का कोना-कोना झाँक गए। पेशाब करने के बहाने बाथरूम भी झाँक आए। सब कुछ ठीक ही लगा...पर यह दूसरी खटिया कहाँ से आ गई? भीतर के कमरे में जाकर टोह लेनी चाही तो संघमित्रा ने फिर टाँग अड़ा दी–आपसे डरकर तो बेचारी सुखिया भीतर दुबक गई...। भीतर जाएँगे तो बेचारी काँप उठेगी।

धम्म से बैठ गए चाचा। पीले पत्ते की तरह सारा संयम फिर झड़ गया। सौन्दर्य विषयक समस्याओं की ओर संघमित्रा का ध्यान दिलाया–इसे बाहर करो...तुम्हारी चाची को तुम्हारे साथ रहने को भेज देता हूँ। इनमें साफ-सफाई का ज्ञान ज़रा भी नहीं है। एक ज़माने में तो मरे-सड़े जानवरों तक का मांस निगल लेते थे ये...जाने कैसे रह लेती हो तुम इनके साथ।

संघमित्रा ने फिर शान्त कर दिया चाचा को...मुझे कौन इसके हाथ का पका हुआ खाना है? चाची से क्या सफाई करवाऊँगी? एक बार घर व्यवस्थित हो जाए, परीक्षा निपट जाए तो मुझे कौन यहाँ पड़े रहना है। बस इधर परीक्षा निपटी उधर मैं कलकत्ता। फिर आप जानो! आपका घर जाने।

चाचा की बुझी आँखें चमक उठीं। सुनहरी कमानीवाला चश्मा चमका। दिलचस्पी जवाँ फूल-सी चेहरे पर खिल उठी। करीब खिसककर निहायत मुलायम शब्दों में हौले-हौले पूछा–नौकरी का जुगाड़ हो गया? और रहोगी कहाँ-वहाँ?

गर्व स्फित स्वर में जवाब दिया संघमित्रा ने–क़दम आगे बढ़ाऊँगी तो रास्ते अपने-आप मिल जाएँगे चाचा। यूँ मालविका के पापा ने दो-एक जगह बात कर रखी है। जी, कुछ दिन मालविका के साथ रह लूँगी और फिर वर्किंग हॉस्टल में चली जाऊँगी।

चाचा आश्वस्त हुए। चेहरे पर हर वक्त रहनेवाला तनाव ढीला पड़ा। उस टूटी कुर्सी पर बैठे-बैठे जितना फैल सकते थे फैल गए। मुँह से लार की तरह टपकती पीक को पोंछते रहे और सपनों को करीब सरकते देखते रहे।

× × ×

संघमित्रा को उसके वकील ने एक मन्त्र दिया था–Lawful entry and unlawful stay. यही है आज का कानून। यदि किसी प्रकार आप उन्हें उनके थोड़े-बहुत सामान के साथ रातोंरात घर के अन्दर घुसा दें और अपनी तरफ से लिखकर दे दें कि आपने अपनी इच्छा से अपना यह घर उन्हें सरेंडर कर दिया है, क्योंकि आपको लगता है कि यह छोटा-सा मकान कभी धोखे और तिकड़म से पंचम के दादा से आपके दादा द्वारा हथिया लिया गया था। अतः नैतिक ज़िम्मेदारी के तहत आपने जिसकी सम्पत्ति थी उसको वापस लौटा दी...तो फिर कुछ नहीं कर पाएँगे आपके चाचा। क्योंकि इस मकान की एक कानूनी

उत्तराधिकारी आप भी हैं।

ज़िन्दाबाद वकील। ज्यों-ज्यों अँधेरा गहराता, पंचम की गृहस्थी टुकड़े-टुकड़े में कभी गेहूँ के बोरे, कभी सब्जी के झोले, कभी रद्दी के कार्टून तो कभी काठ-कबाड़ से भरी पेटी की शक्ल में संघमित्रा के भुतहा घर को आबाद करती रही। अपनी परीक्षाओं की आड़ में संघमित्रा चाचा से मिलने से कतराती रही। चाचा आते और पंजे के बल खड़े होकर उचक-उचककर देखने का प्रयास करते, असफल होते और बाहरी व्यक्ति की तरह बाहर कमरे से ही बाहरी बातें कर चलते बनते।

एक मनहूस शाम–एक मनहूस खबर उड़ते-उड़ते संघमित्रा के चाचा जगदीश बाबू तक भी पहुँची कि संघमित्रा ने अपने अढ़ाई कट्ठे के घेरे के मकान को पंचम माँझी को दे डाला।

चाचा ने सुना तो देह में आग लग गई। एकाएक विश्वास नहीं हुआ। दुकान, अलमारी खुली रोकड़ सब कुछ को कर्मचारी के हवाले कर भागते-भागते घीवालों की गली तक पहुँचे और दूर से ही लोहे की फुँकनी से धुआँ-धुआँ लकड़ी को हवा करने की चेष्टा में अपने काले-काले गालों को फुलाती-पिचकाती धनिया को देख परम वितृष्णा से गश खा गए। नज़रों का कोण थोड़ा फैलाया तो देखा, दर्जनों डिब्बे-डिबिया और साबूत टूटे अल्युमिनियम और माटी के हाँड़े हाँड़ियों के बीच रात की तरह काला पंचम मूत्र-विसर्जन मुद्रा में धनिया से सटे-सटे ऐसे ठाठ से गटक रहा है ताड़ी जैसे घर किसी और का नहीं, उसके बाप का हो।

वहीं से फुँफकारे जगदीश बाबू इतनी जोर से कि गले की सारी नसें फूल गईं। मुँह से झाग निकलने लगा–सुअर का बच्चा, निकल, दफा हो यहाँ से हरामखोर, किसने घुसाया तुम दोनों को भीतर?

तीर-कमान लिए पंचम का बेटा मंगरू बाहर आया। पानी भरे बादलों-सा गरजा वह–जबान सँभाल के बात कर सेठ नहीं त देखत बाड़ै ई गंडासा। चीर के रख दईब। एक बार हमार दादा धोखा खा गइलै त ई मत समझै कि हम भी धोखा खा जाईब। ई देखो, तोहर भतीजी ने हमरे नाम लिख दी ई मकान।

और उसने दिखाया एक पत्र जो पंचम को सम्बोधित था। स्पष्ट शब्दों में लिखा था–I am handing over the possession of house no. 304...Ghee Walon Ki Gali. The property which was illegally and forcibly acquired by our predecessor. (मैं अपने मकान नं. 304 जो घीवालों के गली के सामने है, उसे पंचम के हवाले कर रही हूँ, क्योंकि यह सम्पत्ति हमारे पूर्वजों द्वारा बलपूर्वक और गैर-वैधानिक ढंग से ज़ब्त कर ली गई थी।)

चाचा ने देखा तो हाथों के तोते उड़ गए। वहीं बैठे-बैठे ईश्वर का नाम

ले-लेकर फूट-फूटकर रोने लगे। आँखन देखी के लिए कुछ लोग छज्जे पर चढ़ गए पर चाचा के करीब कोई नहीं फटका।

घर लौटकर सारी रात वे ईश्वर के आगे घुटने टेककर प्रार्थना करते रहे–प्रभु यह कैसा अन्याय!

× × ×

सोने और जागने के बीच डाँवाडोल होते हुए सुबह हुई तो फिर शुरू हो गई उनकी फड़फड़ाहट। बार-बार तीर-कमान लिए प्रत्यंचा-सा तना मंगरू का धमकाता गरजता चेहरा, नज़रों के आगे डोलता रहा। जो चप्पल पहन सामने से गुज़रने तक की हिम्मत नहीं कर पाता था, घर के बाहर जूते के निशान देख जो घने जंगल में छिप जाता था, वही आज दिन दहाड़े उसके घर में...पत्नी के साथ शान से ताड़ी पी रहा था।

उन्हें दस्त होने लगे। दस्त करते-करते वे सोचते रहे। घुटते रहे। सवाल सिर्फ़ धरती के उस टुकड़े का नहीं, सवाल मूँछ का भी था। ज़िन्दगी में आज पहली बार मूँछ नीची हुई थी उनकी।

दूसरे दिन चाचा अजीमगढ़ के एक-एक असरदार लोगों से मिले। लोगों ने उन्हें सुना, सहानुभूति प्रकट की, ज़माने को गरियाया पर किसी ने भी साथ देने का आश्वासन नहीं दिया। संघमित्रा की छवि भंजन और उसके नास्तिक होने की तमाम दलीलों के बावजूद लोगों ने चाचा को ही समझा दिया।

इस पहाड़ पर चढ़ना आसान नहीं होगा काका, इतने दिन तक मुफ्त में भोग लिया, इसी मलाई से सन्तोष कर लो और चाहो तो मुकदमा लड़ लो...पर अगाह किए देता हूँ कि बड़े-बूढ़े जहाँ संघमित्रा को अधर्मी बता रहे हैं कि उसने छुटकी और उसकी माँ की दीक्षा में रोड़ा अटकाया, वहीं गाँव की नई-नवेली पीढ़ी फ़िदा है इस छोकरी पर। अब गाँव बूढ़ों की मिल्कियत नहीं रह गया है। पहले की बात और थी, अब हवा बदल गई है...छोटी जातिवाले भी अब सिर ऊँचा उठाकर चलने लगे हैं। तेली-धोबी की कौन कहे, अब तो भंगी-चमारों के भी दाँत निकल आए हैं। बुरा जमाना है। तिलक और तराजू वालों की अब वो धमक नहीं रही। युवा की तो छोड़ो, बच्चे तक दिमाग खपाकर तर्क करने लगे हैं और नुकदमे में भी शायद ही कुछ हाथ लगे क्योंकि सुनगुन है कि पंचम की ओर से मुकदमा संघमित्रा लड़ेगी और यह भी कि कलकत्ते के ही एक तगड़े वकील से लटपट है उसकी।

रहा-सहा दम भी निकल गया चाचा का। कहाँ तो स्वप्न देख रहे थे...टंगाइल साड़ियों की एक शानदार दुकान का और कहाँ आते-जाते हर दिन देखना पड़ेगा फुँकनी में हवा भरती धनिया को...उसके फुलते-पिचकते काले बैगंनी गालों के सर्कस को।

माथे पर हाथ दे मारा चाचा ने...चूतिया बना डाला, मूँछ नीची करके रख दी इस बित्ते-भर की छोकरी ने।

× × ×

पंचम, मंगरू, सुखिया और सुरसतिया (पंचम की बेटी) को एक-एक कर खुफिया तरीके से एंट्री करवाने के बाद, रात के अँधेरे में ही कलकत्ते के लिए अपने पुश्तैनी मकान की चौखट से जब आखिरी बार बाहर निकली संघमित्रा तो लगा जैसे मुद्दतों बाद वह एकाएक खाली हो गई है...पूरी तरह खाली। भीतर-बाहर सब खाली। खालीपन की वह अनुभूति इतनी भरी-भरी थी कि उसके आँख के खालीपन में आँसू भर आए।

विदा मेरे प्यारे घर।

विदा भागीरथी...विदा अजीमगंज...। वह बुदबुदाई।

दुख, स्वप्न भंग, विस्थापन और भविष्यहीनता के तमाम गर्म-गर्म थपेड़ों के बावजूद धरती पर जगह-जगह नज़र आते नीले-हरे कीचड़ के टुकड़ों के बावजूद जब आसमान से हल्की-हल्की फुहारें छूटने लगीं तो उसे लगा जैसे ये फुहार नहीं उम्मीद और सुख हैं जो उसके भीतर के खालीपन को भरने के लिए बरस रहे हैं।

× × ×

वजूद

दो साल।

इन दो वर्षों की कई स्मृतियाँ रहीं।

होते-होते स्थिर हुआ मन।

स्मृति, स्वप्न, उम्मीद, हौसला और संघर्ष की पगडंडियों के सहारे जीवन को खींचने में लगी संघमित्रा ने इन दो वर्षों में सफलता-असफलता, मान-अपमान और सुख-दुख के कई शिखरों को छुआ।

जागते में सोई और सोए में जागी। मात्र पाँच हज़ार की उधारी और मालविका के सहयोग से पकड़ी कुछ ट्यूशनों की डोर के सहारे कलकत्ता प्रवास के दो वर्ष अपने बूते पूरे किए और साथ ही कम्प्यूटर एप्लीकेशन सॉफ्टवेयर की अच्छी-खासी डिग्री भी हासिल की।

पर मन था कि कई बार स्थिर होते-होते फिर उखड़ पड़ता–भात की लड़ाई से तो पार पा लिया उसने पर...और वह पर फैलते-फैलते अतीत की हॉट लाइन से जा जुड़ता। ऐसे पिघलते पलों में उड़ते बादलों-सा छुटकी का ख्याल ज़ेहन में टकरा जाता और मन का सारा अमन छिन जाता।

यूँ मन को चकमा देने की कला भी सीख चुकी थी वह, पर छुटकी के मामले में मन ढीठ हो जाता। तह कर सँजोया हुआ आक्रोश सिर उठाने लगता और वह पाती कि जिस छुटकी को अपनी समझ से परे धकेल चुकी थी वह, वह तो गीली ज़मीन पर पड़ी धूल की तरह मन के हर कोने-अन्तरे में जमी बैठी थी। पर ये कमज़ोर पल उसकी सबसे बड़ी ताकत भी बन जाते। अगले ही पल संकल्प की मुट्ठी तन जाती–मुझे कुछ बनकर दिखाना है। वह दूने वेग से ताँगे में जुती घोड़ी की तरह ज़िन्दगी की लड़ाई में शेष बचे दमखम और गतिशीतता के साथ जुट जाती।

गीली लकड़ी से धुँधआते इन्हीं दिनों उसकी चेतना में एक रोशनदान और खुला जब, किसी पार्टटाइम नौकरी की तलाश में बाहर लटके बोर्ड को देखकर एक ऑफिस में बिना किसी एप्वाईंटमेंट के ही घुस गई वह। चूहे की-सी शक्लवाले कम्पनी के मालिक को उसने उत्साह से बताना शुरू किया...मैं

ऑरेकल, सी. प्लस और विजुअल बेसिक...इन सभी भाषाओं में प्रोग्रामिंग कर सकती हूँ। जी, मैंने कलकत्ता यूनिवर्सिटी से कम्प्यूटर सॉफ्टवेयर डिप्लोमा लिया हुआ है। ये देखिए। पर सामने जो था, वह तब तक एक लपलपाती लार में बदल चुका था। अपने सूखे होठों पर जीभ फिरा चुका था और बैठे-बैठे ही मन के रंगमहल में पहुँच चुका था। संघमित्रा के हाथ अब किसी उमरावजान के हाथ बन चुके थे जिन्हें बिना बात ही उसने अपने हाथों में ले लिया था और उसे दबाते हुए इस क़दर कामुक निगाहों से घूरने लगा कि संघमित्रा को लगा कि वस्त्र पहने भी वह निर्वस्त्र हो चुकी है।

आपकी नौकरी पक्की...पर यह तो बताइए कि प्रोग्रामिंग के अलावा भी आपके क्या शौक हैं?

शटअप...!

अपना हाथ छुड़ाते हुए लगभग दौड़ते हुए ही बाहर निकली थी वह। और उस दिन से संघमित्रा की लड़ाई में एक आयाम और जुड़ गया–अपने सम्मान, स्वाभिमान और व्यक्तित्व की लड़ाई। उस घटना के लिए वह स्वयं को कभी माफ नहीं कर पाई। काश दे पाती वह उन कुत्सित हाथों को कोई दंड।

पर इस घटना से एक फायदा तो यह हुआ कि उसने नौकरी के लिए इस प्रकार ऑफिस-ऑफिस गश्त लगाने से तौबा की और दूसरा फायदा यह हुआ कि उसने अपने वर्किंग हॉस्टल की लड़कियों की ज़िन्दगी में भी रुचि लेना शुरू कर दिया। क्या यह उसी के साथ हुआ? क्या उसी के चेहरे पर है ऐसा कुछ जो सामने वाले में दुराग्रह जगाता है। या यह रीति है समकालीन जग की?

विशाखा, अलका, सुतापा, रश्मि, शालिनी...हरेक की ज़िन्दगी का अपना निजी कोना। वर्किंग वुमैन का वह हॉस्टल कई बार उसे औरतों की आधी दुनिया का छोटा-मोटा मॉडल सरीखा लगता–ज़िन्दगी का महा आख्यान रचती इन छोटी-छोटी महिलाओं की छोटी-छोटी कहानियाँ।

हर कहानी का एक-सा दर्द। हर दर्द की एक-सी सूरत।

पर सुनयना की कहानी ने तो जैसे ज़िन्दगी का छिलका ही उतारकर रख दिया था।

एक अजीब घिनौनी दास्तान! न वह भूख की मारी, न गरीबी की। न सेक्स की मारी, न आधि-व्याधि की। वह मारी उस अजीब किस्म की हँसी-ठिठोली की जो इन सब पर भारी पड़ती थी। घर में दूध-दही की नदी बहती पर हर सुबह पति उससे एक अजीब किस्म की ठिठोली करता। जब वह रसोई में पूरे मनोयोग से पति के लिए नाश्ता बनाने में जुटी रहती तो पीछे से उसकी पीठ पर बासी मुँह का गंधाता कुल्ला ठप्प करके पत्थर की तरह गिरता। पहले दिन तो बुरी तरह से चौंकी वह–न होली, न फाल्गुन, फिर कैसा यह बैलून? मुड़कर देखा तो सामने

पति। हाथ में झंडी की तरह लाल रंग का ब्रश और मुँह से लार की तरह बहती पतली नालियों की गन्दी सफेद धाराएँ।

तब से आज तक हर सुबह होती आ रही है उसके साथ ऐसी ठिठोली। हर दिन उसे ज़िन्दगी की तमाम सौगातों के साथ यह कुल्ला भी मिलता।

संघमित्रा ने सुना तो सन्नाटे में आ गई। एक राजस्थानी शादी में उसने देखा था, शादी की रस्म के बाद दूल्हे को सूखे नारियल का एक टुकड़ा दिया गया था–चबा लीजिए। मुँह में रखकर उसने दो-तीन बार मुँह चलाया ही था कि दुल्हन की माँ ने कहा, अब इस चबाए टुकड़े को निकालकर अपनी दुल्हन के मुँह में डाल दीजिए।

आज समझी वह इन सारी रस्मों का निहितार्थ। शुरुआत में ही मन की ज़मीन पर हीनता का बिरवा रोप दिया जाए। स्त्री का व्यक्तित्व, स्वातंत्र्य चेतना और स्वाभिमान की गर्दन इस क़दर दबोच दी जाए कि ताउम्र वह कटी मुर्गी की गर्दन-सी झूलती रहे।

यह कुल्ला भी उसी रस्म की दैनिक पुनरावृत्ति है–व्यक्तित्व और स्वाभिमान को ठिकाने लगाने के लिए।

ज़िन्दगी की इस नई वर्णमाला ने एक साथ कई क्षितिज खोले उसकी खुलती दुनिया के आकाश में कि लड़ाई सिर्फ़ भात और धर्म की ही नहीं, पुरुषों की इस दुनिया में उसे अपनी अस्मिता और सम्मान की लड़ाई भी लड़नी होगी, पर कैसे...?

क्या अकेली लड़ सकती है वह यह लड़ाई? छुटकी के लिए भी तो उसने लड़ी थी यह लड़ाई, पर क्या हासिल हुआ उसे?

शान्त बहती हवाएँ एकाएक लू के गर्म-गर्म थपेड़ों में बदल गईं। सिर के ऊपर का आकाश काले-काले बादलों से भर गया। दरख़्तों पर बैठे कौए काँव-काँव कर उठे।

बहुत दिनों बाद फिर खुली डायरी–भींगी बिल्ली-सा डरा-डरा कलेजा सुनयना का। क्या प्रतिरोध ले सकेगी वह? पर लेना तो उसे पड़ेगा ही। क्योंकि कुछ पक्ष ज़िन्दगी के ऐसे भी होते हैं जहाँ कोई डिस्काउंट काम नहीं करता है, जिसका कोई प्रतिपक्ष नहीं होता...होता है सिर्फ़ प्रतिशोध। कुछ कमीनी हरकतों को हरामी जवाब देना ही होता है।

जिस दिन हम कुल्ला वापस थूकने का साहस बटोर लेंगे, हमारे दुखों का सूर्य डूब जाएगा। पर इसके लिए पैदा करने होंगे हमें अपनी आत्मा के औज़ार।

× × ×

सुनन्दा की घटना का रंग धुँधलाया भी नहीं था कि एक और काली घटना ने संघमित्रा के दिमाग के परखच्चे उड़ा दिए। और जिसकी व्यावहारिक परिणति हुई–

नारी शक्ति संघ की स्थापना।

हुआ यह कि कुछ दौड़ते-भागते महीनों के बाद संघमित्रा को भी कलकत्ते की एक उभरती सॉफ्टवेयर कम्पनी 'फ्यूचर जेनरेशन कम्प्यूटर सर्विसेज़' में पार्ट टाइम नौकरी मिल गई थी। सुबह से लेकर दोपहर तक वह सिस्टम एनालिसिस करती। फिर कम्प्यूटर पर बैठकर प्रोग्रामिंग करती। काम में इस क़दर डूब जाती कि अपना आस-पास, दाना-पानी सब स्थगित हो जाता। बस काम और काम। मुझे कुछ बनकर दिखाना है–भीतर बजता वही एक इकतारा। साथी प्रोग्रामर मज़ाक़ में कहते, लगता है ऑफिस ही आपका घर है। वह हँसकर बात उड़ा देती–जहाँ काम, वहीं धाम। पर सच्चाई यह भी थी कि जब घर जाकर भी घर की प्यास नहीं बुझती और घर के भीतर भी ऑफिस चला आता तो खोए घर की स्मृतियों के दंश आत्मा को पूरी तरह लहूलुहान कर डालते। ऐसे में घर से ज्यादा ऑफिस सगा लगता। निहायत ज़रूरी काम निपटा वह फिर ऑफिस चली आती...घर को ढूँढ़ने।

और उसकी इसी खींचतान, अथक मेहनत और लगन का रंग भी सामने आया। काम ने वह नाम कमाया कि तीन महीने के भीतर उसे एक अलग चेम्बर और एक कम्प्यूटर दे दिया गया।

यह सूचना-क्रान्ति का प्रारम्भिक दौर था। मुक्त बाज़ार की विषैली हवाओं के झकोरे आने शुरू हो गए थे। दुनिया में पूँजीवाद ने अपने डैने फैलाने शुरू कर दिए थे। साम्यवाद दुनिया के क्षितिज पर घायल पक्षी की तरह फड़फड़ा रहा था।

भारत सॉफ्टवेयर में आगे बढ़ने लगा था। बड़े-बड़े प्रतिष्ठानों के बाद मँझले प्रतिष्ठान भी अपने यहाँ कम्प्यूटर बैठाने लगे थे। वेतन अब मुनीम जी की क़लम से नहीं कम्प्यूटर से निकलने लगा था। बैंक और रेलवे में भी कम्प्यूटर दमकने लगे थे। युवा शक्ति प्रेयसी की बजाय कम्प्यूटर प्रोग्रामर, कम्प्यूटर इंजीनियर बनने का स्वप्न सँजोने लगे थे। जो प्रतिभा में कमतर थे वे स्वयं को कम्प्यूटर कुली के रूप में देखने लगे थे। सभ्यता और बाज़ार की नई वर्णमाला में ज्ञानी वही था जो कम्प्यूटर पर हाथ-पैर मार सके।

बहरहाल ऐसे ही अजीबोगरीब समय में संघमित्रा की कम्पनी को एकाएक सॉफ्टवेयर के कई नए ऑर्डर मिले। संघमित्रा का काम भी एकाएक बढ़ गया। बॉस ने उसे फुलटाइम नौकरी का नया नियुक्ति-पत्र भिजवा दिया। पर संघमित्रा ने उसे विनम्रतापूर्वक लौटा दिया। सारा मैनेजमेंट भौंचक रह गया–यह कैसी सिरफिरी। लोग तो फुलटाइम होने के लिए गिड़गड़ाते हैं और यह है कि कह रही है कि आगामी चार महीने तक वह फुलटाइम होने की सोच भी नहीं सकती।

और जब मैनेजिंग डायरेक्टर मि. मुखर्जी ने उसे बुलाकर कारण जानना चाहा तो उसने वह अजीबोगरीब कारण बताया कि मि. मुखर्जी को तीन छींक एक साथ आई–सर्वनाश! ओतो भावुक होले कि चोले? (सर्वनाश, इतना भावुक होने से चलता है?) यदि दुधारू गाय नहीं होती तो ऐसी सिरफिरी को बजाय परमानेंट करने के ख़ुद ही कान पकड़ बाहर कर देते। जो अपने हित के लिए नहीं सोच सकती, क्या सोचेगी वह कम्पनी हित के लिए? उन्होंने फिर समझाया संघमित्रा को पर वह अड़ी रही–सर, मार्च, 89 के पूर्व तक तो वह फुलटाइम होने की सोच भी नहीं सकती क्योंकि उसके हाथों में दो ऐसे बच्चों की ट्यूशनें हैं जिनकी माध्यमिक की परीक्षाएँ मार्च में होनेवाली हैं।

एम.डी. ने किसी प्रकार संयम साधते हुए समझाया–मैडम, ट्यूशन छोड़ दीजिए। अब तो आपका वेतन ही इतना बढ़ा दिया जाएगा कि ज़िन्दगी-भर आपको ट्यूशनों की ज़रूरत ही नहीं पड़ेगी।

–सवाल ज़रूरत का नहीं, सवाल बच्चों के भविष्य का है, सर!

–पार्टटाइम होकर भी पूरा समय तो आप यूँ भी कम्पनी को दे रही हैं, फिर नए एप्वाइंमेंट लेटर में साइन करने में आपको क्या आपत्ति है।

अभी कम्पनी को पूरा समय देने के लिए मैं नैतिक रूप से बाध्य नहीं हूँ, पर जब मैं फुलटाइम प्रोग्रामर हो जाऊँगी, फुलटाइम का वेतन उठाने लगूँगी तब मैं नैतिक रूप से बाध्य हो जाऊँगी।

एम.डी. की आँखें सिकुड़ीं–कैसे-कैसे पगलेट भी बैठने लगे हैं कम्प्यूटर पर। उसने कन्धे उचकाए, मुँह बिचकाया। टाई की कसी हुई नॉट को और कसा और अपनी सारी परेशानी, झल्लाहट और बौखलाहट को दो शब्दों में उछाल दिया–योर विश!

लेकिन ऐसी सिरफिरी महिलाएँ कम्पनी के लिए कितनी जानलेवा होती हैं इसका अहसास भी मि. मुखर्जी को बहुत ही शीघ्र हो गया।

× × ×

उस शाम सारी दुनिया को भूल स्वयं को कम्प्यूटर प्रोग्रामिंग के हवाले कर चुकी थी संघमित्रा–पर प्रोग्राम था कि चलने का नाम ही न ले। एक बार...दो बार उसने डिबग (भूल-सुधार) भी किया पर हर बार प्रोग्राम अटक जाता। उसने भी ठान लिया कि उसे पूरी तरह चलाकर ही दम लेगी। हालत उस शिकारी की-सी हुई जो अपना आस-पास सब कुछ स्थगित कर शिकार की घात में दुबका रहता है।

बजते-बजते बजे आठ तब जाकर चला प्रोग्राम। उत्तेजना, खुशी और अपने अर्जित नए-नए ज्ञान के गुमान में झूम उठी वह। अपने श्रम की मदभरी मौज और तृप्ति की तरंग में तरंगित कम्प्यूटर को आनन-फ़ानन में स्विच ऑफ कर

जैसे ही रूम से बाहर कदम निकाला कि अचम्भे से नहा गई–रोज घड़ी देखकर छह बजे निकल जानेवाला सिस्टम-मैनेजर मि. मेहता अपने चेम्बर से बाहर सामने हॉल में धुँए के छल्ले उड़ा रहा था। किसकी प्रतीक्षा में बैठे हैं ये महाराज! मि. मेहता की उपस्थिति के अहसास से आत्म-सजग हुई संघमित्रा ने अपने ऊपर उठ चुके दुपट्टे को थोड़ा नीचे खिसकाया और अपनी चाल तेज करती बाहर निकलने को हुई कि तभी मि. मेहता ने उसे पीछे से पुकारा।

क्या है सर! सशंक्ति हो हड़बड़ी में कहा उसने, साथ ही नज़रें ऑफिस का कोना-कोना झाँक गई थीं। इस समय ऑफिस में सिर्फ़ वह, मैनेजर की सिगरेट से उड़ता धुआँ और सामने की दीवार पर टिक-टिक करती अंडे के आकार की सफेद सुनहरी घड़ी के अलावा कोई नहीं था।

अधेड़ मैनेजर ने अपने ताजातरीन मेहंदी लगे बालों पर हाथ फिराया। अपनी मिचमिची आँखों से उसे अगोरा और लटपटाती आवाज़ में कहा–यह फाइल ले लीजिए। इसमें सॉफ्टवेयर ड्रिंक कम्पनी का एक नया सिस्टम है जिसे आपको ही कम्प्युटराइज करना है।

मैनेजर के मेहंदी लगे उड़ते बालों पर उड़ती-सी नज़र डाल उसने उस नीली फाइल को पकड़ने के लिए हाथ आगे बढ़ाया तो यह क्या? क्रोध और अपमान से उसकी आँखें बाहर निकल आईं। फाइल का एक सिरा मैनेजर की तीन ग्रहों की अँगूठियों वाली गद्देदार हथेलियों में था और दूसरे सिरे से वह फाइल को बजाय उसके हाथों में देने के, उसके वक्षों को ठकठका रहा था। क्या उसे भम्र हुआ? नहीं, जिस अनुपात में वह पीछे खिसकी, फाइल ने भी उसी अनुपात में वह दूरी तय कर ली थी और लगभग अड़तालीस सेकेंड तक वह ठकठकाहट चलती रही थी।

सूना ऑफिस और गैंडे के शरीर-सा मैनेजर। उसका चेहरा तमतमा गया। आँखों से चिंगारियाँ फूटने लगीं। आग्नेय दृष्टि से मैनेजर को घूरती हुई, फाइल को वहीं पटक बन्दूक से निकली गोली-सी तेजी से बाहर निकल गई वह।

रास्ते-भर अपमान की लपटों में झुलसती रही–काश! फाइल को उसके मुँह पर दे मारती।

रात फिर एक पराजय बनी। भीतर आँधियाँ चलती रहीं। बादल फटते रहे। बिजलियाँ कड़कती रहीं। सारी रात वह करवटें बदलती रही। पंखा कम-अधिक करती रही। अमावस्या-सी अँधेरी वह काली रात होते-होते पीली सुबह में बदल गई...पर उसकी आँखें नहीं झपकीं, सो नहीं झपकीं।

सूने कमरों की दीवारों के बीच पंख कटी चिड़िया-सी फड़फड़ाती रही वह–कैसी है ज़िन्दगी की चढ़ाई कि खत्म ही नहीं होती। टूटे तारों की तरह क्षण- भर के लिए आशा की कौंध जागती और फिर लुप्त हो जाती।

अश्रु उसके गालों पर लुढ़क पड़े, काल के कपोल पर लुढ़कते मोती की तरह। एक भाप उसके मुँह से निकली और अनन्त में विलीन हो गई।

उस रात वह सचमुच डरी–इस विराट और अनजानी दुनिया से जहाँ किसी के साथ कुछ भी हो सकता है।

नींद और जाग के बीच आवाजाही करती रात की राख पर जब भोर का उजास फूटा, तब तक बदन ऐंठ-ऐंठ कर ककड़ी बन चुका था। मन किया पड़ी रहे पर फाइलवाली घटना ने फिर नए सिरे से बेचैन कर डाला। जो भी हो, इस जंगल को तो पार करना ही होगा। इन कुत्सित हाथों को तो दंड देना ही होगा। जब आस-पास कोई नहीं हो, सलाह-परामर्श के लिए तो अपना दीप आपको ही बनना होगा। ठीक ही कहा था बुद्ध ने–अप्प दीपो भव!

सारे रास्ते खाली जंगल-से अपने भीतरी शून्य में ताकत की हवा भरती रही... अपने को विभिन्न हथियारों-औज़ारों से लैस करती रही। और ऑफिस में पहुँचते ही पहला काम उसने यही किया...एम.डी. से समय माँगा।

संघमित्रा के बनाए शेयर इन्वेस्टमेंट पैकेज को कम्पनी ने तगड़े मुनाफे में बेचा था और उम्मीद थी कि कम्पनी के लिए ऐसे कई पैकेज आनेवाले समय में वह बना पाएगी। एम.डी. ने सोचा, ज़रूर कोई प्रोफेशनल समस्या है इस कारण उसे तुरन्त बुला भेजा। लेकिन जैसे ही मुँह खोला संघमित्रा ने, जैसे किसी ने गला दबोच लिया हो...शब्दों के नाम पर आधी-पौनी हकलाहट-भर निकली–सर...सर... सर...सिस्टम मैनेजर...।

यस-यस, बोलो कि बोलते चाहो, कि काज आछे सिस्टम मैनेजर कास थेके (हाँ, हाँ बोलो, क्या बोलना चाहती हो, क्या काम है सिस्टम मैनेजर से) पचास वर्षीय एम.डी. मि. मुखर्जी पर उस बांग्ला संस्कृति का भरपूर प्रभाव था जो अंकल-आंटी के साथ-ही-साथ ताई-काकी को भी लादकर चलती थी, इस कारण अक्सर उनकी भाषा हिन्दी, अंग्रेज़ी और बांग्ला का अजीब कॉकटेल बन जाती थी। बड़ी मुश्किल से गले को दबा-दबाकर हकलाहट को शब्दों का आकार दिया संघमित्रा ने–सर, मि. मेहता हैज...सर उन्होंने मुझसे बदतमीजी की है।

मि. मुखर्जी भौंचक–अरे बाबा, से कि? कैसा बोदतमिजी किया? (यह क्या? कैसी बदतमीजी की?)

क्या कहे संघमित्रा? सवाल दूर तक करंट मार गया। शब्द गले में उलझ गए। ऐसी स्थिति से भी पाला पड़ेगा, सोचा नहीं था उसने। कहाँ पाँव रखे, कहाँ बचे? कैसे समझाए? किस भाषा में समझाए उस सूक्ष्म कमीनी हरकत को? आखिर थूक निकलते हुए कहा–सर, आप उनसे ही पूछ लीजिए।

इन्टरकॉम से मि. मुखर्जी ने मि. मेहता को अपने चेम्बर में बुलाया। अफ़सराना चाल और कड़क से घुसे मि. मेहता पर जैसे ही सामने बैठी संघमित्रा

पर नज़र गई, फिरकी रुक गई। आते हुए झंझावात को भाँप सारी कड़क दुम दबा भाग खड़ी हुई।

आवाज़ को लचीली बनाते हुए पूछा–यस!

मि. मुखर्जी ने सीधे मुद्दे पर आते हुए कहा–संघमित्रा बोलेछे कि कालके विकाले आपने उसके साथ बोदतमीजी किया (संघमित्रा कहती है कि कल शाम आपने उसके साथ बदतमीजी की?)

ह्वाट नानसेंस? कैसी बदतमीजी? वे एकाएक हकला गए। हुआँ-हुआँ करने लगे।

अपनी घिरनीवाली कुर्सी पर डोलते हुए और अपने नुकीले चेहरे को और नुकीला बनाते हुए मि. मुखर्जी ने संघमित्रा से फिर वही नुकीला सवाल दुबारा पूछा–बोलून कइसा बोदतमीजी किया?

उनकी आवाज़ में अनायास ही अठन्नी दिलचस्पी और चवन्नी हैरानी घुल-मिल गई। वे समझ ही नहीं पाए कि इस घटना को ट्रेजडी समझे या कॉमेडी...और इस अवसर पर चेहरे पर कैसी मुद्रा ओढ़े?

बॉस की भंगिमा देख संघमित्रा का सिर भी बॉस की कुर्सी की तरह घूम गया। न उबल पाई, न उफन पाई। बस फटे हुए दूध की तरह प्राणों के भीतर खदबदाती रही। दो पुरुषों के बीच बिखर पड़ने की पीड़ा से स्वयं को बचाने की चेष्टा में होंठ और मुट्ठियों को भींच अन्तर्शक्ति बटोरती रही। आँखों से निकली भाप को सोखते हुए अवरुद्ध कंठ से किसी प्रकार धुँआते शब्द निकाले उसने–सर, पूछिए मि. मेहता से कि जिस बदतमीजी से उन्होंने फाइल मुझे पकड़ाई क्या इसी प्रकार वे मिसेज मुखर्जी या अपने से सीनियर किसी लेडी ऑफिसर को पकड़ा सकते थे?

मि. मेहता फिर आपे से बाहर हुए। इस अदनी-सी प्रोग्रामर की इतनी हिम्मत! रूप साग-सत्तु और तेवर हरी मिर्च। फुस्स पटाखे की तरह वे भभके–पूछिए कैसे पकड़ाई फाइल? क्या माथा फोड़ा कि आँखों को जख्मी किया?

उसका दुस्साहस देख सहम गई संघमित्रा। गर्भपात के लिए लेटी अविवाहित कन्या की-सी शर्म और पीड़ा आँखों में लहराई पर भीतर उफनते अन्धड़ पर किसी प्रकार काबू पाते हुए कहा–सर, इन्होंने मेरे शरीर के अंग विशेष पर फाइल से ठोंका और बोलते-बोलते लज्जा और बेबसी से आँखों में नमी उतर आई। वीर दर्प से मि. मेहता ने संघमित्रा को फिर हलाल कर डाला–यू आर मेकिंग अ गुड फेअरी टेल। अब इतने बड़े शरीर में एक इंच ऊपर-नीचे या दाएँ-बाएँ फाइल का कोना छुआ गया हो तो नहीं कह सकता...पर पूछिए मैडम से कि जिस अंग विशेष की बात वे कर रही हैं क्या उस अंग विशेष पर मेरा हाथ भी लगा था? अरे बदतमीजी ही करनी होती तो फिर फाइल क्यों, हाथ ही आगे बढ़ाता। फाइल को छुआने से

मुझे क्या मिलनेवाला था? मैडम, तो यूँ लाल-पीली हो रही हैं, जैसे मैंने रेप कर दिया हो।

–नहीं सर, यह गलती से नहीं हुआ था। उन्होंने तीन-चार बार ठकठकाया था और आँखों से भद्दा इशारा भी किया था। बोलते-बोलते शालीनता और संस्कार के ताप से आँखें फिर तरल हुईं संघमित्रा की...गला फिर भर आया।

कभी संघमित्रा की ओर ताकते मि. मुखर्जी तो कभी मि. मेहता की ओर। एक तरफ अति सम्भावनाशील नई पौध, तो एक तरफ कम्पनी के सबसे ऊँचे पायदान पर सीमेंट की तरह जमे सिस्टम मैनेजर। कम्पनी की तरक्की के साथ जो चोली-दामन का साथ निभा रहे थे पिछले दस वर्षों से।

सुलह कराते-कराते रक्तचाप बढ़ गया पर अभी तक इस अदना-सी स्टाफ के साथ 'कम्फर्टेबल ज़ोन' में नहीं आ पाए वे। ए.सी. के बावजूद कमरे का तापमान बढ़ता जा रहा था...आखिर माथे पर तीन ठोका लगाया। एक हल्की उबासी ली उन्होंने और एक जोरदार झटका अपनी गर्दन को दिया। बोरियत झाड़ने के लिए उँगलियाँ चटकाईं और जकड़न दूर करने के लिए उठ खड़े हुए। घड़ी पर एक नज़र डाली और 'टू हैल विद' के अन्दाज में कहा–सी, आई हैव गॉट टू स्टैंड अ वेरी अर्जेंट मिटिंग। आई विल लुक इंटु दि मैटर लेटर ऑन।

विक्षुब्ध और खिन्न संघमित्रा अपनी टेबुल पर सिर रखे, आँखें मूँदे अपने भीतरी आवेग को थामने की चेष्टा करती रही। क्या मिलेगा उसे न्याय? क्या उन कुत्सित हाथों को माफी माँगनी पड़ेगी उससे जिन्होंने अपमान किया उसकी अस्मिता का? पर जिस प्रकार झुँझलाकर चले गए एम.डी., उसे नहीं लगता। पुरुषों की यह सुदृढ़ दुनिया और तेज हवा में काँपते पत्ते-सा उसका वजूद। उसने न कम्प्यूटर खोला और न ही कोई प्रोग्रामिंग की। पूरे दिन उसी प्रकार टेबुल पर सिर रखे एम.डी. के बुलावे का इन्तज़ार करती रही।

शाम को बूढ़े पिउन लक्खी ने उसे बताया कि साहब आज नहीं लौटेंगे तो उकताकर उसने तीन-चार पंक्तियों में अपना इस्तीफा लिख डाला। और लक्खी दा को थमा दिया–इसे साहब की टेबुल पर रख देना।

बूढ़े पिउन की अनुभवी आँखों ने बहुत कुछ ताड़ लिया था। अपने सत्तर प्रतिशत केश और आँखों की आधी रोशनी वह इस कम्पनी को समर्पित कर चुका था। आज तक किसी ने भी उसे पिउन से बढ़कर कुछ नहीं समझा था, पर संघमित्रा ने पहली बार उसके भीतर के बुजुर्ग को अपनापन और सम्मान दिया था और कभी उससे आदेशात्मक स्वर में बात तक नहीं की थी, इस कारण वह संघमित्रा को समझाने की हिम्मत बटोर पाया था। मौका देख उसे समझाते हुए कहा उसने–इत्ती-सी बात पर त्यागपत्र देती रहोगी बिटिया तो शायद धरती पर

एको इंच जगह भी ऐसी नाही मिलेगी जहाँ खड़ी रह सको। 'इत्ती सी बात!' बात घूँसे की तरह पड़ी सीने पर। आँखें डबडबा गईं संघमित्रा की। चिरई के जीव जाए, लरिका के खिलौना–आप भी इसे इत्ती सी बात कहेंगे बाबा! क्या आप भी यह मानते हैं कि दफ्तरवालियों को...बात पूरी भी नहीं कर पायी थी संघमित्रा कि आवाज आँसुओं में डूब गई।

हैरान रह गए लक्खी दा–बैग लटकानेवाली और कम्प्यूटर चलानेवाली का भी पिद्दी-सा कलेजा!

सिर पर हाथ फेरते तरल-तरल शब्दों में कहने लगे–मुझे गलत नहीं समझो बिटिया...तुम्हें मजबूत करने के खातिर कह रहे कि जमाना स्साला ऐसा ही हरामी है। आज का अखबार नहीं पढ़ा? दिल्ली की एक झुग्गीबस्ती मायापुरी में एक औरत के साथ चलती गाड़ी में सामूहिक बलात्कार हुआ। तुम्हें डराने के लिए नहीं बस समझाने खातिर कह रहे बिटिया कि दुनिया हर जगह ऐसी है, अकेली औरत हर जगह मजबूर है...कहाँ तक लड़ोगी इस भेड़िया दुनिया से। लक्खी दा की आँखों में पीड़ा नए वेग से लहराई। टेबुल पर रखे खाली गिलास को उठाते हुए फिर बोल पड़ा वह–पहले औरतबाजी को घोर पाप समझा जाता रहा, पर अब इसे शान समझा जाता है। मेरे बड़े भाई को उनका एक दोस्त धोखे से सोनागाछी ले गया, जैसे ही वह उसे कमरे में ढुकाने को हुआ, भाई भाग खड़ा हुआ और आने के बाद तीन घंटे तक शिवजी के सामने आँखें मूँद प्रायश्चित करता रहा...सारा दिन उपवास रखा उसने। अब कहाँ दिखते हैं ऐसे लोग!

संघमित्रा की आँखें भर आईं, बूढ़ा बाबा कितना सोचता है उसके लिए। उसका मान रखते हुए कहा उसने–बाबा, आपकी बात सही है कि कितनी नौकरियाँ बदलूँगी मैं। पर मैं अपनी आदत से मजबूर हूँ। अपमान की यह रोटी मुझसे तो नहीं निगली जाएगी। जब तक धरती का वह गन्दा धब्बा मुझसे माफी नहीं माँग लेता मैं यहाँ काम नहीं कर पाऊँगी...न्याय का सूरज अगर उगाना होगा तो आसमान की ओर छलाँग मारने की चोट भी खानी ही पड़ेगी।

× × ×

दूसरी सुबह जैसे ही संघमित्रा का त्यागपत्र देखा, मि. मुखर्जी के चेहरे की ज्योमिट्री बदल गई। भीतर कुछ बेचैनी-सी हुई। अपनी घिरनीवाली कुर्सी को 60 डिग्री के कोण पर घुमाया उन्होंने। सामने टँगे 'सत्यमेव जयते' पर उड़ती-सी नज़र फेंकी। टेबुल पर ढककर रखे गिलास को मुँह लगाकर एक-दो घूँट नीचे उतारे। गोल्डेन फ्लैक की एक सिगरेट सुलगाई। कुछ देर चिन्तन किया और कॉलबेल बजाई।

जैसे ही लक्खी दा ने प्रवेश किया, ज़िन्दगी में पहली बार उन्होंने सिर उठाकर उसे एक इनसान की तरह देखा। एक भरपूर नज़र उसके हड़ियल जिस्म पर फेंकी। उसे देख मुस्कराए और अफसराना रुतबे को सिगरेट की राख की तरह

झाड़ते हुए कहा–माई गॉड, मेय आछे कि तोप? एकबारगी ममता बनर्जी मतो जेद्दी। तूमि एक काज करो, ओके हॉस्टल थेके एखुन ही डेके नियेे ऐसो। (हे भगवान! लड़की है या तोप एकदम ममता बनर्जी की तरह ज़िद्दी है। तुम उसे उसके हॉस्टल से अभी तुरन्त बुला लाओ।)

संघमित्रा के आते ही मि. मुखर्जी ने उसके त्यागपत्र को उसे लौटाया। एक ग्रैंड स्माइल उस पर फेंकी और स्ट्रोक मारा–रिलैक्स मिस मित्रा, एतना टर्ची मोत बनो। इत्ता-सा बात का इतना लफड़ा मोत बनाओ, तुम्हें अभी बहोत आगे बोढ़ना है। साल-भर की सर्विस के बाद देखना तोमारा मार्केट वैल्यू केतना बोढ़ जाएगा। बी प्रेक्टिकल!

आग की तरह जल गई संघमित्रा। अपने ठंडे चेम्बर में पेप्सी का ठंडा घूँट भरते हुए बॉस समझा रहा है उसे कि जो हुआ वह कितनी छोटी बात है...कूल...कूल। किस नस्ल के हैं ये? आल्शेशियन? डाबरमैन? या दोनों का घालमेल? ख़ुद कुकुर हुए तो अब पूरी स्त्री जाति का ही कुकरीकरण करने के महान काम में लगे हुए हैं।

वेदना से तर शब्दों में जवाब दिया उसने–हाँ सर, इतनी-सी ही तो बात है। एक अदना-सी स्टाफ की अदना-सी इज्जत। अपराध तो सिर्फ़ बलात्कारी और हत्यारे ही करते हैं। इन चमचमाते अफसरों की ये सूक्ष्म कमीनी हरकतें अपराध थोड़े ही हैं। ये इनका चारित्रिक पतन नहीं, हल्का-फुल्का दिल बहलाव है और हमें इसका आदी हो जाना चाहिए। इसीलिए जिस अपमान ने मुझे हिला डाला, आपको एक हिचकी तक नहीं आई...क्योंकि आधुनिकता की इस चकाचौंध ने आपको इतना मोटा देखने का अभ्यस्त बना डाला कि नारी स्वाभिमान और सम्मान की ये बारीक हरकतें आप लोगों को दिखलाई ही नहीं पड़ती। पर यदि मेरी जगह आपकी बेटी होती...तो भी क्या...

ओके, ओके–नाऊ स्टॉप इट...उसके वाक्य को अधबीच में ही झपट्टा मार रोक तो दिया मि. मुखर्जी ने, पर सेकेंड राउंड वार्ता की असफलता पर चेहरा भसके हुए रसगुल्ले-सा पिचक गया। समझ गए इस अड़ियल घोड़ी पर जीन डालना उतना आसान नहीं। माथा खुजलाते और हथियार डालते हुए कहा– अच्छा, बोलो, तूमि कि चाहो। (अच्छा बताओ, तुम क्या चाहती हो।)

मैंने कब कहा कि मैं कुछ चाहती हूँ। आपने बुलाया है, आप ही बताएँ कि आप क्या चाहते हैं?

फिर पसोपेश में पड़ गए मि. मुखर्जी। आज तक किसी नए तो क्या, किसी पुराने स्टाफ तक ने उसके सामने जोर से बोलने तक की हिमाक़त नहीं की थी...पर यह लड़की...माई गुडनेस...हौपलेस...

फिर आखिरी चेष्टा की उन्होंने–तुम्हारा आगे बढ़ता कैरियर...इस प्रकार

रिज़ाइन करने से सोचो कितना बड़ा सेटबैक लगेगा। बेरोज़गारी का यह समय!

बात को वहीं पूर्ण विराम देते हुए संघमित्रा उठ खड़ी हुई–नहीं सर, मैं इस गन्दगी में लोट नहीं लगा सकती। मैं इस हवा-पानी की जीव नहीं। आपको मेरे कैरियर की शुरुआत तो समझ में आती है, पर यह नहीं समझ पाते आप कि यह मेरे जीवन की भी शुरुआत है। आपको मार्केट वैल्यू की चिन्ता है, पर वैल्यूज की चिन्ता नहीं है। यदि मैं आत्मविहीन हो गई, मेरा स्वाभिमान पराजित हो गया, गर्दन मरोड़ दी गई उसकी तो कितनी दूर तक जा पाऊँगी मैं? जब जीवन ही हाथ से निकल जाएगा तो जीविका लेकर क्या करूँगी मैं?

और बिना जवाब की प्रतीक्षा किए ही उठकर चली गई वह।

प्रभावित हुए बिना नहीं रह सके मि. मुखर्जी–बाप रे बाप! ऐसा कड़क तेज और ऐसी हाई क्लास बोल्डनेस। बहुत देर तक उसकी पानीदार आँखों में ग़ोता लगाते रहे वे। हवा में उसकी महक को महसूस करते रहे वे।

और हो गया करिश्मा।

धमाल कमाल में बदल गया!

उस शाम कम्पनी के इतिहास में दो उल्लेखनीय घटनाएँ पहली बार घटीं।

सिस्टम मैनेजर मि. मेहता ने अपनी बदतमीजी के लिए उससे लिखित माफी माँगी और प्रतिज्ञा की कि आइन्दा किसी भी स्त्री के साथ ऐसी कमीनी हरकत नहीं करेंगे।

संघमित्रा की पदोन्नति कर दी गई।

× × ×

संघमित्रा के आत्मविश्वास की पहली ईंट उस शाम पड़ी। फिर खुली डायरी...

ज़िन्दगी की यही है इकलौती चाबी जिसकी कोई डुप्लीकेट नहीं...विद्रोह का ज़ज्बा।

वह रात स्वप्नों और ग़ज़लों की रात बनी। उस रात की कल्पना ने गढ़ी एक और कविता–नारी शक्ति संघ। जिसकी पहली सदस्या बनी संघमित्रा और दूसरी मालविका। फिर सुनयना और सुतापा...और फिर कड़ी से कड़ी जुड़ती ही गई।

अपने जीवन और वेतन से जुगाड़-भर दाना-पानी और ऊर्जा निकाल पोटली में जो कुछ भी बचता दोनों सखियाँ नारी शक्ति संघ के रख-रखाव में उँड़ेल देतीं।

अन्वेषण

पाँच साल!

बहुत कुछ घटित हुआ विगत पाँच वर्षों में।

संन्यास जीवन के नए-नए रोएँ झड़े। चिउंगम की तरह ऊपर का मीठा गल गया और जो भीतर से निकला वह एक ऐसा बेस्वाद, बेआवाज़, ख़ामोशी भरा, सूखा और घटनाविहीन समय था जिसने साध्वी दिव्यप्रभा को दिव्यता के आकाश से यथार्थ के खुरदुरे धरातल पर उतार कुछ दिव्य-सा आत्मबोध करा दिया था।

दरअसल जब कभी उसे गोचरी में मटर की सब्जी के साथ तैरता हुआ पनीर का टुकड़ा, नारियल की बर्फी, पुदीने की चटनी या सर्दियों में काली मिर्च या इलायची की चाय के भाँपदार घूँट मिल जाते तो उसे लगता ज़िन्दगी मिल गई। ऐसे में उसके सोच की दिशा पलट जाती–उसे लगता ज़िन्दगी यही है, छोटी-छोटी इन मासूम इच्छाओं के साथ आगे बढ़ने में। पानी में बहते फूलों की तरह उन्हें बटोर लेने में।

कई बार सावन में उमड़ती घटाओं को देख उसके पाँव में कामनाओं के घुँघरू बज उठते...जीवन पुकारने लगता, मन डोलने लगता...ऐसे में पद्मासन की मुद्रा में आँखें मूँदते ही उसके आन्तरिक चक्षु खुल जाते। भीतर के पर्दों पर छा जाती प्रेम में लीन राधा-कृष्ण की युगल मूर्ति, जिसे गोचरी लेते वक्त उसने किसी घर की बैठक में देखा था। देखते-देखते राधा-रानी की जगह वह ख़ुद टँग जाती और कृष्ण की जगह कोई पृथ्वीराज चौहान ले लेता। स्वप्न और यथार्थ के बीच डोलते ऐसे दुर्बल क्षणों में वरिष्ठ साध्वी रेणुश्री साधु जीवन के महान उद्देश्यों, पाप-पुण्य, मोक्ष, ईश्वर प्राप्ति और संयम के ग्लूकोज दे-देकर उसके बिगड़ते संन्यास की सेहत को सँभाले रखती। रेणुश्री के प्रभाव में वह फिर अपनी डोर वापस खींच लेती। अपनी चेतना और अन्तरात्मा से अपने स्वप्नों और ख़्वाहिशों को निकाल-निकाल बाउंड्री लाइन के बाहर फेंकने लगती।

इस खींचतान में अपने-आप से हर दिन लड़ने-भिड़ने में जीवन कट रहा था कि एकाएक सब कुछ ढह गया–दूध में जामन पड़ गया। यह नई बनाई

व्यवस्था और तिकड़मों से सधा मन, सब ध्वस्त हो गया। गुरु बहन शशिप्रभा के विचलन, पलायन और विद्रोह ने सब कुछ छिन्न-भिन्न कर एक अजीब सन्देहाकुलता के घेरे में डाल दिया उसे।

× × ×

साध्वी शशिप्रभा की दीक्षा भी लगभग छुटकी के साथ ही हुई थी।

ख़ासा गरीब और धार्मिक परिवार शशिप्रभा जी का। तीन बहनें। सबसे बड़ी वे। दबा-दबा रंग। लम्बा कद। मंगोलियन और द्रविड़ सभ्यता के मिले-जुले उत्पाद-सा चेहरा। पौष्टिक आहार के अभाव में अविकसित दुर्बल शरीर, पर सुदृढ़ और उज्ज्वल दन्त पंक्ति।

साधु-सन्तों और साध्वियों का घर में आना-जाना लगा ही रहता। जिस दिन महाराज सा गोचरी के लिए पधारते, तमाम अभावों के बीच भी घर का कोना-कोना मुस्करा उठता। घी से तर फुलके बनाए जाते, और उन्हें क़रीने से दो-दो फुलकों की बीड़ी बनाकर विशेष अवसर के लिए रखे गए नए चमाचम कटोरदान में रखा जाता। कई-कई सब्जियाँ बनतीं। चटनी बनती। बाजार से फल-मिठाई मँगवाए जाते।

और जैसे ही महाराज सा एंट्री लेते, पूरा घर उनकी वन्दना में क़ालीन-सा बिछ जाता। मांगलिक सुनने के लिए बच्चों को स्कूल जाने से रोक दिया जाता। पेड़ पर बैठे तोता-मैना भी महाराज की वन्दना करने नीचे उतर आते।

यह ताम-झाम देख, रूप से हारी और गरीबी की मारी मंगला (साध्वी शशिप्रभा जी का दीक्षा पूर्व का नाम) को लगता कि ज़िन्दगी का असली मजा महाराज बनने में है। किस्मत भी उन दिनों कुछ ऐसी रूठी कि पिता ने उसके विवाह के लिए कई जगह बात भी चलाई पर एक तो थर्ड-क्लास रूप और उस पर बारहमासी दरिद्रता, विवाह का संयोग बनते-बनते बिगड़ जाता। माँ ने भी जाने कितना डोरा-जन्तर और झाड़-फूँक करवाया पर बात नहीं बनी। उन्हीं दिनों सागर मुनि महाराज का चौमासा था जयपुर में। चौमासे के बाद महाराज सा जब विहार करते-करते किशनगढ़ पधारे तो मंगला के पिता महाराज सा के चरणों पर लोट-लोट कर रोए–ज़िन्दगी का बोझ अब ढोया नहीं जाता महाराज...अब मेरा उद्धार करें। मंगला को दीक्षा की अनुमति दें। महाराज सा ने आशीर्वाद दिया।

और संयोग...इधर मंगला पर केसर के छीटें लगे, दीक्षा की धूम मची, घर फोकस में आया और उधर दुर्गा के लिए रिश्ते आने लगे। पिता ने भी इसे महाराज सा का चमत्कार माना और उतरते चतुर्मास में ही दुर्गा का कन्यादान कर डाला।

पिछले वर्ष अपने अखंडित सौभाग्य और अपने गरिमायुक्त मातृत्व के साथ जब दुर्गा साध्वी शशिप्रभा जी के दर्शनों के लिए आई तो उसके नए रूप को देख

साध्वी शशिप्रभा पर अवसाद का वह दौरा पड़ा कि माला बिच्छू की-सी डंक मारने लगी। साँवली और कृशकाय दुर्गा का बदन सुहाग के गुमान में गदराया अलग से दमदमा रहा था। उस पर गोटे की किनारीवाली लाल ओढ़नी, झिलनिलाते आभूषण, भर-भर हाथ चूड़ियाँ और गोद में गोल-मटोल बाल गोपाल।

इधर दुर्गा उसके चरणों में शीश नवा रही थी और उधर साध्वी शशिप्रभा के कलेजे से भाँप उठ रही थी। एक ही डाल के दो फूल। एक खिल रहा है, पल-पल सुगन्ध फैला रहा है और दूसरा मर रहा है। एक के भीतर झरने-सी झर-झर बहती चाहतें और उमंगें, दूसरी के भीतर मरी इच्छाओं की दुर्गन्ध।

मन एकाएक विद्रोही हो उठा। रात सोने के पूर्व की नियमित प्रार्थना करने बैठी तो भी दिमाग के पर्दे पर छाई रही दुर्गा के ललाट पर दमकती चवन्नी के आकार की सिन्दूरी टिकुली और लिपस्टिक लगे रसीले होंठ।

उस रात दुर्गा अपनी बहन महाराज के पास ही रुक गई थी, फिर जाने कब दर्शन हो। ज़मीन पर दरी बिछाकर बच्चों को सुलाते-सुलाते, यात्रा की थकान के चलते जाने कब उसकी आँख लग गई...पर साध्वी शशिप्रभा की आँखों से नींद एकदम उड़ चुकी थी।

अपने कक्ष के बाहर निकल वे टकटकी लगाए एकटक देखती रही धरती पर पसरी उस साँवली चाँदनी को। बंध में कसे उसके उठते-गिरते वक्षों को। अपने शिशु से लिपटी दुर्गा से ऐसी आत्म-तृप्ति और महक फूट रही थी कि आसपास सब कुछ सुवासित हो चला था।

आसमान में ऊपर उठता पूनम का चाँद मन के सागर पर कामनाओं की चाँदनी को कुछ इस प्रकार छिटका रहा था कि उस ऐन्द्रजालिक सम्मोहन में साध्वी का मन डोल उठा। मन और चेतना पर छा गए लहरों की तरह उठते-गिरते वक्ष और लिपस्टिक रँगे दो रसीले होंठ। एक नज़र उसने अपने वक्ष पर डाली...दर्पण में झाँका—वैसे ही वक्ष और वैसे ही होंठ, वैसे ही हाथ पर रख-रखाव के अभाव में वक्ष एकदम सपाट, होंठ सूखे काठ और हाथ डंठल से बन गए थे। उसने जीभ अपने होंठों पर फेरी...वक्षों पर हाथ फेर उसके भारीपन को महसूस किया, अँगिया में कसे कैसे फबेंगे? कैसी लगेगी लाली इन होंठों पर? मन को बहुत साधा पर उस रात की माया—लिपस्टिक की कामना स्वर्ण मृग-सी बन गई। ये ही वे जादुई क्षण थे, जिसकी छुअन से एक तपोवन मन का रंगमहल बन गया और एक साध्वी औरत बन गई—आदिम औरत। दबे-दबे पाँव वह उठी, सोई हुई दुर्गा के पर्स को हल्के से खोला और उसमें से लिपस्टिक निकाल अपने कम्बल में लुका लिया।

× × ×

सुबह दिशा-मैदान के लिए निकलते वक्त साध्वी शशिप्रभा ने जब अपनी मुँहपट्टी

बदली तो उस पर उभरे लाल-लाल धब्बे साध्वी दिव्यप्रभा की तेज निगाहों से छिप नहीं सके।

कई दिनों से वे लक्ष्य कर रही थीं शशिप्रभा के बदलते रंग-ढंग। गोचरी के लिए निकलते तो गोचरी के आगे-आगे चलती शशिप्रभा की प्यास जाने क्या-क्या ढूँढ़ती। एक घर में तो गोचरी के बाद मांगलिक सुनाकर वे निकलने लगे। बाहर निकलने का रास्ता ड्राइंगरूम से होकर निकलता था, जहाँ टी.वी. चल रही थी...'पान खाए सइयां हमार...।' चंचल साध्वी का मन जो मचला कि वहीं ठिठककर खड़ी हो गई और हीरो-हीरोइन की मद-भरी चुहल और प्रेमक्रीड़ा का दीदे-फाड़ आनन्द लेने लगी। वे पल जादुई बन गए। पैर ठिठक गए...आँखों में सपने तैरने लगे...। नहीं ठेलती साध्वी दिव्यप्रभा तो जाने कब तक होश गँवा वह उसी दुनिया में खड़ी थिरकती रहती। गनीमत थी कि कोई वरिष्ठ गुरुबहन साथ में नहीं थीं। नहीं तो अच्छा-खासा प्रायश्चित गले मढ़ जाता।

एक बार रास्ते चलते एक फ़िल्मी पोस्टर पर नज़र अटकी तो अटकी ही रह गई...तब भी जबरन ठेला दिव्यप्रभा ने उसे।

ख़ुद दिव्यप्रभा भी बीच-बीच में उकता जाती थी। अपनी इस स्लो मोशनवाली एकरेखीय और एकसूत्रीय ज़िन्दगी से, पर उसमें शशिप्रभा जैसी उच्छृंखलता नहीं थी। समझ-नासमझ, हक़ीकत और अफ़साने के बीच डोलते हुए भी उसने ज़िन्दगी को उसी रूप में स्वीकार करना सीख लिया था, जिस रूप में वह उसे मिल रही थी।

लेकिन शशिप्रभा की मानसिक अस्थिरता, विखंडन, अनास्था और बेचैनी में कई बार उसे अपना प्रतिबिम्ब नज़र आता...अपनी आस्था डोलती दिखती। अन्दरूनी कसमसाहट बढ़ती जाती। एक शाम शशिप्रभा को वह रात्रिकालीन सामूहिक प्रार्थना के लिए बुलाने गई तो आसमान से गिरी–अपने प्राकृतिक संवेगों से संचालित शशिप्रभा कोई गीत गुनगुना रही थी। गुनगुनाते ही मन की तरंग ने ऐसी उछाल मारी कि वह अचानक महाभाव में आकर नाचने लगी। प्रतिक्रमण करती रेणुश्री का ध्यान भंग हुआ। प्रतिक्रमण की समाप्ति पर उन्होंने उसे बुलाकर समझाया–देखो, मन को स्थिर रखो, तुम्हारे इस प्रकार के आचरण साधु मर्यादा के सर्वथा विपरीत हैं। बात फूट गई तो पूरा समाज तुम पर थू-थू करेगा।

बेबाक शशिप्रभा ने सवाल किया–ऐसा क्या कर डाला मैंने, महाराज!

क्या है यह...नाचा-कूदा, झूमा-झटकी?

मीराबाई तो कितनी बड़ी सन्त थी, वे भी तो नाचती-गाती थी।

मीराबाई ईश्वर के भजन गाती थी, तुम गन्दे गाने गा रही थी।

गन्दा क्या होता है महाराज?

माथा पीट लिया ठाणी प्रमुख साध्वी रेणुश्री ने। कैसे बनाए रखे अनुशासन?

क्या जवाब दे ऐसे बेतुके सवाल का? आखिर झल्लाकर झपट दिया उसे–इस बार महामहोत्सव पर गुरुदेव से कहकर तुम्हें अपने ग्रुप से बाहर करवाऊँगी। ओफ, बहुत मुश्किल है तुम्हें साधना।

पर संघ प्रमुख से शिकायत की नौबत ही नहीं आई।

दूसरे दिन ही गजब हो गया।

मन की अदृश्य परतों में सोया रंगमहल नाच उठा और तपोवन ने घुटने टेक दिए। आसक्ति अँगड़ाई लेने लगी और अनासक्ति ऊँघने लगी। रंग-नूर की पुकार और खूनी रिश्तों की कशिश में भगवान के भरोसे बैठना दुश्वार हो गया और एक शाम साधु नियमों को पूर्णतः ध्वस्त करते हुए बिना किसी को अवगत कराए अपनी माटी और अपने माँ-बाप के पास वापस लौट गई वह। जैसे उमड़ते-घुमड़ते बादल वापस लौट आते हैं नदी के पास।

जिस समय पीछे के दरवाज़े से भीतर घुसी वह, मन विस्मय से भर गया। गद्गदायमान हो उठी वह। फलता-फूलता मैका एक आत्मीय पुलक से भर गया उसे। न सिर्फ़ घर के नाक-नक्श बदले हुए थे, वरन् घर में बहार आई हुई थी। धूमधाम मची हुई थी। पिछवाड़े बनी सीढ़ी से लगकर खड़ी रही वह और आती-जाती आवाज़ों और आहटों से अटकल लगाती रही।

कुछ पलों में ही धुँध छँट गई। छोटी बहन बिब्बो की सगाई का शकुन आ चुका था। औरतें साबुन मूँग चुगने की रस्म निभा रही थीं। कुछ ढोलकी पर थाप दे-देकर गा रही थीं :

''बना म्हारी रखड़ी रतन जड़ा जो जी
म्हारी लड़ियों बैठ गढ़ा जो जी...''

वह थोड़ी हैरान भी हुई...यह सचमुच किस चमत्कार से हुआ कि इधर उसने दीक्षा ली और उधर घर में द्रव्य की बौछारें हुईं। थोड़ी देर असमंजस में खड़ी रही वह कि यूँ हठात् लोगों के बीच जाकर माँ और बहनों से लिपट जाए कि लोगों के जाने की प्रतीक्षा करे। मन कुलाँचे भरने लगा...हिरणी-सा उछलने लगा और आधा-अधूरा साध्वी का बाना चाइनीज़ दीवार की तरह आड़े आ गया।

मन-मिलन के दृश्यों में इन्द्रधनुषी रंग भरने लगा...जो माँ दीक्षा के समय छाती पीट-पीटकर कलपी थी, वह कितनी खुश होगी उसे यूँ हठात् अपने सम्मुख पाकर।

पर वक्त-वक्त की बात! जिस आँगन में बुलबुल की तरह चहचहाया करती थी वहीं आज चोरनी की तरह सबसे छिपकर खड़ी है। पल-दो-पल और खिसके कि हठात् झालरवाली पायल की चिर-परिचित रुनझुन सुनाई पड़ी–मन लहक उठा... हृदय धड़का...बस आ गई माँ-बेटी के मिलन की महाघड़ी। एक अजीब किस्म की धुकधुकी और फुरफुरी महसूस करते दिल थामे खड़ी रही वह। और सीढ़ी

से उतरती माँ की चौड़ी-चौड़ी पायल की रुनझुन सुनती रही। जैसे ही अन्तिम सीढ़ी आई, उसने पीछे से चौंकाते हुए पीठ पर धाप मारी–मईया!

अरे बाई! वे खुशी से लिपट गई। उस एक उजले क्षण में गुलाल-सा कुछ उड़ा और माँ-बेटी के चेहरे को गुलाबी कर गया। पर कुछ पल सरके कि बुद्धि ने अपना काम शुरू किया, माँ यथार्थ के प्रति सजग हुई। इस प्रकार अकेली दौड़ी चली आई...न साथ में कोई, न हाथ में चरवला, न मुँह पर मुँहपट्टी, उनका चेहरा काला पड़ गया। बेटी को धीरे से अलगाते हुए दुखी स्वर में वन्दना करते हुए कहा–तुम अब मेरी बेटी कहाँ...तुम...आप...आप तो साध्वी हो, साध्वी शशिप्रभा।

भीगे कंठ से बेबाक हो बोली शशिप्रभा–ना अम्मा, अब इस साध्वी शशिप्रभा को छुट्टी दो, मैं तो मंगला ही भली, मुझसे नहीं साधता यह चौबीस घंटों की पूजा- पाठ। पग-पग पर रोक-टोक। गोचरी के लिए द्वार-द्वार डोलते-डोलते पाँव थक गए। मैं धाप गई इस ज़िन्दगी से। मैं भी अब अपनी सिगड़ी अलग जलाऊँगी, दुर्गा की तरह...। माँ मलेरिया की रोगी की तरह काँप उठी। सत्यानाश! आसपास गर्दन घुमाई, कहीं कोई देख तो नहीं रहा? सीढ़ी के पास ही बने कोठा में उसे खींचते हुए ले गई और फिर समझाते हुए कहने लगी–बावली, कैसी बात कही, थूक दे इन दुष्ट विचारों को। सोच, कित्ती ऊँची पदवी थारी, कित्तो मान। लोग सुनेंगे तो थू-थू मच जावेगी...अरे गैली, पुण्य उदय होया जो ई घर में दीक्षा हुई...। तू बैठ अठै...मैं मेहमाना नै विदा कर अबार आ ऊँ।

सामान से भरे उस कोठा में शशिप्रभा को बैठाकर माँ ने बाहर से कुंडी चढ़ा दी और यांत्रिक मुस्कान ओढ़े पाहुनों को रफा-दफा करने में लग गई। दिमाग में भूचाल मच गया। एक तरफ बेटी, एक तरफ गुरुदेव। अभी तक तो सन्तोष था कि बेटी धर्म की राह पर है, पर आज उसकी असलियत जान पैरों के नीचे जैसे काँटे बिछ गए। किसी प्रकार इशारे से अपने भरतार को बुलाया और एकान्त में ले जाकर सारी अँखियन देखी बयान की।

मंगला के पिता अमरनाथ जी ने सुना तो सन्नाटे में आ गए। बेटी की दीक्षा के चलते और महाराज सा के प्रभाव से जो आर्थिक सहायता समाज से मिली थी, जिसके बूते नई दुकान खरीदी, घर का कायाकल्प हुआ। बेटी को वापस घर में डाल भी लिया तो क्या होगा, न बेटी सुख से रह पाएगी, न वे। धर्म के नाम पर मिली सहायता की डोर अधर्म के चलते कभी भी वापस खींच ली जा सकेगी। बेटी को वापस घर में डालने का सीधा मतलब गुरुदेव की अवज्ञा। नहीं, किशनगढ़ का धार्मिक समाज इसे क़तई सहन नहीं कर पाएगा। बिब्बो की शादी रुक जाएगी, सो अलग।

× × ×

पूरे एक घंटा और सोलह मिनट के बाद जब कोठा खोला गया तब तक शशिप्रभा

सिकुड़ चुकी थी, खरोंचें और खामोशी उसके भीतर भर गई थी। बाबुल के आँगन में बेगानी-सी खड़ी अपनों से बेगाने बने बेगानों के जाल में फँसी फड़फड़ाती कबूतरी-सी खामोश देखती रही वह।

देखती रही यौवन की ख़ुमारी में खोई छोटी बहन की उनींदी आँखों की लाली को।

देखती रही–अपने धणी से सटकर खड़ी प्रेम की उष्मा से गमकती दुर्गा को।

देखती रही, बदलती दुनिया के साथ बदलती अपनी माँ को जो अपनी ही कोखजाई को हाथ जोड़ वन्दना कर सकती थी पर दुनिया के सामने उसे सीने से नहीं लगा सकती थी क्योंकि इसमें खतरा था, उसके सुरक्षित संसार की नींव के डगमगाने का।

मतलब साफ था–अब बीता जीवन उसे लौटाया नहीं जा सकता था। अब घर वापसी...लगभग नामुमकिन। पिता ने उसे सिर्फ़ एक बात कही और सब कुछ समझा दिया–हर बीज नै मन लायक धरती कोनी मिलै बेटी...अब जो रास्तो तूने पकड़ो है उसी पर बनी रह...इसी में सगला री भलाई है।

उसने उम्मीद की आखिरी आँख से अम्मा को ताका। पर वहाँ से भी पानी निकल चुका था। अम्मा ने कलपते हुए कहा–म्हारी मजबूरी समझ बेटी! अब तू ई घर री बेटी नहीं, पूरे गाँव री साध्वी शशिप्रभा है। साध्वी शशिप्रभा सिर आँखों पर...पर बिटिया मंगला तो म्हारै लिए उस पार जा चुकी। दो मिनट साँस ले वे फिर बोलीं–निश्चय ही पितरों का कोई दोष हुआ है। नहीं तो ऐसी पक्की मन की बेटी की मति नहीं फिरती। तू निश्चिंत होकर जा मैं पितरों का नाड़ा ले उन्हें मना लूँगी, तब देखना, तेरा चित्त भी थिर हो जाएगा।

उसके बाद फिर कोई संवाद नहीं हुआ। पूरे घरवालों की व्यथा पल-प्रतिपल सघन होती गई। दरवाज़े पर दोनों भाई पहरा देते रहे...कहीं हवाएँ ही चुगली न कर दें। और जैसे ही शाम गहराई, अँधेरे की ओट में पीछे के दरवाज़े से सबसे छिपते-छिपाते पिता उसे वापस उपासर ले आए।

साध्वी रेणुश्री को साष्टांग दंडवत होकर प्रणाम किया उन्होंने और साध्वी शशिप्रभा की नादानी के लिए लम्बे-लम्बे हाथ जोड़ क्षमा माँगी–घर की माया खींच ले गई अपने गाँव...। रास्ता जाना-पहचाना था, इसलिए दौड़ गई। माटी पुकार उठी। आगे से उस गाँव के पास पड़ाव मत डालना जहाँ की बेटियाँ साध्वी बन चुकी हों। खैर...जो दोष लगा है, उसके लिए यह प्रायश्चित कर लेगी। आप इसे क्षमा कर दें...भगवान महावीर ने तो उस ग्वाले को भी माफ कर दिया था जिसने उनके कानों में कील ठोंक दी थी।

जाते वक्त पिता ने फिर उसकी ओर देख...अपनी मौन आँखों से अपनी मजबूरी बताई। जुड़े हाथों से अपनी अनकही वेदना कही और निःशब्द क्रन्दन करते हुए बाहर निकल गए। भीतर फिर हूक-सी उठी पर जी कड़ा कर आगे बढ़ गए वे।

इधर पिता गए उधर शशिप्रभा पर रेणुश्री के नुकीले प्रश्नों की बौछारें शुरू हुईं। उसके हर सवाल का मौन जवाब देते हुए शशिप्रभा ने अपने कमरे का दरवाज़ा भीतर से लगा लिया। आक्रोश, हताशा और टूटन से पार पाने के लिए आँखें मूँदी तो बन्द आँखों के पर्दे पर चमक उठी धणी से सटी दुर्गा और यौवन की ख़ुमारी में तिर-तिर तैरती बिब्बो। पिछले कई सालों से दरकती-बिखरती शशिप्रभा आज पूरी तरह ध्वस्त हो चुकी थी। जो सफर कभी प्रेमी-प्रेमिका के प्रेमालाप की तरह इतना सुहाना और रोमांचक लगा था, आज वही उसके सपनों का हत्यारा बन चुका था।

ओफ! उसके सिर को भी चाहिए कोई कन्धा पर सामने निषिद्धों और वर्जनाओं के घाट-ही-घाट! कोई पुल ऐसा नहीं जो जोड़ सके उसे उसके सपनों से।

वह दिन सपनों का हत्यारा हुआ। साबित पर्वत के दरकने का दिन आखिरी दिन हुआ।

मछली की तरह तड़पी वह।

नहीं, अब जीना दुश्वार।

और अपनी ही साड़ी को छत की कड़ी से लटकाया और फाँसी लगा ली।

रात जब सामूहिक प्रार्थना के लिए दिव्यप्रभा उसे बुलाने आई और दरवाज़े को धकेला...बार-बार धकेला। बौखलाई और डरी दिव्याप्रभा ने दरवाज़ा बुरी तरह पीटना शुरू किया...आखिर जब रेणुश्री ने दरवाज़ा तुड़वाया तो सब चीख पड़े–अपनी साड़ी की डोर से झूलती शशिप्रभा। बाहर निकली जीभ...जैसे दुनिया को मुँह चिढ़ा रही हो–मुबारक तुम्हे तुम्हारी यह दुनिया!

× × ×

साध्वी शशिप्रभा की आत्महत्या ने साध्वी दिव्यप्रभा के दिमाग की शान्त झील में कुछ ऐसी कंकड़ी मारी कि कसती गई वह भीतरी कसमसाहट में। जब-तब यादों की राख टटोलने लगती वह और टटोलते-टटोलते पाती कि स्मृतियाँ पूरे वेग से डाल पर लटकी पतंग की तरह फड़फड़ाने लगी हैं। माँ ने दीक्षा दिलाई थी कि लड़की की जाति, कहाँ-कहाँ भटकेगी? पर फ़र्क़ क्या पड़ा? ऐसे बाहर ठौर-ठौर भटकती रहती, ऐसे अपने ही भीतर की अँधेरी गलियों में भटक रही है।

क्या करे वह? सारा संन्यास ही इन दिनों कुपित हो कोप भवन में जा विराजा

है। बस दिखाने-भर को आँखें मूँद ध्यान में बैठ जाती है क्योंकि वह जानती है कि शशिप्रभा के स्खलन के बाद अब सभी संन्यासी निगाहें उस पर गड़ी हुई हैं। पर आँखें मुँदी नहीं कि बीता वक्त बजना शुरू हो जाता है। सुनती रहती वह जब-तब, जैसे नींद में कोई सुनता है, दूर बजती बाँसुरी की आवाज़। सूने मन के इन्हीं उदास लम्हों में बेचैन कर जाती है, किसी गहरे कुएँ से आती जीजी की आवाज़–यहाँ जीवन नहीं, मौत का चिन्तन होता है। यह मौत की दुनिया है जहाँ कोई ध्वनि नहीं, सब प्रतिध्वनियाँ है। सब परछाइयाँ हैं, कितना सच कहा था जीजी ने?

पाँच वर्षों के इस संन्यास जीवन में अब जाकर समझी वह जीजी की बातों का मर्म।

आज न जीजी पास, न माँ महाराज। मोह-माया के सारे कूल-किनारों से असंपृक्त माँ महाराज तपस्या कर-कर गला रही है अपने शरीर को। अब कौन राह दिखाए उसे? कौन बताए कि जीवन कैसे जीया जाए? क्या करे वह अपने सपनों का? सपनों के लिए जीए या सपनों को कुचलने के लिए?

मन करता है इतना रोए, इतना रोए वह कि आँसुओं से धरती डूब जाए। पर उसकी भी इजाज़त नहीं है। रोना इस दुनिया में निषिद्ध है। साध्वी रो नहीं सकती। जिसे दुनिया के दुख छू ले, विचलित कर दे, जो रो पड़े, वह भला कैसी साध्वी? फाँसी खाई शशिप्रभा को देख वह चीख पड़ी थी और फफक-फफक कर रोने लगी थी। तब उसे दंड दिया गया था–तीन उपवास और दो एकासना (एक बेर आहार)।

और तब से दिल रोता, पर आँख से आँसू न बहते। आँसुओं को सोखना और मन पर ढक्कन लगाना सीख गई है वह। अपनी कल्पना में एक अलग दुनिया बसाई है उसने और जब तब उस प्रति संसार की गुफा में कैद हो जाती है वह और जब तक अनिवार्य नहीं हो बाहर नहीं निकलती वह इस दुनिया से। इसी आवाजाही में ही बीत रहे हैं ये दिन। शायद बाकी जीवन भी इसी प्रकार कट जाए–स्मृति और स्वप्न के सहारे। एक और चीज़ है जो इस ठहरे जीवन को भी सह्य और गतिशील बना देती है, वह है परिव्रज्या...यानी जगह-जगह विहार, भ्रमण। खूँटा गाड़ना और उखाड़ना। बहते पानी की तरह बहते जाना।

दो दिन बाद ही उसे अजमेर पहुँचना है। अजमेर, जो कभी उसका ननिहाल भी था।

× × ×

अजमेर!

धोरां री धरती। पाँव धरते ही झूम उठा मन। सैकड़ों मील की इस पदयात्रा से कहीं लम्बी यात्रा पूरी कर ली थी उसके मन ने। सावन के झूले-सी हिलोरें

लेने लगीं स्मृतियाँ। अजमेर! उसकी ननिहाल। दाल-बाटी और सोन हलुआ का देश। कुर्ती कांचली और हाथी दाँत के चूड़ों का देश। नानी और बड़ी नानी दोनों मिलकर चक्की चलाती जातीं और गाती जातीं–*म्हारो चोखो लाग खीचड़ो, छुलक्यों छांड्यो बाजरो*...सबसे पहले यहीं थामी थी उसने लटाई और उड़ाई थी पतंग। सबसे पहले यहीं स्वाद लिया था उसने दाल-बाटी चूरमे का, सोन हलुए का।

ये नए बाजार के ताँगेवाले। यह लाखन कोठरी। यह दौलत बाग। यह धान मंडी। लाखन कोठरी में ही बने दो जैन मन्दिर। कुर्ती कांचली और पैरों में झाँझन झनझनाती नानी के साथ जब-तब चली जाती थी वह मन्दिर में भक्ति करने... रात-रात चलती भक्ति। आते वक्त कुच-कुच हरे पत्तों के दोनों में दही लेकर आती तो कभी आसपास के घरों से फोकट में मिलती छाछ। पूरी दोपहरी सुनती रहती वह फेरीवालों की आवाजें–बुढ़िया के बाल, मुँह में डाल, 'बर्फ का गोला लाल-पीला।' 'ठंडी-ठंडी कुल्फी,' 'खट्टे-मीठे फालसे'। शाम होते ही बदन में ढाई-तीन तोला सोना लादे और भर-भर हाथ हाथीदाँत का सुहागचूड़ा पहने गुजरनियों और जाटनियाँ हाथों में पानी से भरी चरी लिए सड़क पर आसमान में उड़ती रंग-बिरंगी पतंग-सी दिखलाई पड़ने लगतीं।

रात गहराते ही लाखन कोठरी की गली में खटिया बिछ जाती सिन्धी घरों की।

वही अजमेर। जाने कितनी स्मृतियाँ तितलियों-सी उड़ने लगीं भीतर।

स्मृतियों के ताप से फिर नम हुईं आँखें। ठाणी प्रमुख रेणुश्री से तनिक मचलते हुए कहा उसने–महाराज सा काशिद जी (महाराज के साथ रास्ता दिखाने के लिए चलनेवाला स्थानीय श्रावक) से कहिए लाखन कोठरीवाला लम्बा रास्ता पकड़े, गोचरी के लिए। मुझे देखनी हैं, वहाँ की हवेलियाँ, कोठियाँ, नोहरे और अढ़ाई दिन का झोपड़ा, सोने की नसिया, पुष्कर, तारागढ़...

साध्वी रेणुश्री के त्यौरियों में बल पड़े। विरक्त हो, जवाब दिया–यह साध्वी जीवन है, कामनाएँ और तृष्णाएँ, वर्जित इलाके हैं इस दुनिया के। तुम्हें शोभा नहीं देती यह व्याकुलता, यह मोह। अब टाबर संन्यासिन नहीं रही तुम। मन में कामनाएँ उठे इसके लिए भी तुम प्रायश्चित और दंड की भागी हो। इस धौली चादर पर लगा एक दाग ही बहुत है गिराने के लिए। मन पर फिर खोंचा लग गया...क्या करे वह कि मन मचले ही नहीं। ठीक ही तो कहते हैं महाराज सा साध्वी मंजुश्री, कंचनप्रभा जी, मणिदीपा जी और ख़ुद रेणुश्री...किसी का भी तो मन नहीं मचलता उसकी तरह। कोई तो बेचैन नहीं हो उठती। क्या शशिप्रभा की तरह उसके भीतर भी बस गई है कोई प्रेतात्मा जो उसे जीने नहीं देती चैन से? क्यों दूर होती जा रही है वह ख़ुद से? क्या सचमुच जीना नहीं आता उसे? क्यों भिड़ती रहती है वह ख़ुद से?

किससे माँगे जीने का नुस्खा?

मन में फिर ललक उठी काशिद नरपत सिंह जी से बतियाने की। उनसे बतियाकर बहुत सुकून मिलता है। मछली की तरह छटपटाते उसके मन को। घड़ी भर के लिए ही सही, संवाद की आदिम प्यास बुझा देते हैं वे।

अद्‌भुत-अद्‌भुत बातें उनकी। किशनगढ़ से अजमेर तक के विहार में सदैव साथ रहे वे। एक बार मौका देख पूछा उन्होंने दिव्यप्रभा से–माराज सा, जरा समझाओ कि धर्म क्या है?

रटा-रटाया जवाब आया–धर्म है आत्म साधना, आत्माशुद्धि और अन्त में निर्वाण।

पैंडुलम की तरह सिर हिलाते हुए कहा उन्होंने–नहीं, महाराज सा, आज की तारीख में धर्म है गाँव में तालाब खुदवाना, कुआँ खुदवाना, बावड़ी बनवाना। पहले साधु-सन्त गाँव में पधारते तो पूछते, गाँव में कित्ता कुआँ है, कित्ता तालाब और बावड़ियाँ हैं, इससे अन्दाज लगता गाँव की सम्पन्नता का। आज तो साधु-सन्त की जिज्ञासा भी बदल गई। आज वे पूछते हैं–इहाँ कित्ता घर जैनियों का है, सरावगियों का है, राजपूतों का है। आज धरम-करम नहीं रहा, इसीलिए इत्ती मार-काट और अशान्ति मची हुई है।

उनकी बातें सुन बाकी साध्वियाँ उबासियाँ लेने लगतीं। मुँहपट्टी के भीतर उबासी लेने से उन्हें खासी तकलीफ होती, इस कारण उनके चेहरे के भाव कठोर हो जाते। मौसम बदलते देख नरपत सिंह जी फिर बात बदल देते। मरियत हँसी बिखेरते कहते–लो जी, यह आ गई आपकी दरगाह शरीफ़। जी, मेरी बहन की शादी हुई तो मज़ार पर मैंने भी चादर चढ़ाई थी।

वे चलते जाते और गुनगुनाते जाते :

गौरे धोरां री धरती रो
पिछरंग पाड़ा री धरती रो
पीथल पाथल री धरती रो
मीरा कर्मा री धरती रो
कितरो कितरो रे करा मैं बखान
कण-कण से गूँजे म्हारा राजस्थान।

(गोरा बालू की धरती का, पाँच रंग के पहाड़ की धरती का, कर्मा (जाटों की देवी) की धरती का, राणा प्रताप की धरती का...कितना-कितना बखान करूँ, कण-कण में गूँज रहा है मेरा राजस्थान।)

गाते-गाते वे फिर रुक जाते और उदास हो देखने लगते। साध्वी मंजुश्री को उनकी ज्ञान भरी सूखी बातों से उनके लिए गीत झेलना कहीं आसान लगता। वे कहतीं–गीत क्यों रोक दिया?

नरपत सिंह जी के सुर फिर बदल जाते–माराज सा, आप नहीं समझो ला लोगा रो दुख। अब ये सब गीत बेमानी लगते हैं और वे उदास-उदास आँखों से देखने लगते, लाखन कोठी के खुले और सूखे संडासों से गू भरी पेटियों को निकाल माथे पर ढोती जमादारिनों को।

उनकी चाल उदास हो जाती। साध्वी दिव्यप्रभा जी फिर हवा भरतीं–काशिद जी कुछ सुनाओ। दिव्यप्रभा को उनकी बातें अच्छी लगतीं। बहुत अच्छी लगती। जैसे ही वे बोलना शुरू करते, आसपास सब कुछ बोलने लगता और जैसे ही वे चुप हो जाते, पेड़-पौधे, बहती हवाएँ सब गूँगी हो जाती।

दिव्यप्रभा के मनुहार करने पर वे फिर चालू हो जाते–माराज-सा, पृथ्वीराज चौहान का नाम सुनिया है? दिव्यप्रभा भौंचक हो गर्दन हिला देतीं। वे कहते– जिसने अजमेर आकर पृथ्वीराज चौहान का नाम तक नहीं सुना, जानो उसने अजमेर की धरती पर पाँव धरा ही नहीं। पृथ्वीराज के जिक्र से ही उनकी आँखें पनीली हो जातीं और वे इतिहास में डूबते-उतरते कहने लगते–माराज सा, शब्दवेधी बाण चलाने में कोई सानी नहीं था पृथ्वीराज का। माराज सा, जरा आँख मूँद आप कल्पना करो, मोहम्मद गोरी के दरबार का। ऐसा क्रूर और कृतघ्न बादशाह जिसे पृथ्वीराज ने सत्रह बार हराया और माफ किया, वही पृथ्वीराज अठारहवीं बार 1183 ई. में मात खा गया। नहीं, बहादुरी और वीरता में मात नहीं खाई, ख़ुद के लोगों ने ही विश्वासघात किया। जयचन्द मिल गया मोहम्मद गोरी से। पृथ्वीराज को बन्दी बनाकर उसकी आँखें फोड़ दी गईं पर तब भी जज्बा देखो, पृथ्वीराज चौहान और उनके परम मित्र चारण चन्दरबरदाई का। सामने ऊँचे सिंहासन पर मोहम्मद गोरी था। पीछे बन्दी बने पृथ्वीराज चौहान और चन्दरबरदाई। कवि चन्दरबरदाई की आँखों ने दूरी माप ली और दोहे में चेताया उसने अपने सम्राट को :

चार बाँस चौबीस गज, अंगुल अष्ठ प्रमाण!
ता ऊपर सुल्तान है, मत चूको चौहान!!

बस शब्दवेधी बाण चलाने में निष्णात, न पृथ्वीराज चूके और न ही उनका बाण।

राह चलते-चलते नरपत सिंह जी कभी इतिहास में डूब जाते तो कभी पीर-हकीमों के किस्से-कहानियाँ सुनाने लगते। तो कभी परबस लोगों की कथा। पर तालाब और बावड़ियाँ सबसे प्रिय विषय था उनका। घूम-फिर कर उसी पर लौट आते वे।

एक दिन अचानक ही पूछ बैठीं दिव्यप्रभा–आप कि धन्धा में हो सा?

उनके चेहरे पर हल्का-सा कम्पन हुआ। गर्म मोम की तरह टप-टप टपके शब्द–माराज सा, मैं इन्द्र देवता का वंशधर गजधर हूँ। म्हारे गाँव में सूखो पड़्यो हुओ है, त्राहि-त्राहि मची हुई है। तीन महीना पैली पानी न लेकर हुई रार में पुलिस

की गोली से कई लोग मारा गिया, बस तभी से गाँव-गाँव जाकर गुहार लगा रियो हूँ। ठाणी-ठाणी, गाँव-गाँव, द्वार-द्वार जाकर गुहार लगा रियो हूँ कि पुराना तालाबाँ, बावड़ियाँ और कुओं का पुनर्निर्माण करवाओ तो पानी को संकट टलै। आज भी जामुन की लकड़ी न पकड़ म्है लोग बता सको कि धरती के भीतर कठै-कठै जलधारा है, पर म्हारी बातां कुण सुनै? आज पढ़-लिखकर भी गाँव प्यासो है, पैला गाँव अनपढ़ थे, ठोठी थे पर घराँ में चरी मटकियाँ भरी रहती। पैले लोगबाग मान जतन से म्हानै बुलाकर ले जाता और म्हारा पुरखा धरती की माटी सूँघकर बता देता कि कैठ जल है। पर जब से सरकार ने सँभाला पानी का काम, सब बंटाधार है। सरकार ने ट्यूबवैल लगवाई, काइँ हुयो? थोड़ा दिन चाली, पछै टें बोल गी। तालाब, कुआँ स्वयं सिद्ध है। समय सिद्ध है। तालाब गाँव के लोगा न जोड़कर रखतो हो। तालाब की खुदाई में सारे घरों से, चाहे वणिक हो, कुम्हार हो, लुहार हो यहाँ तक कि बाईजी के घरों से भी माटी आती। वह गाँव में नहीं, मिनखा के हिया में छलछलाता था।

आप कहाँ के हो सा? साध्वी दिव्यप्रभा ने एकाएक पूछा।

जी मैं भीलवाड़ा का...बस आपको अगलो पड़ाव बठै ही है।

एक गहरी साँस खींची दिव्यप्रभा ने। एक नई अनुभूति हुई। दुनिया बड़ी हुई उसकी। कितने रंग कितने दुख-सुख इस दुनिया के। अभी तक तो उसने कुएँ से दिखता आकाश भर यथार्थ ही देखा था। देखा था सिर्फ़ अपने घर का दुख, मृत्यु और अभाव। फिर संन्यासिन का एक ढर्रे का जीवन–न दुख, न सुख सिर्फ़ ऊब और धर्म का एकालाप, एकरसता। पर आज पहली बार जाना उसने...पानी और समाज का दुख।

कृतज्ञतापूर्वक ताका उसने नरपत सिंह को।

× × ×

दूसरी सुबह।

रात स्वप्न में भी वह नरपत सिंह जी से ही संवाद करती रहती थीं, जी जुड़ा देने और आँखें खोल देनेवाली उनकी बतकहियाँ।

सुबह जब विहार के लिए निकली तो फिर पौ बारह। गजधर नरपत सिंह जी भी आगे-आगे चल रहे थे।

ताज्जुब! नरपत सिंह जी ने तो यही बताया था कि वे क़ासिद हैं और रास्ता दिखाने भर के लिए साध्वी मंडली के साथ-साथ हो लेते हैं। आज पहली बार साध्वी दिव्यप्रभा को वे रहस्यमय लगे। गाँव बदलते ही काशिद बदल जाते हैं जबकि वे अजमेर से भीलवाड़ा तक साथ हैं उनके और वह भी बिना किसी धार्मिक आस्था के।

आखिर मौका देख पूछ ही डाला उसने–नरपत सिंह सा आप गाँव-गाँव,

शहर-शहर म्हारै साथ गोता क्यों खा रिया हो? हम तो परिव्राजक हैं, साधु हैं, म्हारा तो काम ही आत्म-शुद्धि और लोगों को धर्म में स्थिर करने के लिए जनपद विहार करते रहना, पर आप तो गृहस्थ हो सा।

मर्यादा के विरुद्ध पहली मर्तबा नरपत सिंह जी ने आँख उठा साध्वी जी को गौर से देखा। उनके भीतर भी कुछ जोरों से हिला। अधमरे सपने किसी घायल परिन्दे की तरह फड़फड़ाए। चेहरे पर दर्द की रेखाएँ खिंच गईं जैसे कुछ बहुत कड़ुआ निगल लिया हो। अपने मैले कमीज की जेब से एक मुड़ा-तुड़ा रूमाल निकाल उसे अपने पिचके गालों से घुमाते हुए बोलने लगे–कांई बताऊँ महाराज सा, आपकी जैसी ही लाड़ी है उसकी भी, जब से म्हारे उस इकलौते लाड़ेसर ने पानी के लिए पुलिस की गोली खाई और दम तोड़ दिया तब से सूने घर में बैठ नहीं पाता, बस इसी प्रकार घूम-घूम पानी की कहानियाँ सुनाता फिरता हूँ। हर टोले, कस्बे या गाँव में कोई भी टोली या मंडली दिख जाती है तो उसके पीछे हो लेता हूँ कि शायद कोई साधु, कोई साध्वी, कोई समाजसेवी, कोई संस्कृतकर्मी आगे आए, पराक्रम दिखाए और म्हारी धरती को पानी से लबालब भर दे। अठै के सूखे खेत फिर हरियाले हो जाएँ, उजड़े घर फिर आबाद हो जाएँ। कुआँ, तालाब और बावड़ी की दुनिया फिर आबाद हो जाए।

यह सब सम्भव है, बस कहीं से दो-चार हाथ मिल जाए मुझे।

बरसाती फफूँद की तरह बढ़ती हुई दाढ़ी पर हाथ फेरा उन्होंने और आगे बढ़ गए।

× × ×

सप्ताह भर बाद जब साध्वी मंडली राजस्थान की सीमा से बाहर निकलने लगी तो नरपत सिंह जी ने अन्तिम विदाई ली। पर विदा पूर्व महाराज सा के प्रवचन के बाद उनसे अनुमति लेकर दो-चार शब्दों में अपनी बात रखनी चाही। उनसे नाखुश रेणुश्री जी कुछ आनाकानी करतीं उसके पूर्व ही दिव्यप्रभा जी के निर्देश पर माईक उन्हें थमा दिया गया।

होंठ फड़फड़ाए उनके। हिलते पत्तों की तरह बहुत बेआवाज़ आवाज़ में बोलना शुरू किया उन्होंने–जी, मैं तो बस एक कथावाचक हूँ। कभी पानी की तो कभी लोगों की तो कभी योद्धाओं की तो कभी देवताओं की कहानियाँ सुनाता फिरता हूँ, जब जो ध्यान में आ जाए। आज सुबह एक कहानी पढ़ी उसे ही सुना देता हूँ।

जी, कहानी देवताओं की है। महाभारत का युद्ध समाप्त हो चुका था। विजय के बाद श्रीकृष्ण और अर्जुन द्वारिका की ओर निकले। बीच में मरु प्रदेश था। वहीं त्रिकुट पर एक ऋषि दिखे–तपस्या में लीन। श्रीकृष्ण ने उनकी वन्दना की और आग्रह किया–ऋषिवर कुछ माँगकर उपकृत करें। ऋषिवर ने न मोक्ष

माँगा, न निर्वाण चाहा और न ही मुक्ति की याचना की। उन्होंने माँगा–हे कृष्ण... हे देवात्मा! यदि मेरे खाते में बूँद भर भी पुण्य जमा है तो मेरे देश में कभी भी पानी का टोटा न रहे।

जै हिन्द!

× × ×

गर्म हवाओं के साथ ठंडी-सी विदाई के बाद रास्ते अलग-अलग हो गए नरपत सिंह जी के और दिव्यप्रभा के। लेकिन उनकी उपस्थिति और आवाज़ रेत के बुलबुले के साथ चलते-चलते जब तब गूँजती रहती साध्वी दिव्यप्रभा के भीतरी शून्य में। जाने कितनी जगह पड़ाव लिया उन्होंने विगत पाँच वर्षों में, पर भीलवाड़ा का यह पड़ाव उन्हें अनजाने ही सोचना और देखना सिखा गया। अब तक वे गुरुबहनों के चश्मों से देखने की आदी थीं, पहली बार उन्होंने अपनी आँखों से देखा धरती के अभावों को। लोगों के दुखों को। अभी तक वे मुनियों के महान त्याग, पीड़ा और तपस्या की ही कहानी सुनती रही थी, पर पहली बार सुनी उसने पृथ्वीराज चौहान के शौर्य, पुरुषार्थ और पराक्रम की कथा। बड़ा स्वप्न न सही, पर पहली बार एक छोटा-सा स्वप्न फड़फड़ाया साध्वी दिव्यप्रभा की बड़ी-बड़ी आँखों में...लोगों से जुड़ने का, उनसे संवाद करने का। उनके सुख-दुख में सहभागी होने का, पृथ्वीराज चौहान जैसा साथी पाने का।

और इस नए उगे नन्हे स्वप्न ने पुराने स्वप्न के घरौंदे पर अनास्था और अविश्वास की ऐसी रेड़ मारी कि वह चटक गया। फिर हताश हुई वे अपने इस बन्द-बन्द और एकसूत्रीय जीवन से जहाँ उस प्रकार के सामाजिक जीवन की बित्ते भर की भी आश्वस्ति नहीं थी जिसका जिक्र नरपत सिंह जी ने किया था।

वह आगे बढ़ती और श्रवणेन्द्रियाँ पीछे घूम जातीं–आप साध्वी बनो, साँची साध्वी, धर्म की मशीन नहीं। आप असल बनो, किसी की नकल नहीं।

ओफ! जो जीवन दूर से दिखते पर्वत शिखरों की तरह इतना भव्य-भव्य दिखता था, पास से वह भारी पत्थरों की ऊबड़-खाबड़ चट्टानों के निष्प्राण ढेर के अलावा क्या निकला?

× × ×

अस्थिर मन!

डोलता-लड़खड़ाता उच्छृंखल समय।

दिन खाली-खाली बीत रहा है, पर सोच से भरती जा रही हैं दिव्यप्रभा।

हाथ माला के मनकों पर, पर दिमाग में घूमता ब्रह्माण्ड। कोई ईश्वर, जाप, ताप, ध्यान, शान्ति नहीं दे पाता उसे। रेंगती ज़िन्दगी के साथ रेंगती एक आशंका–क्या वह भी अभिशप्त है साध्वी शशिप्रभा की ही तरह? अन्यथा क्यों बदरंग होता आस्था का यह आसमान? ओफ, हर दिन दो हजार श्लोक पाठ करने

की मजबूरी। पर मन ढूँढ़ता किसी गजधर नरपत सिंह को, धरती के सुख-दुख की बात करने के लिए।

सामने खुले रहते आगम–पर मन की अदृश्य परतों के भीतर गा उठती कोई मीरा–

"राणाजी म्हाणै बदनामी लागै मीठी,
चाहे कोई निन्दो, चाहे कोई बिन्दो, चलूँगी चाल अनूठी।"

वह चौंक जातीं, क्या उसके भीतर भी मीरा के सुप्त आवेग जाग रहे हैं? यदि नहीं, तो फिर वह कौन-सी शक्ति है जो उसे चैन से बैठने नहीं देती है। क्यों मन एक तरफ, बुद्धि एक तरफ और आत्मा एक तरफ। वह अपने को मजबूर करना चाहती हैं, पर सोच नहीं पाती हैं, कैसे?

वह ख़ुद को बहलाती हैं, बहकने से रोकने के लिए...लेकिन अनजाने ही बहकने लगती हैं। अपने को न्यायोचित्त ठहराने के लिए बहाने भी गढ़ती रहती हैं। पर होता हवाता कुछ नहीं। बहकना, बहलाना और बहाने गढ़ना...तीनों खूँटे गाड़कर खड़े रहते हैं, अपनी-अपनी जगह। कभी मन कहता–मसल डालो इच्छाओं और कामनाओं के इन अंकुरों को। सब विनाश की जड़ है–ये इच्छाएँ। ओफ, इन्हीं काली छायाओं ने झूला दिया शशिप्रभा को फाँसी के फन्दे से।

पर कैसे सम्भव है ऐसे अंकुरों को फूटने से रोकना, जाने-अनजाने जिसे स्वयं ही सींचती आ रही हैं वह।

लेकिन इसी भीतरी खींचतान, जीवन की पुकार और मुठभेड़ से फूट रहा है आत्म-चिन्तन और सोच। धीरे-धीरे सीख रही हैं वह सोचना, ख़ुद को खोलना और खोजना।

× × ×

न दिन से दिन।

न रात सी रात।

फिर भी यह अच्छी बात है कि समय अपनी चाल चलता रहता है। राजस्थान से शुरू हुआ साध्वियों का विहार उत्तर प्रदेश और बिहार में कई पड़ाव लेता हुआ राँची के करीब आ पहुँचा और साथ ही मक्खी की तरह भिनभिनाती दिव्यप्रभा की ज़िन्दगी की उकताहट और ऊब भी कई पड़ाव लेती हुई खतरे का निशान छूने लगी।

बाहर सब ठीक-ठाक चल रहा था पर भीतर उथल-पुथल, तोड़-फोड़ जारी थी। अभिनय जारी था। होंठ यन्त्रवत् चलते रहते–ओम् नमो अरिहंताणं, पर ध्यान अटका रहता शरीर में उठान लेती तब्दीलियों पर। कली के खिलने पर, पंखुड़ियों के हिलने पर। अपने सीने में नए-नए उगे दो नन्हें-नन्हें फूलों को देख रोमांचित हो उठती वह। कोमल-कोमल रोएँ भी विस्मित-विमुग्ध कर देते उसे। भीतर-बाहर

सब जगह जादू! ऐसे में रात्रि प्रार्थना, सामूहिक प्रार्थना, प्रातःकालीन प्रार्थना...सब गड्डमड्ड। सुबह उठते ही चोरी-छिपे आईना देखना और अखबार पढ़ना उनकी अनिवार्यता बनती जा रही थी। अखबार उनकी बन्द दुनिया में सुराख कर उन्हें बाकी दुनिया से जोड़ देता। इसी छेद से वह जैसे बाकी दुनिया के पूरे आसमान पर नज़र टिकाए रखतीं। पर जिस दिन उन्हें कोई श्रावक अखबार नहीं दे पाता वे बेचैन हो उठतीं, ज़िन्दगी का अधूरापन सतह पर आ जाता। ऐसे में कई बार साध्वी जीवन की मर्यादा को ताक पर रख वे अपने दर्शन और ज्ञान अर्जन करने आए श्रावकों से ही पूछ बैठतीं–आज का अखबार पढ़ा? कोई खास बात? कई बार अखबार की भाषा नहीं समझ पातीं तो श्रावक से पूछ बैठतीं–सरकार का मतलब क्या होता है? सरकार देश को कैसे चलाती है? संसद और सरकार में क्या अन्तर है? कई बार चेतना में झाँक जाते नरपत सिंह जी तो किसी शहरी श्रावक से ही पूछ बैठतीं...आपके यहाँ कितने तालाब हैं?

गरज यह कि जहाँ नरपत सिंह के प्रयत्नों से जागी उनकी चेतना माला के मनकों से लेकर जन-जीवन तक फैलती जा रही थी, वहीं ठाणी प्रमुख रेणुश्री के लिए वे दिन-पर-दिन नई दिक्कतें और नई समस्याएँ पैदा कर रही थीं। उन्हें न तो वे खूँटे से बाँध पा रही थीं और न ही उन्हें छुट्टा छोड़ने में खैरियत थी। आजकल वे उन्हें श्रावक समुदाय के बीच भी एकदम अकेला छोड़ने में कतराने लगी थीं–कहीं फिर कुछ उटपटांग न पूछ डाले। जब ज्ञान दाता ही साधारण जिज्ञासु की तरह साधारण जनपद के सामने अपनी जिज्ञासा रखने लगे तो कैसे बचे साधु जीवन की मर्यादा और भव्यता।

हर उगते दिन के साथ साध्वी रेणुश्री का हृदय धड़कता–कहीं दिव्यप्रभा भी उनकी प्रतिष्ठा को बट्टा न लगा दे। एक दिन उसने रेणुश्री से ही पूछ डाला–सम्भोग को इतना निषिद्ध क्यों माना गया है? मैंने पढ़ा है कि यह संस्कृत धातु 'चोद' से बना है, जिसका मतलब है कि विधिपूर्वक शक्ति वितरण। इस पर तो पूरा एक महाकाव्य ही लिखा गया है, कहते हैं कि वह संसार का सबसे प्रसिद्ध महाकाव्य है।

क्या? ठाणी प्रमुख रेणुश्री ने सुना तो सन्नाटे में आ गईं। क्रोध को साधने का अभ्यास न किया होता तो हाथ भी उठ जाता। यह शशिप्रभा तो चली गई पर लगता है उसका भूत इसमें छोड़ गई। कैसा पाप उगा उनका भी कि ऐसी-ऐसी गुरुबहनों को साधना पड़ रहा है? उनकी आँखों में कई साँप सरसराए।

आग्नेय दृष्टि से ताका उन्होंने दिव्यप्रभा की ओर। उनकी मुँहपट्टी के कोने फड़फड़ाए। आखिरी चेतावनी देते हुए कहा–देख रही हूँ, तुम्हारा चित्त भी धर्म के मार्ग से भटक रहा है...अगले महामहोत्सव के बाद गुरुदेव से कहकर तुम्हें अपने ग्रुप में नहीं रखूँगी। कहाँ पढ़ा तुमने यह सब? गन्दे ख्याल मन में आएँ तो गुरुदेव

का स्मरण कर लिया करो...सारे विकार शान्त हो जाएँगे। इस बार का प्रायश्चित है–दो उपवास और तीन आयंबलि (नौ दिन केवल एक वक्त बिना नमक का आहार लेना)।

उस दिन के बाद से उन्होंने दिव्यप्रभा को गोचरी पर भेजना बन्द कर दिया। उसके गले का अदृश्य पट्टा और भी कस दिया गया।

× × ×

वक्त ज़िन्दगी को कूड़ेदान में डालता जा रहा था।

दिव्यप्रभा की आत्मा में अँधेरा फैलता जा रहा था। इस जीवन के अन्दरूनी स्थानों में जमी गन्दगी, काई, सीवन सब भयावह दुर्गन्ध और कुरूपता के साथ उसके सामने बहने लगी थी। ऐसे ही उच्छृंखल और डगमग करते समय ने कैलेंडर के कुछ पन्ने और पलटे। रेणुश्री का कारवाँ उत्तर प्रदेश और बिहार से होता हुआ राँची पहुँचा। पर दिव्यप्रभा की आत्मा जैसे अजमेर में ही अटकी रह गयी थी। नरपत सिंह जी से मिलने के बाद मन का उखड़ना जो शुरू हुआ कि बाद के महीनों चाहकर भी अपना आपा नहीं पा सकीं वह। साँझ घिरते ही मन बेकाबू हो जाता किसी उत्पाती बालक-सा। आँखें भरी नदी-सी भर आतीं। जीने नहीं देती उसे जीजी की याद। बस...एक बार देख ले वह जीजी को।...बस एक बार पूछ ले वह जीजी से जीने का नुस्खा। पर कैसे पहुँचे वह जीजी के पास...न रास्ते का ज्ञान, न कोई पता ठिकाना, न चिट्ठी पाती। भीलवाड़ा के गाँव में सुना था उसने एक लोकगीत–'उड़ ज्या रे कागा, ले ज्या रे लागा। जांदा तो जाइये मेरे बाप के। मैं तो राहे ना जाणूँ, गाम न जाणूँ। कुणसी तो मैड़ी मेरे बाप की'...और वह अपने भीतर हिलग-हिलग कर रो पड़ी थीं। बेटी की वेदना ने उसकी वेदना को भी आँच दे दी थी। चलते-चलते आज भी पाँव ठिठक जाते, आँखें अटक जातीं...शायद दिख जाए जीजी, झूठा पड़ जाए लोकगीत...राहे ना जाणूँ।

राँची की धरती पर पाँव धरा ही था कि उड़ती पतंग की तरह गुरुदेव जीवसिद्धि का अर्जेंट सन्देश उड़ता हुआ साध्वी रेणुश्री तक पहुँचा। गुरुदेव ने फरमाया था कि एक विशाल 'वेजिटेरियन कांग्रेस' नामक धार्मिक सम्मेलन का आयोजन राँची में होने जा रहा है, जिसमें सभी धर्मों के आचार्यों के साथ ही जैन मुनि और आचार्यों को भी आमंत्रित किया गया है। सर्वधर्म समभाव के आदर्श को रचते इस विराट आयोजन में वे चाहते हैं कि हज़ारपंथी संघ का भी प्रतिनिधित्व हो। इस कारण साधुओं की टोली से ठाणा प्रमुख विजयेन्द्र मुनि के साथ तीन मुनि और पहुँच रहे हैं। साध्वियों की ओर से रेणुश्री से अपेक्षा है कि वे भी किसी योग्य साध्वी को प्रतिनिधित्व के लिए भेज दें।

एक तरफ राँची का भव्य जैन समाज और एक तरफ वेजिटेरियन कांग्रेस। अन्ततः रेणुश्री ने निश्चय किया कि इस मौके का फायदा उठाना चाहिए और

राँची के इतने मर्यादाशील और धार्मिक श्रावक समुदाय से दिव्यप्रभा को दूर ही रखा जाए। कहीं अपनी उटपटांग जिज्ञासाओं और हरकतों से वह साध्वी जीवन की उच्चता और गरिमा को ठेस न पहुँचा दे।

उन्होंने दिव्यप्रभा को आदेश दिया—आरोग्य भवन में अन्तर्राष्ट्रीय धार्मिक सम्मेलन 'वेजिटेरियन कांग्रेस' नाम से लगा है। आठ दिन तक चलेगा यह सम्मेलन। सभी धर्मों के प्रतिनिधि और ढेर सारे विदेशी श्रद्धालु भी आए हैं इस धार्मिक कुम्भ में हिस्सेदारी करने। तुम्हारे लिए भी एक कॉटेज वहाँ आरक्षित है। तुम वहाँ हज़ारीपंथ संघ की साध्वी समाज का प्रतिनिधित्व करोगी और लोगों को अपने धर्म, परम्परा और इतिहास के बारे में बताओगी...यदि राँची के अति उत्साही श्रावक समाज ने हर दिन मेरा प्रवचन नहीं रखा होता तो मैं स्वयं जाती इस वेजिटेरियन कांग्रेस में या मंजुश्री को भेजती पर अभी सभी बहुत व्यस्त हैं। देखो कोई चूक मत कर बैठना। ध्यान रखना लोग तुम्हारी वन्दना करते हैं।

हर वक्त यह ध्यान रखना कि स्वयं को इस वन्दना के योग्य बनाए रखना है तुम्हें।

× × ×

किसी कुँआरी कन्या के मन-सा लजीला-सजीला चंचल दिन।

आवाजाही। मेल-मिलाप। परिचय। संवाद और अन्तहीन संवाद। दिव्यप्रभा के लिए पक्षी की पहली उड़ान की तरह यह आयोजन विस्मय, रोमांच और उत्तेजना से भरपूर था। पहले ही दिन आधुनिक समय की चुनौतियों को ध्यान में रखते हुए जैन धर्म की प्रासंगिकता पर विजयेन्द्र मुनि को व्याख्यान देने के लिए आमंत्रित किया गया था। विजयेन्द्र मुनि प्रखर वक्ता थे...। जैन धर्म के इतिहास और उसके बदलते स्वरूप का गहन अध्ययन था उनका।

उनकी ओजस्वी वाणी का शब्द-शब्द दिव्यप्रभा के भीतर गहरे तक उतरता जा रहा था। उनके व्याख्यान ने इस कदर अभिभूत कर डाला था कि वह उन्से मिले बिना नहीं रह सकी थी। गुरु गम्भीर वाणी में मुनिवर कह रहे थे—बुद्ध, महावीर किसी की भी मूर्ति को देख लीजिए सबके नेत्र मुँदे हुए हैं। क्या मतलब है इसका? इसका सीधा अभिप्राय है आत्म निरीक्षण...अन्तर्यात्रा। अपने 'स्व' को पहचान...अपने भीतर के आवेग को समझना...अपने भीतर झाँककर अपनी दुष्प्रवृत्तियों का शमन...। जैन धर्म इसी अन्तर्यात्रा से शुरू होकर परम तत्त्व की प्राप्ति पर शेष होता है।

आयोजन की समाप्ति पर दिव्यप्रभा ने विजयेन्द्र मुनि से पूछा—गुरुवर आपने भीतर झाँकने की बात कहीं...पर भीतर झाँकने पर यदि सिवाय अँधेरे के कुछ भी नज़र नहीं आए तो इस जीवन का क्या करें? फिजूल-सी लगती इस ज़िन्दगी को लेकर कहाँ जाए?

मुनि ने नज़रें उठाईं। देखा–सामने एक कोमल काया, ओस की बूँद-सी शान्त। घड़े के जल-सी शीतल। क्या इसके भीतर भी फैल सकता अँधेरा? वे अचकचाए। अचकचाते हुए बोले–देवी, कैसा अँधेरा? आपकी बातें समझने में असमर्थ हूँ मैं।

पहली बार संवाद करते हुए आत्म-सजग हुए वे।

पहली बार उनके कठोर जीवन को कोमल-कोमल संस्पर्श मिला, आत्मा की हथेली को गर्माता संस्पर्श।

एक चमकती झिझक के साथ पूछा दिव्यप्रभा ने–मुझे यह जीवन सुख-सुकून नहीं देता, बल्कि अब तो घबराहट होने लगी है इस जीवन से गुरुवर। जाप, माला, ध्यान...किसी में भी तो चित्त एकाग्र नहीं हो पाता।

दूर कहीं कोई गौरैया फुदकी और पहली बार उदित मुनि की आवाज़ का मिज़ाज बदला। कोने घिसे। तनी प्रत्यंचा ढीली पड़ी। मृदुलता से पूछा–

–आपकी दीक्षा उम्र साध्वी?

–साढ़े पाँच वर्ष।

–क्या? तो आपकी उम्र?

–साढ़े सोलह वर्ष

फिर एक चमकती हिचक।

–क्या आप संसार में लौट जाना चाहती हैं?

असमंजस में हूँ गुरुवर। जीवन और संन्यास के दोराहे पर जी रही हूँ। और बोलते-बोलते वह मायूस हो उठी थी।

यही वह मायूसी थी जो मुनिवर के अँधेरे जीवन में जीवनदायी बिजली बनकर चमकी और जिसकी कौंध ने उनकी आन्तरिक सत्ता को हिला दिया। विचारमग्न होते हुए पूछा उन्होंने–

क्या? कैसा असमंजस? संसार में कौन-कौन हैं आपके?

बस एक बड़ी बहन है। दीक्षा के उपरान्त तीन वर्षों तक वे बराबर मेरे सम्पर्क में रहीं, कभी-कभी संकेत से तो कभी इशारे से बराबर मुझे लौट आने को प्रेरित करती रहीं, पर उन दिनों मैं स्वयं को समझ नहीं पाई। यह तो साध्वी शशिप्रभा की आत्महत्या और फिर नरपत सिंह जी से हुई मुलाकात ने मेरे भ्रम को तोड़ डाला कि जो कुछ मैं कर रही हूँ वह न तो स्वाभाविक है और न ही धर्म है। आत्महत्या के पूर्व साध्वी शशिप्रभा ने मुझसे कहा था–बकवास है यह चौबीस घंटे का पूजा-पाठ। दमघोटू यह चौबीस घंटे की थाना-कचहरी। मुझे माला नहीं, माली चाहिए जो मेरी सूखती आत्मा को सींच सके। नरपत सिंह जी ने भी मुझसे कहा था–आप साध्वी नहीं, धर्म की मशीन हो, साध्वी वही जो लोकहित में अपने कर्म की अलख जगाए। बस तभी से मैं बेचैन रहने लगी हूँ।

कुछ जवाब देते नहीं बना मुनिवर से। समझ नहीं पाए कि यह स्वप्न है या यथार्थ। एक युवती...वह भी लुभावनी और ऊपर से साध्वी...उनकी उँगली थामे अपने दिल के चोर खाने में उतर रही थी। आहिस्ता-आहिस्ता। सोना-सोना भाव से दिव्यप्रभा की झील-सी गहरी काली आँखों की चिकनाई में फिसलते रहे वे और उस अच्छे लगने को महसूस करते रहे जो शीघ्र ही नन्हे पौधे की तरह दोनों के बीच उग आया था।

एक और भाव भी था जो संध्याकालीन आकाश के कई रंगों की तरह मुनि के मन के आकाश में जा मिला था। जिसके चलते युवती के बाह्य आचरण से उसकी भीतरी भटकन और दुख के कोने उस झुटपुटे में भी उजागर हो उठे थे। काश, इस मासूम साध्वी को सुखी कर पाते वे।

पर ख़ुद वे उन क्षणों में परम आनन्दित थे। आसपास सब कुछ महकने लगा था।

दिव्यप्रभा जा चुकी थी। उसकी उपस्थिति की महक फ़िज़ा में तैर रही थी।

वह ग़ज़ल बन चुकी थी जिसे सारी रात वे गुनगुनाते रहे थे।

वह सोनपरी बन सारी रात ज़िन्दगी के प्याले में सोमरस भरती रही थी।

सारी रात नींद और जाग के बीच वे डोलते रहे। और सुबह होने पर भी वे रात को जीते रहे...मीठा-मीठा झुँझलाते रहे।

सामने खड़े आम्र वृक्ष की सारी चिड़ियाँ पेड़ से उतर उनके चित्त की डाली पर फुदकती रहीं।

× × ×

जाहिर है दूसरी सुबह के खिलने तक परीकथा की वह जादूगरनी उन पर अपनी मोहिनी डाल चुकी थी।

खुलकर एक अँगड़ाई ली मुनिवर ने और हल्के से मुस्कराए। एक गाढ़ा आलस उन पर तारी था...पहली दफा दिन की शुरुआत गुरु वन्दना के बजाय उस आदिम राग से हुई जो भीतर इकतारे-सा बज रहा था।

इसी पिनक में दिशा-मैदान, नित्य-प्रार्थना और गोचरी सम्पन्न हुई। पहली बार सामने की दीवारों पर चिपके ऋषिकपूर और नीतू सिंह के पोस्टर उतने अश्लील नहीं लगे बल्कि ज़िन्दगी का पाठ पढ़ाते जान पड़े।

मुस्कराते-मुस्कराते देखते रहे वे और अपने श्वेत वस्त्रों को हाथों की झड़ी से सहलाते-सहलाते जब तक वे आरोग्य भवन पहुँचे, मैदान खाली था। दूर-दूर तक नज़रों की राडार घुमाई पर दिव्यप्रभा दिखाई नहीं पड़ी। एक बार, दो बार...जाने कितनी बार देखा, फिर भी दिखाई नहीं पड़ी वह तो आँखें अनायास ही डबडबा गईं। सालों का संचित मोह पूरे वेग से धमनियों में दौड़ने लगा...। इस वेग को झेलने में असमर्थ मुनि की आँखें बार-बार भर आतीं जिसे सबसे

छुपाकर बड़ी सतर्कता से पोंछ डालते वे। लेकिन जब यह स्थिति भी असह्य हो गई तो लापरवाही ओढ़ते मुख्य द्वार की ओर फिर चलने को हुए कि तभी हल्का-सा झपका पड़ा...श्वेत वस्त्रों में लिपटी एक सुनहरी काया जो धीरे-धीरे मुख्य द्वार से मंच की ओर बढ़ रही थी। तेज हवा में डोलती पेड़ की टहनियों की तरह, डोलते हृदय की धड़कन पर किसी प्रकार काबू पाते वे संयत बने बैठे रहे।

सधी चाल से चलकर दिव्यप्रभा ने जब उनकी वन्दना की तो एक आदिम आवेग और अपरिभाषित मादक अनुभूति के आवेग में थर-थर काँप उठे वे और वन्दना कर साध्वी जब पंडाल की ओर बढ़ने लगी तो उन्हें लगा वे मर रहे हैं। तब तक कोई कल्पना...कोई स्वप्न...कोई उम्मीद उनके चित्त को पूरी तरह विस्थापित कर चुकी थी और क्षण की उस मादक लपट में वे भूल बैठे अपने संन्यासी चोले को...आत्मा जैसे चोले से फटकर मुँह पर आ विराजी और सोचने के पूर्व ही आर्त्त कंठ से पुकार उठे वे–दिव्यप्रभा जी!

उन अशरीरी शब्दों की तपिश में तपते हुए साध्वी ने गर्दन घुमाई। निमिष मात्र के लिए दो निगाहें जुड़ीं...कुछ सम्प्रेषण हुआ। लेन-देन हुआ और दिव्यप्रभा ने देखा...लज्जा का एक छोटा-सा अँधेरा मुनिवर के चेहरे पर चँदोबे की तरह तना हुआ था जिसकी नोंके उजली धूप में खुलकर मुनि के हृदय के राज का खुलासा कर रही थी।

ठीक वैसा ही शर्मिला अँधेरा उसके भीतर भी जाने कब से धँसा हुआ था। उसके भीतर भी एक उम्मीद हँसने लगी। ज़िन्दगी स्वाद देने लगी–कौन जाने ये दो अँधेरे मिलकर अंजाम दे दें किसी उजाले को। ख़ुद उसके अंग-अंग में संवाद की कामना नव-पल्लवों की तरह उग चुकी थी। पल-भर को ठिठकी वह फिर वैसे ही खिंचती चली गई जैसे सूरज की ओर खिंचती कोई सूर्यमुखी।

× × ×

दो-अढ़ाई घंटे के संवाद के बाद जब उठे दोनों तो ज़िन्दगी जेठ से सावन हो चुकी थी। आसमान में अबीर उड़ने लगी थी। दोनों की खोज दोनों बन चुके थे। हमदर्द, हमसाज़ बन चुके थे।

भर-भर आँख दोनों ने दोनों को देखा, सामने बहते सुख को देखा, ज़िन्दगी को देखा जो एक जादुई दुनिया की तरह झिलमिला उठी थी और देखते-देखते साधु-संस्कार और आचार संहिता का सारा चूना पपड़ी की तरह झड़ चुका था। उन्हें पता तक नहीं चला कब आयोजन का प्रथम दौरा समाप्त हुआ और कब आगन्तुक अतिथिगण आहार के लिए भोजनालय में प्रवेश कर गए।

उन क्षणों सब कुछ मिथ्या था। सारी आचार संहिताएँ, मर्यादा के सारे अध्याय। सत्य थी सिर्फ़ वह आदिम कविता जिसे दोनों रच रहे थे पृष्ठ-दर-पृष्ठ,

अपने अन्तहीन संवाद से, अतीत की नोंक से वर्तमान की शिलालेख पर, भविष्य की ओर देखते हुए।

और जब आयोजकों ने भोजन के लिए उन्हें दुबारा बुलावा भेजा तो दोनों चौंके। चौंके कि समय की गति इतनी तेज क्यों है? झल्लाए कि साधु के लिए गोचरी अनिवार्य क्यों है? लेकिन तब तक तो गोचरी का भी वक्त निकल चुका था। धूप के साथ दोनों की भूख भी चमक उठी थी। आस्थाओं की मूतियाँ भग्न हो चुकी थीं। दोनों ने दोनों की ओर देखा...कुछ लेन-देन हुआ, भाव सन्प्रेषण हुआ।

दोनों ने अपनी तरह की बोल्शेविक क्रान्ति की। कच्चे पानी से हाथ धोए और भोजन के लिए जा बिराजे। पहली बार पानी-पानी-सा लगा। पानी मीठा लगा। हवा ठंडी लगी। मृत हो चुकी रसेन्द्रियों के टुकड़े जीवन से धड़कने लगे। भोजन स्वाद लगा। चने की सब्जी पर बुरकाई हुई हरे धनिये की पत्ती का स्वाद अलग से बोला।

वे रोमांचित हुए। उनके चेहरे खिल उठे। आसपास सब कुछ खिल उठा। अच्छा लगने के अहसास में तिर-तिर तैरते दोनों साथ-साथ उठे। साध-साथ निकले।

शाम तक दोनों की मुँहपट्टियाँ उतर चुकी थी। सूफियाने रंग पर गुलाबी रंगत बाजी मार चुकी थी। शाम ढलने पर जब दिव्यप्रभा ने जाने की अनुमति माँगी तो जाने किस आवेग में मुनिवर ने उनका हाथ थाम लिया–अभी रुको।

दिव्यप्रभा ने कहना चाहा–अभी औपचारिक रूप से संघ को त्यागा जाना बाकी है। अभी दुनिया की नज़र में हम साधु-साध्वी हैं। और साधु-साध्वी को शाम ढले बाहर घूमना निषिद्ध है। पर होंठों ने बोलने से इनकार किया और आँखें बोल न पाईं।

उसने पूरे परिदृश्य पर एक नज़र घुमाई–झूमती हवा। आसमान में ऊपर उठता चाँद। उसका उड़ता आँचल, महकते गंधराज। वातावरण को रहस्यमय बनाता–जादुई झुटपुटा, अँधेरे-उजाले का।

उसने जाने के लिए पाँव आगे बढ़ाए तो पाँव जैसे जम गए। ओफ! ईश्वर के ध्यान में भी आत्मा को विभोर कर देनेवाली वह जादुई पिनक और मादक अनुभूति कहाँ थी जो उस खिंचाव में थी जो उसे पूरे वेग से अपनी ओर खींच रहा था जैसे अँधेरे में उगे पौधे को सूर्य की रोशनी। जैसे लौह कण को कोई चुम्बक। जैसे नदी को समुद्र।

और वह समय भी आया जब दोनों खुलने लगे। दूध-मक्खन से घुलने लगे। प्राकृतिक मन आगे बढ़ चला, तपःपूत संस्कारित मन पीछे छूट गया।

चौथे दिन के अवसान तक प्रेम, सौन्दर्य और यौवन की तिकड़ी ने मिलकर

वह इन्द्रधनुष रचा कि उनकी बदरंग ज़िन्दगी के सारे बदरंग बह गए...नए रोमानी रंग चढ़ गए। चारों ओर गुलाब ही गुलाब खिल उठे।

क्या यह पाप है? फिसलन है? आलिंगनबृद्ध दिव्यप्रभा ने पूछा।

नहीं देवी, ज़िन्दगी में पहली बार हमने कामनाओं के चाँद और उसकी पसरती चाँदनी को सम्पूर्णता में महसूसा और निरखा है। यह चाँद, यह चाँदनी...जीने की यह अदम्य ख्वाहिश, एक-दूसरे पर मर मिटने की तीव्र भावना–यह पाप कैसे हो सकती है। यही ब्रह्म शक्ति है। यही लोहे की धार है। चाक की गति है। पृथ्वी की गुरुत्वाकर्षण शक्ति है। इसके बिना जीवन निष्प्राण है देवी, जैसे अभी तक का हमारा जीवन था।

सोचो, प्रेम की इस कौंध में हम लोगों ने जो महसूस किया उसे इतने सुदीर्घ संन्यासी जीवन में क्या क्षण-भर भी महसूस कर पाए हम? विश्वास करो देवी, आज से पूर्व तो मैंने जाना ही नहीं कि जन्म और मृत्यु के बीच जीवन जैसा भी होता है कुछ। तुम्हें देखने के बाद पहली बार महसूस किया कि अभी तक का मेरा जीवन एक सुलगता रेगिस्तान था। नहीं जानता देवी कि मोक्ष सत्य है या नहीं, पर तुम सत्य हो। तुम्हारा सौन्दर्य, उद्याम यौवन का यह आवेग, कामनाओं के ये फूल, यह परस्परता, ऊर्जस्वित करता यह मिलन...यही सत्य है जिसने एक झटके में संन्यास और इन्द्रिय निग्रह के झूठे साम्राज्य को ढहा दिया।

देवी, यही वह आग है जो हमें जीवित रखती है। यही गति है।

यही है वह सूर्य जिसकी पूजा की थी आर्यों ने। सत्य सदैव सुन्दर होता है देवी, और यह सत्य है कि मैं आपसे प्रेम करता हूँ।

चिहुँक उठी दिव्या। कनपटी और पैर सनसनाने लगे। चेहरा इस कदर जलने लगा जैसे किसी अदृश्य सूरज ने अपना सारा ताप उसके चेहरे पर उँड़ेल दिया हो।

प्रकम्पित स्वर में पूछा दिव्यप्रभा ने–मुनिवर...फिर यह अपराध-बोध क्यों? क्यों लगता है कि आप जैसे तेजस्वी मुनि के इस पद-स्खलन के लिए ज़िम्मेदार भी मैं ही हूँ।

नहीं देवी, तुमने तो सिर्फ़ मुझे आइना दिखाया है...तुमने तो सिर्फ़ यही सिद्ध किया है कि मैंने स्त्री को जीया नहीं वरन् इसे सिर्फ़ परे सरका दिया था और इसीलिए स्त्री के प्रथम संसर्ग ने ही मेरी आन्तरिक सत्ता को हिलाकर धर दिया। सच कहूँ तो तुमने सिर्फ़ मेरे पशु का उन्नयन किया है। तुमने सिर्फ़ मुझे अपने अस्तित्व का नया और और गहरा अर्थ महसूस कराया है। आज जान सका हूँ कि बिना स्त्री को जाने जीवन को सम्पूर्णता में नहीं जाना जा सकता है।

–पर मेरे भीतर अभी भी द्वन्द्व है देव!

चाँदनी के काँपते आलोक में काँपते हुए जवाब दिया मुनिवर ने।

–यह द्वन्द्व...यह ऊहापोह...प्रेम का यह तनाव ही जीवन है देवी। विपरीत

सत्यों की टकराहटों और द्वन्द्वों पर ही टिकी है जीवन की बुनियाद।

और भावनाओं के उफनते आवेग में, अँधेरे-उजाले के आदिम धुँधलके में फिर आलिंगन में भर लिया मुनिवर ने साध्वी को। जो वासना और आराधना की झिलमिल लुका-छिपी में, कामनाओं के उन महान क्षणों में काव्यात्मक ऊँचाइयों वाला एक आध्यात्मिक अनुभव बन गया था।

× × ×

स्वप्न, सौन्दर्य और अभिलाषाओं के अन्तहीन आसमान में जहाँ-तहाँ उड़ान भरते किसी भटके पंछी की तरह जैसे ही राँची स्थित अपने उपाश्रय में पहुँचे विजयेन्द्र मुनि सभी अनुज गुरुभाई उन्हें भौंचक हो देखने लगे–ऐसी चूक...ऐसा दृश्य तो आज तक कभी देखा-सुना नहीं...क्या ग्रह भी अपना मार्ग बदल सकते हैं?

इसके पूर्व कि कुछ सोच पाते मुनिवर, गुरुभाई अभय मुनि ने अचम्भित होकर पूछा–क्या कोई अनहोनी घट गई है...आप बिना मुँहपट्टी और चरवला (ऊनी झाड़ू, चलने के पूर्व ज़मीन पर फिराने के लिए) के?

ओह हो! इसे तो मैं वहीं भूल आया...खाने के पूर्व जो उतारी मुँहपट्टी कि फिर वापस लगाना भूल ही गया...वहाँ जो गर्मागर्म बहस छिड़ी हुई थी–मुँह पर हथेली की आड़ लेते हुए जवाब दिया विजयेन्द्र मुनि ने।

तो क्या गुरुवर ने आज गोचरी भी नहीं की?

गुरुभाई अभय मुनि कई दिनों से विजयेन्द्र मुनि के बदलते हाव-भाव और मनोभावों पर गौर फरमा रहे थे। आज भी गुरुवर के चेहरे पर सावन की घटाओं की तरह छाया हुआ था मीठा-मीठा सोना-सोना भाव। उनका माथा ठनका–भूलने की कथा, कथा-भर है। कोई मुनि श्वास लेना भूले तो मुँहपट्टी लगा ना भूले।

इतनी बड़ी घटना के पीछे यथार्थ कुछ और ही है।

गोचरीवाले सवाल को सवाल ही रहने दिया विजयेन्द्र मुनि ने और एक रहस्यमयी मोहिनी मुस्कान ओढ़े अपने कक्ष में लौट गए।

लेकिन कक्ष बन्द हुआ कि बुद्धि खुलने लगी। सवाल-जवाब होने लगे–आखिर कब तक? कब तक छुपी रहेगी यह बात? और क्यों छुपी रहे? वे चाहते भी नहीं हैं कि लोग उन्हें भगोड़े की तरह याद रखें। यूँ सावधानी के तौर पर एक जोड़ी पैन्ट-शर्ट भी उन्होंने अपने समान में छुपा लिया है, जाने कब पलायन की नौबत आ जाए...पर चाहते यही हैं कि गरिमापूर्वक ही इस जीवन से निकलें, सबको अपने जीवन-सत्य से अवगत करा के। पर कैसे? क्या गुरुभाई समझ पाएँगे उन्हें?

आखिरकार निर्णय-अनिर्णय के अन्तर्द्वन्द्व से निकलते हुए उन्होंने अभय मुनि को अपने कक्ष में बुलाया। जैसे ही अभय ने प्रवेश किया, दरवाज़ा बन्द कर

लिया उन्होंने। आशंकित अभय मुनि! अभी तक के साधु जीवन में पहली मर्तबा ऐसा ही हुआ कि निजता बोध से आक्रान्त हो किसी मुनि ने कक्ष के दरवाज़ों को बन्द किया हो।

लहरें बता देती हैं, समुद्र में तूफान आनेवाला है।

भेदती निगाहों से टटोलते रहे वे विजयेन्द्र मुनि के सूक्ष्म मनोभावों को।

आखिर परम शिष्टता से चरम उत्सुकता को दबाते हुए दबे स्वर में पूछ ही डाला उन्होंने–गुरुवर, कोई परेशानी? कोई कष्ट?

पर विजयेन्द्र मुनि वहाँ थे कहाँ? वे तो उन शाश्वत क्षणों में डुबकी लगा रहे थे जब दिव्यप्रभा के दिव्यलोचन उनके लोचन से टकराए थे।

अभय मुनि ने फिर कहा–गुरुवर...कोई परेशानी हो तो बताएँ। विजयेन्द्र मुनि की तन्द्रा टूटी। वे भीतर से बाहर लौटे। कुछ क्षण टोहते रहे वे अभय मुनि को जैसे सागर में गोता लगाने के पूर्व गोताखोर मापता है सागर की गहराई। साधु आयु में कम होने पर भी अभय मुनि उनके हमउम्र भी थे...इस कारण दोनों में सूफ़ियाना याराना भी था।

संकोच का छोटा-सा बादल उनके चेहरे पर मँडराया। ज़मीन की ओर देखते हुए और दोनों हाथों की उँगलियों को एक-दूसरे में फँसाते हुए धीमे-धीमे बोलना शुरू किया उन्होंने–मेरे बन्धु, मेरे गुरु भाई, आज पहली बार मैंने सुख भोगा है। सुख जीया हूँ और सुख जाना है। आज पहली बार मैंने स्वयं को मुनि नहीं एक इनसान महसूस किया है–एक सम्पूर्ण इनसान। जानते हो, वर्षों से एक अन्धकार, एक अधूरापन लगातार पीछा कर रहा था मेरा, मेरे भीतर अग्नियाँ जलती थीं, अतृप्त कामनाओं की अग्नियाँ, जिसने मेरे भीतर के सारे उल्लास, उमंग और जीने की ख्वाहिश पर राख पोत रखी थी...पर आज पहली बार किसी ने मेरी आत्मा की मज़ार पर दीया बाल मुझे ठंडक दी है, मुझे सुख दिया है। यह सुख सुजाता की खीर है। यह मेरे पशु का पशुपति होना है। यह मेरे मनुष्य होने की शुरुआत है। यह पानी में लहर का उठना है।

लेकिन वह सुख है क्या...? उकताए अभय मुनि ने बीच में ही रेड़ मार उन्हें बहकने से रोक दिया।

–वह सुख एक स्त्री है जिसने पहली बार मुझे पुरुष होने का अहसास कराया है। जिसने पहली बार मुझे इस सत्य की प्रतीति कराई कि जीवन की पुकार क्या होती है? और कितना कठिन है उसे अनसुनी करना। बिना ऐन्द्रिक सुख से गुजरे हम कुंठित आत्मा चाहें बन जाएँ पर मुक्तात्मा नहीं बन सकते, कि इन्द्रिय निग्रह बकवास है।

किन्हीं कमज़ोर और काले क्षणों हमने जीवन में सिर्फ़ पीड़ा और हिंसा देखी और वर्तमान को एक अनजाने भविष्य के दाँव पर लगा दिया पर मैं अब इस

जीवन को नहीं ढो सकता। मैंने आज एक अहम फैसला किया है।

क्या? सन-सन...सनाक! अभय मुनि की सुख-शान्ति और सुकून के परखचे उड़ गए। भीतर बवंडर उठा। वे अपनी छाती मसलने लगे। यह कैसी भाषा रच रहे हैं, परम तेजस्वी, अखंड ब्रह्मचारी और महान प्रतापी मुनि विजयेन्द्र? ऐसी कौन मेनका आ गई और ऐसा कौन-सा हाई पावर सुख दे दिया उसने कि एक झटके में ही सदियों के संयम के सारे कूल-किनारे, सारे घाट और सारी चट्टानें टूट गईं।

वे जानने को मरे जा रहे थे।

किसने दिया वह हाई पावर सुख? और क्या सम्भव है ऐसा सुख? क्या सचमुच होता है ऐसा सुख कि इन्द्रियों के सारे झरोखे एक बार खुल जाएँ कि ब्रह्म झूठा हो जाए और वासना सत्य।

अपने सिर को तीन झटके दिए अभय मुनि ने ख़ुद को होश में लाने के लिए। गुरुभाई विजयेन्द्र मुनि के प्रति संचित सारी श्रद्धा ईर्ष्या में बदलने लगी। किसी काल्पनिक मेनका का स्वप्निल ख्याल उन्हें आया और उनकी छाती पर साँप लोटने लगा।

विजयेन्द्र मुनि अपने प्रवाह में बहते जा रहे थे। गुरुभाई से ज्यादा वे स्वयं की धुँध छाँटने में लगे थे–कामनाओं और भावनाओं को मार-मार कर हमने स्वयं को धर्म का पालतू जानवर बना डाला है। हम प्रेम नहीं कर सकते जबकि जानवर तक उन्मुक्त होकर प्रेम करते हैं। इतने शीर्षासन हमने किए, ख़ुद को मारा, तपाया, जलाया...किसलिए? सिर्फ़ नारी को दूर धकेलने के लिए? पर हासिल क्या किया हमने?? सारी ऊर्जा वासना को दमन करने में लगा दी। औरत को एक रहस्य बना डाला। काश, इस ऊर्जा का उपयोग राष्ट्र निर्माण में हो पाता...? बन्धु जीवन संयुक्त है। एक-दूसरे को ऊर्जस्वित करने का नाम है जीवन।

क्या तो कहे और क्या सुने अभय मुनि। ज़रा भी रुचि नहीं रह गई थी उनकी विजयेन्द्र मुनि के इस तत्व चिन्तन में। बेचैनी बढ़ती जा रही थी। धैर्य धराशायी होता जा रहा था। पेट मारे दर्द के ऐंठने लगा था, यह जानने के लिए कि कौन है वह...कौन है वह युवती जिसकी एक चितवन से कामनाओं और भोग की ऐसी आँधी चली कि संन्यास का यह महावृक्ष भी उखड़ गया। और क्या सचमुच ऐसी तीव्र स्वप्निल और दिव्य अनुभूति होती है? हो सकती है? और वह भी औरत के जरिए? काश...

उथली ईर्ष्या गहराई। वे और ईर्ष्या एकाकार हुए। आँख, नाक, कान...मुँह सब गौर फरमाने लगे मुनिवर के चेहरे की काँपती खाल पर जैसे वहीं लिखी हो ज़िन्दगी में अचानक आ धमके सतरंगी इन्द्रधनुष की वह इबारत। पर वहाँ तनाव, चिन्ता और थकावट के सिवा कुछ नहीं दिखा।

आखिर सोच-समझकर अपनी बात रखी अभय मुनि ने–गुरुवर...क्या यह आपका अन्तिम निर्णय है? क्योंकि हमने जो जीवन चुना है उसमें इस प्रकार के सुखों की छोटी-मोटी गलियों के लिए कोई स्थान नहीं है। यह धर्म का राजमार्ग है।

निर्णायक स्वर में जवाब दिया विजयेन्द्र मुनि ने–मेरी चेतना का सूर्योदय हो चुका है बन्धु। अब लौटकर उस अँधेरे में जाना असम्भव है। मुझे आत्मबोध हो चुका है कि जीवन सबसे ऊपर है। विचार जीवन से निकलते हैं जबकि हम विचार पहले स्थापित करते हैं और फिर जीवन जीते हैं। मैं इसी क्षण से स्वयं को प्रेमी घोषित करता हूँ...बस तुम्हें मुझे थोड़ा सहयोग करना होगा...जिसमें मैं गरिमापूर्वक अपने उद्देश्य में सफल हो सकूँ।

–मैं सहयोग देने को तत्पर हूँ। बस इतनी-भर उत्सुकता है गुरुवर कि जिस संघ में आपने 20 वर्ष तक आस्थापूर्वक संयम के साथ जीवन बिताया...दो दिन में ही उस महिला ने आपको ऐसा क्या दे दिया कि आप संघ से निकलने को तत्पर हो गए जबकि आपके पास भावी जीवन की कोई योजना भी नहीं। रास्ते में काँटे ही काँटे हैं। न परिवार आपको स्वीकार कर पाएगा और न ही जमाना। जीविका के लिए नौकरी चाहिए...बिना विशेष शिक्षा और अनुभव के आपको नौकरी भी कहाँ से मिलेगी?

मुस्करा दिए विजयेन्द्र मुनि। चेहरे पर बिछे दिव्य-दिव्य भाव चमक उठे। मुद्रा परिवर्तन की उन्होंने और धीमे से बोले–यह तो तुम्हें कोई मीरा ही समझा सकती है कि प्रेम ने मुझे क्या दिया है कि मैं ब्रह्मचारी से क्रान्तिकारी बन बैठा और रही बात जीविका की तो मैं इतना असमर्थ नहीं हूँ कि अपनी रक्षा आप नहीं कर सकूँ। जीवन के सारे अंकुर हमारे भीतर ही से फूटते हैं। अजन्मे काल्पनिक दुखों से घबराकर वर्तमान की चुनौतियों से मुँह मोड़ लेना कायरता है और मैं कायर नहीं हूँ। सुनो एक कहानी, एक डाल पर एक आदमी बैठा था और उसी डाल पर एक चिड़िया भी बैठी थी। आदमी चिन्तित था, भयभीत था कि डाल कभी भी टूट सकती है, जबकि चिड़िया गा रही थी, चहचहा रही थी और गाते-गाते वह उड़ रही थी। तो बन्धु अनन्त आकाश में उड़ान वही भर सकता है जो तत्कालीन परिस्थितियों और संसार से ऊपर उठ जाता है। और सबसे बड़ी बात तूफान किसी तलैया में नहीं, समुद्र में ही आते हैं।

मुँह का जायका लगातार बिगड़ता जा रहा था अभय मुनि का। एकाएक वैसी ही अनुभूति होने लगी जो सम्राट के समक्ष किसी भिखारी को होती है। विजयेन्द्र मुनि के नवनिर्मित प्रेम-नीड़ को ध्वस्त करने के आखिरी प्रयास स्वरूप कहा उन्होंने :

नौज किणी सूँ लागजो, नैणां हन्दो नेह।

धुकै न धूवां नीसरे, जले सुरंगी देह!!

(नेत्र और स्नेह किसी से न लगे तभी तक गनीमत, जो इसमें पड़ गया वह बिना धुआँ ही काला पड़ जाता है।)

विजयेन्द्र मुनि होंठों में ही मुस्करा दिए। भीतर फिर आदिम राग बजने लगा। पलटवार करते जवाब दिया :

उदयपुर की काँमिनी, गौरखां निरखै गात।
देवल हो तो डिग पड़ै, माँणस कितीक बात।।

(उदयपुर की कामिनी का शरीर गवाक्ष में दिखाई पड़ रहा है, जिसे देखकर देवता की मूर्ति भी डिग जाए तो मनुष्य की तो बिसात ही क्या।) बन्धुवर...इसमें उदयपुर की कामिनी की जगह अजीमगंज की दिव्या लगा देना...और मेरे मन के तूफान का अन्दाज़ लगा लेना...कि अब मुझे क्यों किसी खुदा की तलाश नहीं रही। मेरी मुक्ति अब प्रेम के इस सागर में डुबकी लगाने में ही है। ये आकाश और ये हवाएँ गवाह हैं कि जो सर्वव्यापक अनुभूति...जो जीवन-शक्ति, जो दिव्यता मैंने वर्षों की तपस्या और साधना में नहीं महसूस की वह प्रेम में महसूस की। निराकार, अद्वितीय और अनन्त प्रेम।

विजयेन्द्र मुनि अपनी झोंक में बोले जा रहे थे और अभय मुनि की आँखों से रेगिस्तानी अँधड़ उड़ने लगा था। उनके स्वाध्याय का समय भी हो रहा था अतः उनसे अनुभूति ले वे लौट गए अपने कक्ष में।

× × ×

पद्मासन की मुद्रा में बैठे ध्यान में लीन होने की जी-प्राण से चेष्टा कर रहे हैं अभय मुनि, पर मन है कि अड़ियल घोड़ा जितना भीतर खींचते उतना बाहर बिदकता। रह-रहकर उसी निषिद्ध इलाके में भटकता। रह-रहकर अदृश्य दृश्यमान हो उठता, तो ऐसे प्रणय निवेदन किया होगा मुनिवर ने...ऐसे आँखों में झाँका होगा...पर कैसे सम्भव हुआ यह पतन? इतनी बन्दिशों, कड़े अनुशासन और नियन्त्रण रेखाओं के बीच भी मिलते रहे वे कैसे? क्या हवा बन उड़ते रहे? या बादल बन भटकते रहे? और यह वेजिटेरियन कांग्रेस? यह तो शुरू से ही धोखा रही। सारा गुड़गड़ापा, तालमेल, घालमेल, तो यहीं हुआ। और दिव्यप्रभा? ऊपर से कैसी शान्त, शीतल, समुद्र-सी गम्भीर...पर भीतर कैसी लपलपाती वासना...कैसी आग कि अपने वरिष्ठ गुरु को ही भ्रष्ट कर डाला। ठीक ही कहा गया है—नारी नागिन एक सुभाई।

पर कैसे मालूम किया जाए कि वासना का यह महाद्वार कितना खुला? आलिंगन तक? होंठों तक? या...? किसने दी पहली दस्तक? निश्चय ही उस कुलटा ने ही फूँकी होगी अपनी मोहिनी। काश! मृत्युदंड होता ऐसे संगीन अपराध के लिए। साधु जीवन से निकलकर दोनों ने मुँह काला किया होता तो उन्हें कोई आपत्ति नहीं

थी, पर इस जीवन में रहते हुए ऐसा कर उन्होंने साधु-मर्यादा को कलंकित किया है। एक वरिष्ठ साधु का पद-स्खलन पूरे साधु-समाज पर थप्पड़ है।

उनकी आँखों से जल के साथ ज्वाला बहने लगी। सारा सुख-चैन और आत्म-शान्ति हवा हो गई। स्वाध्याय के लिए रखी खुली पुस्तक को झटककर अपने भीतरी आवेग को सम पर लाने के लिए ओम शान्ति, शान्ति ओम का जाप शुरू किया और उससे भी कुछ हासिल नहीं हुआ तो बन्द कमरे में चक्कर काटने लगे–कि तभी हाथों में एक पुस्तक और लिफाफे के साथ विजयेन्द्र मुनि ने प्रवेश किया।

आ गया प्रेम-पत्र...कुटिलता से भीतर-ही-भीतर मुस्कराए अभय मुनि। अपने भीतर के मनोभावों को दबाते हुए उनकी वन्दना शुरू की तो विजयेन्द्र मुनि ने पंजा हिला दिया–मैं घोषित कर चुका हूँ कि मैं अब मुनि नहीं रहा...इस कारण बजाय मेरी वन्दना करने के, मुझे सहयोग दें कि मैं अपना मनचाहा जीवन जी सकूँ। अपने-आपको पूरी तरह पा सकूँ।

–आज्ञा दें गुरुवर।

–देखो, वेजिटेरियन कांग्रेस कल समाप्त हो चुकी है इसीलिए तुम्हारे सहयोग की ज़रूरत पड़ी है। मैं रेणुश्री के आश्रम में इसलिए नहीं जा सकता, क्योंकि साध्वी रेणुश्री मुझे लेकर पहले से सशंकित हैं। मर्यादा को तोड़ते हुए उन्होंने मुझे दिव्या से बात करते देख लिया था। तुम्हें सिर्फ़ इतना करना है कि कल तुम ठाणी प्रमुख रेणुश्री के उपाश्रय में जाओ और उन्हें सूचित करो कि परसों हम लोग राँची से विहार कर रहे हैं। वहीं दिव्य मिल जाएगी...तुम उसे यह पुस्तक दे देना। यह पुस्तक इस बात का गुप्त संकेत रहेगी कि हमारे पलायन का उचित समय आ गया है। पुस्तक मिलने के आधे घंटे पश्चात् ही दिव्य तुम्हें दाईं तरफ के नुक्कड़ पर मिल जाएगी। बस तुम उसे लेकर राँची स्टेशन, जो वहाँ से करीब अढ़ाई किलोमीटर है, पहुँच जाना। वहाँ मैं तुम्हें नीली पैंट और सफेद कमीज में मुख्य द्वार के पास ही मिल जाऊँगा। वहाँ से मैं जमशेदपुर जाऊँगा वहाँ आर्यसमाजी ढंग से विवाह की व्यवस्था मेरे एक पुराने मित्र कर देंगे। और मेरे रवाना होते ही तुम मेरे पत्र को पूरे साधु समाज के समक्ष सार्वजनिक कर देना। तुम सोच रहे होगे कि मैं खुलेआम दिव्य को ले जाने की हिम्मत क्यों नहीं कर रहा। इसके पीछे सिर्फ़ यही कारण है कि हमारा संघ ज़ंजीरों और पट्टों का संघ है और दिव्य अभी नाबालिग है। जिस समाज ने योगी रूप में मेरी वन्दना की है, मुझे सिर नवाज़ा है, वह कभी भोगी रूप में पतलूनधारी प्रेमी रूप में मुझे स्वीकार नहीं कर पाएगा, उसे लगेगा कि उसकी धार्मिक भावनाओं के साथ धोखा हुआ है। इस कारण वह या तो मुझे वापस ज़ंजीरों और पट्टों में बाँधना चाहेगा या मेरे वजूद की जड़ें काटेगा। बन्धुवर, इस चक्रव्यूह में घुसना आसान है पर बाइज्जत इससे

निकलना मुश्किल है।

× × ×

विजयेन्द्र मुनि जा चुके थे और संघ प्रमुख जीवसिद्धि के नाम लिखा उनका पत्र अभय मुनि की आँखों के आगे फड़फड़ा रहा था। पत्र इस प्रकार था :

गुरुवर,

मेरे इस निर्णय को आप कदाचित् मेरा चरित्र स्खलन कहें पर मैं इसे अपनी चेतना का सूर्योदय ही कहूँगा। आज समझ पाया हूँ मैं कि क्यों कई सम्प्रदायों में लिंग और योनि पूजा का विधान है। इसलिए कि वे अस्तित्व रक्षा के सहायक तथा सर्वोच्च कोटि के दैहिक आनन्द के स्रोत होते हैं। पूर्णत्व प्राप्ति के लिए अखंड ब्रह्मचर्य की आपकी अवधारणा न तो पूर्णतः ग्राह्य है और न ही पूर्णतः अस्वीकृत। भोग पाप नहीं है। अनियन्त्रित और विवेकहीन भोग अवश्य पाप है। वासना को स्वाभाविक रूप से शमन करके ही हम वासना को परिधि पर ला सकते हैं। सोचिए गुरुदेव, सुख भोगना ही यदि पाप होता तो ईश्वर हमें सुख की अनुभूति करानेवाली इन्द्रियाँ क्यों देता? आप कमल की कल्पना बिना कीचड़ करते हैं जो असम्भव है। आजीवन ब्रह्मचर्य विवेकानन्द, मदर टेरेसा जैसे कुछ विशिष्ट लोगों का सत्य हो सकता है पर सामान्य जन का नहीं...मेरी साधना के विचलन ने इसे प्रमाणित कर दिया है।

आप कहते हैं कि भोग पाप है। मैं कहता हूँ कि श्रमहीन भोग पाप है। विडम्बना है गुरुदेव कि हमारा जीवन सिर्फ़ एक भम्र पर टिका हुआ है, श्रम पर नहीं। तपस्या और अहिंसा को केन्द्र में रखकर हमने जो सत्य अर्जित किए हैं, धर्म की जो परिभाषी गढ़ी है, वह सिर्फ परछाई-भर है, एकांगी, पंगु और अधूरी है। अस्तित्व की किसी भी समस्या का हमारे पास जवाब नहीं है।

और सबसे बड़ी बात...हमने धर्म का घेरा बहुत समिति कर रखा है...सिर्फ़ अपने आत्म उन्नयन और आत्म मुक्ति तक। आज धर्म इसीलिए पराजित है कि उसने अनन्त सामाजिकता को नकारकर अपने को अपने 'आत्म' तक ही सीमित कर डाला है। आपने व्यक्ति, समाज और व्यवस्था के अन्तर्निहित सम्बन्धों को नकारकर सिर्फ़ व्यक्ति के अन्तःकरण के क्षेत्र को ही मुक्ति और निर्वाण के लिए चुना है जो शब्दों का सिर्फ़ कुहासा मात्र है जो हमें कहीं नहीं ले जाता है। सोचिए, आप अपने समय के सूर्य, आचार्य प्रमुख पर पहुँच आपकी बित्ते-भर नहीं।

क्या हमने कभी सोचा है कि क्यों ठंड से बचने के प्रयास के एक आदमी आग की लपटों में झुलसकर मर जाता है? क्यों भूख से तड़पती माँ अपनी सन्तान को बेचने पर विवश है? क्यों युवक अपने गुर्दा बेचने को विवश हैं? क्यों एक करोड़ साधुओं के इस देश में पचीस लाख वधुएँ जला दी गई हैं? यानी हम और हमारा धर्म क्या एक सम्पूर्ण पराजय नहीं है?? ए टोटल फेलियर? क्या कर रहा

है हमारा साधु-समाज ऐसी भयंकर मानवीय त्रासदियों के परिप्रेक्ष्य में?? क्या योगदान है हमारा?? एक संवेदनामूलक और मानवीय समाज के निर्माण में??

एक धर्म गुरु के नाते हमें इसका जवाब देना होगा। इतिहास हमें कभी क्षमा नहीं करेगा यदि हमने इसे सिर्फ़ पूर्वजन्मों के दुष्कर्मों के खाते में डालकर चुप्पी साध ली।

सच्चाई यह है गुरुदेव कि जीवन यथार्थ से पलायन कर चुकी कुछ भयभीत, फुरसती, परजीवड़ी और निठल्ली आत्माओं का जमावड़ा है हमारा संघ।

जरा सोचिए...क्या यह हमारा दुर्भाग्य नहीं कि इस महान देश में प्रथम कोटि की प्रतिभाओं ने सदैव ही जीवन से मुँह मोड़ संन्यास का वरण किया और दूसरी और तीसरी कोटि की प्रतिभाओं ने देश को सँभाला। हमारे यहाँ प्रतिभाओं की कमी नहीं थी, और न ही विचारकों की। हमारे यहाँ कमी थी जीवन में, उत्साह और आनन्द खोजनेवालों की। जीवन को सत्य माननेवालों की। इसी कारण हमने बुद्ध, महावीर और नागार्जुन जैसे विचारक और तत्त्वचिन्तक तो पैदा किए पर वैज्ञानिक हम नहीं बना पाए। क्या अब यह समय नहीं आ गया कि आप स्वयं इस साधु परम्परा का अन्त घोषित करें? धर्म के नए मूल्य और परिभाषा गढ़ें। नए समय की नई गीता लिखें।

जैसे अत्यधिक लोडेड प्लेन टेक ऑफ नहीं कर सकता वैसे ही भय, दमित वासनाओं और आशंकाओं से ग्रस्त हमारा दिमाग कोई आध्यात्मिक उड़ान नहीं भर सकता।

मैं आपका चिर आभारी रहूँगा कि आपने मुझे वेजिटेरियन कांग्रेस में भेजा जहाँ मुझे जीवन का मूल मंत्र मिला–बनो और बनाओ। आज के सन्दर्भ में धर्म की असली भूमिका यही हो सकती है...उसे जीवन और मानव सेवा से जोड़ना। उसे गांधी के अन्तिम व्यक्ति तक पहुँचाना। बजाय ऊँची आध्यात्मिक उड़ानें भरने के यदि हम धर्म को झुग्गी-झोंपड़ियों, विकलांगों, भूखों, नंगों, पीड़ित मानवता, दीन-हीन और वंचितों तक पहुँचा सके तभी हमारा धार्मिक गुरु होना सार्थक है। पर यह विडम्बना ही है गुरुदेव कि हमें मन्दिरों की भव्यता और रख-रखाव की चिन्ता है पर इनसान जो ईश्वर की सर्वश्रेष्ठ कृति है, उसके प्रति हम उदासीन ही नहीं, निर्मम तक हो चुके हैं।

इस पवित्र देश के पवित्र ऋषि-महर्षि वेदव्यास के पिता ने योगबल से अन्धकार पैदा कर नौका में रमण करती रमणी के साथ सम्भोग किया था जिसके फलस्वरूप व्यास का जन्म हुआ था। जीवन के इस जादुई आनन्द को पाप से जोड़ने की आपकी अवधारणा का मैं खंडन करता हूँ। स्त्री को हमने पाप माना, विकार जाना जो कि ईश्वर की अनुपम और अद्‌भुत भेंट है। स्त्री को जानकर ही मैं स्वयं को और इस धरती को जान पाया हूँ। उससे घुलकर ही हम अपनी

शक्ति को बढ़ा पाएँगे उसे परे सरकाकर नहीं। सच तो यह है कि गुरुदेव कि हम न तो मनुष्य के प्राकृतिक और सांस्कृतिक सत्य को समझ पाए और न ही मानव अस्तित्व के सवालों का जवाब दे पाए हैं।

और अन्त में मैं दिव्यप्रभा के साथ प्रेम और सौन्दर्य की झिलमिल में ज़िन्दगी के राग को दुबारा छेड़ना चाहता हूँ। समाज के दुख-सुख से बँधकर सही अर्थों में धार्मिक होना चाहता हूँ क्योंकि जीवन के सामान्य अनुभवों से ही असामान्य अनुभवों के रास्ते निकलते हैं। पूरी गीता किसी तपोवन में नहीं वरन् जीवन के बीच...युद्ध-क्षेत्र में लिखी गई थी। मैं धर्म का खाली बुर्का नहीं कर्म बनना चाहता हूँ। आशा करता हूँ, आप अपना आशीर्वाद हमें देंगे।

क्षमा-याचनाओं और अशेष शुभकामनाओं के साथ,

आपका
विजयेन्द्र
10.2.91

पत्र ने रहा सहा–सुख-चैन और सुकून भी छीन लिया अभय मुनि का। रह-रहकर लू के थपेड़े लगने लगे। कभी सलाद की तरह वे कटने लगे तो कभी कबाब की तरह भुनने लगे। कभी बड़बड़ा उठते–बड़ी कुत्ती चीज़ है यह औरत। कैसे जादू की छड़ी घुमाई कि पूरी तरह ही बौरा दिया इसने सधे-सधाए और पके-पकाए मुनि को भी। लगा दिया योगी की लँगोटी में दाग। बादल पर उड़ रह हैं जनाब! एक छोकरी क्या मिल गई, गुरुदेव को बता रहे हैं उनकी औकात। संघ को ध्वस्त करने चले हैं।

पर भीतर-ही-भीतर एक दूसरा मन भी था जो ईर्ष्या दग्ध हो हाहाकार कर रहा था–इतनी नाकेबन्दी के बीच भी इतना याराना हुआ तो कैसे? और ऐसा क्या है उस दिव्या में...कि इतना संयमी जोगी भी डोल उठे...खड़ा हो जाए लाल झंडा लेकर।

एक भयंकर अवसाद, अकेलेपन और हताशा लिए उस पूरी शाम वे अतृप्ति के अन्धकूप में भटकते रहे। शाम वे न गोचरी के लिए निकले और न ही उन्होंने अपने वस्त्रों का ही पलोवन (निरीक्षण) किया और न ही रात की सामूहिक प्रार्थना में ही हिस्सेदारी की। अखंड जाप के बहाने अपने बन्द कक्ष की दीवारों पर मुक्के मार-मार अपने आवेग को शान्त करते रहे।

सारी रात कामना और ईर्ष्या दो ढीठ मच्छरों की तरह उनके ईद-गिर्द भिनभिनाती रही। हज़ार-हज़ार टुकड़ों में बँटा मन सारी रात करवटें बदलता रहा। कई बार उठ-उठकर अभय मुनि ने मन को सात्त्विकता की दिशा में दौड़ाया भी। अड़ियल मन घड़ी-भर के लिए बहलता पर तुरन्त ही बिदकी घोड़ी-सा दुलत्ती

मारने लगता। घड़ी-भर के लिए आँख लगती भी तो स्वप्न जीना हराम कर देते। पसीना-पसीना हो जाते वे। कैसे-कैसे तो बेढंगे सपने। कभी बेडरूम के दृश्य तो कभी खिली चाँदनी में विजयेन्द्र मुनि की बाँहों में कसी साध्वी दिव्या तो कभी चौराहे पर पेशाब करने के अपराध में अपनी ही पीठ पर डंडा बरसाती पुलिस। तो कभी अपनी पहिया फिरी नाक पर बीट हगता काला कौआ।

हड़बड़ाकर उठ बैठते वे। हे भगवान! क्या हज़ारीपंथ साधु सम्प्रदाय पर कोई पहाड़ टूटनेवाला है? इस कद्र विकल-बेचैन मन क्यों है? साधु-मर्यादा तोड़ी विजयेन्द्र मुनि ने, पर सारा धर्म, चैन मेरा गया तेल हांडे में। वे हाहाकार...कर उठे...हे ईश्वर...हे महावीर...क्या करूँ मैं? क्या सहयोग करूँ विजयेन्द्र मुनि की पाप-भरी वासनामयी इस रासलीला में या साफ-साफ मना कर दूँ कि मुनि होकर मैं इस व्यभिचार में सहयोग नहीं दे सकता...या फिर एक रास्ता और बचा है...अपने सहयोग को सिर्फ़ जुबानी जमाखर्च तक ही रखूँ?

पर जाने क्यों एक बार फिर उस मेनका को करीब से देखने की उफनती इच्छा को भी दबा नहीं पाए वे। अभिलाषा इतनी अदम्य कि समय-बोध ही गड़बड़ा गया। मक्खी उड़ा-उड़ाकर काफी समय गुजार देने के बाद कई तहखानों में बँटे अपने चंचल मन के साथ ठाणी प्रमुख साध्वी श्री रेणुश्री के उपासर में पहुँचे तो भी पलायन के निश्चित मुहूर्त में घंटे-भर की देरी थी। साध्वी प्रज्ञा और साध्वी रेणुश्री से कुछ औपचारिक, कुछ संघ की, कुछ धर्म की और कुछ इधर-उधर की हाँकने के बाद दीवार पर लटकी घड़ी की ओर नज़र फेंकी तो अभी भी आधे घंटे की देरी थी। वे झुँझला पड़े—आज समय बीत नहीं रहा था...बस ऊँघ रहा था, पहाड़ी जगहों की तरह।

और दोनों साध्वियाँ अपनी मर्यादा का दुशाला ओढ़े मुनिवर को वहीं छोड़ अपने कक्ष में जा चुकी थीं।

अभय मुनि ने अपनी किस्मत पर हाथ दे मारा कि तभी गोचरी से लौटती हुई साध्वी दिव्या नज़र आई। मुनि के हाथों में किताब देखते ही उसके चेहरे पर सौ-सौ गुलाब खिल गए।

हाथ जोड़ और माथा नवाकर उसने अभिवादन और सम्प्रेषण किया।

× × ×

यात्रा की शुरुआत में ही उसने पढ़ा—बिरसा मुंडा राज्यपथ आपका स्वागत करता है। वह हैरान हुई, पुलकित भी तो क्या रास्ते भी स्वागत करते हैं। हुलस-हुलस कर वह चलती रही और दीदा फाड़-फाड़ देखती रही, महसूस करती रही पल-पल बड़ी होती अपनी दुनिया को। कहीं डमरू बजाते बिरसा मुंडा की सफेद मूर्ति तो कहीं हाथों में हथकड़ी पहने काले बिरसा मुंडा। एक जगह भगतसिंह की मूर्ति भी देखी उसने। जब-जब ऐसी मूर्तियाँ दिखाई पड़तीं उसकी चाल में ठहराव आ

जाता। जब तक नाम पूरा नहीं पढ़ लेती, आगे नहीं बढ़ पाती वह...काश, साथ में होती जीजी या नरपतसिंह जी तो पूछती वह उनसे...कौन हैं ये बिरसा मुंडा... ये भगतसिंह? उसे ताज्जुब हुआ। उनके गुरुदेव की एक भी मूर्ति नहीं थी वहाँ... क्यों? पूछती वह अपने जय से (अब वह विजयेंद्र मुनि से विजय और विजय से जय पर आ चुकी थी)। एकाएक उसकी चाल में तेजी आ गई पर रास्ता था कि जलेबी। सड़क से सड़क और गली से गलियाँ जब निकलती ही गईं तो पिया बावरी अलबेली दिव्या ने पूछा–अब और कितनी दूर? उन्होंने तो कहा था, बस घंटे-भर जितनी यात्रा है।

'श्रावकों से भरा है यह शहर। इस कारण गली-गली से ले जा रहा हूँ। सीधे रास्ते से चलते तो पहुँच जाते पर जलेबी की तरह इन घुमावदार गलियों से गुजरने में तो समय लगेगा ही। फिर मूल योजना में छटाँक-भर तब्दीली भी हो गई है। पहले राँची स्टेशन पर मिलने की योजना थी पर अब मुनिवर उलिहातु की ओर जाने वाले रास्ते में मिलेंगे। वहाँ सघन एकान्त भी है। रास्ता भी निरापद है क्योंकि जान-पहचानवालों के मिलने की सम्भावना शून्य है। वहीं एक कुटिया है, वहीं खूँटी, उलिहातु के रास्ते में मिलेंगे मुनिवर। तब तक सूर्यास्त हो चुका होगा... इस कारण मुझे कुटिया में ही रहना होगा, आप दोनों की तरह मैंने तो साधु जीवन त्यागा नहीं है। इस कारण मैं तो अँधेरे में निकलूँगा नहीं, आप दोनों प्रेमी-युगल बेशक अपनी भावी यात्रा की ओर प्रस्थान करेंगे।' जमीन की ओर देखते हुए जवाब दिया अभय मुनि ने।

आश्वस्त हो गई दिव्यप्रभा। भीतर फिर बजने लगी पिया मिलन के सपनों की शहनाई।

बज उठे राधा के अदृश्य नुपूर।

हुलसित होकर तेज-तेज चलने लगी वह।

दृश्य अब बदलने लगे थे। खेतों की शुरुआत हो चुकी थी। हाथ में गैंता लिये एक लड़के और कच्ची माटी खोदते उसी की हम उम्र स्त्रियों को देख उसका मन पसीज उठा था कि तभी देखा उसने एक जगह थोड़ी ऊँचाई पर लिखा था–हिन्दू घटा कि देश बँटा। फिर परेशानी में पड़ गई थी! हिन्दू भला क्यों घटेगा? ओफ! रोज इतने घंटों का स्वाध्याय और उसे यह भी नहीं पता कि बिरसा मुंडा कौन? भगतसिंह कौन? हिन्दू क्यों घटेगा? उद्विग्न और बेचैन वह आगे बढ़ी...बढ़ती गई...कि तभी उसने देखा, किसी पेड़ पर लटकी पट्टी पर लिखा था–एक पेड़ लगाना सौ बच्चों को बड़ा करने के समान है। फिर आहत हो उठी वह. ..कैसे लगाए वह पेड़? उसे तो पेड़ को छूना... हरियाली को छूना तक वर्जित है. ..वे तो जंगलों से गुजरती हैं तो भी पेड़-पौधों से बचते हुए और बच्चा? मुँह एकाएक अबीरी हो उठा उसका...उसी अबीरी खुशी का साझा साथी अभय मुनि

से करना चाहा तो जाने क्यों उन आँखों की भाषा बदली-बदली-सी लगी उसे... जैसे कोई साँप सरसरा रहा हो वहाँ।

पीठ पर हल्की-सी कम्पन हुई जैसे कोई कीड़ा रेंग रहा हो वहाँ। तेज-तेज चलने लगी वह पर घंटे-भर बाद भी जब कोई पड़ाव नहीं आया तो चेहरा जैसे एक खूँटी बन गया था, जिस पर हरपल गहराते डर के चिथड़े हवा में जहाँ-तहाँ उड़ने लगे थे। अन्ततः स्वप्नों और आशंकाओं के बीच डोलते हुए पूछ ही डाला उसने–गुरुवर...अब कितनी दूर है?

रास्ते भी अब टेढ़े-मेढ़े, कच्चे और सँकरे होने शुरू हो गए थे। मकई, महुआ और धान के खेत निकल चुके थे। उसकी जगह पलाश के पेड़ों और सन्नाटे ने ले ली थी। सूर्य भी ढलान पर था। परछाइयाँ लम्बी होने लगी थीं। दिव्यप्रभा की सतही चेतना जैसे ही उसे सावधान करती, भीतर बहती अन्र्धारा उसे आश्वस्त कर देती–वह धर्मगुरु के साथ है, किसी अजनबी के साथ नहीं। क्या चिन्ता?

अभय मुनि ने भी निर्भीक होकर कहा...बस दस कदम दूरी पर ही पड़ाव है। साध्वी दिव्यप्रभा ने फिर सशंकित हो नज़रें दौड़ाईं। मटमैला अँधेरा। जन-जीवन से शून्य पगडंडियाँ। चावल के छितरे दानों की तरह दूर-दूर इक्की-दुक्की झोपड़ियाँ। खेत से माटी काट उसे रोड पर डालते कुछ मजदूर। यही रास्ता आगे उलिहातु तक जाता था–बिरसा मुंडा की जन्मस्थली। उसने फिर नजरें घुमाईं– आसमान में काली होती बदलिया। माथे पर पग्गड़ बाँध आगे जाता कोई आदिवासी। गोल-गोल घेरे में बैठे कुछ लोग। और पास ही रखा पुलावों का ढेर। पीठ पर बच्चा और माथे पर घास की ढेरी लादे कोई आदिवासिन...वह आश्वस्त हुई...जंगल में जीवन। हवा में टकराती पेड़ों की शाखाएँ। मन को भयमुक्त कर तेज-तेज चलने लगी वह कि करीब आधे घंटे बाद। सूखे पत्तों की चरमर-चरमर के बीच अभय मुनि ने एक खपरैली झोंपड़ी की ओर इशारा करते हुए कहा– चलिए भीतर...बस आते ही होंगे आपके प्रिय और हमारे विजयेन्द्र मुनि।

कोई बन्दर पास में ही कूदा तो चीख उठी दिव्यप्रभा।

'डरो मत...मैं साथ हूँ...' आश्वस्त किया अभय मुनि ने।

वह पीली शाम दिव्यप्रभा के भयभीत मन के साथ घुलमिल कर नीली होती जा रही थी। सिर के ऊपर कौओं का एक झुंड काँव-काँव कर निकल गया था।

आँखों में बची छँटाक-भर उम्मीद और तोला-भर अँधेरा लिए सवालिया निगाहों से देखा दिव्यप्रभा ने उनकी ओर।

आप बैठिए भीतर, मैं विजयेन्द्र मुनि की प्रतीक्षा में बाहर खड़ा हूँ।

थककर बेदम हो चुकी दिव्यप्रभा ने धड़कते हृदय, शंकित मन और आत्मा तक घुस चुके हर डर के साथ भीतर प्रवेश कर दम लिया। नंगे पैर में कहीं कोई काँटा गड़ रहा था, उसे निकालने के लिए पाँवों को गोद में रखा ही था कि यह

क्या? पीछे से बाज़ की तरह झपट पड़ा कोई। विजयेन्द्र मुनि ने तो कभी ऐसी उच्छृंखलता और उतावलापन दिखाया नहीं? फिर कौन? किसी प्रकार उन बलिष्ठ हाथों की जकड़न के बीचोंबीच ही गर्दन घुमाई तो गश खा गई...मेघदूत की भूमिका में आए अभय मुनि मधुमती की भूमिका में उतर चुके थे। दसों दिशाओं से एक आवाज़ गूँजी–धोखा! धोखा!! थोड़ी देर पहले जिन आँखों में कलियाँ चटख रही थी, उन्हीं आँखों में चिंगारियाँ छूटने लगीं। प्राणों की पूरी शक्ति के साथ वह चीख पड़ी–गद्दार! पापी! छोड़ मुझे।

बाँहों में उसे जकड़े हुए ही जवाब दिया अभय मुनि ने–बस, आज रात-भर के लिए मुझे भी उफनती नदी में डुबकी लगा लेने दो, कल विजयेन्द्र मुनि के पास मैं स्वयं तुम्हें छोड़ आऊँगा...कोई जान तक नहीं पाएगा। जब धर्म के छतनार वृक्ष विजयेन्द्र मुनि भी कामदेव के हाथों घायल होकर अधर्म में डुबकी लगा सकते हैं, कामनाओं के कबूतरों को दाना चुगा सकते हैं तो मैं क्यों नहीं? थोड़ा पान-पत्ता मुझे भी चढ़ा दो देवी! वहाँ तो सारी उम्र ही तुम्हें चढ़ावा चढ़ाते रहना है। देवी, बस आज रात तुम मेरी कामाग्नि को शान्त कर दो। उद्दाम वेग से बहती इस बेकाबू लहर को थाम लो। थोड़ा-सा भोग यदि मैं लगा भी लूँगा तो तुम्हारा इसमें क्या बिगड़ेगा...साध्वी जीवन से तो तुम वैसे भी स्खलित हो ही चुकी हो...चाहे वह विजयेन्द्र मुनि की गर्माती बेकाबू देह हो, चाहे मेरी।

चुप कमीने...तुम महाविनाश की ओर जा रहे हो। विजयेन्द्र मुनि से अपनी तुलना करते हो? उनके लिए तो मैं जान भी दे सकती हूँ। मैं उनसे प्रेम करती हूँ।

अट्टहास कर उठे अभय मुनि–सत्य तो एक ही है देवी! और वह है...काम। हाँ, उसे समेटने के तरीके अलग-अलग हैं। अब व्यर्थ के विवाद में मत फँसो। आओ, हम स्वयं को उन शक्तियों के हवाले कर दें जिन्होंने हमें आक्रान्त कर रखा है। आओ, इस गंगा की दो-चार धार मुझ पर भी उँड़ेल दो।

अँधेरी रात में काली बिल्ली की कंजी आँखों की तरह डराती डोरा खिंची थोड़ी-थोड़ी बाहर को निकली मुनि की उन्मत्त आँखें। भागने की कोशिश में दिव्यप्रभा ने मुनि की बाँह को काट लिया। पर वह भाग न सकी, धुत्त नशेबाज की तरह अदम्य आवेग और उतावलेपन के साथ एक ही झटके में अभय मुनि ने आँचल को उसकी देह से अलग कर उसे अपने जबड़े में जकड़ लिया।

क्रोधित सर्पिणी की तरह वह फुत्कारी।

जाल में फँसी मीन की तरह वह छटपटायी।

पिंजरे में फँसे पाखी की तरह उसने पिंजरे की दीवारों से ही अपने सिर को टकरा-टकरा कर लहूलुहान कर डाला।

पर दूर क्षितिज पर सूरज पूरी तरह डूब चुका था।

वह काली रात और काली हुई।

वासना के अजगर ने निगल लिया उसे।

चारों दिशाओं, धरती और आसमान तक गूँजी एक चीख और विलीन हो गई अनन्त में।

× × ×

राँची स्टेशन पर एक टाँग पर खड़े रहे विजयेन्द्र मुनि। न पलक झपकाई और न ही कमर टेढ़ी की। उस रात जाने कितने ताजमहल बने और टूटे। टूटे और बने। देखते-देखते आँखें पथरा गईं पर न दिव्या दिखी और न ही अभय मुनि। पर आशा नहीं टूटी।

दूसरी सुबह। वहीं खड़े रहे वे। जाने कहाँ से मिल गई खड़िया मिट्टी की पेंसिल। बस उससे ही ज़मीन पर , दीवारों पर खाली जगह पर लिखते रहे दीया दीया (वे दिव्या को दीया कहते थे–तुम्हीं ने जलाया है इस घने अँधेरे में प्रेम का दीया।) उससे भी मन नहीं भरा तो स्टेशन के बाहर हर पेड़ के तने पर चाकू से खुरच-खुरच कर लिख डाला–दीया-दीया। दीवार पर उकेर दिया–दीया, दीया।

पूरे अड़तालीस घंटे उसी तरह बैठे रहे वे–अडोल, अविचल।

तीसरी सुबह। खम्भे का सहारा लिए सूनी आँखों से आसमान की ओर ताक रहे थे कि दूर से ही कोई सफेद आकृति-सी दिखी–वे अभय मुनि थे जिनकी सफेद धोती तेज बहती हवा में उड़ रही थी। अकेला और गम्भीर देख उन्हें, रही- सही आशा भी दम तोड़ गई। सवालिया निगाहों से ताका उनकी ओर।

–मैं असफल रहा गुरुवर। दुख की कपटी चादर ओढ़ते हुए कहा अभय मुनि ने। साध्वी दिव्यप्रभा ने आपके साथ पलायन करने से इनकार कर दिया है। यही नहीं, वह उन कुछ दुर्बल और आसक्तिपूर्ण भावों के लिए भी जो आपकी संगत में उसके भीतर प्रबल हुए थे, चार दिनों के अखंड मौन और प्रायश्चित पर बैठ गई हैं।

–यह असम्भव है–चीख पड़े विजयेन्द्र मुनि।

–औरत की बात और घोड़े की लात का कोई भरोसा नहीं होता गुरुवर! आप स्वयं जाकर पता कर लें, पर जहाँ तक मैं जानता हूँ, इस घटना से आहत हो रेणुश्री विहार कर चुकी हैं। आप अपनी पराजय स्वीकार कर लें गुरुवर।

–जीवन जय और पराजय से बहुत ऊँची चीज़ है बन्धु! यह अनुभवों की एक अन्तहीन शृंखला है। अपने प्रेम की अल्पकालीन अवधि में ही दिव्यप्रभा ने मुझे जीवन की वह कौंध दिखाई, अपने 'स्व' का वह भाव दिखाया जिसे इतने वर्षों की साधना और तपस्या में नहीं देख पाया था मैं। पहली बार मैंने एक ऐसा प्रति संसार रचा जिसकी नींव में स्वप्न थे, प्रेम था, सौन्दर्य था और सामाजिकता थी। मैंने इस प्रति-संसार में रहना सीख लिया है...खैर, तुम नहीं समझोगे यह सब।

मेरा पत्र तुम गुरुदेव तक अवश्य पहुँचा देना। जिस जीवन सत्य की प्रतीति मुझे हो चुकी है, उसे झुठलाकर संघ में अब वापस लौटना असम्भव है मेरे लिए।

तख्त से उतरे सम्राट के से ठसके और आत्मा को छील देनेवाले कलपते दर्द के साथ विजयेन्द्र मुनि हवा में उड़ते बादलों के टुकड़े की तरह वहाँ से सीधा रेणुश्री के 'उपासर' में पहुँचे पर वे वहाँ से विहार कर चुकी थीं।

× × ×

काली रातें और मटमैले दिन।

सूखी लकड़ी की तरह जलते समय का धुआँ आहिस्ता-आहिस्ता ऊपर उठने लगा। अपनी आत्मा के माथे पर जिल्लत और अपमान का काला टीका लगाए दिव्या में अब न जीवन बचा था और न ही जीने की ख्वाहिश।

बढ़ते-बढ़ते उसके गर्भ में बढ़ता भ्रूण और आत्मा में बढ़ता अन्धकार इतना फैला कि पूरे उपाश्रय में फैल गया। और एक सुबह संघ की अदालत में उससे सफाई माँगी गई। पूछा गया उससे कि बीज किसका है? कि इस धतकृत्य के लिए ज़िम्मेदार कौन? उसकी आँखों में पीड़ा का समुद्र लहराया पर वह मौन रही। उसके मौन को उसके पापों की आत्म-स्वीकृति मान लिया गया और संसार की सबसे पापी औरत घोषित कर उसे संघ से निष्कासित कर दिया गया।

× × ×

एक असमाप्त दुस्वप्न

अठारह वर्षों का अन्तराल।

वक्त का थान खुलते-खुलते इक्कीसवीं सदी के महाद्वार पर।

ज़िन्दगी की धारा में प्रवाहित किसी दीये की ही आस्था के साथ कई अनजान, ऊबड़-खाबड़ और सँकरे-चौड़े रास्तों को पार करते-करते ज़िन्दगी की तल्खियों से टूटते-बनते संघमित्रा आज दूसरी ही संघमित्रा में तब्दील हो चुकी थी।

कम्प्यूटर प्रोग्रामर से संस्कृतिकर्मी और अब एक सामाजिक एक्टीविस्ट... अपने अनेकत्व के साथ चलते-चलते।

और ऐसे में किसी सयाने मुनीम की तरह बही-खाते खोल बैठ जाती है ज़िन्दगी! संशय और सवाल साथ-साथ।

हाथ चल रहे हैं। उड़ रहे हैं दृश्य। मिट रहे हैं, बन रहे हैं रंग–ज़िन्दगी के।

किसी तटस्थ द्रष्टा की तरह देखने लगी है वह ख़ुद अपनी ही ज़िन्दगी को। यह तो हुआ कि इतने वर्षों में पल-प्रतिपल दरकती भीतर की कच्ची माटी जमने लगी। पतझड़ के पत्तों-सा झर-झर झरता भीतरी क्षरण थमने लगा। ज़िन्दगी की किताब से छुटकी और माँ के खुले पन्नों की फड़फड़ाहट थमने लगी। समझा लिया अपने मन को–जब अपने दूर चले जाएँ तो अपने आसपास के घेरे को ही इतना बढ़ा लेना चाहिए कि दूरवाले भी घेरे के भीतर चले आएँ–यही है जीने का मूलमंत्र–'स्व' का सम्पूर्णता में विसर्जन।

आखिर कब तक रुका जाए, ममता के निजी घाट पर!

सागर की किसी एक लहर के ही मोह में किनारे पर ही डेरा डाल लिया जाए तो क्या जीवन आगे बढ़ पाएगा? इसीलिए पिछले बीस सालों से अपने सिकुड़े 'मैं' को खींच-खींच बचा रही है वह अपने चुरुट की आग।

ऋषि गया, पिता गए, माँ गईं, छुटकी गई। दुपट्टा बदलनेवाली सखी मालविका की ज़िन्दगी भी दाल-रोटी की हुई। ख़ुद वह भी दुनिया की इसी भीड़-भाड़ में गुम हो जाती यदि प्रेम, सत्य और कर्त्तव्य में ही जीवन की सार्थकता हाथ नहीं लगती उसे। यदि नारी शक्ति संघ को राष्ट्रीय संघ बनाने की उसकी

परिकल्पना...उसके स्वप्न साथ नहीं देते उसका।

पर ज़िन्दगी के इन सूने गलियारों से गुजरते हुए एक और आवाज आती है जो खींच लेती है उसके मन की डोर को अपनी ओर, जकड़ लेती है उसके पाँवों को आगे बढ़ने से। कुछ कहती है वह आवाज अपनी आँखों की मूक भाषा से, हावभाव से...जिसने जाने कितनी बार संघमित्रा के समक्ष उसका हरक़दम, हरप्याला बनने की ख्वाहिश को उघाड़-उघाड़ कर दिखाया...पर वह है कि कुछ कह नहीं पाती...बस देखती भर रहती है। ऐसा भी नहीं कि भीतर लहर उठती ही नहीं, पर जब-जब पकड़ना चाहा उसने इन लहरों को, अतीत के रेगिस्तान से झाँक उठती एक सफेद काया एक कोमल स्वर 'जीजी' और लहरें टूटकर बिखर जाती। नहीं, घायल मन फिर भी मलहम-पट्टी के सहारे ठीक हो सकता है, पर मरा मन? आज भी पश्चाताप की लहर इतने वेग से जोर मारती है कि सारे कोमल भाव तिनकों से बह जाते हैं। पश्चाताप...कि छुटकी को बचा नहीं पाई वह।

'संदीप (उसी आवाज का नाम)...कब तक पीछा करोगे एक परछाई का...' दस साल पूर्व का संवाद जब-तब कानों में गूँजने लगता है।

–जब तक पकड़ न लूँ परछाई को।

–मनुष्य इतना कमजोर क्यों है? क्यों है इतना बेबस...जिस दिन तुम इस प्रश्न का जवाब लेकर आ जाओगे...मुझे पा लोगे।

–धारा के विरुद्ध अकेले तैरते-तैरते खुद को ही आधी कर रही हो तुम... मुझे भी शामिल कर लो अपने इस संग्राम में।

–मैं धारा के विरूद्ध नहीं तैर रही, बस अन्जाम दे रही हूँ एक प्रायश्चित को...यह प्रायश्चित मेरा अपना है, इस कारण तैरना भी मुझे अकेले ही है।

–तुम भी तो वही कर रही हो...ज़िन्दगी का नकार, जिसे छुटकी से उसके आचार्यों ने करवाया।

–नहीं, ऐसा नहीं है, लोग अपने जीवन को जी सकें इनसान की तरह, इसीलिए लड़ रही हूँ यह लड़ाई। क्या नहीं जानती मैं कि एक अच्छे रिश्ते के लिए कितना भटकना पड़ता है।

बस यही आखिरी संवाद था संदीप से, आखिरी निजी कोना, जो वक्त की धूल गर्दिश में जाने कहाँ बिला गया था। बची रह गई थी जिसकी अब केवल गूँज, अनुगूँज। बहरहाल बीस वर्ष पूर्व 'नारी शक्ति संघ' का जो बिरवा बोया था उसने आज वह लहराता वृक्ष बन बंगाल के कई जिलों में अपनी शाखा-प्रतिशाखा लहराता एक सघन वटवृक्ष बन चुका है। तीन महिला और छह फीट की कोठरी से शुरू हुई उस संस्था की संख्या आज दस हज़ार महिलाओं तक पहुँच चुकी है। अपनी पहली कमाई के हज़ार रुपयों से शुरू हुए वित्तीय फंड में जाने कितने हाथ

जुड़ते-जुड़ते उसकी राशि लाखों तक पहुँच गई है। और अब तो को-आपरेटिव क्रेडिट फंड भी बन चुके हैं।

यह संस्था ही अपनी चालीस वर्ष की कमाई है। उसके अकेलेपन की ठिठुरन में सुकून देता धूप का कोना। दलित, वंचित, शोषण और अन्याय की शिकार ये महिलाएँ ही सबसे बड़ी ताकत हैं उसकी और चुनौती भी क्योंकि इन्हीं की ज़िन्दगी के बदरंग नक्शों में रंग भर-भर अपनी ज़िन्दगी में रंग भरा है उसने। इन्हीं लुटी-पिटी महिलाओं ने प्रेत की तरह डोलते-भटकते बावले उसके मन को साधा है।

आज भी जरा-सी देर के लिए भी यदि कोई खाली कोना उग आता है ज़िन्दगी में तो भीतर के सघन जंगल में पहाड़ी हवाओं की तरह गूँज जाता है एक शब्द–जीजी! फिर अपना आपा खो देती है वह। और देखने लगती है उस अदृश्य को. ..जाने कहाँ...किस हाल में होगी वह जोगिन। कल्पना कभी कोई रूप बनाती तो कभी कोई। शुरुआती तीन-साढ़े तीन वर्षों तक तो मिलना-भेंटना भी चला...पर बाद के वर्षों में चक्करघिन्नी की तरह घूमती ज़िन्दगी ने सारे सम्पर्क सूत्र ही इस कदर विच्छिन्न कर डाले कि चाहकर भी नहीं जान पाई कि भूमि के किस टुकड़े पर बैठकर ध्यान कर रही है वह जोगिन। कई-कई पत्र भी लिखे पर सारे बैरंग वापस आ गए। मन को नया दम दिया उसने...कुछ परिन्दे लौटकर फिर कभी घर नहीं आते।

पर कहाँ समझ पाता है भोला मन?

आज उम्र के इकतालीसवें वर्ष में भी जब-जब उसकी मुँडेर पर कोई कागा बोलने लगता है या हाथ से कोई थाली छूट जाती है तो आहत और खामोश अतीत सारे रेगिस्तान पार कर दूर से ही पुकारने लगता है। भीतर गूँजने लगती है माँ की आवाज़–थाली हाथ से छूट गई...मतलब आनेवाला है कोई पाहुना। और वह इन्तज़ार करने लगती है...शायद कोई चमत्कार घट जाए या हो जाए कोई करिश्मा कि लौट आए छुटकी। कई बार वह सचमुच परेशान हो जाती है...यदि सचमुच ही लौट आई तो कैसे पहचानेगी वह छुटकी को...उसे तो देखे सोलह साल हो गए? और वह उसकी पुरानी तस्वीर में वक्त का रंग भर-भर उसकी वर्तमान छवि की कल्पना करने लगती है।

पर यह भम्र भी शीघ्र ही टूट जाता है...बुद्धि पटखनी दे देती है–क्या आँय-बाँय सोच रही है वह भी। मन भारी हो जाता है उसका। भर-भर आती है अखियाँ–ज़िन्दगी तो अब एक ऐसी सड़क में तब्दील हो चुकी है जो जानती ही नहीं मिलन के रास्ते।

× × ×

नारी शक्ति संघ की एक नई शाखा खुलने जा रही है आज–बागुईहाटी की सघन

बस्तियों के बीच। शहर की सभी दूसरी शाखाओं से थोड़ी हटकर है यह। अभी तक खुली सभी शाखाओं में कहीं सिलाई मशीन की ट्रेनिंग तो कहीं टोकरी और चटाई तो कहीं थोक में अचार, पापड़, बड़ियाँ और चिप्स तो कहीं गुलाबजल और जामुन का सिरका बनवाकर महिलाओं को स्वावलम्बी बनाया जा रहा है पर जब से इस शाखा का पंजीकरण हुआ है, उम्मीदों के नए पल्लवों से बौरा गई है संघमित्रा। यहाँ बस्ती की युवा पीढ़ी को कम्प्यूटर प्रशिक्षण दिया जाएगा–दूसरी प्रोफेशनल इंस्टीच्युट के मुकाबले एकदम सस्ते और व्यावहारिक प्रशिक्षण।

बस यह शाखा खड़ी हो जाए अपने पाँवों पर तो फिर झोला लटकाए गाँव-गाँव घूमकर ज़िन्दगी के 'इनपुट' बटोरना चाहती है वह।

हर तबके की ज़िन्दगी के हर रंग और ताप को और भी करीब से महसूस करना चाहती है वह। कितना कुछ जमा पड़ा है भीतर–जाने कितनी पांडुलिपियाँ–काश, शब्दों में ढाल पाती वह इन्हें।

जब-जब राष्ट्रीय मानचित्र पर घटित होती कोई घटना कि दुर्घटना, डायरी खुल जाती है उसकी। कई सवाल टंग जाते हैं चेतना के खूँटे पर...और पीछा करते रहते हैं उसका...उठते-बैठते। सोते-जागते। जब से दिल्ली जाकर भी नर्मदा बचाओ आन्दोलन की नेत्री मेधा पाटेकर से बिना मिले ही लौट आना पड़ा है उसे तब से भीतर के तल से रह-रहकर उठ रहा है एक सवाल? यह देश किसका है?

यह देश धर्मवीरों का है, इसीलिए यहाँ इंटरनेट पर कुम्भ स्नान हो रहा है। भगवान दूध पी रहे हैं। पिछली बार गणेशजी ने दूध पीया था, इस बार सीनियर देवताओं ने भी कृपा की है। लखनऊ के एक आई.जी. मि. पण्डा को श्रीकृष्ण भगवान का स्वप्न में 'एस.एम.एस.' मिलता है और ऐसे महाभाव उनमें जागते हैं कि वे ख़ुद को दूसरी राधा ही घोषित कर देते हैं। जो हाथ ऑफिस में बन्दूक पकड़ते हैं, वे ही हाथ घर में घुसते ही चूड़ियों और नेल पॉलिश से सज-धज कर झाँझड़ बजा-बजाकर श्रीकृष्ण को रिझाते हैं। माथे पर लाल टिकुली, होंठों पर लाली, आँखों में काली और सिर पर दुपट्टा ओढ़े उस आई.जी. को देख वितृष्णा ने वह उफान मारी कि टी.वी. पर ही रिमोट फेंक दिया संघमित्रा ने।

दूसरी दोपहर ऑफिस में काम करते फिल्ड वर्कर मल्लिक से पूछा था उसने–यह देश किसका है? उसका मुँह टेढ़ा हो गया। टेढ़ा मुँह करते हुए टेढ़ा-सा जवाब थमा दिया उसने–मैडम, यह देश अमेरिका का है। देखा नहीं आपने...कैसे जार्ज बुश अपने सोलह कुत्तों के साथ अमेरिका से यहाँ आया और कैसे हमारे उच्च अधिकारी उसके कुत्तों की आवभगत में लग गए। पाँच सितारा होटल के सोलह अलग-अलग कमरों में ठहराया गया उन शाही श्वानों को। अपने उन्हीं सोलहों के साथ जार्ज बुश ने दिल्ली भ्रमण किया और कृपापूर्वक राष्ट्रपति बापू की समाधि

पर भी पधारे। कुत्तों ने भी बापू की समाधि का जायज़ा लिया, लोट लगाया और उस माटी पर मूत्र विसर्जन किया। किसी का भी न तो इस पर आक्रोश फूटा और न ही कोई शर्मसार हुआ। देख लीजिए...कितना खाँटी अमेरिकीकरण हुआ है हमारा। सारा देश उन शाही कुत्तों की इस लीला को देखता रहा और उसी दिल्ली में लाखों परिवारों को बाँध में डूबने और उजाड़ने से बचाने के लिए भूख हड़ताल पर बैठी मेधा पाटेकर और उसके साथियों पर पुलिस ने डंडे बरसाए और आधी रात को जबरन उसे उठवाकर एम्स में भर्ती कर दिया गया जिससे उसके आन्दोलन की हवा निकल जाए। अब आप ही बताएँ कि यह देश किसका हुआ जिसने अपनी सारी जवानी और सारे स्वप्न अपनी ज़मीन से बेदखल कर दिए उन आदिवासियों के लिए स्वाहा कर दिए उसका या सोलह कुत्तोंवाले जॉर्ज बुश का?

उसने बिजली मिस्त्री कार्तिक से पूछा–यह देश किसका है। वह चौंका। फिर हँसा और हँसते-हँसते बोला–दीदी, यह देश बाबा रामदेव का है, योग का है। हम योग के बादशाह हैं। देखती नहीं, सारा काम छोड़कर दोनों टैम सारा देश योग करता है, योग सीखता है, योग जीता है।

उसने मध्यमग्राम के शिबू से पूछा–भैया, यह देश किसका है। उसने कहा–दीदी यह देश टाटा, अम्बानी और बिड़ला का है। देखती नहीं, नन्दीग्राम में हमलोगों की खेती की जमीन को छीनकर टाटा को दे दिया गया। भूखे मरते इस देश को भात नहीं, दौड़ने को कार चाहिए।

उसी शाम उसने अपने पिउन सुखराम से पूछा–भैया तुम्हें क्या लगता है, यह देश किसका है?

सुखराम ने आँखें मिचमिचाई–यह क्या पूछ डाला दीदी भाई ने? फिर जवाब दिया उसने–जो कुछ भी है सब कुछ सियाराम का है। अभी कुछ दिन पूर्व ही सुखराम के गाँव गई थी वह, वहीं मिली थी एक परिवार से, जिसके मुखिया जिन्हें सब बाबाजी कहते हैं, के दो बेटे थे। एक को परिवार चलाने के लिए गुर्दा बेचना पड़ा था दूसरे ने कर्जे से परेशान होकर अपने दो बच्चों और पत्नी सहित आत्महत्या कर ली थी। बाबाजी के भीतर गहरा दुख हैं। आँसू है लेकिन आक्रोश नहीं, आग नहीं। दिन-रात वे रोते हैं और गाते हैं–जेहि विधि राखे राम...।

क्या इसी सोच ने मारा है इस देश को? पर जो भी है जैसा भी है, मेरा देश है...जिसे वह किसी भी कीमत पर किसी दूसरे देश से नहीं बदलना चाहेगी। बस एक बार बागुईहाटी की नई शाखा सँभल जाए फिर शहर-दर-शहर गाँव-दर-गाँव घूमकर बटोरना चाहती है वह इन सवालों के जवाब।

× × ×

महात्मा गांधी रोड के अपने सबसे पुराने ऑफिस के सबसे छोटे, एक कोठरीनुमा चेम्बर में बैठी है संघमित्रा। जब-जब ज़िन्दगी की स्थूलता पीछा करती है या

ज़िन्दगी कोई बेतुका सवाल सामने फिर खड़ा कर देती है इसी चेम्बर में आकर शान्ति पाती है वह...कई बार यह चेम्बर बुद्ध का बोधिवृक्ष बन जाता है उसके लिए।

काम...निरन्तर काम पर आज भी कहीं कोई किनारा तक नज़र नहीं आता। अखबार पर नज़र पड़ती है तो फुँक जाती है वह...कहीं बुजुर्ग की आत्महत्या तो कहीं युवक का आत्मदहन...। क्या कभी अन्त होगा मानवीय यातनाओं और त्रासदियों का? क्या कोई सार्थकता है उसके कार्य की? कितना भी वह क्यों न करे...कितनों के भी घरौंदे बनाकर क्यों न दे वह, एक बलवती लहर आती है और सब कुछ मिटाकर चल देती है।

पर क्या उससे डरकर बच्चे घरौंदा बनाना छोड़ देते हैं?

एक मन उखाड़ता है तो दूसरा मन थपथपा भी देता है। पर सबसे अधिक बेचैन विकल जो चीज़ उसे करती है, वह है लोगों की बढ़ती संवेदनहीनता...कोई वृद्ध गन्दी नाली के पास गू में लिथड़ा अन्तिम साँसे ले रहा है तो कोई बीच सड़क पर पड़ा है। किसी मृतप्राय के गंधाते चेहरे पर मक्खियाँ भिनभिना रही हैं तो कहीं कोई कुत्ता किसी का चेहरा चाट रहा है। पर लोग हैं कि बस आते-जाते देखते रहते हैं...किसी से नहीं होता कि उसे अस्पताल तक पहुँचा दे। ऐसे भयावह दृश्य उसकी चेतना में इस कदर भर गए हैं कि कई बार घर लौटते वक्त दूर से ही मनुष्य के आकार की कोई चीज़ या बस्ते में भरा कोई सामान भी नाली के पास रखा होता है तो चिहुँक उठती है वह। दशहत से भर जाता है मन, कहीं कोई साँस छोड़ती जीवित ठठरी नज़र न आ जाए। क्या करे वह? कैसे कम करे इस दुनिया का ज़हर। पिता कहा करते थे दुनिया चाहे फिर से नहीं बना सकें पर उसका ज़हर तो कम कर ही सकते हैं।

मुद्दतों बाद खामोश अतीत फिर बोलने लगा। स्मृतियों की धारा में तल्लीन हो हौले-हौले बहने लगी थी वह कि तभी काँच के बर्तन-सा चटख गया वह महाभाव। थोड़ा हो-हल्ला। कुछ गुल-गपाड़ा। फिर धीरे-धीरे तेज होती आवाजें।

चौंक गई वह, जैसे जागी हो नींद से। लगातार बहते बाहर के शोर ने आखिर निकाल ही दिया उसे उस भावभूमि से। बाहर निकल पूछा–क्या बात है नलिनी जी? इतना हो-हल्ला क्यों हो रहा है?

मैडम, एक अड़ियल लड़की आपसे मिलना चाहती है, अभी तुरन्त मिलना चाहती है संघमित्रा जी से। मैंने कहा–अभी मैडम के नाश्ते और प्रोजेक्ट पर काम करने का समय है, घंटे-भर इन्तज़ार करे पर वह सुनती ही नहीं। कुछ समझना ही नहीं चाहती। एक तो गोबर गणेश, ऊपर से नॉन स्टॉप टेप। बस एक ही रट–'मैं इन्तज़ार नहीं कर सकती' कहते-कहते नलिनी जी ने आँखों से उस लकड़ी की ओर इशारा किया।

लड़की सचमुच घबराई हुई थी। जैसे ही भीतर आने की अनुमति दी संघमित्रा ने उसका तनाव और मांसपेशियों का खिंचाव ढीला पड़ा। यूँ साँस ली उसने जैसे पहली बार भरपूर ऑक्सीजन मिली हो।

एक ही साँस में बोल गई वह–मैडम, आपको लेने आई हूँ...अभी तुरन्त। मेरी माँ बहुत बीमार हैं, मैडम, नहीं, वे तो आ ही नहीं सकतीं। नहीं मैडम, मेरी माँ न डॉक्टर चाहती हैं, न भगवान, न कोई सहायता...वे सिर्फ़ आपसे मिलना चाहती है। भगवान के लिए मैडम आप देरी मत कीजिए, वे मर रही हैं। वे सिर्फ़ आपको...

और बात पूरी किए बिना ही वह सुबक-सुबक कर रो पड़ी।

संघमित्रा ने घड़ी देखी, फिर लड़की की ओर देखा, एक अकथनीय पीड़ा उसके सामने याचक बन आँसू बहा रही थी। एक मासूम चेहरे पर दुर्भाग्य और दुखों का एक समूचा पृष्ठ फड़फड़ा उठा था। उसका कलेजा मुँह को आ गया। आँसुओं के बीच रहते हुए भी आज भी बच्चों और किशोरियों के आँसू विचलित कर देते हैं उसे। उसके माथे पर हाथ फेरा संघमित्रा ने और पानी से भरा गिलास पकड़ाया–शान्त हो जाओ बेटी, कुछ नहीं होगा तुम्हारी माँ को। तुम अपने आँसू पोंछ लो और बताओ मुझे, कहाँ चलना होगा, तुम्हारी माँ मुझे बचपन से जानती है...क्या नाम है उसका...कहाँ की हैं वे।

लकड़ी ने हिचकिचाते हुए कहा–बऊ बाजार के पास घर है हमारा। जी, मेरा नाम ऋषिकन्या है। भगवान के लिए और कुछ मत पूछिए, बस मेरे साथ चलिए...मेरी माँ मर जाएगी...और वह उसके पाँवों पर गिर पड़ी। उसकी आवाज़ की डोर में टूटने की हद तक खिंचाव और कम्पन था।

पलटकर फिर देखा संघमित्रा ने, वह बेहद डरी हुई थी। किसी अनाम, अपरिभाषित डर के चीथड़े उसके चेहरे की अदृश्य खूँटी पर हर कहीं टँगे हुए थे।

संघमित्रा हड़बड़ाई। पैरों में हवाई चप्पल डाली और पिउन से हड़बड़ाते हुए कहा–टैक्सी!

× × ×

किसी लम्बी अँधेरी सुरंग की तरह बऊ बाजार की अन्तहीन गलियाँ। टैक्सी को बीच में ही छोड़ना पड़ा उन्हें। गलियों से निकलती गलियों के बीच कूड़े-कचरे का ढ़ेर। खुले नाले और बजबजाती गन्दगी। हर गली के मुहाने पर पंक्ति में खड़ी चौदह वर्ष से चवालीस वर्ष तक वारांगनाएँ–थुलथुल, कड़ियल, गोरी, श्यामली, जामुनी, लम्बी, ठिगनी...सब तरह की। सस्ता मेकअप, सस्ते आभूषण और भड़काऊ लिबास में ग्राहकों की प्रतीक्षा में शताब्दियों से खड़ी थकी-थकी, ऊबी नगरवधुएँ–बंगाली, नेपाली और आगरावाली। गलियों के भीतर कबूतरों के दड़बे से घर। घरों के भीतर चूना झड़ती दीवारों वाले अँधेरे और सीलन भरे कमरे।

कई गलियों के बीच एक सार्वजनिक नल। वहीं पर जूठे पड़े हंडे, भगोने और बाल्टियाँ। बर्तन धोती, ख़ुद को धोती, कपड़े पछारती वारांगनाएँ। कोई बिना साड़ी के तो कोई बिना ब्लाउज के। किसी के साड़ी के आँचल को अपदस्थ करता लाल चौकड़ी का गमछा, तो कोई पेटीकोट की सहायता से यौवन को ढाँपने की असफल कोशिश करती, तो किसी के विशाल शरीर की खूँटी पर टँगा एकमात्र परिधान पेटीकोट।

अजीब-अजीब नज़ारे। कोई गत-यौवना यार-दोस्तों के साथ ताश के पत्ते फेंटती हुई, तो कोई मूँज की खटिया पर अपने 'बाबू' के साथ ठिठोली करती हुई। कहीं पिल्लों की पें-पें, कहीं कुत्तों की भौं-भौं तो कहीं किसी चाय की दुकान पर बजता कोई ट्रांजिस्टर–झुमका गिरा रे...।

नाम ऋषिकन्या और निवास ऐसे भिनभिनाते नरक के बाड़े में? मन-ही-मन सोच रही है संघमित्रा। काश, शताब्दियों से अभेद्य खड़े इन अँधेरों को कुछ भेद पाती वह।

काश, ज़िन्दगी के इस शोरबे में ज़िन्दगी के कुछ टुकड़े डाल पाती वह।

हिश, इन अँधरों के लिए कुछ भी नहीं कर पाई वह।

दूर कहीं से उड़ती कोई बेहद उदास धुन इन गलियों की दीवारों से टकरा कर छू गई उसे।

अपने भीतर डूबती-बहती चली आ रही थी वह कि तभी ऋषिकन्या ने एक सँकरी गली के भीतर मुड़ते हुए दाईं तरफ लटके एक भूरे चिकट पर्दे को हटाते हुए कहा–भीतर चलिए।

घर की चौखट पर पाँव धरते ही मन अँधेरों और सिली हुई गन्ध से भर गया। हर कोना-अन्तरा, खिड़की-जंगले, दीवार सब भूरे-काले। एक कालातीत और अन्तहीन सन्नाटा पसरा हुआ। धूल और जालों से भरी एक अँधेरी दुनिया।

भूतहा अँधेरा, चिकट तकिया और अफलातून की चादर पर बुढ़ापे को भी मात करता शताब्दियों का थका-हारा, जमाने के आँधी-तूफान को झेल-झेलकर विदीर्ण हो चुका एक जवान जिस्म। डरे हुए जानवर की तरह आधा बैठा, आधा लेटा सामने झूलते पिंजरे के तोते को एकटक देखता हुआ।

जैसे ही संघमित्रा ने प्रवेश किया, नीले पपोटों के बीच धँसी उस जिस्म की आँखें पारे की तरह चमकीं।

जैसे मूरत में जोत पड़ी हो।

जैसे भ्रूण में जीवन धड़का हो।

वह हल्के से काँपी, जैसे भीतर जोरों से कोई विस्फोट हुआ हो और संघमित्रा की दाईं हथेली को पकड़कर फफक पड़ी वह–जीजी!

जैसे आकाश के नक्षत्रों ने उसी क्षण गति बदल ली हो। संघमित्रा के चेहरे

के भाव एकाएक कठोर हो गए। छुटकी की याद से मन कसक उठा। थोड़ी तल्खी से कहा उसने–भगवान के लिए मुझे 'जीजी' मत पुकारो। इस पूरे ब्रह्मांड में जो मुझे जीजी कहती थी, वह मेरी इकलौती छोटी बहन, जाने कब से मेरी आँखों से ओझल है, उसके बाद यह शब्द मेरे लिए सिर्फ़ पीड़ा है...एक असह्य दर्द। तुम चाहो तो मुझे बहन या दीदी कह लो...पर यह सम्बोधन अस्थिर कर देता है मुझे।

सुनते ही संघमित्रा की हथेलियों पर सिर झुकाकर हिलग-हिलग कर रो पड़ी वह काया। आँखों से, मुँह से, नाक से, इन्द्रियों से, रोम-रोम से बहने लगा रोदन। समय और स्मृतियों के ताप से जब भीतर जमा काफी कुछ बह निकला, आवेग कुछ शान्त हुआ तो मुश्किल से रुँधे हुए कंठ से दो शब्द कटती बकरी की तरह बिलबिलाते बाहर उछले...जीजी, मैं छुटकी।

क्या? विस्मय से चिड़िया की चोंच की तरह खुला रह गया मुँह संघमित्रा का। क्या वही सुना है उसने जो कहा गया? ओह, यह कैसे सम्भव है? जाने कितने मेगावाट का झटका लगा–जाने कितनी बिजलियाँ कड़कीं, बादल फटे, आँधियाँ चलीं कि छाती पर हाथ मलते हुए वहीं ज़मीन पर ही धम्म से बैठ गई वह। दृष्टि से आसपास का सब कुछ ओझल हो गया सिवाय उस जिस्म के जो हल्की-हल्की उत्तेजना में अभी भी काँप रहा था। जो हाथ यहाँ सँभालने आए थे, अब उन्हीं को सँभालने की ज़रूरत पड़ गई थी।

भौंचक ऋषिकन्या ने सकुचाते हुए कोर से चटके हुए काँच के गिलास में पानी पिलाया। कुछ क्षणों के बाद जब वापस अपने में लौटी संघमित्रा तो नई चेतना के साथ टोहती निगाहों से देखने लगी...गठरी-सी पड़ी उस ठठरी को। आँखों की सुइयाँ वर्तमान को पार कर अतीत में जा लगीं–कहाँ गगरी-सी छलकती एक मोहक छवि और कहाँ यह नीला खोखल। पर अतीत की झील में झाँककर उसने उस बिम्ब के वर्तमान प्रतिबिम्ब को पहचान ही लिया...वैसी ही नाक, तनिक उभरी हुई, चिबुक के पास तिल, गज दाँत, पतले होंठ। ओफ, सोलह वर्षों बाद मिलना हुआ भी तो कहाँ, ऐसे बजबजाते नरक में...ऐसी घुन खाए नीले खोखल में? क्या यही है असम्भव का सम्भव? पूरे समाज के समक्ष साध्वी के पवित्र बाने में जिसका धर्मगुरु ने वरण किया, किसने फेंका उसे देह मंडी के इस भयावह अँधेरे में? और उसे खबर तक नहीं? दर्द से भरी एक घायल निगाह फेंकी संघमित्रा ने उस अँधेरे कमरे के चहुँ ओर–जैसे वह कमरा नहीं, साक्षी हो एक पूरे युग का, छुटकी के महाविनाश का।

संघमित्रा का चेहरा ऐंठा, मुँह विकृत हुआ...पीड़ा के जाने कितने पाखी एक साथ फड़फड़ाए, जाने कब के कितने दुख-दर्द, कितने इतिहास और आख्यान इस नई जन्मी पीड़ा, आख्यान और दर्द के जल से जा मिले कि पीड़ा के इस

लहर-लहर बढ़ते आवेग को झेल नहीं पाई वह और पूरे वेग से छुटकी से लिपट रो पड़ी। कुछ देर के लिए आवेग कमता, रोदन थमता...पर फिर दूने वेग से रो पड़तीं दोनों। भीतर जमी बर्फ पिघल-पिघलकर जब बह गई पूरी तरह तो एक दीर्घ निःश्वास ले यही पूछा संघमित्रा ने–पर तुम यहाँ पहुँची कैसे? तुम्हें तो किसी उपासर में होना चाहिए। ओफ, एक ही शहर में एक ही आसमान के नीचे हम रहे, एक ही साझी हवा छूती रही हमें फिर भी बजाय मेरे पास आने के तुम ख़ुद को माटी करती रही, गलाती रही? ऐसा क्यों किया तुमने? जानती हो, जब से तुमने दीक्षा ली, कभी कोई रंगीन वस्त्र नहीं पहन पाई मैं, जाने कैसा अपराध-बोध घेरे रहता मुझे कि मैं तुम्हें बचा नहीं पाई। जाने कितने-कितने पत्र लिखे मैंने कभी तुम्हें...कभी संस्था को...कभी गुरुदेव को। कई बार साध्वियों के डेरे पर जाकर भी उनसे पूछताछ की...अब समझी क्यों तुम्हारा जिक्र छिड़ते ही रहस्यमयी चुप्पी ओढ़ लेती थीं वे। बहुत जोर देने पर कभी कहतीं, बिहार में विहार कर रही है, तो कभी कहती राजस्थान में है। कभी कोई स्पष्ट जवाब नहीं मिला। फिर भी मेरी आशा ढीली नहीं पड़ी...हाँ चेष्टा ज़रूर ढीली पड़ गई। क्योंकि ज़िन्दगी की बड़ी ज़िम्मेदारियों ने दबोच लिया मुझे...जानती हो, तुम्हारी दीक्षा ने इस कदर बदल डाला मुझे कि अपना घर तक नहीं बसा पाई मैं। महँगे वस्त्र मुझे विरक्ति से भर देते। स्वर्णाभूषण मुझे अश्लील लगते। भीतर वह श्मशान पसरा कि कोमलता के कोई फूल खिल ही नहीं पाए। लड़ना और लड़ना ही मेरी नियति बन गई और जब लगा कि इस प्रकार अकेले लड़ने से कुछ नहीं हासिल होनेवाला तो नारी शक्ति संघ की स्थापना की और उसके बाद तो मैं दीन-दुनिया सब कुछ भूल गई। बस कमज़ोर औरतों के भीतर ताकत भरने में जुट गई पर तुमने यह इनाम दिया, अपनी बहन को इस लायक भी नहीं समझा कि लौट आती उसके पास।

लहर की तरह तड़पी छुटकी और देखते-देखते एक जीवित व्यथा में बदल गई।

–ना जीजी, ना। हर रात तुम्हें सपने में देखती, तो सुबह होते पहली इच्छा यही होती कि तुम्हारे पास दौड़ जाऊँ...पर फिर ख्याल आता...कहाँ रखोगी तुम मुझे...कैसे बर्दाश्त करोगी यह सदमा...क्या तुम्हारे घरवाले कबूल करेंगे मुझे? मैं क्या जानती थी कि हम दोनों के ही भाग में घर नहीं बदा था।

एक धीमी सनसनाहट में अभी भी काँप रही थी वह। ऋषिकन्या ने उसे एक टेबलेट दी। तकिए के सहारे से बिस्तर पर अधलेटा लिटाया।

–पर तुम यहाँ पहुँची कैसे? संघमित्रा ने फिर झंझोड़ा उसे।

डूबते सूरज-सी डूबती आवाज़ में टूट-टूटकर छुटकी ने संक्षेप में अपने और विजयेन्द्र मुनि के बारे में बताया। अभय मुनि की लम्पटता के बारे में बताया। बताया उसे कि कहीं अभय मुनि का कलंक विजयेन्द्र मुनि के माथे न चढ़ जाए

इस कारण संघ से निष्कासित होने पर भी मुँह पर ढक्कन लगाए रखा। संघ द्वारा उसे चाचा के हवाले कर दिया गया। दो-तीन दिन रखकर चाचा ने जब उसे बाहर धकेल दिया तो चाचा के दरबान से गुजारिश की उसने कि उसे कैसी भी, कोई भी नौकरी दिला दे। वह उसे इन गलियों में बेच गया। नीम-बेहोशी की हालत में तीन दिन यहाँ रही वह और इसके पूर्व कि कुछ समझ पाती उसके माथे पर वेश्या का ठप्पा लग चुका था। अपनी ज़िन्दगी तो माटी हुई ही, जीजी को क्यों बदनाम करती? आज भी यदि मौत आँखें नहीं मिलाती तो इस पापी जीवन की गाथा उसके साथ ही दफन हो जाती पर यौवन की चौखट पर खड़ी ऋषिकन्या के प्रति ममता दगा दे गई...अब यह तुम्हारे हवाले जीजी...और संघमित्रा के हाथों थमा दिया उसने ऋषिकन्या का हाथ।

और आगे कुछ भी बोल नहीं पाई वह।

बस आँखों से बहते आँसू ही बोलते रहे...।

उन क्षणों जाने क्या बीता संघमित्रा पर कि आकाश की तरह झुक गई वह छुटकी पर। ध्यान से देखती रही उसके चेहरे को। ज़िबह होती हसरतों का महाकाव्य जैसे चेहरे की एक-एक शिरा में लिखा था। पर आज भी वह चेहरा उतना ही मासूम और भोला-भाला था। आज भी वह वैसी ही डरी-सहमी खरगोश लड़की थी—जैसे इक्कीसवीं सदी और सोनागाछी ने छुआ भी न हो उसे। ओफ! इतना सुन्दर मन—पर जाने कैसा डर, कैसा असुरक्षा-बोध घर कर गया सुदूर बचपन में ही कि आज तक भी कहाँ मुक्त हो पाई वह इससे। अकेले ही लड़ती रही अपने दर्द से...ख़ुद ही पीती रही ज़िन्दगी का गरल। बचपन में माँ से इतना लगाव कि माँ की खातिर दीक्षा ले डाली। फिर विजयेन्द्र मुनि को बचाने की खातिर अपना मुँह सिये रही और आज भी अपनी जीजी को बचाने की खातिर ख़ुद को इस भट्ठी में झोंक दिया। काश, माँ ने दुनिया का इतना डरावना और खौफनाक चित्र उसके कच्चे कोमल मन के कैनवास पर जीवन की भोर में ही नहीं खींच दिया होता।

माँ के लिए इतने वर्षों पश्चात् भी फिर आड़ी-तिरछी रेखाएँ खिंच गईं उसके मन में।

उस एक पल के अँधेरे-उजाले में, जाने कितना कुछ जुड़ा, कितना कुछ टूटा इसका हिसाब शायद कोई चित्रगुप्त ही रख पाए। पर उन कुछ लम्हों में ही वह अँधेरा और सीलन भरी गन्ध इस कदर भर गई संघमित्रा की चेतना के पोर-पोर में कि उसे लगा जैसे सदियों से ऐसे ही सीलन भरे अँधेरे के बीच बैठी वह मनुष्य और सभ्यता के पतन की इस महागाथा पर आँसू बहाती रही है।

× × ×

भारी बरसात में जैसे कूड़ा-करकट बह जाता है, वैसे ही मन पर पड़ा अवसाद का कचरा जब बहुत कुछ आँसुओं की धारा में बह गया तो संघमित्रा ने अपनी

ममता भरी हथेलियों को छुटकी के नीले-पीले झाइयों से भरे चेहरे पर रगड़ते हुए कहा–छुटकी, अब चलो मेरे साथ...अब मेरा पहला काम है तुम्हें तुम्हारा स्वास्थ्य लौटाना। तुम्हारा बचपन और तरुणावस्था तो झुलस गई...पर अब मेरे रहते तुम पर आँच भी नहीं आएगी...अब तुम...बस तुम।

भावनाओं के उत्ताप से आँखें फिर छलकीं छुटकी की। पर किसी प्रकार ख़ुद पर काबू पाते हुए जवाब दिया उसने–जीजी, तुम्हें देख लिया, ऋषिकन्या को तुम्हारे हाथों सौंप दिया, बस समझो मुझे चाँद-तारे मिल गए। कन्या की बहुत चिन्ता थी, अपने पापी जीवन की छाँव भी नहीं पड़ने दी मैंने उस पर। इसे ले जाओ...मैं यहीं ठीक हूँ...और सच पूछो तो जीजी, अब इस पिंजर में न जीवन बचा है और न जीने की ख्वाहिश।

संघमित्रा का दुख फिर गहराया। चरमराते शब्द निकले–बता, क्या खोट है मुझमें कि तुमने न बचपन में मेरी सुनी और न अब। उस समय तो तुम नादान थीं, माँ के प्रति ममता थी पर आज क्या मजबूरी है...जान-बूझकर क्यों दुखी करना चाहती हो मुझे।

तीर बिंधे पाखी की तरह फड़फड़ाई छुटकी। आँखों से बहते आँसुओं को पोंछते हुए कहा–जीजी, इन बदनाम गलियों का रास्ता किसी घर में नहीं, सीधा मरघट तक ही जाता है। कितना नाम तुम्हारा...इतने सालों तक तुम्हारी इज्जत पर मैंने अपने चलते आँच नहीं आने दी तो अब मरते वक्त...और सच पूछो जीजी, तो यह दुनिया भी उतनी बुरी नहीं। यहाँ कम-से-कम कोई किसी को बदचलन तो नहीं कहता। उस तपोवन से भी अच्छी है यह दुनिया जिसने आज तक जाने कितनी औरतों को सहारा दिया पर किसी को पापिन कहकर निकाला नहीं। मुझे गलत मत समझना जीजी, पर मुझे तुम्हारी पवित्र दुनिया से अब डर लगने लगा है। सोचो जीजी, कितनी कमजोर थी वह दुनिया जिसकी नींव हिल गयी एक अजन्मे गर्भ के चलते। कहीं अच्छी है यह दुनिया! यहाँ हम सब एक जैसी हैं। जैसी भीतर वैसी बाहर। न कोई पाखंड, न पवित्रता का झंझट, न धर्म की थानेदारी। हम सबके माथे पर चिपकी है हमारी हकीकत। हम सबका धर्म एक है–रोटी का धर्म। हम सबका सत्य एक है–ग्राहक। जो भी आ जाए हमारे आँगन, राजा, रंक, योगी, कोढ़ी...सबको समान भाव से स्वीकार करती हैं हम। वह दुनिया मेरे किस काम की जीजी, जो भेद करे इनसान इनसान में।

गौर से देखा संघमित्रा ने छुटकी की ओर–सूखे शरीर में मनोबल वैसे ही शेष था–जैसे ठूँठ में कुछ पत्तियाँ। टकटकी लगाए देखती रही वह छुटकी को। उसकी एक-एक भंगिमा को, हाव-भाव को। सबसे जैसे दुख और निराशा चू रही थी। भीतर फिर हूक-सी उठी संघमित्रा के–ज़िन्दगी ने भी कितना रौंदा है उसे, कितना अँधेरा भर डाला है उसकी आत्मा में कि अब उजाले में आने से भी डरने लगी

है वह। उसकी हथेलियों से अपने गालों को छुआते हुए कहा उसने–छुटकी, भले ही जीवन ज़हर हो फिर भी जीना है हमें, उस जीवन चक्र को पूरा करना है जिसे ईश्वर ने खींचा है हमारे लिए, क्योंकि यही हमारा कर्त्तव्य है। मैं तुम्हें अब एक पल के लिए भी अकेला नहीं छोड़ूँगी। अजीमगंज की माटी, परम स्नेही पिता, ऋषि और साझा बचपन की सौगन्ध, यदि तू मेरे साथ नहीं चली तो मैं भी यहीं... बोलते-बोलते एक अनकही पीड़ा से सिसक पड़ी वह।

संघमित्रा की धमकी काम कर गई। छुटकी को अपने पास लिवा लाने में वह सफल हो गई।

× × ×

एम.आर.आई और सिटी स्कैन की रिपोर्ट देख हाथ-पाँव फूल गए संघमित्रा के। किसी छिपकली की तरह दीवालों पर रेंगने लगी दहशत। उम्मीद के विरुद्ध उम्मीद करते हुए उसने ताका डॉ. शान्ति साह की ओर। हथ खड़े कर दिए डॉ. साह ने। और एक सूखे मरे आश्वासन 'दुआ करें, दुआ करें' के अलावा कुछ भी नहीं डाल पाए उनकी झोली में। झल्ला पड़ी वह। आपा खो बैठी।

–आप स्पष्ट क्यों नहीं बताते। क्या मतलब है 'दुआ करें, दुआ करें' का?

मानव की इस चरम विवशता के आगे बेबस थे डॉ. साह। फिर भी थूक निगलते हुए टूथपेस्ट की तरह रुक-रुक कर शब्दों को बाहर धकेला–तुम्हारी बहन को नॉन हॉडकिंस लिम्फोमा हो चुका है। यानी कैंसर...पूरे जिस्म में फैल चुका है। कुछ कहा नहीं जा सकता, दो महीने भी निकाल दे...दो सप्ताह भी नहीं खींच सके...।

ओह! नो...आँखों के आगे अँधेरा छा गया संघमित्रा के। चिर-प्रतीक्षित छुटकी मिली भी तो किस हाल में? आँखें मूँद इस नए उगे दर्द को सहन करने की, सोखने की कोशिश में ख़ुद को कुछ देर के लिए एक कमरे में कैद कर लिया उसने। आज फिर थकावट महसूस की उसने...ऐतिहासिक थकावट। हिश अपने आँगन में कोई गुलमोहर नहीं खिला न सही पर सूखी होती ज़िन्दगी की इस डगर पर जो एकमात्र कूक थी, इकलौती पुकार थी...जीजी, जो आज भी उसके भीतरी उद्यान को हरा-भरा रखने का दम रखती है वह भी निःशब्द होने आई।

आँखों से टप-टप टपकते आँसुओं को बड़ी सफाई से पोंछा उसने और किसी शान्त नदी-सी बाहर आई। और छुटकी के पास आकर नाराज़गी दिखाते हुए कहने लगी–

यह क्या छुटकी, तुमसे अभी तक इतना-सा जूस भी नहीं पीया गया। खाओगी-पीओगी नहीं तो ताकत कैसे आएगी? और हाँ, तुम्हारी रिपोर्ट भी आ गई है, मामूली-सी खराबी है, कल सुबह ही हमें हैदराबाद के लिए निकल पड़ना है। आगे का इलाज वहीं कराएँगे। आवाज़ की लय-ताल इतनी सामान्य जैसे इस बीच किसी भी बुरी खबर ने परेशान नहीं किया हो उसे।

अरे, हैदराबाद क्यों? यहाँ क्यों नहीं? छुटकी अचम्भित थी।

मुझे अच्छा लगता है वह शहर, बहुत दिनों से साध थी, अब तुम मिल गई हो तो दोनों साथ-साथ घूम लेंगी।...बोलते-बोलते नज़रें अनायास ही टकरा गईं डॉ. शान्ति साह से। रिपोर्ट आने के बाद से ही चेहरा उतर गया था उनका। छुटकी के बारे में अब तक सब कुछ जान चुके थे वे। पिछले कई सालों से संघमित्रा के साथ उसकी विभिन्न योजनाओं के अन्तर्गत कई केन्द्रों में घूम चुके थे। पर संघमित्रा को आज पहली बार इस प्रकार टूटते देख ख़ुद भी व्याकुल हो उठे वे। पास आ उसे परामर्श देते हुए कहने लगे–मैडम, कल सुबह ही आपको फ्लाइट पकड़नी है, कल का दिन काफी परेशानी भरा, दौड़-धूप का दिन होगा। इसलिए यह स्लीपिंग पिल्स ले लीजिए, कुछ घंटों के लिए आपको नींद नसीब हो जाएगी।

उदास हँसी बिखेरते हुए जवाब दिया संघमित्रा ने–आप निश्चिंत रहिए डॉक्टर साहब मुझे नींद आ जाएगी। इस देश में इतने लोगों को मरते देखा है, बे-मौत मरते, तो क्या अपनी बहन को नहीं देख पाऊँगी मरते हुए?

× × ×

दो दिन की घर की गुनगुनाहट और घर के बिस्तर का सुख देकर तीसरे दिन ही छुटकी को अहमदाबाद के 'यशोधरा हॉस्पिटल' में भर्ती करवा दिया गया।

उसी शाम उसके गले की गाँठ में मांस के कुछ रेशे खींच उन्हें परीक्षण के लिए मुम्बई 'टाटा कैंसर हॉस्पिटल' में भेजा गया और उसके तुरन्त बाद ही उसे पहली कैमो थैरेपी दे दी गई। उसके केश काट दिए गए।

किसी द्रष्टा की तरह सब कुछ देखती रही छुटकी।

ढलती शाम गम में डूबी अपनी जीजी से चुहुल करने की कोशिश करते कहा उसने–याद है जीजी, जब पहली बार दीक्षा के अवसर पर मेरा मुंडन हो रहा था तब कैसे चीख पड़ी थी तुम...पर आज तो ख़ुद ही डॉक्टर के कहने के साथ ही आगे बढ़कर मेरा मुंडन करवा डाला...।

कुछ जवाब नहीं दिया संघमित्रा ने। बस गमगीन आँखों से देखते हुए उसकी बेलमुंडी पर हल्के-हल्के तेल मालिश करती रही।

फिर बोली छुटकी–थोड़ा करीब खिसककर, फुसलाते शब्दों में–जीजी, गुस्सा मत करना, पर मैं जानती हूँ कि मेरा शरीर पूरी तरह गल चुका है, अब उसमें दम नहीं बचा है। तुम नाहक ही मुझ पर इतना खर्च कर रही हो, अच्छा हो तुम यह पैसा अपने बुढ़ापे और कन्या की शिक्षा के लिए बचाकर रख लो।

उसके माथे पर हाथ फेरते हुए उसे आश्वस्त किया संघमित्रा ने–अपनी जीजी को इतना असमर्थ भी मत समझ छुटकी कि वह तेरा इलाज और कन्या का भरण-पोषण नहीं कर सके। कन्या का भरण-पोषण तो ठीक होकर तुम ख़ुद ही

कर लोगी...मुझे तुम्हारी भी चिन्ता नहीं, बस हफ्ते भर में तुम ठीक हो जाओगी...हाँ, मुझे यह बात समझ में नहीं आ रही कि विजयेन्द्र मुनि से फिर कभी भी क्यों नहीं मिल पाईं तुम? और उन्होंने भी तुम्हारी कोई खोजबीन कैसे नहीं की?

विजयेन्द्र मुनि का नाम सुनते ही उदासी में लिपटी कोमल तरलता उसके चेहरे पर तारी हो गई। जैसे साक्षात् दिख गए हों विजयेन्द्र मुनि। एक निःश्वास खींचा उसने और धूजते शब्द होंठों से गिरने लगे–जीजी, उस रात के हादसे के बाद तीन दिन तक मैं तेज बुखार में रही। अर्द्ध बेहोशी में मैं बार-बार 'जय-जय' का नाम शायद लेती रही थी। मेरी गुरुबहनों को भी मेरे आचरण पर सन्देह हो चला था। इस कारण जैसे ही मेरा बुखार उतरा उन्होंने पूछा–यह 'जय' कौन था? मैं चुप रही। मेरी चुप्पी से उनका सन्देह और बढ़ गया। और उन्होंने बदनामी से बचने के लिए वहाँ से तुरत-फुरत छोटा-सा विहार कर डाला। वैसे तब भी मैं थी राँची के आसपास ही लेकिन हमारा उपासर बदल गया था, मुझ पर नाकेबन्दी भी अब जबर्दस्त थी। दुर्बलता की ओट में मेरे गोचरी पर निकलने पर भी पाबन्दी लग गई थी।

दरअसल संघ के नियम ही ऐसे हैं कि बिना किसी सुदृढ़ सहारे यहाँ से पलायन करना आसान नहीं। संघ में यदि कोई साध्वी या साधु का पग स्खलन होता है तो उसके लिए ठाणी प्रमुख को ही ज़िम्मेदार माना जाता है, उसके लिए पूरे ग्रुप को गुरुदेव दंड देते हैं। गुरुदेव फिर उस ठाणी प्रमुख से वन्दना तक लेना अस्वीकार कर देते हैं। उसे दर्शन तक नहीं देते और ऐसी जगह विहार का आदेश दे देते हैं, जहाँ न नाम न सुविधा। इस कारण ग्रुप में सभी गुरुभाई, गुरुबहनें एक-दूसरे पर नज़र रखते हैं। खैर मेरी तो किस्मत ही रूठी हुई थी। एकाध महीनों बाद जब मेरे पग भारी होने के लक्षण प्रकट हो गए तो मुझसे ठाणी प्रमुख और गुरुबहनों ने इसके लिए ज़िम्मेदार व्यक्ति का नाम पूछा। तब तक मैं नहीं जानती थी कि विजयेन्द्र मुनि संघ में वापस नहीं लौटे हैं। मैंने सोचा, यदि मैं उस दुष्ट अभय मुनि का नाम उजागर कर दूँगी तो वह सारा कलंक विजयेन्द्र मुनि पर उँड़ेल देगा क्योंकि उसके पास वह पत्र सुरक्षित था जिसे विजयेन्द्र मुनि ने गुरुदेव के नाम लिखा था।

बोलते-बोलते थक गई छुटकी। जख्म फिर रिसने लगे। माथे पर हाथ रख आँखें मूँद लीं उसने। मौसम बदलने के लिए नई बात छेड़ दी संघमित्रा ने।

और माँ का क्या हुआ? क्या तुम थी उनके पास अन्तिम समय में?

सिसकते आँसुओं में डूब गई छुटकी। पीड़ा से मुँह ऐंठ गया। किसी प्रकार अपनी लड़खड़ाहट और हकलाइट को शब्दों का जामा पहनाया–क्या-क्या सुनोगी जीजी। माँ महाराज ने जब सुना कि मैंने पाप किया है, मैं कलंकित हो गई हूँ,

तो उन्हें इतना गहरा सदमा लगा कि उन्होंने संथारा पचख लिया। जब संघ से मुझे निष्कासित करने का आदेश आया तो मैंने भी माँ महाराज के दर्शन की याचना की, यह बताने के लिए कि जो मेरे साथ हुआ उसके लिए मैं दोषी नहीं, पर माँ महाराज ने मना करवा दिया और कहा कि मैं तुम्हारी शक्ल भी नहीं देखना चाहती।

संघमित्रा ने महसूसा...वेदना के जर्रे-जर्रे उड़ने से लगे थे उस छोटे से कमरे में और दुख की महारानी-सी छुटकी के सामने ठहरा-ठिठका वक्त छोड़े हुए पानी की धारा की तरह बहने लगा था। कुछ पल की उदास खामोशी के बाद प्रसंग बदलते फिर पूछा संघमित्रा ने–कितना सुन्दर नाम है ऋषिकन्या, किसने रखा यह नाम? तुमने?

पहली बार मुस्कराई छुटकी तो हवा बदल गई। राहत महसूसी संघमित्रा ने।

जीजी, थोड़ा पानी, गला दुखने लगा है।

रहने दे छुटकी, थक गई होगी बोलते-बोलते। बाद में सुन लूँगी, अब तो ज़िन्दगी भर सुनना और सुनाना ही है।

नहीं जीजी, मुझे बोलने दो, बोल लूँगी तो भाप निकल जाएगी...।

छुटकी सचमुच बेताब थी, बीते वक्त को सुनाने को।

जीजी, यह नाम हमारी मैडम ने दिया है। वही कोठेवाली मालकिन ने। नहीं जीजी, वह बुरी औरत नहीं थी, बहुत भली थी वह। जैसे ही उसे मालूम पड़ा कि कलकत्ते में ही मेरी बड़ी बहन रहती है, जो मुझे बहुत चाहती है, वह तैयार हो गई मुझे छोड़ने को। उसने पैंतीस हज़ार रुपए देकर मुझे भोला दा से खरीदा था। सोचो जीजी, अपनी देह को गला-गलाकर बटोरी गई उस थू-थू की गाढ़ी पूँजी भी वह मेरे खातिर लुटाने को तैयार हो गई थी। जिस समय उसने मुझे खरीदा उसे इतना ही पता था कि मुझे बदचलनी के चलते संघ से निकाल दिया गया है और अब इस दाग लगी काया का इस दुनिया में कोई नहीं है। विश्वास जानो जीजी, कन्या हुई तो एक बार उसमें लोभ जागा कि थोड़े वर्षों बाद दो-दो कमानेवाली हो जाएँगी, पर मेरी इच्छा जान उसने कभी इस पर फिर वैसी नज़र नहीं डाली...बोलते-बोलते फिर हाँफने लगी थी छुटकी।

–जीजी, मेरा तकिया ठीक कर दो...टाँकों पर तान पड़ रही है।

–तू अब आराम कर ले छुटकी।

अपनी मृत्यु में पनाह लेती अन्तिम स्नेहिल दृष्टि डाली उसने और यूँ कहने लगी जैसे भाप ले रही हो। नहीं जीजी, मुझे बोलने दो...जी भर कर बोल लेने दो। तुम नहीं जानतीं जीजी, चुप रहते-रहते मेरे सीने में छेद हो गए हैं। विजयेन्द्र मुनि के बाद आज पहली बार मैं अपने अतीत को सुन रही हूँ...किसी को सुना रही हूँ। न चाचा ने मेरी बात सुनी, न माँ महाराज ने और न ही गुरुबहनों ने।

तुम...सिर्फ़ तुम्हीं हो जिसने मुझे सुनना चाहा...जिसने मुझे पापिन नहीं समझा।

भावनाओं के उबाल में फिर भींच लिया संघमित्रा ने छुटकी को।

हाँ जीजी, इसका नाम ऋषिकन्या हमारी मैडम ने रखा। जैसे ही उसे पता कि यह उस दुष्ट मुनि के बलात्कार का परिणाम है, उसके होंठ टेढ़े हो गए थे। उसने चिढ़कर कहा–ऊपर-ऊपर-बेल-बूटा, नीचे पैंदा फूटा! हम इसे ऋषिकन्या कहेंगे। दुनिया भी तो देखे कि ऋषियों के शुक्राणु वेश्या के कोठे में पनपते हैं।

× × ×

उदासी और यन्त्रणा की चादर में लिपटा यशोदा अस्पताल। कोई स्ट्रेचर पर भीषण यन्त्रणा से छटपटाता हुआ, कोई कैमो थैरेपी से उड़े अपने केशविहीन गंज को बिग में छुपाता हुआ, कोई ऑक्सीजन पर ज़िन्दगी को धकेलता हुआ तो कोई परम उदासी से खून की नली को देखता हुआ।

जीवन आस्था को मिटाता...ज़िन्दगी को डराता हर दृश्य। किसी के शरीर पर नलियों का ऐसा घना जाल-जंजाल कि संघमित्रा को पूरा संसार ही भयानक और कैंसरग्रस्त नज़र आता।

आज सातवाँ दिन।

पहली कैमो थैरेपी के परिणाम बेहद निराशाजनक निकले। हेमोग्लोबिन तीन सौ के भी नीचे जा पहुँचा।

किसी द्रष्टा की ही तरह देख रही है संघमित्रा–खून चढ़ाती नलियों के बीच पीले पड़ते छुटकी के चेहरे को।

देख रही है दुनिया भर के कैंसर के कीड़ों से लड़ते इस नन्ही आत्मा को।

देख रही है वह महाकाल की आँधी को जो बढ़ रही है छुटकी के पलंग की ओर...आहिस्ता-आहिस्ता।

शताब्दियों की थकान, अवसाद और हताशा को परे धकेल एक अपरिभाषित शान्ति बिछ गई है उस चेहरे पर जो कभी मृत्यु की छाँव में परम शान्ति से निर्विकार पड़ा है, तो कभी ममता की छाँव में जाने क्या-क्या याद कर मुस्करा पड़ता है। स्मृतियों पर पड़ी वक्त की काई हट गई है। आँखों के आगे उजालों के गोल-गोल घेरे छाते जा रहे हैं जिनसे छन-छनकर निकल रही है स्मृतियाँ और दृश्य–एकदम साफ, स्वच्छ और चकाचक।

–जीजी, देखो न ऋषि ने फिर मेरी कॉपी से पेज फाड़ डाला है।

–बुन्देलों हरबोलों के मुँह हमने सुनी कहानी थी, खूब लड़ी मर्दानी वह तो झाँसीवाली रानी थी।

–अब दम नहीं बचा मैडम...अगला ग्राहक कल।

स्वप्न और उनींदी चेतना के बीच लुढ़क रही है छुटकी। तीनों काल जी रही है वह। कभी बीता सुन रही है तो कभी वर्तमान की आवाज़ें। संघमित्रा की गोद

में सिर है उसका।

जीजी, सीता और गीता फिर देखेंगे। याद है...जीजी, लाल फूलोंवाली वह फ्रॉक।

उसके माथे और छाती पर हाथ फेर रही है संघमित्रा। कुछ देर चुप रही वह, फिर बोली–

कौन...कौन आया? ऋषि?

हाँ, ऋषि...रूँधे हुए कंठ से जवाब दिया संघमित्रा ने।

संघमित्रा की आँखों से टप-टप आँसू बह रहे हैं।

एकाएक खिलखिला पड़ी छुटकी...जीजी, देखो, विजय...विजयेन्द्र। इस आषाढ़ में हम अजीमगंज साथ-साथ चलेंगे। लेकिन अन्त तक नहीं पहुँची, बीच में ही वह खिलखिलाहट औनी-पौनी हिचकी और फिर एक खामोशी में बन्द हो गई। आँखों की पुतलियाँ ऊपर चढ़ीं और देखते-देखते मंच का आखिरी दृश्य अदृश्य हुआ।

जरा-जरा कर शेष हुई छुटकी।

अन्तहीन क्षणों के मामूली से क्षण में अनन्त में विलीन हुई।

मुट्ठी भर राख हुई।

इतिहास हुई।

मेधावी डॉक्टरों, अत्याधुनिक चिकित्सा, जर-जवाहर और संघमित्रा...सबको धत्ता बताते हुए उड़ चली, अजीमगंज के आँगन की वह चिड़िया, अपने अधूरे स्वप्न, अधूरे कर्त्तव्य, अधूरे वचन और पीड़ा...सबको अपनी जीजी के हाथों में सौंपकर।

× × ×

धू-धू कर जल रही है छुटकी। मुखाग्नि दे चुकी है कन्या। लपटें उठ रही हैं। चिता से। उठती लपटों को अपलक देख रही है संघमित्रा। देखती जा रही है... देखते-देखते सारी ज्वाला चिता से उठकर उसके भीतर घनीभूत होने लगी है। वह और चिता एकाकार हो उठते हैं। अतःकरण धू-धू कर जल उठता है। चिंगारियाँ फूटने लगती हैं–तपोवन से कोठे तक का जिल्लत भरा दर्दनाक सफर। क्यों? कौन ज़िम्मेदार?

चिंगारी-चिंगारी प्रतिशोध की हज़ार-हज़ार चिंगारियों में परिवर्तित हो बन्द मुट्ठी बन वापस लौट रही है। बारूद बनते जा रहे हैं विचार। आँखों में नमी की जगह आक्रोश और अवसाद की गर्मी भरती जा रही है। एक संकल्प आकार लेता जा रहा है–जब तक तेरी दुर्दशा का प्रतिशोध नहीं ले लूँगी, जब तक धरती के इस गन्दे धब्बे को मिटा नहीं डालूँगी, तब तक तेरी मौत का गम नहीं मनाऊँगी छुटकी!

छुटकी की चिता की गर्म राख को चुटकी में भरा और संकल्प पूरा किया उसने–यह मेरा वादा रहा, नहीं तुमसे नहीं, अपने आप से।

यह अन्तिम वचन मैंने अपने आप को दिया कि अब कोई भी मृत्यु व्यर्थ नहीं जाएगी। जब तक दुर्गन्ध के इन स्रोतों को नष्ट नहीं कर दिया जाता तब तक तक कितने भी नारी शक्ति संघ की स्थापना क्यों न कर ली जाए, कितना भी खुशबू भरा छिड़काव क्यों न कर लिया जाए...बदबू दूर नहीं होगी, हवा ठीक नहीं होगी। इसलिए सबसे ज़रूरी है दुर्गन्ध के स्रोतों को ठिकाने लगाना।

और इस संकल्प के साथ ही ऊपर की सख़्त चट्टान दरकी। बाँध टूटा। चेहरे की खाल काँपी। होंठ फड़फड़ाए और अंतड़ियाँ फाड़कर फूटा क्रन्दन। खूब रोई वह...रोती रही वह उसी वेग से जैसा आज से इक्कीस वर्ष पूर्व रोई थी वह, छुटकी की दीक्षा के काले दिन।

ये अन्तिम आँसू हैं जो तुम्हारी चिता के साथ ही स्वाहा हो चुके हैं। रो चुकने के बाद उसी प्रकार शान्त हुई वह, आँसुओं से वैसी ही ताकत बटोरी उसने जैसी आज से इक्कीस वर्ष पूर्व बेलूर मठ में गंगा तीर पर अंजलि में जल भर एक संकल्प के साथ महसूसी थी उसने।

× × ×

छह महीने तक विहार करते हुए अभय मुनि दलकोरा, रायगंज, मालदाह, मुड़ालाई से होते हुए वर्द्धमान और वर्द्धमान से सेंथिया होते हुए नलहट्टी पहुँचे।

इन छह महीनों के हर दिन का हर लम्हा संघमित्रा ने अपने प्रतिशोध की कटार को धार दे-देकर नुकीला बनाने में निकाला। अपने कच्चे कलेजे को पक्का करने में बिताया। अभय मुनि का पुतला सामने रख उस पर वार कर-कर अपने हाथों और जिगरे को साधने में बिताया।

छोटी-सी जनसंख्या का छोटा-सा गाँव नलहट्टी। पौराणिक कथा के अनुसार पार्वती के शरीर का नलहट (ललाट) गिरा इस भूखंड पर इस कारण इसका नाम पड़ा–नलहटी। धार्मिक गाँव, पिछड़ा हुआ गाँव। अपने में आत्ममुग्ध, बन्द-बन्द। साबुन के धन्धे के सिलसिले में कई बार आना हुआ था संघमित्रा को यहाँ। इस कारण गली-गली, ठौर-ठौर जाना-पहचाना।

अपने इरादों को अन्जाम देने में अधिक अड़चन नहीं आएगी, उसने सोचा और अपने पुराने एवं विश्वसनीय साथी पंचम माँझी को साथ लेकर अभय मुनि की अगवानी के लिए नलहट्टी निकल पड़ी संघमित्रा।

किसी मन्दिर के अहाते में ठहराया गया था अभय मुनि को। हर दोपहर पंडाल लगता। प्रवचन होता। हर दोपहर सज-धज प्रवचन में सबसे अग्रिम पंक्ति में वह। उस दिन जैन जातक कथा सुना रहे थे अभय मुनि–नेमीकुमार कृष्ण और बलदेव आदि को साथ लेकर हाथी पर सवार हो विवाह के लिए राजमती के

आँगन पधारे। बाजे बज रहे थे। शंखध्वनि हो रही थी। इत्र छिड़काव हो रहा था। मंगलगान गाए जा रहे थे। जय-जय की गगनचुम्बी ध्वनि के साथ नेमिकुमार तोरण मार विवाह मंडप के करीब पहुँचे। झरोखे पर खड़ी राजमती नेमीचन्द के सौम्य सुदर्शन चेहरे और सखि-सहेलियों की मीठी-मीठी छेड़खानी को सुन-सुन निहाल हुई जा रही थी। अपने भाग्य पर इतरा रही थी।

इतने में नेमीकुमार ने अजीब प्रकार की करुण आर्त्तनाद सुनी। पता लगाया तो पता चला कि यह आर्त्तनाद बाड़े में बन्द उन पशुओं का है जिनका मांस बरातियों को परोसा जाएगा।

करुण हृदय नेमीकुमार द्रवित हो उठे। हृदय आत्म-ग्लानि से भर गया। आँख के आगे पशुओं का टप-टप टपकता खून फैलने लगा। वह क्षण आत्मज्ञान का क्षण हुआ। उसी क्षण उन्होंने घोषणा की–मैं ऐसे विवाह, ऐसे उत्सव से इनकार करता हूँ जिसमें इतनी जीव हत्या हो।

उसी क्षण उन्हें संसार से विरक्ति हो गई। वैराग्य भाव प्रबल हो उठे।

वे मुड़ गए। उन्होंने अपना हाथी लौटा दिया। घर लौटकर उन्होंने अपने माता-पिता से दीक्षा की आज्ञा माँगी। सोने के तार से बनी अचकन, मणि मुकुट और हीरे-जवाहरात से जड़ी कलगी से सज्जित दूल्हे बने बेटे को विदा किया था माँ ने, जो लौटा तो नंगे पैर, उदासी पुता चेहरा लिए। माँ-बाप कलपे पर पुत्र के अडिग निश्चय के आगे झुकना पड़ा, दीक्षा की आज्ञा देनी पड़ी।

उसी चौमासा, नेमीकुमार ने दीक्षा ली और मुनि बनकर रैवतक पर्वत पर (गिरनार-जूनागढ़) घोर तपस्या करने लगे।

बाद में राजमती ने भी उनके मार्ग का अनुगमन किया और दीक्षा ले ली।

अपने प्रवाह में बोलते जा रहे थे अभय मुनि। लोग भावुक हो सुनते जा रहे थे। लोगों पर प्रवचन के पड़ते प्रभाव को देख आत्म-तृप्त हो चहुँ ओर नज़रें घुमाई कि नज़रें अकस्मात् प्रथम पंक्ति में बैठी युवती पर पड़ी जो एकटक अपलक उनकी ओर ऐसे ताक रही थी जैसे उन क्षणों का सम्पूर्ण सत्य मुनि का मुखमंडल ही हो।

चिहुँक उठे मुनि। गड़बड़ा गए। मन जो तड़का कि फिर लाख चाहकर भी जुड़ न सका। ऐसा करंट मारा उन निगाहों ने कि सारे सात्विक भाव तोते की तरह उड़ गए। कभी उन आँखों की गहराई में गोते लगाते तो कभी कही हुई बात ही दुबारा कह जाते। कभी बोलते-बोलते तो 'तो...तो' करते रुक जाते। कभी अटके तो अटके ही रह जाते। जब किसी भी प्रकार व्याख्यान को और खींच नहीं पाए तो समय पूर्व ही समाप्त घोषित किया।

दूसरे दिन भी चली यही नैन लड़ाई। पलकों का उठना-गिरना। पर इस बार मन तैनात था इस मौसम पलट के लिए, इस कारण गड़बड़ी थोड़ी कम हुई। सब

कुछ साथ-साथ चलता रहा। व्याख्यान भी। लपलप भाव भी। देखा-देखी भी। बाहर सूरज चमक रहा था पर भीतर फुहारें उठ रही थीं, रिमझिम-रिमझिम पानी बरस रहा था। बरसों से बन्द पड़े इन्द्रियों और कामनाओं के झरोखे खुल चुके थे।

व्याख्यान समाप्त होते ही मुनि अनमने हो उठते। श्रावकों की भीड़ से झुँझला जाते। रह-रहकर आँखें ढूँढ़ती उसी छवि को। मन कल्पना में डूबने लगता–कैसी मनभावन। स्वप्नशील। रतिशील। पर उतनी ही मायावी। काश, दो बोल, दो बेर बोल पाते उससे।

तीसरा दिन–व्याख्यान पश्चात् युवती ने वन्दना की तो फिर असहज हो उठे वे। झटके से दायाँ पंजा उठा लटपटाते शब्दों में 'जै बाई-जै बाई' का अभिवादन जो करना शुरू किया तो ढीले पड़े ढोलक की तरह बेतुकी आवाज़ में करते ही चले गए। सालों बाद आज फिर अपने संन्यास पर खीझ आई उन्हें–काश, संन्यास का नहीं होता ये सेंसर बोर्ड तो युवती को थोड़ी देर और ठहरने का अनुरोध कर सकते थे वे। या उसी के साथ कुछ कदम सहयात्रा का सुख भोग लेते।

शाम एकान्त साधना में बैठे मुनिवर तो बजाय प्रभुदर्शन के स्त्री दर्शन होने लगे। युवती की एक-एक भाव-भंगिमा दिमागी स्क्रीन पर चोंच मारने लगी। कब्रगाह में सोई चंचलता उत्पाती बच्चे-सी कूद-फाँद करने लगी। हारकर माला दूर पटकी और ज़मीन पर ही गत्ता बिछाकर लेट गए। एक-दो झपकियाँ आईं तो स्वप्न भी पीछे न रहे। अकस्मात् देखा कि वे एक ऐसे रथ पर सवार हैं, जिसमें चार घोड़े जुते हैं। दो घोड़े रथ को एक ओर खींच रहे हैं तो दो घोड़े एकदम विपरीत दिशा में तान रहे हैं। इसी खींचतान में घड़ाम से गिर पड़ते हैं वे। नींद में घबड़ाकर उठ बैठते हैं अभय मुनि। माथे पर हाथ धर सोचते हैं–क्या है इस स्वप्न का निहितार्थ? पर सोचकर भी कुछ सोच नहीं पाए वे। दिमाग पर फिर छा गई वे काली-काली पलकें। झल्ला पड़े वे।

ओफ! मन ही बना हुआ है सबसे बड़ा दुश्मन। क्यों तोड़ता है वह सीमा रेखा? पर क्या करे मन भी। सारा सुख उसे भी तो सागर के उस पार ही आता है नज़र। याद आए विजयेन्द्र मुनि! कितनी गहरी बात...भेद भरी बात कही थी उन्होंने–मूर्त को पकड़कर ही अमूर्त को पकड़ा जा सकता है...नियन्त्रित किया जा सकता है। वीणा किसी दूसरे के हाथ में हो तो सुर पर आपका नियन्त्रण नहीं रह सकता। हाथ में वीणा हो तभी वासनाओं की ध्वनि को नियन्त्रण में रखा जा सकता है। ज़िन्दगी की गहराई से निकले थे ये उद्‌गार।

तो फिर क्या करें वे? पकड़ ले वे भी हाथों में वीणा को? पर ज़िन्दगी पहले मौका तो दे। युवती के सम्प्रेषण उतने स्पष्ट नहीं, कौन जाने यह महज उनका भ्रम हो, सत्य कुछ और हो।

आँखों में आँसू चमक उठे। ओफ! ढलती उम्र में ये चढ़ते आवेग कामनाओं

के, ये काली आँधियाँ! क्या प्रलय होनेवाली है?

× × ×

होते-होते मुनि का चित्त जब पूरी तरह विस्थापित हो गया। कामनाओं का तवा जब पूरी तरह अंगार हो चुका तो एक सुबह युवती ने मुनिवर को अपने घर गोचरी पर आने के लिए आमन्त्रण दिया।

मुदित मन मुनि चाय जलपान की गोचरी के लिए सुबह ही निकल पड़े।

हाथों में काष्ठपात्र लिए श्वेत वस्त्रधारी मुनि और सामने युवती। रोशनी की झिलमिलाती लकीर-सी। एकटक निहारती मुनि के मुखमडंल को।

आत्म सजग मुनि ने दिल को थामा। नीचे झुककर गोचरी ग्रहण की। काष्ठ पात्रों को खोल में अटकाने लगे कि देखा सामने भूमि पर मिसाइल-सा गिरा कागज का तह किया एक चौकोर टुकड़ा। विस्मित-विमुग्ध मुनि। रोमांचित मुनि। ऊपर की ओर ताका तो युवती की आँखों में हज़ार-हज़ार प्रणय निवेदन। समझ गए धरती पर प्रेम-पुष्प-सा गिरा वह कागज़ का टुकड़ा उन्हीं को समर्पित है। धड़कते हृदय और कँपकँपाते हाथों से उस पत्र को उठाया उन्होंने और तेज चाल से बाहर हुए।

मुनि के नक्षत्र फिर पलटे। पत्र ने होशो-हवास के बचे-खुचे वाल्व भी फ्यूज़ कर डाले। लम्बे-लम्बे डग भरते उपासर पहुँचे। गोचरी का सामान गुरुभाई को थमाया और मुँहपट्टी उतार चाय ग्रहण की। पत्र पढ़ने की उत्तेजना में मुँहपट्टी पहनना तक भूल गए। उड़ते हुए अपने कक्ष में पहुँचे, दरवाज़ा उठका कर पत्र पढ़ने को हुए कि बाहर गुरुभाई के पद-चापों की आहट सुनाई पड़ी। सशंकित हो दरवाज़े तक आए तो देखा कनिष्ठ गुरुभाई प्रशान्त मुनि के हाथों उनकी मुँहपट्टी। शर्मसार हुए। भयभीत भी–कहीं ऐसी भूल धूल ही न चटा दे।

पर प्रशान्त मुनि के मुड़ते ही फिर मचल उठा मन। पत्र पढ़ने की तलब उठी। कपाट बन्द कर जल्दी-जल्दी पढ़ा। संक्षिप्त पत्र, पर हर वाक्य जैसे भावनाओं की सुरमई गंगा में धुला हुआ। मन किया पढ़ते रहें, भींगते रहें भावनाओं की इन लहरियों में, अनन्त काल तक पर साधु जीवन की अपनी मर्यादा...सुदीर्घ समय तक कक्ष बन्द नहीं रखा जा सकता था। पहली बार वे झल्लाए। अपने चिन्तन में महावीर से रूसो बने और बुदबुदाए...ओफ् कैसा जीवन। हर तरफ ज़ंजीर ही ज़ंजीर।

रात यन्त्रवत् समूहिक प्रार्थना करते रहे वे पर भीतर गूँजती रही पत्र की पंक्तियाँ–ईश्वर की कोई भी योजना एकांगी नहीं होती मुनि...तुम्हारे जीवन अनुभवों को सम्पूर्णता तक पहुँचाने के लिए कौन जाने मुझे ही निमित्त बनाया हो ईश्वर ने।

ज़िन्दगी में अचानक आए प्रेम ने वह धक्का मारा कि तपस्या, योग प्रार्थना

और ध्यान के सारे तम्बू एक-एक कर उखड़ने लगे।

सारी रात बादलों पर सवार रहे अभय मुनि। भोर में सामयिक पर बैठे ज़रूर पर मन बार-बार पत्र की ओर खिंचता रहा। आँखें मूँदते ही चिट्ठी बोलने लगती–अकेला व्यक्ति असत्य है मुनि। प्रेम, परिवार, समाज और सहयोग ही व्यक्ति को सत्य तक पहुँचाता है। मेरा वरण करो मुनि और अपने अधूरे जीवनवृत्त को पूर्णता तक पहुँचाओ।

कनपटियाँ गरमा उठीं। तन्तुओं में सनसनाहट होने लगी। चिट्ठी खोलकर उनका पुनर्पाठ किया, उसकी महक ली और तभी बाहर कुछ पदचाप सुनाई पड़ी तो घबराकर पत्र को जैन जातक कथा के बीच छुपा लिया। कहीं किसी की नज़र पड़ गई तो...साधु के हाथों प्रेम-पत्र? निःशेष होती आवाज़ों के जा चुकने के बाद फिर खोला पत्र। कुछ पंक्तियों पर नज़रें फिर फिसलीं–तुममें गजब की सम्मोहन शक्ति है मुनि? और जीवन स्थूल से सूक्ष्म की ओर बढ़ती एक यात्रा। देह से आत्मा की ओर बढ़ते पदचाप। संसार के प्रति उदासीन रहते-रहते तुम ख़ुद के प्रति भी उदासीन होते जा रहे हो मुनि। उदासीनता का यह दर्शन तुम्हें कहीं भी नहीं पहुँचाएगा। आओ...पास आओ मेरे। जीवन पुकार रहा है हमें। बिना इस महामिलन के तुम्हें मुक्ति नहीं मिल पाएगी मुनि। तुम कुंठित आत्मा की तरह भटकोगे।

मुनि ने नेत्र मूँद लिए। एकाएक वे फ्रायडवादी हो गए–ठीक ही तो लिखा है युवती ने। दमित वासना विकृत रूप से फूटती है मवाद की तरह।

× × ×

उस दोपहर पहली बार प्रवचन का भार उन्होंने कनिष्ठ मुनि को सौंपा। पवन से अधिक चंचल मन कहीं बीच रास्ते में भटक गया तो...। रह-रहकर आवाजाही करते रहे, कभी बाहर तो कभी भीतर।

पर जब प्रवचन शुरू हुए आधा घंटा हो गया तो वे अधीर हो उठे। एकदम नई-नई उगी चिन्ता ने जीना दुश्वार कर डाला। नज़रें बार-बार मुख्य द्वार की ओर फिसलने लगीं। नई शंका सिर उठाने लगी–कहीं नहीं ही आई वह तो?

नहीं...आएगी ज़रूर। इतना गहन प्रेम-निवेदन इतना निष्ठुर नहीं हो सकता। फिर युवती सिर्फ़ भावुक ही नहीं विदुषी भी है। एक मन शंका करता, तो दूसरा मन आश्वस्त भी कर देता।

बैठे-बैठे जब शरीर अकड़ने लगा, साँस फूलने लगी, प्रतीक्षा करना दुश्वार हो गया तो दरबान को सूचना देने के बहाने मुख्य द्वार तक आ पहुँचे अभय मुनि और बार-बार सड़क की ओर ताकने लगे। बुद्धि लताड़ती–इस प्रकार ताकना मर्यादा के अनुकूल नहीं, पर ढीठ पाँव जैसे जम गए। आँखें बाहर निकल हवा में टँग गईं।

प्रतीक्षा के जाने कितने कल्प वर्ष बीते कि दूर से आती दिखी एक सफेद छाया, हवा में लहराती। लहरों की तरह इठलाती। मुनि का रोम-रोम खुशी से झूम उठा। किसी प्रकार मन के भावों पर ढक्कन लगा इस उस बहाने मुख्य द्वार के पास बनी सीमेंट की बेंच पर बैठे रहे और धड़कते हृदय के साथ प्रतीक्षा करने लगे उस दिव्य युवती के करीब आने की।

युवती ने वन्दना की। इधर-उधर ताका और सावधानीपूर्वक एक पर्ची ज़मीन पर गिरा दी।

पर्ची को देख हृदय इतने वेग से धड़का कि वहीं बैठ गए मुनिवर। डर और रोमांस की मिली-जुली अनुभूति के साथ उठाई पर्ची। भीतर उत्तेजना ने वह उबाल मारा कि सब्र का बाँध टूट गया। युवती मुड़ चुकी थी। उन्होंने चारों ओर गर्दन घुमाई–दूर लैम्पपोस्ट के नीचे एक चितकबरा कुत्ता अपने घावों को चाट रहा था।

× × ×

ओफ, आगम और वेदों की ऋचाएँ समझना आसान पर इस नारी जाति को समझना टेढ़ी खीर। ऊपर से कितनी धीर-गम्भीर पर भीतर कितनी अधीरा, कितनी बेसब्री, सीधा ही न्योता दिया और वो भी आज ही रात। वे हल्के से मुस्कराए। पर्ची फिर खोली उन्होंने और फिर पढ़ा उसे। प्रेम से आगे-पीछे पलटा, कई बार उलटा-पलटा। नहीं, समझने में कोई चूक नहीं हुई थी। साफ लिखा था–रात नौ बजे, घर के नीचे, तीन दस्तक।

ओफ! भीतर वह हुड़क उठी कि ख़ुद को कक्ष में बन्द कर लिया मुनिवर ने कि कहीं चेहरा ही चुगली न खा दे। रह-रहकर उछल पड़ता मन–कुछ तो ज़रूर है उनमें कि इतनी परिपक्व और विदुषी स्त्री भी संयम खो बैठी और हरी झंडी दिखा दी। काश, दिन ही नहीं होता...रात ही रात होती तो प्रतीक्षा नहीं करनी पड़ती, दिन ढलने और रात के उदित होने की। दीवार पर टँगी घड़ी मुँह चिढ़ाती नज़र आई–अभी बजा दो, यानी पूरे सात घंटे। जानलेवा प्रतीक्षा के।

× × ×

बड़े जानलेवा बीते वे सात घंटे। सात शताब्दियों की मानिंद। कभी मन काँपता तो कभी भीतर आदिम राग बजता। कभी नसें खिंचती तो कभी ज्वालामुखी फूटता। ज्यों-ज्यों प्रेम भाव में ऊपर उठते गए डर नीचे खिसकता गया। आखिर तय किया उन्होंने कि उतरते संन्यास की लोक दिखाऊ सीढ़ी पर कायम रहते हुए जितना सँवारा जा सकता है इस देह को सँवारा जाए। पर पास में न कंघी न तेल न साबुन न कैंची और तो और कोई दर्पण भी नहीं। हाथ की उँगलियाँ ही बनी दर्पण। उँगलियों को गालों पर फेरा तो बालों के खूँट चुभने लगे। उन्होंने तय किया–आज लुंचन किया जाए।

बड़ी तलब उठी, काश इस तपते शरीर को शीतल जल में डूबने दिया जाता। याद आया वह आखिरी स्नान जब छल-छल करते जल में स्नान किया था उन्होंने। पर संन्यास जीवन में तो सिर्फ़ पक्के पानी से स्पंज ही किया जा सकता है। वे वर्जनाएँ तोड़ भी दें...पर ठंडा जल पाए कहाँ से?

पग-पग चौकसी। भ्रष्ट मुनि को कौन सिर नवाए? पूरा समाज ही पहरेदार की तरह खड़ा नज़र आया। आधा तीतर आधा बटेर मन में एक नए चिन्तन का उदय हुआ...काश संन्यास के इस संविधान को बदला जा सकता। एकदम नहीं नहानेवालों के धर्म से ज़रूरत मुताबिक नहानेवालों का धर्म बनाया जा सकता। भीतर प्रेम का आलोक फैलता जा रहा था, इसी आलोक में पहली बार उस अँधेरे को महसूसा उन्होंने जिसने धर्म के नाम पर घुटन पैदा कर दी थी उनके अन्तःकरण में। पहली बार एक उच्छवास निकाली उन्होंने...काश, धर्म के आकाश में भी प्रेम के इन्द्रधनुष खिलने की गुंजाइश होती। काश, संन्यास और प्रेम को साथ-साथ साधा जा सकता।

तलब उठी कि एक कुशल माली की तरह अपनी देह के इस चमन से अनावश्यक घास-फूस और खर-पतवार को काँट-छाँट कर देह की माटी को महका दे।

जब-जब हरे-भरे गुलदस्ते-सा युवती का गदराया बदन कल्पना में कौंध मारता, गीले कपड़े से बदन को रगड़-रगड़ जख्मी कर डालते वे।

उस दोपहर गोचरी के लिए भी ख़ुद ही निकले और एक घर से सकुचाते हुए उन्होंने तीन इलायची और पाँच लवंग माँग लिए, मुँह को सुवासित रखने के लिए।

रात साढ़े आठ बजे के करीब कनिष्ठ गुरुभाई उन्हें सामूहिक प्रार्थना के लिए जब बुलाने आए तो कठोर शब्दों में कहा उन्होंने–मैं अखंड जाप पर हूँ, कल सुबह तक मुझे निर्विघ्न रहने दिया जाए।

वन्दना कर गुरुभाई चल दिए।

× × ×

छोटा-सा कोठरीनुमा भुतहा घर। ज़ंजीर वाली कुंडी। ऊबड़-खाबड़ रास्तों को पार करते, छुपते-छुपाते पहुँचे अभय मुनि। ज़िन्दगी में दूसरी मर्तबा शाम बाद उपासर से बाहर निकलने का नियम तोड़ा था, इस कारण दिल बार-बार धड़कता। अँधेरा कभी डराता तो कभी साहस देता। आहट पाते ही दुबक जाते और फिर अँधेरे की ओट लेकर आगे बढ़ जाते।

चौकन्ने शिकारी की तरह आगे-पीछे होते-होते किसी प्रकार पहुँचे युवती के घर।

रात का जादुई अँधेरा और अलीबाबा के खुल जा सिमसिम की तरह तीन

ठक-ठक।

फिर सहमें अभय मुनि...दरवाज़ा खुलता क्यों नहीं? फिर गला खँखारा। पूरा परिदृश्य ही एकाएक विराट और रहस्यमय हो उठा था। बस दरवाज़ा झट से खुल जाए और फटाक से भीतर घुस जाएँ वे, फिर कौन जान सकता है भीतर का रहस्य...बस ज़माना उन्हें बाहर से भीतर और भीतर से बाहर होते न देखे।

अलीबाबा के दरवाज़े की तरह ही खुलते-खुलते खुला कपाट तो भय, विस्मय और रोमांच की मिली-जुली अनुभूति से भर उठे अभय मुनि। क्षण के क्षणांश में विचार आया तुरन्त लौट जाएँ...यह अधर्म? पर तभी इक्कीस वर्ष पूर्व की वह घटना दिमाग में दस्तक देने लगी...कौन जान पाया? ज़िन्दगी फिसलने और उठकर आगे बढ़ने का ही दूसरा नाम। बहुरूपिया मन...और वासना के तर्कों ने कलेजे को मजबूती दी।

भीतर घुसे न घुसे कि फिर दो हाथों ने कुंडी चढ़ा दी।

सामने वह...पर यह क्या? न साज न शृंगार। न चेहरे पर सोना-सोना भाव और न ही आँखों में लहराते कामनाओं के डोर। न प्रेम की झिलमिल और न ही प्रथम मिलन की अकुलाहट। अभय मुनि स्तब्ध। रेशम की जगह यह लट्ठा? आसपास नज़रें घुमाईं तो और अटपटा लगा–साँय-साँय करता खाली कमरा, न सेज न सामान। दीवार के सहारे झूलते तार में लटकता एक मरियल लट्टू। धब्बेदार। पीली-सी रोशनी फेंकता हुआ। अँधेरे से घिरे कोने में रखी एक काली कुर्सी। सब कुछ बहुत मनहूस, अजीब और अशुभ।

प्रेम की सम्भावित प्रगति और अपनी आशंकित दुर्गति के बीच ठिठके रहे वे कि तभी कड़कती आवाज़ कानों से टकराई–मुनि...तुम क्या कभी साध्वी दिव्यप्रभा से मिले थे?

मुनि थर-थर। थर-थर।

जाने कब का दफनाया डर हठात् वापस लौट आया। चेतना को साँप सूँघ गया। आवाज़ लॉक हो गई। विस्फारित आँखों से देखा–खुली तलवार-सा तना चेहरा युवती का और बन्द कपाट।

धूजते होंठों से शब्द गिरे–तुम कौन?

मैं दिव्यप्रभा की बड़ी बहन–संघमित्रा।

बोलने के साथ ही उसकी आँखों में प्रतिहिंसा की लपटें उठीं। शब्द आग के जलते गोले की तरह ज़मीन पर गिरने लगे। पाँवों पर गिर पड़े अभय मुनि–मुझे माफ कर दो देवी, मैं अधर्मी हूँ, पतित हूँ, पापी हूँ।

नहीं मुनि, मुझे दुख है कि मैं तुम्हें माफ नहीं कर सकती क्योंकि तुम सिर्फ़ मेरे नहीं, तुम पूरी मनुष्यता के गुनाहगार हो। एक धर्मगुरु होकर तुमने ऐसा किया...इसलिए तुम्हारा अपराध अक्षम्य है मुनि। जो धोखा, ज़िल्लत और

अकथनीय आँसू तुमने दूसरों को दिए, देखो, कैसे लौटकर वे आते हैं तुम्हारे पास। तुम धरती के धब्बे, पृथ्वी की गन्दगी...देखो, कैसे मिटाती हूँ मैं तुम्हें।

और देखते-देखते प्रतिहिंसा की एक लपट बन गई वह।

जान बचाने को पीछे घूमे अभय मुनि तो देखा...यमराज सी बलिष्ठ एक काली देह।

घिग्घी...जुड़े हाथ

च्च...च्च...च्च। आगे घूमे कि खचूखचू खचाक। अनन्त में विलीन हुई एक मर्मान्तक चीख।

× × ×

धरती के काले चेहरे पर बनी खून की धार। देख रही है संघमित्रा। सालों बाद जाकर आज थमा है भीतरी रक्तचाप। किसी ऋषि की ही तरह पूर्णतः शान्त, निर्विकार और मौन है वह। चेहरे पर परम चिन्मयता के भाव–जैसे भीतर के परम एकान्त में पहली बार साक्षात्कार हुआ हो किसी ईश्वर से।

कुछ पलों तक देखा उसने उस छटपटाती काया को...और फिर धीरे से उठकर बाहर निकल गई।

× × ×

थाने में आत्म-समर्पण के बाद वीरभूमि की फौज़दारी अदालत में धारा 302 के अन्तर्गत मुकदमा चला उस पर। अपनी तरफ से बचाव में कोई भी वकील नहीं किया था संघमित्रा ने और जब प्रोसीक्युटर के.सी. गर्ग ने पूछा उससे–

–मैडम आप चाहतीं तो भाग सकती थीं, अपनी जान भी बचा सकती थीं, फिर क्यों किया आपने आत्मसमर्पण?

–हाँ, मैं भाग सकती थी, शायद अपनी जान भी बचा लेती, पर भागने से दुनिया नहीं बदलती है जज साहब, दुनिया बदलती है, दुनिया की गन्दगी को साफ करने से, अपने हाथ गन्दे करने से। मैं इस घटना को...इस सत्य को भविष्य और इतिहास को सौंपना चाहती थी।

–मैं भाग जाती मी लॉर्ड, तो यह कथा भी एक परीकथा बन जाती। एक सत्य की हत्या हो जाती। वह सत्य जो मेरे प्राणों से ज्यादा बहुमूल्य है। मैं उस गाँव से थी हुजूर जहाँ धर्माचार्य ईश्वर तुल्य नहीं साक्षात् ईश्वर होता है।

–मैं भाग जाती जज साहब, तो कोई परिन्दा भी नहीं जान पाता कि जो संस्कारित आत्मा एक मच्छर तक को भी नहीं मार सकती थी, उसने क्यों और कैसे धर्मगुरु की हत्या कर डाली? मी लार्ड, बचपन में यदि कोई मुझे कहता कि ये बहुत धार्मिक हैं तो मैं सबसे छुपकर उसके चरण-स्पर्श कर लेती कि उसकी धार्मिकता मुझे भी लग जाए। हा! हा! हा!

–माफ कीजिएगा हुजूर, मुझे हँसी आ गई। दरअसल आज बीस सालों बाद

हँसी हूँ मैं। जी इसमें चौंकने की क्या बात है, जब किसी के भीतर एक नहीं चार-चार लाशें तैर रही हों तो वह सिर्फ़ दुर्गन्ध छोड़ सकता है, हँस नहीं सकता है। खैर, आप नहीं समझेंगे इसे। मैं इस कारण हँस पड़ी हुजूर कि इन्साफ के सर्वोच्च शिखर पर बैठे महामहिम को भी मुझे बताना पड़ रहा है कि काली अँधेरी रातों का मुकाबला किया जा सकता है क्योंकि वे भ्रम नहीं पैदा करतीं पर जब सूर्य ही उजाले के भ्रम में अँधेरा फेंकने लगे, धरती को काला करने लगे तो उसे मिटाने के अलावा कोई रास्ता नहीं बचता। आज सारे धार्मिक मस्तिष्क घृणित मस्तिष्क बन चुके हैं मी लॉर्ड, क्योंकि ये आदमी को आदमी की तरह जीने नहीं देते और जब आदमी आदमी की तरह जी नहीं पाएगा तब वह जानवर ही बनेगा मी लार्ड। मैंने बहुत सोचा मी लार्ड और इसी निर्णय पर पहुँची कि ये सारे धार्मिक मस्तिष्क जो आदमी को हिंसक जानवर में तब्दील कर रहे हैं वे स्वयं सीनित चेतना और सरोकारों के बन्द मस्तिष्क हैं। समय और शताब्दी के ये शैतान इस समय और समाज को दुर्गन्ध से भरते जा रहे हैं, पीढ़ियों को गुमराह कर रहे हैं। धरती का कोई भी टुकड़ा इन धार्मिक मस्तिष्कों के चलते अब सूखा नहीं बचा है। मी लार्ड, मैंने खुद को समाज सेवा में झोंक दिया था। अपने जीवन के स्वर्णिम समय को मैंने बसन्त देखने में नहीं वरन् औरतों को शिक्षित, स्वाबलम्बी और आत्मनिर्भर बनाने में लगाया क्योंकि मुझे लगा था कि मेरी माँ यदि आत्मनिर्भर होती और यदि अपनी ताकत को उन्होंने जाना होता तो सम्भवतः हमें ऐसा जीवन नहीं जीना पड़ता पर छुटकी के असामयिक अवसान के बाद यह पीड़ादायक सत्य मेरे समक्ष उजागर हुआ कि मैं जो कर रही हूँ सिर्फ वही पर्याप्त नहीं है। मुझे समझ में आ गया कि गांधी क्यों इस देश में असफल हुए। मी लार्ड, सुगन्ध फैलाने से कहीं ज्यादा जरूरी है दुर्गन्ध के स्रोतों का सफाया करना। काली शक्तियों को ध्वस्त करना जो धर्म की आड़ में इस धरती को खून से तर-बतर कर रही हैं, जो ऐसे जानवर तैयार कर रही हैं।

आप शौक से मुझे मौत दें हुजूर, जिससे रक्तबीज बनकर मैं खेतों में, खलिहानों में, जंगलों में जहाँ कहीं भी जगह खाली है, वहीं बिखर जाऊँ...जिससे धरती के धब्बों को मिटाने की यह प्रक्रिया जारी रखी जा सके।

दो साल तक मुकदमा चलता रहा और एक पीली बदरंग शाम संघमित्रा को आजीवन कारावास की सज़ा सुना दी गई।

उसे अलीपुर सेंट्रल जेल की महिला वार्ड में डाल दिया गया।

× × ×

एक गमगीन दोपहर अपनी जेल की खिड़की से आकाश के बदलते रंगों के परिप्रेक्ष्य में अपनी ज़िन्दगी के परिवर्तित रंगों को देख रही थी संघमित्रा कि जेल सुपरिटेंडेंट ने उसे बुला भेजा। दो महिला सन्तरियों के साथ कैदियों से मिलने के